中华传世藏书

【图文珍藏版】

孟子

[战国]孟子⊙原著

马博⊙主编

线装书局

恻隐之心

　　孟子说，每个人都有不忍看别人处于痛苦之中的同情心。就好比看见一个小孩突然掉到井里去了，每个人都会产生恐惧同情的心理。会有这样的心理，并不是因为想跟孩子的父母套近乎，也不是想在四方乡里得到什么好名声，更不是讨厌孩子的哭声。这是因为同情心是天然的，没有同情心就不是人，没有羞耻之心也不是人，没有辞让之心也不是人，没有是非判断之心也不是人。这四心就是仁、义、礼、智，合称"四端"。这四端就像人的四肢，人有这四端却不能奉行仁义礼智之道的，等于自我作践；说他们的君王不能做到，等于作践他们的国君。凡是人都有这四端，都知道扩充、保养它们，就像水逐渐烧开，泉水越来越壮大一样。如果具备了四端，并加以扩充，那就足以保住四海之地；如果不扩充的话，那就连自己的父母都不能侍奉。

白玉出廓璧

　　孟子认为，人人都有同情、羞耻、辞让、是非之心，这四心就是"仁、义、礼、智"的开端，如果能把这四端好好培养，并加以扩充，那就上可以保住自己的天下，下可以侍奉好自己的父母。孟子就是在这个基础上建立了"性善论"的学说。这个观点对中国的伦理哲学产生了很大的影响，后世的一些儒家学者也在这一学说中找到了充分的理论依据。看起来，孟子是把仁义看成了无往不胜的利器了。一个值得思考的问题是，仅仅靠这四心四端来治理国家和自己的小家就可以高枕无忧了吗？

反求诸己

孟子在谈到"仁"这个问题的时候曾经说：造箭的难道比造盔甲的更不仁吗？当然不是。可是那造箭的却唯恐自己的箭不能伤人，而造盔甲的却唯恐穿盔甲的人受伤。为什么呢？自然和他们选择的职业有关系，并不是他们的本性如此。因此，选择职业也得慎重考虑啊。孔子说，"与仁相处是完美的，能自由选择，却不与仁相处，这是不明智的。"仁，是上天给我们的尊贵爵位，是人们心灵的安逸居所。没有任何困难而不去行使仁，实在是不明智。不仁不智、无礼无义，就只能当别人的奴仆。但当了别人的奴仆却又感到羞耻，那就好比是造箭的人耻于造箭，造弓的人耻于造弓一样。既然感到羞耻，那还不如好好地做到"仁"呢。"仁"这种东西就如同射艺，射箭者时刻都要端正自己的姿势再发箭。如果箭发出去而不中，不要去埋怨别人的射艺比自己强，而应该反过来从自身寻求原因：我的姿势够端正吗？也就是说，我做到"仁"所规定的一切了吗？

孟子这番话说得挺拗口，他的意思其实就是：人的本性虽然是善良的，但是能否做到仁，还要看自己的努力。外在的环境是既定的，是不以人的意愿而客观存在的，但人具有自由选择的能力。能否做到仁，完全取决于一个人自身的选择。他希望每个人都能够反省自己，从自身找到原因，这就是成语"反求诸己"的由来。

孟子装病

孟子正要去觐见齐宣王，而齐宣王也正好派人来传话："我本来应该来看你，但我感冒了，不能受风寒。你如果能来上朝，我便临朝听政。不知道能否让我见到你?"听了这话，想不到孟子回答说："不巧我也生病了，不能到宫廷里去。"

第二天，孟子出门到东郭氏家吊丧。公孙丑见状便问："老师昨天以生病为由，拒绝了齐宣王的召见，今天却又出门去吊丧，恐怕不太好吧?"孟子说："昨天生了病，今天病好了，为什么不能去吊丧呢?"

齐宣王听说孟子病了，派人来问候，连医生也带来了。孟子却说："昨天有大王的诏令，但得了点小毛病，不能去朝见大王。今天病稍有好转，但我不知道能不能去。"宣王于是派人在孟子回家的路上拦截他，并对他说："您千万不要回家了，赶紧去朝廷吧。"孟子没办法，就躲到齐国大夫景丑家过夜。

景丑对孟子的行为很看不惯，就说："在家有父子，在外有君臣，这是人与人之间最重要的关系。父子之间要慈爱，君臣之间要尊敬。但我好像只看见齐王尊敬你，没有看见你怎么恭敬齐王。"孟子不高兴地驳斥景丑："这是什么话!在齐国人中，没有一个拿仁义的道理向齐王进言的，难道他们认为仁义不好吗?他们只不过是觉得这个君王不配去跟他谈道理而已。还有比这个想法更不恭敬的吗?我呢?不是尧舜的道理我不敢拿来说给齐王听，所以齐国人中没有像我这么尊敬齐王的了。""可是按照礼制的规定，父亲叫你，不等答应就要前去;君主召见，不等车马驾好就要出发。你本来是要去朝见齐王的，可是听说齐王要见你，你倒反而不去了。这好像不合礼制吧?"景丑继续质问孟子。

孟子解释说："天下有三样东西最重要，就是爵位、年纪、道德。朝廷最重爵位，乡里最重年纪，辅佐君王最重道德。齐王不能靠着他的爵位而轻视我的德行和年纪吧。想要建立功业的君王都有召见而不去的大臣，有什么事要和他商量就应该主动去拜访。他对道德的尊敬如果没有达到这种程度，就不会有大的作为。商汤对于伊尹，桓公对于管仲，都是这样，所以他们不用费心就能称王天下、称霸诸侯。现在的几个大国，实力相当，道德相近，彼此之间都不服气，就因为他们都喜欢任用不如自己的人，而不喜欢任用比自己强的人。当年齐桓公是不敢召见管仲的，如果连管仲都不能召见，何况我这个看不起管仲的人呢?"

　　孟子认为，君臣的关系不应该只注重外在的礼节等形式，而应该建立在共同努力治理朝政的基础上。作为君主，应该崇尚美德，尊重贤士，才有可能建立伟大的功业。这些观点在强调礼制的儒家思想中可谓独树一帜。应该说，齐宣王给孟子的礼遇也算很高的了，在孟子游历过的国家里并不多见。君王亲自召见，孟子却称病不去，其实是想反对"君命一有传唤应该不等马车驾好就去"的古礼，他认为，评说政务、劝善行善才是最重要的。孟子的这种气节对现代读书人来说还是可以借鉴的。

该要的为何不要

　　孟子的弟子陈臻问："当年您在齐国，齐王送您上好的黄金一百镒，您不接受。后来您到了宋国，宋王送您黄金七十镒，您却又接受了。在薛国的时候，薛君送您五十镒，您也接受了。如果先前不接受是对的，那后来接受就是错的；如果后来收下是对的，那先前不接受就是错的。这两种情况，老师您必定属于其中一种。"

　　孟子平静地回答说："我接受和不接受都是对的。在宋国时，我将要远行，对远行者必定要送礼物。宋君说这是赠送给我的礼物，我为什么不接受呢？在薛地时，我需要警卫，薛君说这是给警卫士兵的给养，我为什么不接受呢？而在齐国，没有什么特别的事，没有原因地送我礼物，实际上是用钱收买我。君子怎么可以被金钱收买呢？"

　　有一句古话叫作：君子爱财，取之有道。君子对于礼物不以多少来确定接受不接受，而是以是否符合道理来决定该不该取。符合道理的话，虽然菲薄，也该接受；违背道义收取钱财，那是接受贿赂，君子也就不成为君子了。孟子所言所行，坦坦荡荡，率真可爱，正是他一贯的大丈夫精神。

孔距心知罪

　　孟子到平陆去，见到齐国大夫孔距心，就对他说："如果您的士兵一天之内三次掉队，那么您开除他吗？"孔距心说："不要等到三次我就会开除他。"孟子接着他的话说："那么您的失职行为也很多次了。灾荒年成，您的百姓，年老的倒毙在沟壑里，年轻力壮的四处逃荒，差不多有千余人了。"孔距心忙为自己辩解说，这种事情不是他一个地方官的力量能够改变的。于是，孟子就打了一个比方：有一个人接受了别人的委托替人家喂养牛羊，那这个人一定会为那些牛羊找到合适的牧场和充足的草料。如果找不到的话，那该怎么办？他是应该把这些牛羊还给主人，还是眼睁睁地看着这些牛羊饿死呢？孔距心听了孟子这话，一下子醒悟了，说："这的确是我的罪过。"

　　孟子后来见到齐宣王，就把这件事告诉了他，并说："您的地方官我认识五位，能够察知自己过失的，只有孔距心一个人。"齐王听了这话回答说："那么这是我的过错了。"

　　孟子在这里通过两个类比推理，说明推行仁政的必要，严厉指责了地方官员对百姓生死的漠然和不负责任，并对齐王旁敲侧击地提出批评，迫使齐王也承认了自己的过失。

绰绰有余

　　孟子刚到齐国的时候闲暇无事，于是四处访问齐国的名士，跟各界人士接触，宣传他的仁政思想。蚡蛙是齐威王的心腹，在灵丘当邑宰。灵丘是齐国的西北边城，军事要地。蚳蛙对孟子的仁政思想有着浓厚的兴趣，他在自己管辖的地方试行了孟子学说中一些简单易行的内容，结果很有成效。于是他就辞去了邑宰的职务，到朝廷去当办案的士师。因为这个职务跟齐威王接触比较频繁，很方便向威王进言，使他接受仁政思想。

然而蚳蛙多次进言，威王不但没有采纳，反而十分反感。于是蚳蛙就辞官走了。消息传开，有些齐国人就讽刺孟子说："孟轲为蚳蛙考虑得倒挺周到的，但不知道他是怎么为自己着想的呢？"这话的意思是，孟轲到处宣传仁政，害得蚳蛙进言不成，只好辞官走了。你自己也经常向齐威王进言，也不被采纳，为什么还要赖在齐国不走呢？

孟子的学生公都子听到这些议论就告诉了孟子。孟子说："并不是我脸皮厚不肯走，我的行为都是有根据的。有固定职务的人，如果无法尽责，那是应该辞官而走；有向君主进言责任的人，如果没有尽责，那也应该辞官离开。而我，既无官职，又无进言之责，进退自由，难道不是绰绰而有余地吗？"

"绰绰有余"这个成语由此而来。孟子认为，作为正式的官员，有自己的职责范围，应该尽到自己的责任。如果不能尽责，就应该离去。这也就是孔子说过的"不在其位，不谋其政"。孟子无职无位，就不能用这样的标准来要求自己。当然，这主要是从执政的角度来说的，孟子并不曾因为自己无职无位而推卸自己作为一名有良知的士人所应该具有的责任和使命。他行事磊落，不畏惧别人的非议，进退都掌握在自己的手里，显示出一种大无畏的丈夫本色。

孟子吊丧

滕文公去世，孟子听到这个消息，自然是很伤心。当年滕文公还是太子的时候，就曾经多次拜访孟子，并向他请教学问，两人性情相投，彼此结下了深厚的友谊。滕文公即位后，还把孟子请到滕国，尊他为师，请教国政。孟子还为滕文公详细制定了一套井田制、赋税制的仁政方针。虽然因为种种原因，滕国的仁政没有成功实现，但在孟子心目中，滕文公仍然是一位贤者。所以当齐宣王知道孟子精通礼数，便派孟子以卿相身份前去吊丧时，孟子自然很愿意奉使出吊滕文公。当时，齐宣王派孟子为正使，盖邑大夫王驩为副使同行。

孟子在滕国行了兄弟之礼、君臣之礼，又读了祭文赞颂滕文公的功德和彼此的友谊。最后伏地叩头，痛哭流涕，心情沉痛。在返回齐国首都临淄的途中，孟子、王驩一行人白天赶路，夜里住宿，朝夕相伴，却很少交流，更不谈论这次出行的公事。公孙丑见了很奇怪，问孟子："齐国卿相的职位不小了，齐国和滕国之间的路途也不近啊，但是往返一趟，夫子竟不曾与王驩谈论过公事，这是为什么呢？"

孟子觉得公孙丑的头脑既简单又愚鲁可笑。他说："他既然一人独断专行，我又何必多嘴说话呢？"

实际上，孟子在齐国的身份并不是正式的官员，只是被齐宣王拜为客卿，领有一份俸禄而已，职责范围是议政，而不执政。所以地位虽高，却并不被一些当权者重视。在去滕国吊丧的过程中，王驩虽为副使，但仗着自己是地方官员，根本不把孟子放在眼里，处处独断专行，很多事情都是由他一人说了算。孟子心中明白，所以不与他争执，但也用一种沉默的方式来表达自己对小人的一种抗议。公孙丑对这一切却看不明白，实在有点愚钝。

孟子葬母

孟子因为重视孝道，将母亲的葬礼办得十分隆重，这曾经引起墨家信徒的质疑，也成为小人挑拨离间他与君主关系的一个话柄，甚至连他的弟子也产生过疑问。

就在孟子到鲁国安葬好母亲，返回齐国的时候，弟子充虞就来求教了："前些日子承蒙您不嫌弃我，派我管理工匠。那时事务繁忙，我没敢打扰您，现在我有件事想私下里求教老师，我觉得老师给母亲做的棺木似乎太过华丽了。"

这个问题并没有让孟子感到尴尬，也没有让他恼火生气，他随时随地都能给弟子灌输儒家的学问知识。他回答说："古时候的棺椁是没有一定尺寸的，中古以来的棺椁厚度大概七寸，这是在变化的。从天子到庶民，不仅是为了棺椁好看，更主要的是为了尽儿女孝心。达不到应有的标准不会称心，没有相当的财力也不会称心。古时候的人都这样做了，我现在既能达到标准又具备了财力，为什么就不能做呢？要知道，我们庇护死者最好的办法，就是不让他们的身体肌肤与泥土接触，这样做儿女的才能感到欣慰啊。我听说，君子是不会在天下人都做得到的事情上节省自己父母亲的所有费用的。"

孟子对于父母丧礼的态度一向坚持两条，一是是否尽到了做子女的孝心；二是与自己的能力是否相当。如果丧礼没有达到自己财力所能达到的程度，那就说不上是尽孝了。孟子对于父母丧礼的这种思想跟孔子是一脉相承的。而今天的中国人对于父母长辈的丧礼比较讲究，甚至流于铺张的传统，恐怕也跟儒家思想中对于丧礼的倡导不无关系。

沈同问伐燕

当年齐国攻打燕国这件事，在齐国上下引起了很大的反响。齐国大臣沈同就曾经私下问过孟子："可以讨伐燕国吗？"

孟子回答："可以。因为燕王哙不可以随便按照自己的意志把燕国让给别人，他的相国子之也不可以就这样从燕王的手里接收燕国。这就好比有一个人，你很喜欢他，就不向君王请示而自作主张，把你自己的官位俸禄让给他。而他呢，也没有君王的任命就直接从你的手里接受官位俸禄，这样行得通吗？燕王、子之两人私自把燕国给来受去的，跟这个例子有什么两样呢？"

孟子批评燕国的让位事件，认为它并不符合古代禅让政治的本意。也就是说，王位或官位都不是私有的，不能私自转让接受。如果要转移政权的话，应该以民意为主导，得到百姓支持的人才能做天子。燕王哙私自将国家政权授予相国子之，没有得到百姓的支持，就是不尊重民意，所以从这一点出发，孟子认为讨伐燕国是正义的。但是有一点，只有同样是怀着正义愿望的军队才有资格去讨伐燕国，如果一心只想着霸占别国的领土，却假借正义之名，行不义之事，那么他就没有资格去讨伐燕国。

孟子也将他的这个想法说给齐宣王听过，可惜齐宣王听不进去，认为孟子又是老调重弹，不切实际，所以还是一意孤行地派兵攻打了燕国。

宣王愧对孟子

齐国攻伐燕国不久，燕国人又起来造反，很快就收复了失地，光复了国家，并拥戴燕太子平为王。这时，齐宣王才想起孟子曾经对他说过的话，心中十分惭愧，便感叹说："我真是愧对孟子啊！"齐国大夫陈贾在一旁听了，自作聪明地开导齐王："大王以为自己跟周公比，谁更仁德、智慧呢？"齐王嗔怪地说："这是什么话！我哪敢跟周公比呢！"陈贾没有理会，接着说："周公派管叔监管殷地遗民，管叔却率领殷朝遗民起义反抗周公。如果周公预见到管叔会反叛他，仍派他去监管殷地人，那他就是不仁义；如果周公没有预见到管叔会反叛他，那他就是不明智。连周公这样的先贤都没有做到完全的仁义与明智，您又何必自责呢？我去跟孟子解释清楚。"

陈贾跑到孟子那儿把这番话又说了一遍，满以为自己很有道理，不料却被孟子

——驳回：周公是弟弟，管叔是哥哥，难道弟弟会怀疑哥哥反叛自己吗？周公犯的错误是人之常情，没什么奇怪的。何况古代圣人知错就改，不像当今的一些君主，明明犯了错误，却不思悔改，还将错就错。古代圣人犯的错误好比日食月食，百姓看得很清楚，一旦改正，百姓也是高兴地仰望他。现在的君主呢？却要找一大堆的借口来掩饰自己的错误，为自己辩解。

陈贾满以为自己的一番说辞能为齐王讨点好处，却不料被孟子击中了要害。作为一国之君，犯了错误不足怪，只怕犯了错误还要掩饰，而且不肯改过。那所谓的"惭愧"又有什么意义呢？

孟子辞官

孟子向齐宣王提出了辞呈，准备回国。宣王亲自到孟子的寓所去见他，并说："过去想见您却见不到，后来好不容易能够有幸跟您在一起，我一直很高兴。可是现在您又要离我而去，不知我们什么时候才能再见面呢？"孟子回答说："这原本也是我的希望，只是我不敢勉强罢了。"

过了几天，齐王对大臣时子说："我想在临淄城中给孟子一幢房屋，用万钟之粟来养活他和他的弟子，这样我们齐国的官民便能够向他学习。你替我去找孟子谈谈吧。"于是，时子便托人把这话转告给了孟子。孟子回答说："这个时子也不想想这样的事情做得做不得。假如我是贪图富贵的人，我干吗辞去十万钟俸禄的官位，而接受这万钟的赐予呢？"

孟子的意思是说，物质利益的大小并非是否出仕的标准。假如自己会为齐宣王承诺的这万钟俸禄而留在齐国，那自己又何必辞去十万钟俸禄的官职呢？既然我不是为了这官职俸禄而留在齐国，那我现在要离开了，又岂是多少钱财能留得住我的呢？齐宣王也有意思，他欣赏孟子，却又不接受孟子的政治主张，不采纳他的治国方针。如今孟子要走，他又舍不得孟子这个学问深厚、知识渊博的人才，想竭力挽留住他。他这种矛盾的心理，自然使得孟子在离开齐国的路途中仍然对他抱有一丝幻想。

告别齐国之路

孟子离开齐国，向西南方向走，准备返回故乡。走了一天，到了昼邑这个地方，便住下休息。有个想替齐王挽留孟子的人，恭恭敬敬地坐在那儿对孟子说话，孟子却不理不睬，自顾自地靠在桌子上睡觉。那人不高兴了，说："我对您那么恭敬，斋戒了一宿，清静了身心，才敢坐在这里与您说话，您却装睡不理我，我不敢再来见您了。"孟子这才开口说话："你坐好，我来明白告诉你从前鲁穆公是怎样对待贤士的。他如果见没有人在子思身边，就不能安心；如果泄柳、申详这些贤者没有人在鲁穆公的身边陪伴，鲁穆公自己也不能安心。你虽然是为我这个老头儿考虑，却比不上子思，因为你连鲁穆公怎样对待子思这一点都忘了。你不去劝说齐宣王改变主意，却在这里说些空话挽留我，你说，这到底是你跟我决绝，还是我跟你决绝呢？"

孟子在昼邑住了三天三夜才离开齐国的边境。这时有个叫尹士的人听说了，就说起了牢骚怪话："不知道是齐王当不了商汤、周武，还是孟子太糊涂。如果是知道齐王不行还要来，那是他贪求富贵。如果是因为得不到齐王的信任而离去，那为什么在昼邑住了三天三夜，磨磨蹭蹭不肯离开呢？我很看不上他的行为。"

高子把尹士的话告诉给孟子听。孟子回答说："这个尹士哪里了解我呢？不远千里来见齐王自然是我所希望的；得不到信任而离去，难道也是我所希望的吗？我是不得已啊！我在昼邑歇息了三天，我还嫌快呢。我想，齐王也许会改变态度，召我回去。直到我离开昼邑，齐王也没派人来追，我才无所留恋地准备回家乡。即使是这样，我也不想抛弃齐王啊！齐王还可以好好干一番事业的。假如他肯用我，不只齐国百姓能得到安宁，天下百姓也能得到太平啊。齐王或许会改变态度的，我天天盼望着呢。我难道要像那些气量狭小的人一样，劝谏之言得不到采纳，就怨恨、生气；一旦离开，就非要走到精疲力竭不肯歇息吗？"尹士听到孟子这番话后惭愧地说："我真是个小人啊！"

在离开齐国的路上发生的这两件事，表明了孟子为官的态度。前者说的是，君主要挽留贤者，就要使贤者安心；反过来，贤者所顾虑的，也是能否以自己的主张来影响君主。想挽留孟子的齐王不能真正理解孟子，那孟子只好走了。后者表现了孟子以天下为己任的胸怀，对于有可能施行仁政的君主，哪怕有一丝希望，他也是不愿轻易放弃的。常言道：君子坦荡荡，小人长戚戚。以小人之心，度君子之腹，充分表现出了人性的卑琐。

此一时彼一时

孟子离开齐国返回故乡的途中，内心一直充满了矛盾，常常情不自禁地叹气。弟子充虞就问他："老师您好像有点不太高兴的样子。记得以前您曾经说过，有德行的人既不抱怨上天，也不埋怨别人。"孟子回答说："那时是那时，现在是现在。自古以来，每五百年必有一位贤明的君主出现，这期间还会有举世闻名的杰出人才出现。从周武王到现在已经七百多年了，早已超过五百年了。所以从时势上看，现在应该是贤明君王和杰出人才出现的时候了。看来上天不想使天下安定吧？如果想的话，普天之下，除了我还有谁做得到呢？我为什么要不愉快呢？"

孟子的自信在此表现得近于自负，五百年必有王者兴，而这辅助王者的贤才则是"当今之世，舍我其谁？"这并非是孟子聊以自慰的空话大话，而是孟子一心拯救天下的抱负和使命感的体现。这既显示出了他性格中自负的一面，也显示出了他救世济民的奉献精神。可惜他空有一腔抱负，却得不到施展。即使是如他一般的圣人，当遭遇现实挫折的时候，也难免会有失望沮丧的时候吧。所以就连孟子也说出了"此一时彼一时"这样的无奈之言。

滕文公问丧仪

　　滕定公去世了。太子对他的老师然友说："过去我跟孟子在宋国曾经交谈过，至今念念不忘。现在不幸遇到了丧事，你去问问孟子，再举行丧礼。"然友来到邹国，向孟子请教。孟子说，父母去世了，是应该尽心尽力。父母在世时，好好侍奉他们，父母去世后，好好埋葬他们、祭祀他们，这样才是孝子。诸侯的礼节我没学过，但是我知道，三年的丧期里穿粗布衣服，喝稀粥，这是从夏商周以来，从天子到老百姓都一直遵守的规矩。

　　然友回去后就把孟子的话告诉了太子，于是太子决定滕国的丧期为三年。但是滕国与国君同姓的百官、大臣都不愿意，在下面议论纷纷：我们的宗主国鲁国的先王没行过三年的丧礼，我们自己的先王也没有。为什么到了你这儿就要违反这个规矩呢？

　　太子又对老师然友说："过去我没有学过礼仪，只喜欢骑马和剑术。现在文武百官都反对三年丧礼，我担心完不成这个礼仪。你再帮我去问问孟子该怎么办。"然友又来到邹国去问孟子。孟子说，这样的事首先要靠自己。孔子以前说过：先君去世了，政权先由宰相掌管着，自己就喝着稀粥，一坐下来就哭，百官也没有一个不悲哀的，因为自己做出了表率。在上位的喜欢什么，下面的人也就喜欢什么。君子的德性就像风，小人的德性就像草，风吹在草上，草肯定就倒了。所以关键还是要看太子自己啊。后来太子就按照孟子的说法举行了葬礼，前来吊丧的人都很满意。

滕国太子就是后来的滕文公，他内心一直仰慕孟子的才学，当太子的时候就数次向孟子求教。即位成了国君以后，他也一度想请孟子来帮助滕国实行仁政。无奈滕文公性情优柔寡断，缺少魄力，遭到滕国那些身居高位的权臣贵族的反对以后，仁政之事也就不了了之。在孟子看来，能否行礼仪、行正道，关键要看自己有没有信心，他借风与草对德性的比喻是意味深长的。当然，孟子对丧仪的要求是按照周朝的礼制而来的，在战国时代以利益为先的氛围里显然是格格不入的。

滕文公问政

滕文公有意施行仁政，于是专程邀请孟子到滕国。在滕国，孟子受到了隆重的接待，被安排住在舒适的客舍里。滕文公就常到客舍来拜访孟子，向他请教为政之道。

孟子耐心指导滕文公：老百姓的生活得到保障是最要紧的。没有稳定的资产作为生活保证，却又保持良好的道德品质，恐怕只有贤人圣人才能做到。一般的百姓，假如没有稳定的资产收入，便会心神动摇。一旦心神动摇，便会放纵、奸诈、欺骗、胡作非为。等到这些人犯了罪，然后再用刑罚惩罚他们，这就等于是国家用罗网故意引诱百姓，而后抓捕他们。因此，贤明的君主应该为百姓创造稳定的产业，使他们上可以奉养父母，下可以养活妻子儿女。好年景终年丰衣足食，坏年景也能免于冻馁死亡。如果民众连基本生活都不能保证，天天在死亡的边缘挣扎，哪里会有功夫来奉行礼义呢？所以，贤君就应该认真办事，节省用度，对待臣下有礼，尤其是征收赋税要有一定的制度。

孟子对滕文公详细解释了古代的税收制度，并说，丰收年成多征收一点也不算苛政；但如果灾荒年成，每家的收成甚至还不够第二年肥田的开销，却还要收满规定的赋税，那就是不管百姓死活了。滕国做大官的人都有一定的田租收入，并且子孙相传，为什么老百姓不能有一定的田地收入呢？

等到百姓生活都有了着落了，就要兴办学校来教育他们。学校教育的目的在于阐明人伦的道理，百姓明白了道理，自然会相亲相敬。如果努力实行这些措施的话，国家一定会气象一新，而君王也一定能称王天下。

孟子跟滕文公的谈话集中体现了他的仁政方针，那就是首要解决百姓的生活问题，使他们有固定的收入，减轻赋税、恢复井田制，百姓生活稳定之后，再兴办学校教育他们。那样，称王天下就为时不远了。

孟子舌战陈相

有一个叫陈相的人，听到农家许行的一番言论后，深受感动，立刻放弃了自己原来所学而改投许行的门下。

陈相学了一点农家的主张后就跑去见孟子，想跟孟子理论一番，炫耀一下自己的所学。他对孟子说："滕国的国君确实是个贤明的君主。尽管如此，但他仍然没有通晓治国的大道理。真正的贤君应当与百姓一起耕作，一起吃饭。现在滕国还有仓库官府，这是剥削百姓来养活自己，怎么能算是贤君呢？"

孟子一开始并没有回答陈相的问题，而是向他发起了一连串的质问："许行一定是自己种庄稼，收获以后再吃饭吗？"陈相答道："对。""许行一定是自己织布，然后再穿衣吗？""不是。许行穿麻布做的短衣。""许行戴帽子吗？""戴。""戴什么帽子？""戴白色帽子。""自己织的吗？""不是，用谷物换来的。""许行为什么不自己织帽子？""那会影响耕作。""许行用锅罐做饭，用铁犁耕作吗？""对。""锅罐、铁犁都是自己做的吗？""不是，是用谷物换来的。""用谷物换器械，不算影响陶器的锻冶；那用器械换谷物，又怎能算影响耕作呢？许行为什么不自己去锻冶陶器，用自己制作的东西，而要去与百工交换呢？许行为什么不嫌麻烦呢？""百工各有各的产业，不可能既耕作又做自己本行的事。""那治理天下就可以同时耕作吗？有君主百官的事，有普通百姓的事。如果所有的东西都要自己制作后再用，这不是让君主率领天下人奔波于道路上吗？因此说：有人做脑力劳动，有人做体力劳动。做脑力劳动的人管理别人；做体力劳动的人被别人管理。被别人管理的人供养别人；管理别人的人被别人供养。这是千古不变的公理。"孟子抓住了陈相的好几个漏洞，步步紧逼地追问，令陈相无法自圆其说，被逼进了墙角。孟子的论辩到这里几乎是胜利在望了。

孟子接着又批评陈相："你的老师陈良是楚国人，他喜欢周公、孔子的学说，北方的学者很多都比不上他，他是人们所说的豪杰啊。可他去世了，你就背叛他。这个许行来自落后地区，胡乱批评君主的政事，你倒拜他为师。我从没听说过高处的乔木要搬迁到低洼的山谷里去的。"

陈相被孟子抢白了一番，很是狼狈，但仍然强撑着为许行辩护："如果按照许先生的主张做的话，市场上物价统一，布匹长短相同，麻线重量相同，粮食多少相同，鞋子大小相同，那么价格也相同。这样就没人作假，即使是孩子也不会被人欺骗了。"

孟子冷笑道："事物间存在差别，这是再自然不过的事了，你却硬要它们统一。如果鞋子的尺寸相同，价格就相同的话，谁还会做质量好的鞋子呢？真要施行许先生的主张，那就天下大乱了，还怎么治理国家呢！"论辩到这里，陈相终于认输，哑口无言地回去了。

孟子反对农学家许行"君臣并耕"的主张，提出了"劳心者治人，劳力者治于人"的儒家学说。在今天的民主时代看来，这显然是具有封建色彩的。他还认为偏远地区文化落后，难免有歧视他族的嫌疑。不过，从这个故事里我们也能够欣赏到孟子强有力的雄辩口才。

墨家治丧辩

战国时代，各家学派之间常常会就双方的某一个观点进行辩论。比如对于丧葬，儒家是主张厚葬的，墨家却主张薄葬，而道家则认为葬礼没有多大意义。有一次，墨家的信徒夷子通过孟子的弟子徐辟的关系拜会了孟子。孟子立刻就墨家"兼爱""薄葬"的观点进行批判。他说：我听说墨家办理丧事，主张节俭。可是夷子父母的丧事却办得很隆重，这不是跟墨家的主张相矛盾吗？夷子辩解说，人对人的爱不应该有亲疏之差，实行起来就要从自己的父母开始。我厚葬父母，不过是使爱从父母开始而已。

孟子反驳说，你真以为别人爱自己哥哥的孩子会跟爱邻居的孩子一样吗？你们的理论不过是抓住了这样一点：婴儿在地上爬，眼看着就要爬到井里，此时此刻，无论谁见了都会出手去救。你以为这是"爱无次等"，其实这只不过是人的恻隐之心罢了。万物出生的根源只有一个，那就是父母，所以儒家主张"老吾老，以及人之老"。你们墨家却说自己的父母与别人家的父母没有什么区别，爱无差等。这不等于说万物的根源有两个了吗？

孟子接着举了个例子。很早以前，人们的父母去世以后都不埋葬。有一个人，父母死后，按习俗把他们的尸体丢弃在山沟里。过几天又经过那里时，发现狐狸在啃咬父母的尸体，蚊虫也在尸体上吸吮。这人不禁额头冒汗，心中悔恨得无地自容，眼睛也不敢正视父母尸体。为什么呢？心中愧疚啊。于是他赶忙回家拿来工具埋葬了父母。掩埋父母的尸体当然是对的，而仁人孝子厚葬双亲，就更是理所当然的了。你们说爱无差等，怎么可能呢？听了孟子这番议论，夷子沉思了好一会儿，然后叹了一口气说道："孟子教我明白了一个道理啊。"

墨家的"兼爱"主张虽然美好，但却显然不符合人性。而夷子厚葬自己父母的行为本身也违反了墨家所主张的"薄葬"原则。孟子所举的例子就是要说明，人对父母的爱是先天的，无可取代的，因为生养我们的只有父母这一个根源。儒家学说重视孝悌也是因为这个原因。爱自己的父母不等于不爱别人，正是因为爱自己的父母，才能由己及人，善待别人的父母。

枉己者怎能直人

陈代是孟子的弟子，他对孟子坚持原则、不得到合乎礼仪的邀请就不去见诸侯的行为有点不太理解，觉得老师可以在礼仪的问题上暂且委屈一下。于是对孟子说："不去见诸侯似乎显得太拘谨了吧，现今要是游说他们，弄得好可以称王天下，弄不好也可以称霸诸侯，古书上说'弯曲小的而伸展大的'，游说诸侯似乎可以试一试。"

孟子说："过去齐景公打猎，用旌旗去传唤管理山林的虞人，虞人没去，景公就要处死他。孔子得知后说：'志士不怕弃尸山沟，勇士不怕丧失头颅。'孔子这是赞赏什么呢？是赞赏虞人对不符合礼仪的传唤不回应啊。要是不等传唤而前去，那算什么呢？所谓'弯曲小的而伸展大的'，是从利益上来说的。要说利益，如果为了追逐利益而弯曲大的、伸展小的，是否也能做呢？过去赵简子派王良为他宠幸的小臣奚驾车打猎，一整天也没打到一件猎物。奚就向赵简子汇报说：'王良是天下最差劲的驾车手。'有人把这话告诉了王良，王良说：'请让我再试一次。'反复请求之后才获准许再为奚驾车，结果一个早上就捕捉到了十只野兽。奚又向赵简子汇报说：'王良是天下最优秀的驾车手。'赵简子就说：'那我派他专门为你驾车吧。'然后就把这个决定告诉了王良。想不到王良坚决不同意，说：'我替他按规则驾车，一整天捕不到一只猎物；不按照规则驾车，一个早上就捕到了十只。我只想证明这一点才第二次请求为他驾车的。其实我不习惯替小人驾车，所以这个差事我不干。'

你看，一个驾车手尚且羞于与奚这样的射手合作，即便合作所捕获的鸟兽堆得像山丘一样高，也不肯干。如果违背了自己的主张和原则去附和诸侯，那算什么呢？而且你还有一个错误：自己行为不正的人，是不可能让别人刚正的。"

陈代的想法有点像我们俗话所说的"吃小亏占大便宜"，但孟子严肃地指出了陈代的错误之处。如果一开始就在礼仪这样的问题上让步，那又怎么能达到远大的目标呢？坚持原则是通往崇高理想必须具备的精神。所谓"以小见大"，说的就是从小处做起。小事都不能循规蹈矩，大事上又怎能符合道义呢？很多时候人们都会觉得，只要能够成就大事，达到目的，过程中的一些小节就不必那么在意了。然而，不行正道、不择手段，真的就是一条成功之路吗？

什么是大丈夫

魏国有一位名叫景春的纵横家，对公孙衍和张仪这两个出名的外交政客十分崇拜。有一次他就问孟子："公孙衍、张仪难道不是大丈夫吗？一发怒，诸侯就害怕；一平静下来，天下就安宁。"

孟子回答说："这怎能算是大丈夫呢？你没有学过礼吗？男子行冠礼时，父亲教导他；女子出嫁时，母亲教导她，亲自送到门口，告诫她到了丈夫家要恭敬、顺从，不要违背丈夫的意志，这是为人之妻的道理。居住在天下最宽广的房子里，站立在天下最正直的位置上，行走在天下最广阔的大道上，具备了仁义礼智，能实现志向的时候就与百姓一起去实现，不能实现志向时就独自固守自己的原则，走自己的路。不受富贵诱惑，不为贫贱动摇，不为权势屈服，这才叫大丈夫。"

"富贵不能淫，贫贱不能移，威武不能屈"因为孟子的这一段话而闻名。真正的大丈夫就要有这样顶天立地的品格和气势，所谓的孟子精神也就是指这个。在一个只崇拜英雄不注重道德的时代，孟子的这番话流露出来的大丈夫气概，令无数政客、纵横家们黯然失色。即使在两千年后的今天，仍能让我们感受到一种震撼力。

父母之命，媒妁之言

　　孟子在魏国的时候，是以宾客的身份和梁惠王交往的。他对于出任官职的事，并不像当时的许多游士一样热衷。所以有一个魏国人周霄就问他："古代的君子出去做官吗？"孟子回答说："做啊。古书上说，孔子如果赋闲三个月就会焦急不安。到国外去时，必定要带着礼物去觐见国君，希望能谋到官职。鲁国的贤人公明仪也说，古时候的人如果赋闲三个月，大家就要去慰问他。"

　　周霄又问："赋闲三个月就要去慰问他，是不是太急切了啊？"孟子回答他说："读书人失去官位就像诸侯失去国家一样啊！""既然读书人都迫切希望出任官职，那为什么有些道德学问很高的人却又不肯轻易接受官职呢？"周霄追问道。这话其实是针对孟子的。孟子一方面希望得到国君的任用，能够实现自己的理想抱负，另一方面又不愿意随便去谋取官职，这不是有点自相矛盾吗？

　　对于这样的疑问，孟子是这样回答的："做父母的，都希望自己的儿子能娶到好妻子，女儿能嫁个好丈夫。这样的父母之心，人人都有。如果不等到父母之命、媒妁之言，就自己钻孔穴、趴门缝互相偷看，翻过墙头见面相好，那他们的父母及国人都会看不起他们。古人并不是不想出任官职，但又厌恶那种不走正当途径的行为。不走正当途径去达到目的的人，跟那些钻洞翻墙的人没有什么两样。"

　　人们一般把父母之命、媒妁之言与古代婚姻制度联系起来，但孟子在这里想说的是大丈夫精神。俗话说，"君子爱财，取之有道"，这句话用在这里就可以说："君子欲仕，由道而往"，也就是说，真正的君子，并非是故作清高，不爱钱财，不愿做官的人，但一定要遵循礼制，谋取正道，通过正当的途径实现自己的理想。现代社会如果人们都能把自身的品德看得比钱财、官位重要的话，那官场一定会清廉许多，社会风气也一定会纯净许多。

食志与食功

孟子在齐国的身份是客卿，虽然不是实质性的官员，但也领取一份较高的俸禄，他出行的装备和阵容从滕文公开始就日益强大，以至于弟子彭更有些看不惯了，觉得老师这样太过奢侈。有一天，彭更就向孟子提出疑问：“您一出门，后面就跟着几十辆车马，身边的随从也有几百人，走来走去都有诸侯供养着，您不觉得这样有些过分吗？”孟子回答说：“如果不符合道德，一碗饭都不该接受别人的；合乎道德的话，舜连尧的天下都接受了也没觉得过分。你觉得我过分吗？”

彭更说：“我看不对。士人没有任何成就，却白吃人家的，这是不可以的。”孟子反驳说：“你如果不去跟人们的劳动成果互相交换，用你的多余来弥补他们的不足，那农夫就会有剩余的粟米，女子就会有剩余的布匹。相反，如果你跟他们互通有无的话，那么工匠都能从你这里得到吃的。这样你就觉得很自然。可是假如现在有那么一个人，是一个在家孝顺父母，出外友爱别人，处处恪守先王的准则，扶持后进的学者，但没有什么东西来和你交换，那他就不能从你这里得到吃的吗？你为什么那么看重工匠，而轻视实行仁义的人呢？”

彭更不甘示弱，继续质问：“工匠们的愿望是靠手艺来谋取养活自己的食物，君子施行仁义道德，难道他们的愿望也是要靠这个来谋取食物吗？”孟子抓住了彭更话里的漏洞，紧接着问：“你为什么要在乎他们的愿望呢？他们对你有功劳，值得酬劳，所以你才酬劳他们的，对吧？你到底是酬劳他们的愿望呢，还是酬劳他们的功劳啊？”

彭更不肯服输，回答说：“酬劳他们的愿望吧。”

孟子紧逼不放：“那假如现在有个人，干活时把瓦片毁坏了，又把墙壁弄脏了，可他的愿望也是要换碗饭吃，你会给他吗？"彭更只好回答说："不会。"孟子总结道："那你酬劳的就不是愿望，而是功绩了。"

孟子和彭更师徒的这段对话其实提出了一个物质产品与精神产品的问题。前者就是如粮食、布匹这类可以看见、摸到，具有实用性价值的物质；后者则是如知识、道理、学说这一类精神性的东西。两者都具有不可代替的价值，都应该得到相应的报酬。劳动者的志向是比较直接的，就是用自己的物质产品来换取食物，养活自己。知识分子一心传道授业解惑，可能志向更为高远，不是简单地为了换碗饭吃，但别人却不能因此就认为他不要吃饭、无须报酬。所以，孟子最后总结说，社会在给予不同行业的人报酬时，应该依据他们的功劳的大小（即"食功"），而不是他们具有怎样的志向、愿望（即"食志"）。

商汤复仇

孟子离开齐国后，听说宋国想实行仁政，于是决定去宋国看看情况。他的弟子们都表示反对，因为宋国是一个小国，就算实行仁政，也改变不了天下的局势。其中得意门生万章就直截了当地问孟子："宋国是个小国，它若实行仁政，万一隔壁的强国齐楚因此而攻击它，那可怎么办呢？"孟子没有回答这个问题，而是给他讲了一段商汤的故事。

商汤住在亳都的时候，与葛国是邻居。葛国首领葛伯放纵无度，不守礼法，不祭鬼神。汤便派人去问他为什么不祭祀？葛伯回答说："没有牛羊做祭品。"汤就派人给他送去牛羊。可是葛伯却将牛羊杀掉吃了。汤又派人去问："为什么不祭祀？"葛伯回答说没有五谷做祭物。汤就又派亳地的强壮百姓去替他们耕种，年老体弱的人去给他们送饭。可是葛伯不但不感激，反而带人抢夺酒肉饭菜，不肯给的就把他杀掉。汤终于忍无可忍，就为了这些被杀的百姓而起兵讨伐葛国。

现在人们都知道汤不是因为贪图天下财富而征战，而是为他的百姓报仇。汤从讨伐葛国开始，一共出征十一次，天下无敌。他往东征战，西方的夷人抱怨；向南征伐，北方的狄人埋怨。他们说："汤为什么先征伐别国，后征伐我们呢？"原来他们都企盼着汤的军队早日到来，就像久旱的人们盼望下雨一样。汤的军队每到一处，做买卖的人安心，耕田的人不回避，杀死暴君，抚慰百姓，民众个个都欢欣鼓舞啊。

商汤

孟子讲完这段历史故事就总结说，可见行仁政的国君，四海之内的百姓都仰头盼望他。就算齐楚是大国，又有什么可怕的呢？所以说强弱之势是可以改变的，关键在于行仁政，得民心。如果这样做了，弱国有可能变成强国。反之，强国也可能因为失去民众拥护而衰弱。

难道是我好辩吗？

在齐国的稷下学宫，孟子接待了许多前来拜访的学者，与当时农家、墨家、纵横家等派别的代表都有过思想交锋，他对其他学派的学说主张几乎都持反对意见。

有一次，孟子和弟子谈起了其他学派的学说。孟子评论说：杨朱主张"为我自己"，要他拔一根汗毛以利天下，他都不肯干。墨子主张兼爱，只要对天下有利，什么都可以干。子莫主张中道，缺乏弹性，固执于一，有害于仁义之道。听到孟子的评论，直率的公都子头脑中闪出了一个问题，禁不住就问老师："人家都说您好辩，请问为什么呢？"

孟子听了这话有点急了，说："我哪里是好辩啊，我是不得已啊！尧舜死了以后，圣人之道就逐渐衰落了，暴君不时出现，百姓不得衣食，无处安身。到商纣的时候，天下更是大乱。后来周公辅佐武王，把纣王杀了，百姓都非常高兴。但是从那以后，就再也没有出现圣人了。诸侯无所忌惮，学者大发议论，杨朱、墨翟的学说到处散布，使得天下的言论也被他们左右。杨朱学说没有君臣观念，墨翟学说没有父子观念。无父无君，这是禽兽的行为。杨朱、墨翟的学说不停止，孔子的思想不发扬，就会阻塞仁义的道路。仁义的道路被阻塞了，就等于禽兽吃人、人与人互相残杀。我因此深感忧虑，所以要抗拒杨墨学说，驳斥错误言论，捍卫古代先贤的大道。像杨、墨这样目无君上父母的人，正是周公要惩罚的。我也要端正人心，消灭邪说，驳斥荒唐的言论。我难道真的是喜欢辩论吗？我是不得已啊！能够用言论来反对杨、墨的，也就只有我这圣人的徒弟了。"

听了孟子这一大段的辩解，让人突然对他产生了一点怜悯。多年游说失败的经历，已经使孟子渐渐感到了无望，但内心却又不甘心，因而涌现出一股强烈的卫道之情。孟子最担心的就是世道沦落，邪说害民。面对诸侯放纵，百家争鸣的现实，孟子禁不住以圣人的徒弟自居，一面缅怀先圣的功绩，一面批驳杨、墨，维护正统思想。但是，战国时代的可贵之处就在于它在思想上的自由开放，百家争鸣。孟子以正统思想的卫道士自居，把其他学说都看作是洪水猛兽，似乎有点过头了。

陈仲子的廉洁

陈仲子是齐国著名的"廉士"，一天，孟子的好朋友齐国将军匡章来到孟子住处拜访，两人聊起了陈仲子。

匡章说："陈仲子难道不是位廉洁之士吗？居住在於陵，三天不吃东西，耳朵听不见，眼睛看不见。井边有颗李子，被金龟吃去了大半，他才摸索着爬过去取来吃，吞咽了三口，耳朵才能听，眼睛才能看。"孟子说："在齐国人中，我当然是把仲子看成是人品最突出的。然而，他怎么可能做得到廉洁呢？要完全符合他所要求的那种品行，恐怕只有蚯蚓才能做到。因为只有蚯蚓才吞食地面上的干土，喝地下的泉水。仲子居住的房屋，是伯夷所造的，还是盗跖（春秋时期有名的大盗）所造的呢？他吃的粟米，是伯夷所种的，还是盗跖所种的呢？谁知道呢？"孟子的意思是说，陈仲子总还是要吃要喝要住的，不可能做到他自己要求的那么苛刻的程度。

匡章说："这有什么关系呢？反正是他亲自编草鞋、妻子纺麻线所换来的。"孟子评论说，母亲给的食物不吃，妻子给的食物就吃吗？哥哥的房屋不住，於陵的房屋就可以住了吗？这能算得上真正做到了自己坚持的操守吗？所以，完全能做到的，只有地下的蚯蚓可以符合他要求的品行。

陈仲子厌恶权贵，甚至厌恶所有的物质生活，这种清心寡欲、淡泊执着的生活态度确有不少可敬之处，但若要推广，却是有问题的。即使是陈仲子本人，也未必能完全做到。凡事都有个度，过犹不及，陈仲子这样的行为，有点模仿不食周粟、而在首阳山被活活饿死的伯夷、叔齐，令人感到有些矫情。

没有规矩，不能成方圆

齐宣王的政事总是不如意。究竟应该怎样治理国家？有一次他带着这个疑问来请教孟子，孟子趁机又发表了他的仁政主张。

孟子说，离娄有出众的视力，公输般有过人的技巧，但若没有圆规、矩尺是不能画成方圆的；师旷有敏锐的听力，但若不使用六律是不能校正五音的；尧舜虽然有大道，但若不实行仁政，也不能使天下得到安宁。现在有的国君虽然有仁爱的心、仁爱的美誉，然而民众却受不到他们的恩泽，不能被后世所效法。为什么呢？就在于他们不实行先王之道。所以说，仅有善心不足以治国理政，仅有法度不能使其自行实施。

遵循先王法度办事而犯错误，是从来就不曾有过的。圣人既然已竭尽了视力，再辅以圆规、矩尺、墨线，便可以随意地画出方圆平直；既然竭尽了听力，再辅以六律，便可以轻松地校正五音；既然竭尽了思虑，再加上怜惜民众的政治措施，那仁爱之政就可以使恩惠遍及天下了。所以说，筑高必须依傍山丘之势，掘深必须依傍河泽之利，处理政事不依靠先王之道能说是明智的吗？因此只有具备仁爱之心的人才适宜担任最高的职位，不仁的人在高位上就要把他的坏处传播给大家。在上的人如果没有行为准则作为衡量尺度，在下的人就不会遵循法度。朝廷不相信道德，百官不相信法度，君子触犯道义，小人触犯刑律，国家若是这样还能存在下去，那完全是侥幸。所以说，城郭不牢固，武器不充足，不是国家的灾难；土地没有得到开垦，财富没有积蓄，不是国家的祸害。要是在上的人不讲礼义，在下的人不受教育，作乱的小人就会兴起，国家的灭亡就不会有多远了，这才是真正的祸害。

工匠们纵使有过人的技巧，如果不凭借一定的工具，那也没法造出好的产品。一国之君即便有再强的能力，如果不能依照一定的法度做事，那肯定也是治理不好国家的，说不定还会招来杀身亡国之祸。规矩，是行事正确的条件；先圣制定的法度，是治理国家的准则。这个法度其实就是仁政。宣王一次次问政于孟子，却一直都没明白这个道理。

其实人类自古订立规矩，无非是为人们的社会活动定一个标准，规矩是成就自己人生乃至国家、社会的方圆的前提。但从历史上看，规矩一出，总是有人破坏。有能力破坏规矩的人首先是那些权贵们，无权无势的人破坏了规矩只能是死路一条，因此大都是守规矩的人。这就牵涉到规矩的普遍性问题，后来的法家韩非谈的治国之术，可以看成是孟子这一想法的延伸，尽管他们对规矩的看法是不同的。

反躬自问

一个人的修养如何，不单单是个人的事，而是关系到国家、天下和百姓的命运。修养有一条很重要，就是反躬自问。

假如有一个人，他爱别人，可是别人却不亲近他，那他就要反问自己，是否还不够仁爱呢？他想治理人民，而人民却不听从，那就要反问自己，是否自己的智慧和知识还不够呢？他有礼貌地对待他人却得不到回报，也要反问自己是否恭敬还不够呢？总之，凡是自己的所作所为得不到应有的效果，都要从自身来寻找原因，自身行为端正了，天下自然就归服了。

修养最高的标准是仁人君子。不仁的人见别人有了灾难，或者无动于衷，或者趁火打劫，或者投井下石，他们把荒淫暴虐当作乐事来追求，这样不仁的人能和他议论国事吗？有童谣唱道："清澈的沧浪水啊，能够用来洗我的帽带；混浊的沧浪水啊，能用来洗我的双脚。"孔子听了这个歌谣后就对他的弟子们说："水清洗帽子，水浊洗双脚，这都是水自身决定的。"人必定是有了自取侮辱的行为，然后别人才能侮辱你；家必是有了自己毁灭的原因，然后别人才能来毁坏你；国家必定是自己治理坏了，然后别人才能来攻伐你。

反躬自问，强调的是人的反省精神。孔子曾经说他一天要反省三次。我们不一定要完全照搬圣人的做法，但常常反省自己的行为，才能够意识到自己的缺点、错误和不足。常常反问自己到底想要什么，想过什么样的人生，才能使自己的自我修养达到完美的境界，做一个最好的自己。

以道救天下

有一个善辩的纵横家淳于髡问孟子说："男女授受不亲，这是礼。对吗？"孟子说："是礼。"淳于髡接着又问："那如果嫂嫂溺水了，应该伸手去援救吗？""嫂嫂溺水而不救，那是豺狼。男女授受不亲，是礼节；如果嫂嫂溺水而伸手救援，那是权宜之计。"

淳于髡趁势问道："如今天下都溺水将亡了，夫子您为什么不伸手去救援呢？"

孟子的回答也很巧妙："天下溺水将亡，应该用王道去援救，嫂嫂溺水了，那时才用手去援救——你难道想用手去救天下吗？"

孟子在这里其实是故意偷换了"伸手"的概念。淳于髡所说的"伸手"其实并不是真的把手伸出去的意思，而是出力帮助的意思。孟子故意地理解为把手伸出去，从而引出后面的意思，即个人的力量微不足道，必须用仁政的力量才能拯救天下。表面上看，这个故事反映了孟子的机智、善辩和幽默，但实际上也隐藏着很深的道理。孟子和当时一般的士人最大的不同就在于，他不是个只想着追求个人名誉、逞一时之快的英雄主义者。他关心的只有以仁义救世救民的大道理。

事亲如曾子

有一次孟子和学生又谈到孝道。孟子说，人侍奉谁最重要？当然侍奉父母最重要。守护什么最重要？当然是守护自己的品格最重要。侍奉的事都应该做，但是，侍奉父母是根本；守护的事都应该做，但是守护自己的品格最重要。他接着又讲了孔子的弟子曾子侍奉父亲的故事。

从前曾子侍奉他的父亲曾皙，每顿饭一定有酒有肉，撤除饭菜的时候，也一定要请示：剩下的给谁。曾皙如果问还有剩余吗？不管有没有剩余，曾子一定要回答说"有"。后来曾皙死了，儿子曾元供养曾子，每顿也必有酒有肉，但撤除的时候就不问剩下的给谁了。曾子若问还有剩余吗？曾元便说"没有了"，其实是留下一些预备以后用的。比较而言，曾子奉养父亲，才是真正的顺从父亲心意的奉养。侍奉父母要做到像曾子那样，才可以算作是真正的孝道。

可见，孟子对孝道的要求是很高的，不仅要侍奉父母的口、体之需，还要顺从父母的心意，才能称得上是真正的孝。当然，事亲如曾子这个事例还只是讲了孝道的一半，因为儒家的孝道除了奉养双亲，使他们身心愉快外，还有一个重要的内容是守护自身，不因自己牵累老人。

乐正子见孟子

乐正子是孟子的学生，在鲁国为官。有一次，他跟随鲁国大臣於子敖到齐国办公事，就顺便去看看老师。他去见孟子的时候，孟子开口就说道："你也来见我吗？"乐正子不解地问："先生为什么这么说？"孟子问："你来几天了？""昨天来的。""昨天？那我说这话难道不应该吗？"乐正子惶恐不安地回答："我的住所没定。"孟子严厉地质问："你听说过住所定了才去看望长者的吗？"乐正子终于认错道："弟子有罪。"孟子意犹未尽，又继续批评乐正子："你这次跟随於子敖来齐国，就是吃吃喝喝。没想到你学了那么多古时候的大道理，如今却用来吃吃喝喝！"

孟子严格遵守儒家学派对于君臣、父子（包括师生）、夫妻关系的规定，认为长幼、尊卑都有一定的次序。比如父亲呼叫儿子时，儿子应该不等答应就前去。乐正子是学生，到了齐国应该是第一时间就去看望自己的老师。可他却等到居所安顿好以后才去看老师，在孟子看来，这显然违背了礼制。

当然，孟子真正的不满还不只是乐正子没有马上去看他，他最不满的其实是乐正子跟於子敖在一起的所作所为没有尽到一个臣子应尽的责任。他本是带着公务来齐国的，但除了吃吃喝喝却没有干什么正经事，既然如此，却还不马上去见老师，这是让孟子最生气的，所以他批评弟子的语气也就比较严厉。

小惠不足以治国

子产做郑国宰相的时候，用他自己坐的车辇载行人过河。当时的人都称颂子产的仁德。但孟子却不以为然。他说："子产对人的确算是有恩惠的，但他却不知道治理国家的要素。假如他十一月在河上架起木头造一个简易的桥，那样行人就可以过河了；再过一个月，扩大简易桥的规模，造出能供马车通行的桥梁，这样，老百姓哪里还会再苦于不得不蹚水过河？身为君主的人，如果真的能把国家治理好，即使出行时让路人回避让道，也不算过分。如今子产给老百姓的只是小惠而已。用车帮人渡河，能把每个要过河的人都摆渡过去吗？这样看来，一个治理国家的人，如果要想让每个人都高兴，恐怕一辈子也做不到，更不用说将国家治理好了。"

子产

这里孟子想说的是，小惠是不足以治国的。只有大惠才能解决根本问题。应该说历代的一些为官者并不明白这个道理，他们总是在做人上下功夫，善于施小惠于人，让人知恩图报，至于如何成就国家大事则常常是漫不经心的，结果，个人的名望提升了，大家的利益却丢失了许多。

君臣如何相待

齐伐燕的战争过去后，孟子对齐宣王的期望彻底破灭了。仁政的思想在他们那里不过是种高谈阔论罢了，根本不符合他们的利益。而齐宣王也由于孟子越来越尖锐的批评而心存不满。就这样，他们之间的关系渐渐冷淡了，孟子也于此时决意离去了。

既然决定离开，孟子的言论也就更加大胆而无所顾忌了。有一次在谈到君臣相处的原则时，孟子说："如果君主把臣下看成自己的手足，那么臣下就会把君主当作自己的腹心。如果君主把臣下当狗和马一样的玩物看待时，那么臣下就会把君主当作路人看待。如果君主把臣下当作泥土草芥那么低贱，那么臣下就会把君主当作仇敌！"

这一段话即使在今天看来，我们仍然会佩服孟子的大胆。他直接地指出，君臣之间的关系并不是单纯的驾驭与效忠，而是要视对方的态度而定。君主固然可以高高在上、颐指气使，但臣下也有选择君主的权利。孟子的这番话其实是在向齐宣王传达一个信息，即君主如果不走仁政之道，总有一天会被他的臣下遗弃；面对不仁的君主，孟子随时可以选择离开。所以怪不得齐宣王听了这话很不高兴，就是几百年后，当明王朝的开国皇帝朱元璋读到《孟子》中的这段话时，据说也是"龙颜大怒，拍案而起"，操起毛笔就在书上胡乱涂抹，以宣泄自己的愤怒。看来孟子的话的确触到了统治者的要害。

公行子长子之吊

齐国大夫公行子的长子病故，百官纷纷前去吊丧。这些官员是公行子的同僚，他的儿子是晚辈，自然是用不着礼拜与祭祀，只要到府上表示慰问即可。齐国的权贵右师子敖也去公行子府中吊唁。进去之后，有的人走上前来跟右师说话，有的人来到他的座位旁与他搭讪。唯独孟子不跟右师套近乎。右师不高兴了，说："大家都来和我打招呼，唯独这个孟子不来跟我说话，实在是太傲慢了。"后来孟子听说了这话，就回答说："按照礼制，朝廷命官不能越过位次互相交谈，也不能隔着台阶相互作揖。我要按照礼制的规定来做，子敖却说我傲慢，这不是很奇怪吗？"

当今世上，趋炎附势、巴结权贵的人数不胜数，也十分寻常。反而是那些不事权贵、清高自重的人被视为异类，所以孟子不上前去跟右师搭讪，竟会被视为一件不正常的事情。孟子"舍生取义""穷则独善其身"的操守，使得他对这一套庸俗的风气早就具备了免疫力。你巴结你的，对我又有什么影响？当然孟子为自己找的借口也很难辩驳：我的所作所为都是依照礼制而来，你们又有什么话可说？这既表现出孟子的知识分子气概，也反映了他的机智与说话技巧。

匡章不孝

匡章是孟子在齐国交往最深的朋友。匡章出身将军世家，本人也是虎背熊腰的壮汉，然而却背上了一个不孝的罪名，不但亲朋远离，处处遭人白眼，而且得不到威王的信任和重用，无法建功立业。

一天，公都子问孟子："齐国的人都把匡章当不孝之子，您却与他交往密切、情同手足，不怕他坏了您的名誉吗？"孟子说："你知道为什么齐国人都说匡章不孝吗？"公都子回答说："因为他指出父亲的错误，父亲把他赶出家门，于是父子不再相见。"孟子说："那就是了。世间所说的不孝顺有五种：四体不勤，不养活父母；赌博嗜酒，不养活父母；贪婪财货，偏袒妻子儿女，不养活父母；纵情于声色，使父母蒙羞；好勇斗狠，使父母的安全处于危险之中。这五种不孝，匡章属于哪一种呢？"

原来，匡章的母亲得罪了丈夫，丈夫就把她杀了，然后埋在床底下。匡章知道了，就责备父亲不善，因此把关系搞僵了，父子从此不再相见。为了赎自己的"不孝"之罪，匡章甚至把自己的妻子儿女赶出了家门，以此来惩罚自己。

这样的人能说他不孝吗？孟子的学说在儒家属于思孟学派，最重视的是孝道。他为匡章辩护，正反映了他对孝道的正确理解，也为匡章重新赢得了信誉。后来匡章被威王委以重任，率兵抗秦，大获全胜，举国上下无不震动。

曾子与寇

孟子对弟子们说，先贤虽然行为不同，但他们遵循的原则是一致的。他举了两个例子来说明。

曾子居住在武城的时候，越国人来侵犯。有人说："敌寇来了，为何不离开这里呢？"曾子说："我只是不愿让那些人住在我的屋子里，毁坏我那些树木。"于是就离开了。等到敌寇退走，曾子就对弟子说，"我要整修我的院墙和屋子，这就回去了。"曾子的行为令弟子们不理解，他们说："武城的人对待先生那样忠诚、恭敬，可是敌寇来了，先生却为民众做了个带头离去的榜样，敌寇一退走，就又赶紧回去。这样做恐怕不合适吧？"其中一名弟子沈犹行说："这个你们就不知道了。从前先生住在我家的时候，有一次，一个叫负刍的家伙来我家捣乱，跟随先生的七十个人中，没有一个介入的呢。"

　　而子思居住在卫国的时候，也有齐国人来犯。有人也对子思说："敌寇来了，先生为何不离开呀？"子思回答说："连我都走了，国君和谁一起防守国家呢？"

　　孟子总结说，曾子和子思的行为是一个道理，只是他们的身份不同罢了。曾子在武城的地位是宾客，是老师，是武城人的父亲、兄长，所以遇到入侵时可以离去；而子思在卫国的身份是臣子，遇到入侵时自然必须留下尽责。曾子的离开和子思的留下，都是符合他们身份的行为。如果他们两人的位置换一下，他们同样也会这么做。所以，君子是不以利害关系来决定自己的行为的，他们的所作所为只和道理有关。正因为如此，换了位置身份，他们也同样会做符合自己身份的事情。这恐怕就是君子和普通人之间的差别吧。

终生之忧与一朝之患

　　孟子常常和学生们讨论君子的标准。有一次他说："君子之所以不同于常人，就是因为他们的存心不同凡俗。"孟子认为君子的存心是仁和礼。怀有仁心的人爱护他人，有礼的人则尊敬他人。爱护他人的人，别人也反过来爱护他；尊敬他人的人，人们也总是尊敬他。如果有个人用蛮横无理的态度对待自己，君子必定会反躬自省：一定是我不够仁，不够有礼，否则怎么会遭遇这样的事呢？如果反躬自省的结果是自己的存心够仁，也够有礼，而那人蛮横的态度依然不改，那君子就会说：这不过是个狂人罢了。这样的人与禽兽有什么不同呢？对于禽兽又有什么必要去指责呢？因此，君子有终身的忧虑，而没有一时的担心。他忧虑的是：舜是人，我也是人，舜被天下的人所效仿，流芳百世，而我仍然是个乡里的普通人。这才是值得忧虑的事啊！至于一般人所担心的事，君子就没有了。凡是不合仁的事不干，不合礼的事不干，即使有一时的祸患，也用不着去担心了。这就叫"君子有终生之忧，无一朝之患"。

如何才是真君子？孟子提出了两个方面的内容：一是遇到问题首先应该检讨反省自己的错误或不足之处。二是只要自己行得正、站得直，问心无愧就够了，没有必要患得患失。君子唯一担忧的是，自己还没有达到圣贤的境界。至于突如其来的祸患，因为不是自己的过错，君子会坦然地面对，不会担忧什么。

遗憾的是，现代有些人的所作所为正好与古代君子相反。他们有无数并不值得的"一朝之患"：患得患失，为得不到财富、地位而担心，为别人的评价、褒贬而担心，为眼前的利害、得失、安危而担心。而对于真正应该为之忧虑的事却又总是漫不经心，从来不为自己的行为、品德是否够得上正直、高尚而费一点心思。也许摆在现代人面前的一个问题就是：我们的物质财富在与日俱增，可是我们的精神财富呢？

大孝终生慕父母

孟子喜欢谈论孝道。有一次万章就问他："听说舜曾经到田野之中向老天哭诉，他为什么要哭诉呢？"孟子说："因为怨恨和思慕。"万章又问："曾子说：'父母喜爱，高兴而难以忘情；父母嫌恶，忧愁而不怨恨。'既然不应当怨恨，那舜为什么要怨恨呢？"

孟子解释说：孝子不得意于父母，自然会产生忧愁怨恨的心情，难道能满不在乎吗？我努力耕作，只需尽到做儿子的责任，父母不爱我，我又有什么错呢？尧帝派了他的九个儿子、两个女儿以及百官带着牛羊和粮食，到农田去侍奉舜，准备把整个天下都交付给他，但他并不以此为乐。为什么呢？因为得不到父母的爱，感到自己像穷困的人找不到归宿一样。被天下所喜爱，是众人所追求的，但这并不足以解除他的忧愁；美色是众人欲求的，他娶了尧帝的两个女儿也不足以解除他的忧愁；显贵，是众人所追求的，贵为天子也不足以解除他的忧愁。大家都喜爱的美色富贵，都不能解除忧愁，只有得到父母的爱心才能解除忧愁。人们在年幼时是思慕父母的，到了懂得喜欢美色的时候就会思慕年轻美貌的女子，有了妻室就思慕妻子儿女，当了官就思慕君主，得不到君主的信任就会内心恐惧。而大孝的人一辈子都思慕父母，所以舜才会跑到田野里去哭诉自己得不到父母的爱。到五十岁仍在思慕父母的，我看只有舜做到了。

孟子的学说主张里，孝顺父母是其中很重要的一条，表现在言行上对父母双亲的顺从、侍奉，及双亲去世后举行符合身份的丧仪和遵照礼制的守丧。舜终生思慕父母，令孟子赞赏不已，认为这才是大孝。从另一个角度理解，孟子其实也告诉我们：对于根本原则的追求，要像古代圣贤那样不被任何外界事物所干扰诱惑，做到始终如一。

舜以德报"象"怨

说到舜的孝顺，万章又想到一个问题："舜的弟弟象成天把杀害舜当成重要的事务来做，可是舜做了天子却没有杀他，只是把他放逐到远处去，为什么呢?"

舜是圣人贤君，是大孝子，然而在家的时候却不受父母喜爱。不仅如此，他的父亲、弟弟甚至还总想加害于他。父亲叫他去修谷仓，然后就抽去了梯子；派他去淘井，等其他人出来后，就把井口堵上；弟弟象则说：除掉了舜我就立功了。牛羊、粮仓都归父母，矛、盾、琴、弓都归我，两个嫂嫂也要让她们伺候我睡觉。

万章不明白，对于其他一些犯上作乱的人，如共工、三苗、鲧等，舜把他们流放的流放，诛杀的诛杀，天下人都没话说，因为是为民除害。可是对于象这样罪大恶极的弟弟，舜却不但不杀他，还给他在远方封地。这种行为是仁人该有的吗? 别人有罪就惩罚，弟弟有罪就封地?

对于万章的这个问题，孟子这样解释：仁人对自己的弟弟，不存愤怒，不留怨恨，只有亲近、爱护。因为亲近、爱护弟弟，所以希望他显贵富有，于是给他封地。自己做了君王，弟弟还是一个平民，这怎么算得上是爱护自己的亲人呢？而象在他的封地也没有任何实权，舜派了官吏去治理他的封地，帮他缴纳贡税，所以这也跟放逐差不多，算是一点惩罚吧。

孟子的意思是，舜不因为象是自己的弟弟而放弃原则，也不因为要坚持原则而废弃了兄弟情义。在孟子眼里，圣人是没有过失的，不管怎么做，都能为他们找到合理的解释。只是，这样的解释是否能让自己的弟子信服呢？换个角度看，如果是在把天下当作自己私人财产的封建时代，天子想杀谁，想保谁，大概任何人都没有权力干涉。万章之所以质疑舜的行为，说明在他们的那个时代，君主的权力并不是至高无上的，百姓还是享有一定民主权益的。这一点比封建时代先进。

民意为天

一般人的思想里都认为舜的天下是尧给的。万章曾就此事求教过孟子。孟子的回答是：天子不能把天下交给别人，只有上天才能把天下交给他人。上天虽然不说话，但却用行动和事实来示意。过去尧向上天推荐人，上天接受了，就把这个人推出来让百姓认识，百姓接受了，就是接受了上天的意思。

万章不明白这是什么意思。孟子又解释说：舜主持政务，治理国家，百姓都满意。这说明是百姓接受了他，他才能享有天子的地位。所以说，天子没有权力把天下交给别人，只有上天有这个权力。当年舜辅佐尧二十八年，尧去世后，舜服满三年的丧期，就跑到南河的南面来躲避尧的儿子。尽管这样，天下的诸侯前来朝见时，都去见舜，而不是尧的儿子；诉讼的人也都去找舜，而不去找尧的儿子；歌颂的人赞美的是舜，而不是尧的儿子。这样，舜才来到国都，登上了天子的座位。假如舜住在尧的宫室，逼迫尧的儿子让位，这就是篡夺，而不是民意，更不是天意了。所以，上天所见，依从民众所见；上天所听，依从民众所听。

万章又进一步问："人们都说到了禹的时候道德就败坏了，天下不传给贤人，而传给儿子了，是这样吗？"远古时代，尧传位给舜，舜传位给禹，而禹却把王位传给了自己的儿子启。因此万章认为这说明禹的时代社会风气已经开始转变了。

但孟子却摇摇头说，不是这样，上天的意思是把天下给贤人，如果儿子是贤人，那就把天下给儿子。如何判断是否贤人，只要看百姓的态度就知道了。尧是这样，舜是这样，禹也是这样。禹也向上天推荐了益，可是朝见、诉讼的人都只去见禹的儿子启，而不去见益；歌颂的人也只讴歌启，而不是益。尧舜的儿子品行都不好，禹的儿子启却很贤明，能够继承禹的德行。这一切百姓都能亲身体会到。所以没有人给他，他却得到了，这不是人力所能决定的，而是百姓的意愿所决定的，是天意。

儒家思想一向主张统治天下的资格取决于天意，而天意又是民意的体现。百姓拥护的人当了天子，这就是顺从天意。如果用不正当的手段篡夺了王位，必然会遭到百姓反对，王位自然也坐不稳，因为不合天意。孟子的这个说法虽然很唯心，但尊重民意，以民意为天意的思想却是进步的。

致君为尧舜

万章对于先贤圣人的事迹总是会问个为什么。有一次在跟孟子谈到商汤的宰相伊尹时，万章问道："人们都说伊尹是靠烹饪、切割之术来接近成汤的，是这样吗？"

孟子的立场向来都是维护古代圣贤的。他说，事情不是这样的，伊尹从前在莘国的郊野种田，以奉行尧舜之道为乐事，不合乎道义的事情，你就是拿整个天下作俸禄给他，他也不屑一顾。成汤派人用重金礼聘他，他满不在乎地说："我要成汤的聘礼干什么？我栖身在这耕田之中，效仿尧舜之道，多快乐啊！"成汤一共派人去了三次，他才开始转变。他说："与其栖身在这耕田之中，乐于尧舜之道，何不使这位君主成为尧舜那样的人呢？何不使这些百姓成为尧舜治下的人民呢？为何不在我的有生之年亲眼看到尧舜再现呢？上天哺育了这些百姓，有的人先明理，有的人后明理；有的人先觉悟，有的人后觉悟。我是先明理、先觉悟的人，我要用上天的大道来启发他们。除了我，还有谁能做这事呢？"伊尹就这样把天下的重任扛到了自己的肩上。孟子最后说，圣人的行为各不相同，有的疏远君主，有的接近君主，有的离去，有的留下，都有自己的准则。我只听说过伊尹用尧舜之道来接近成汤，没听说过什么切割、烹饪！

孟子维护圣人的立场一贯如一，他不能容忍别人诋毁圣人的所作所为。远古时代流传着很多圣人清高脱俗、避世逃世的美谈，似乎圣人贤者都应该厌弃功名，视金钱如粪土，即使入世从政，也该保有一份清高的姿态，否则就不够高尚有德行。后世"刘备三顾茅庐"，诸葛亮经三请四请才终于出山辅佐刘备，恐怕也有这层道理。

好事者为之

痈疽是卫国国君的亲信，瘠环是齐国的宠臣宦官，在士人中的名声都不好。可是有人说，孔子在卫国和齐国时分别是受这两人的接待。孟子自然要为自己最崇拜敬重的圣人辩护了。他说根本不是这么回事，这是好事之徒胡编乱造的。

孔子当年在卫国是受颜雠由接待的，颜雠由是卫国的贤大夫。当时有个叫弥子的卫君宠臣，其妻和孔子的学生子路之妻是姐妹。这个弥子就对子路说："你的老师要是由我来接待的话，我肯定能让他当上卫国的国卿。"子路就把这话告诉了他的老师孔子，孔子听了说："我当不当国卿取决于命运。"孔子行事处处依据礼义，对于官位从不强求，认为一切取决于天命，所以对弥子的话并不以为然，更不会因此去接近讨好弥子。

孔子在鲁国、卫国都不顺心，在宋国又遇上一个叫司马桓魋的人要拦截杀害他，只好改变装束离开宋国，处境困难的时候，受到贤臣司城贞子的接待，于是当了陈国的臣子。

因此，观察在朝的臣子，要看他都接待什么样的宾客，观察外来的士人，要看他受什么样的人接待。如果孔子受宠臣痈疽和宦官瘠环的接待，那还能称得上是孔子吗？所以圣人的行为总是依据礼义的原则，无论处境多么困难，也不会放弃原则去讨好迁就那些权贵。好事者所编造的那些流言，在孟子看来，简直就是对孔子人格的侮辱。

由此可知，古人对于人的交往对象这一点看得很重。所谓物以类聚、人以群分，一个人所结交的人群属于哪一类，往往代表着他自己的内心喜好。我们根据这一点，常常可以判断出谁是君子，谁是小人。

集大成者

有一天，孟子与公孙丑讨论什么是圣人的问题，他就几位先贤谈了自己的看法：

伯夷眼不看不好的颜色，耳不听不善的声音。非自己的君主不侍奉，非自己的朋友不交往，非自己的百姓不使唤。天下太平就出来做官，天下混乱就归隐山林。暴政所在，暴民所处的地方，坚决不停留。不站在恶人的朝廷里，不与恶人说话。如果让他站在恶人的朝廷里，与恶人说话，那简直就是让他穿着整齐的衣冠，坐在黑污的地上一样。他这种讨厌恶人的心理扩大开来，就到了这样的地步：跟同乡人站在一起，见别人衣冠不整，就隔着老远说话，好像人家会把他弄脏似的。诸侯中有善于辞令者来拜访他，他也不接待。不接待的原因其实是不屑，是看不起。

关于伊尹，伊尹的看法是："侍奉谁不是侍奉君主？使唤谁不是使唤臣民？"因此，世道好时他出来做官，乱世时也出来做官。还说，"上天之所以生养这么多人，正是让先知先觉的人来启发他们。我就是天生的先知先觉之人，我要用我的大道来使世人觉悟。"他看到天底下有一个人没有享受到尧舜美德的教化，就好像是自己把他们推到沟壑中一样。他就是如此地以天下为己任。

伊尹

而柳下惠不以侍奉恶君为羞，不以官职小而自卑。出仕不隐藏自己的贤能，被免职也不埋怨，处境穷困也从不自怜。与普通人交谈，和悦亲切，好像不愿离开一样。他说，"你是你，我是我，就算你袒胸露体地在我身旁，又怎么能够污染我？"于是依然心情很好地与别人在一起，保持着自己的操守。人家留他，他就留下。留他而不走，其实也是不屑于离开啊。因此，凡听到柳下惠的风范的，鄙陋的人变得更加宽容，刻薄的人也变得更为敦厚。

这三个人都是古代圣贤者的榜样。比较起来，孟子认为伯夷太狭隘，柳下惠太玩世不恭，而伊尹又不懂得自如地进退。狭隘与玩世不恭，都不是君子该有的行为。真正的君子，那标准是很严格的，就算是伯夷、伊尹、柳下惠这样品德高尚的人，也还是有缺陷的。

孟子最后评论说，只有孔子是圣人中的典范。离开齐国时，不等米淘好下锅就匆匆上路。离开鲁国时，却慢慢地走，因为那是父母之邦。可以快就快，可以慢就慢，可以继续就继续；云游诸侯时可以独处就独处，可以出仕就出仕。所以他是圣人中的识时务者，是集圣人之大成的人。如果用射箭来打比方的话，伯夷、伊尹、柳下惠都只是在力量与技艺上各有所长罢了，只有孔子既具备力量，又拥有技艺，所作所为从容自如，而且都符合圣贤的标准。

"集圣人之大成"是孟子对孔子的评价。古时敲钟击磬，敲钟为起音，击磬为收尾，前者为智，后者为圣。孟子的意思是，孔子是集智圣之大成。他对孔子的崇拜恐怕无人能及。现在我们说的"集大成"，意思是集中了某类事物的各个方面，达到相当完备的程度。

却之不恭

万章问孟子："请问对人之间的交际来往应该怀有怎样的心理？"孟子说："恭敬。""那为什么推辞不接受别人送来的礼物就是不恭敬呢？"万章又问。"假如尊长送给你礼物，你推辞不肯受，会让人觉得你怀疑这礼物得来是否正当，这样就显得轻慢而不恭敬了，所以不要推却才好。"孟子回答。"那我心里这样想，并不明白说出来，只用别的借口来拒绝，这难道也不可以吗？""只要人家是以礼相待、以道交往，即使是孔子也会接受的。"孟子答道。万章想了想，又问道："如今有一个人在国都的郊野拦路抢劫，可是他在你这里却以道交往，以礼馈赠，这种情形也该接受吗？"孟子说："不可以。杀人越货，强横不怕死，人民没有不痛恨的。这种人的礼物怎么可以接受呢？""那么今天这些诸侯，四处搜刮百姓钱财，也和拦路抢劫差不多。假如他也很重视礼节，而君子就接受了他的馈赠，那又是什么道理呢？"原来万章问了老半天，兜了一个大圈子，这才是他真正想问的话。

孟子回答这个问题也颇费心思。他说，不是自己所有而拿别人的，叫作盗。说诸侯是盗，其实是把这个意思延伸到了最大边缘，不能说是真盗。真要这么说的话，孔子以前在鲁国做官时也随同大家一起出去打猎，较量各自所获猎物的多少。这种不合理的"猎较"风俗，孔子也跟从了，何况接受诸侯所赐的礼物呢？君子做官，先得试行一下。如果他的主张可以行得通，而君主却不肯实行，那就离开，所以孔子不曾在一个国家呆满三年的。孔子做官，有的是因为看到可以实行道义，有的是因为国君接待有礼，有的是因为国君诚意养贤。

万章听到这里终于明白孟子曾说过的"中道而行"的意思。真正的君子，虽然可以因环境的改变而改变，但是最根本的原则是不能放弃的。拒绝一件礼物不一定就代表正直公正，当大道不能行于天下时，毅然离去，不与当局者苟且，不贪图已经在手的官位俸禄，这才是真正的正人君子所为。孟子虽然是夸赞孔子，其实也是在表明自己的处世态度。

君子的人格

谈到君子的人格问题时，孟子曾经说，君子担任官职不是因为贫困，但有时是因为贫困；娶妻不是为了奉养父母，但有时是为了奉养父母。如果是因为贫困而担任官职，那就要推辞高位而担任低职，推辞高薪而接受薄禄。孔子就曾当过管仓库的小吏，做一些核算之类的事；曾子当过管畜牧的小吏，只是统计一下牛羊的数目。在其位、谋其政。职位低而过问高位的事，是不合礼义的；处于高位而不能使大道得到施行，同样也是耻辱的。

为了生计而出任官职，那么职务高低应与维持生活相当，这时候当然也谈不上施行大道。如果国君敬重君子，方式也要适当。像子思，当年没有在鲁缪公的朝廷任职，但鲁缪公却很仰慕他，总是派人送这送那的，搞得子思很不高兴，最后一次，竟把来人赶出大门，不肯接受鲁缪公的馈赠了。子思认为，如果鲁缪公喜好贤能之人，那就应该任用他们。既然不能任用，却又不断地馈赠礼物，让贤者不在官位而得到俸禄，对于大道的施行却什么也做不了，这跟畜养狗马没有什么两样，是对贤者的侮辱啊！所以，尊敬贤者，最关键的是要施行他们的主张。否则，待遇再优厚，也跟畜养牲畜一样，君子是以此为耻的。

孔子有一个贡献，那就是区分君子与小人，从而使君子具有道德的意义，但君子的标准还不是很确定的，而孟子则明确地把行大道、施仁义作为贤人君子的标准。在其位，就一定要谋其政，大道不行，就视为自己的耻辱。后人说的"当官不为民做主，不如回家卖红薯，"也是这一标准的通俗表述。

人性与善

孟子认为人人都具有天生的善性，向善之心是人类原有的良知良能。然而在动荡不安的战国时期，一切传统的信仰、理想、价值观都在发生动摇，人们对人性的善恶也有不同的认识。告子是和孟子同时代的一位思想家，他就认为人性无善也无不善。

有一次，告子对孟子说：人性就好比急流水，哪儿有缺口就往哪儿流。东西南北，只要有缺口，无不流去。所以人性是没有善与不善可言的，就像这流水不分东西南北一样。孟子接住告子的话题说：你这水就算是不分东西南北，难道也不分上下吗？人性的善，就像这水流向下一样。水没有不向下流的，所以人性没有不向善的。当然，如果拍击水使它跳起来，它也可以高过额角。筑一道堤把水拦住，也可以使它逆流而上。但这难道是水的本性吗？不过是外力使它改变了本性而已。同样的道理，环境可以使一个人干坏事，这就是改变了人的本性。如果人们能够顺着自己的本性好好培养自己的向善之心，不被环境左右，那么人人都可以成为尧舜那样的人。

孟子的用心是良苦的，也是很简单的：那就是要拯救那个日益败坏的世道人心，要拯救那个充满"恶"的社会。而这一切必须依靠"善"人。要"创造"这样的"善"人，就必须唤起人们对"善"的良知，意识到自身善的存在。如果人人都有善的本性，那么人人都可以成为君子，成为圣人，要想实施孔子的仁爱也就不难了。

君子与小人

面对人们日益追求物质利益，忽略道德培养的时弊，孟子曾经痛心地感叹：人总是懂得爱惜自己，但问题是爱惜自己的什么呢？是名利？是生理感官的享受？还是有更值得爱惜的东西呢？一个人的无名指不能弯曲了，即使不影响他的工作生活，他也会不管路途遥远而去求医；可是道德心性丢失了，却不晓得去找回来，真是不知道轻重啊！

针对这个现象，公都子问："同样是人，为什么有些人成了君子，有些人却成了小人呢？"孟子说："能注意满足自己的心志需要的就是君子；而只注意满足自己的生理需要的就是小人。""那同样是人，为什么有的人注意满足自己的心志需要，有的人却只知道满足自己的生理需要呢？"公都子又问道。孟子说，耳朵、眼睛这类器官是不会思考的，因此容易被外界事物蒙蔽，也容易被引向歧途。而心这个器官是用来思考的，思考就会得到善性，不思考就得不到。这个器官是天赋予我们人类的，是人重要的器官，应当好好培养。如果心志足够强大的话，那么耳朵、眼睛这样的器官就不会把人的心志和善性夺走了。这样就能成为君子了。

现代社会的人类从大体上区分的话，也有这么两类。一类注重精神生活，另一类则只追求物质享受。所谓"声色犬马"，也就是物质享受，最容易引发人的感官追求，让人沉醉其中而迷失方向。精神境界高尚的人有能力驾驭自己的生理欲望，培养出高于普通人的心志和品德。俗人则蝇营狗苟，一心追求物质欲望的满足，却丧失了做人应有的善良本性和朴素的本质。如果整个社会都由这样一群人组成或者驾驭，那这个社会的崩溃就为期不远了。

礼义与食色

孔子曾经说过："食色，性也"。食、色固然是人的本性，那么如果跟礼义相比，哪一个重要呢？有一个任国人便拿这个问题去为难孟子的弟子屋庐子。屋庐子一直遵从孟子的教诲，当然回答说是礼义重要。任国人有备而来，接着又问："如果遵从礼义的原则就得饿死，不遵从礼义的原则就能得到食物，那也一定要遵从礼义吗？依照礼仪迎亲却娶不到老婆，不依照礼仪迎亲就能娶到老婆，那也一定要依照礼仪迎亲吗？"

屋庐子回答不了这个问题，连忙跑去见老师。孟子说，这个问题有什么难回答的？打个比方说，一寸厚的木块可以高过尖顶高楼，是因为没有度量它们的根基啊。说金子比羽毛重，难道是一丁点金子相对于一车羽毛而言吗？这个任国人拿饮食、色欲的重要因素跟礼义的轻微成分相比，自然是饮食、色欲重要了。你去答复他的时候这么问他："扭断兄长的胳膊去抢夺他的东西就能得到食物，不这么做就得不到食物，他会做吗？翻越邻居家的墙头去搂抱邻家女子就能满足色欲，不那么做就满足不了，你问他去不去做？"

饮食、性欲代表的是人最基本的需求，礼义代表的是道德品质，前者说的是物质，后者是人的精神需求。孟子想说的是，当人们最基本的生存需求得到满足时，人的精神应该怎样支配自己的欲望？人是否是自己欲望的奴隶？人之所以为人的本质是什么？孟子在反驳任国人的命题时，强调事物比较的条件，强调事物的可比性，是颇有价值的。

人人都可成尧舜

　　曹交是古代曹国贵族的后裔。有一天他去见孟子，请教怎样才能有尧舜那样的成就。孟子告诉他，这一点都不难办。比如，如果有人认为自己连提起一只小鸡的力气都没有的话，那他就是没有力气的人；如果他认为自己可以举起三千斤的重量，那他就是个力气很大的人；如果他认为自己可以举起像大力士乌获能举起的重量，那他就是和乌获一样的大力士。就看他自己愿不愿意做了。尧舜之道，无非是孝悌。孝敬父母、尊敬长者，这个做不到吗？很多人只是不去做罢了。比如有个老人走在你前面，你跟在后面走，这就是悌。抢到老人前面走，就是不悌。你想做到悌，那就跟在老人后面慢慢走好了，不是很容易做到的事吗？可是很多人就是不愿意做啊。你穿尧舜一样的衣服，说尧舜那样的话，做尧舜那样的事，你就可以成为尧舜那样的人了。相反，你穿桀那样的衣服，说桀一样的话，做桀一样的事，那就会成为桀一样的人，很简单的道理。

　　听孟子这么一说，曹交突然明白了好多，于是赶紧说要去拜见邹国国君，请他给自己一个住所，好留在孟子身边，聆听他的教诲。孟子马上说，这种道理其实很简单，只是你没有想清楚，不去身体力行罢了。你回去做做就会发现这不难做到。要找老师，那天下可多得很呢，未必一定要找我啊。

　　人人都可以当尧舜？这话听起来让人有点疑惑。曹交总觉得这里应该有很深的学问，所以要拜孟子为师。但孟子却认为这只是个能否身体力行的简单问题。既然你想做，那你就去做，然后就能实现你所希望的。只想不做，那就是空想。

石丘遇宋牼

孟子率领众弟子走在去宋国的路上，一边议论着秦国和楚国之间即将发生的一场大规模的战事。当时，齐国和秦国是分别位于东、西方的两个强国，南方的楚国也是个强国，所以它的一举一动就显得举足轻重。当时楚国的朝廷分为亲齐派和亲秦派，最初是亲齐派占上风。后来秦惠王为了破坏齐楚之间的关系，就派人对楚怀王说，如果楚国跟齐国断交的话，秦国就送给楚国六百里的土地。楚怀王看见这么好的条件，就答应跟齐国断交了。可是这时候秦国又反悔了，只同意给楚国六里地。楚怀王知道自己上当受骗了，十分生气，就调动军队，准备进攻秦国。眼看一场战争就要爆发了，形势十分紧张。

孟子和他的弟子们一路议论着，不知不觉来到了一个叫石丘的地方，凑巧的是他们在这里遇见了宋牼。宋牼是一位融合了法家和道家思想的著名学者，同时也是一名和平主义者。他正准备去楚国，碰巧也在石丘休息。于是孟子就和他谈论起来。

孟子问宋牼准备去哪里？宋牼回答说："我听说秦楚之间要开战，我打算拜见楚王，劝他罢兵。如果楚王不听，我就去拜见秦王，劝他罢兵。两国君王中，总会有一个听我的。"孟子问宋牼打算怎样进言？宋牼回答："我打算说，两国交战是不利的。"

孟子说："您的愿望的确很伟大，可是您的说法却不行。您以利害关系为目的向秦楚两位国君进言，如果两位国君认为有利可图才罢兵休战，那么下面的官兵也都会认为罢兵是因为有利可图。照这样的想法，那做臣子的也会抱着有利可图的目的来侍奉君主，做儿子的也抱着有利可图的想法来侍奉父母，做弟弟的也抱着有利可图的观念来侍奉兄长，这样下去，君臣之间、父子之间、兄弟之间就不存在仁义，只剩下利益关系了，国家总有一天也会灭亡的。相反，如果您一开始就以仁义的观念来说服两位君主，那么两国上下都会知道是因仁义而罢兵休战，从而明白仁义的好处。这样君臣之间、父子之间、兄弟之间就都会抱着仁义的观念来互相对待，国家也就能以德政统治天下了。您何必一开口就跟他们谈利呢？"

就像战国时代各国诸侯开口就谈利一样，孟子也是一开口就说仁义。在多年的游说生涯中，孟子一直高举着仁义的大旗，屡战屡败、屡败屡战，尽管不断遭受挫折，但却始终幻想着有一位贤德的君主能接受他的仁政思想。只要这位君主愿意实行仁政方针，那就是战无不胜的法宝，统一天下也毫无问题。可是孟子没有想过，对于可以为了六百里土地而与盟国断交，也可以为了六里地而互相开战的秦楚两国国君来说，让他们为仁义而罢兵休战，有可能吗？孟子的仁政思想跟现实一碰撞，就显得十分的天真了。

什么是良臣

战国时代的风气是诸侯之间相互争城掠地，杀人建功。所以侍奉君主的文武大臣也总是对诸侯说"我能为国君开辟土地，充实国库"之类的话，以此来得到国君的宠幸和重用。孟子批评这种所谓"良臣"，其实是古代所说的民贼。当他听说鲁国打算任用刚刚率兵打了胜仗的慎子做将军，就当面直言批评道："不教导民众而任意使唤他们，在古代这叫殃民，是尧舜时代所不容的。就算是一仗战胜了齐国，据有了南阳，也一样不被尧舜所容。"慎子听了这话自然很不高兴，说："这话我就不明白了。"

孟子说："那我就明白地告诉你。天子的土地应该是方圆千里，没有千里就不足以接待诸侯；诸侯的土地方圆百里，没有达到就不足以奉守宗庙的典册文书。当年周公分封给鲁国是方圆百里的土地，分封给齐国也是方圆百里的土地。可如今，鲁国的土地已经是五倍于百里，现在若有称王天下的明君出现，你觉得他是会削减鲁国的土地，还是会增加鲁国的土地？白白获取别处的土地给自己，仁者尚且不干，何况是通过杀人来取得土地呢？君子侍奉君主，就是要致力于引导自己的君主走仁义的路啊！你不去做这样的事，却帮助国君邀结盟国争地以战，谋取利益，你这样简直是辅佐夏桀啊。不改变这样的风气，你就是把整个天下都交给他，恐怕连一天都不能安生吧。"

慎子自以为能争城夺地，就是有功于国家，因此得到重用也是理所应当的。不料孟子给他浇了一盆冷水，告诫他侍奉君主最重要的是引导君主施行仁义，而不是穷兵黩武。可叹孟子，一生为仁义奔走呼唤，却始终得不到重用。而能够得到重用的人凭借的优势却总是孟子所反对的。孟子只能一遍一遍地把自己的主张传达给这些人。

孟子批评白圭

白圭是魏惠王的大臣，善于修筑堤防，主张减轻田税。他以为自己的主张必定能得到孟子的支持，就对孟子说："我想把田税减为二十分之一，您觉得怎么样？"不料孟子回答："你的办法是貉国的办法。我问你，假如一个有万户居民的国家，只有一个人制作陶器行吗？"白圭回答说不行。孟子趁势说："貉国是异族，他们国家不产庄稼，只产黍子，没有城邑、房屋、宗庙和祭祀的礼仪，没有官吏衙门，也没有诸侯间来往的礼物和宴请，所以税收取二十分之一就够了。像我们中原这样的国家，摈弃人伦，不要君主，可能吗？陶器不够尚且会有大问题，何况没有君子呢？税率比尧舜还低，那是大貉小貉；比尧舜高，那是大桀小桀。"这番话说得白圭半天张不了口。

过了一会儿白圭又说："我治水胜过了大禹。"战国时代各国治水的方法就是在河流上建筑堤坝，以防洪水，利于自国，却以邻为壑。所以孟子回答道："你又错了。大禹治水，是让水归于正道，是疏导，所以他把四海当作沟壑。可如今你却把邻国当作沟壑，让水逆流，变成洪水，损害别国谋取自利。这可是仁人君子所憎恨的，所以你错了。"

白圭以贤臣自居，却在孟子那里碰了一鼻子灰，很是狼狈。对白圭减税的批评，反映的是孟子所主张的什一税，即收取十分之一的税。他认为税过高过低都不恰当，过高会损害百姓利益，过低国家就无法运转，无法具备应有的国力和礼仪。对白圭治水的批评，反对的是只图自己一方的利益，把困难或祸害转嫁给别人的做法，成语"以邻为壑"就是由此而来的。

乐正子执政

鲁国准备让孟子的学生乐正子执政，孟子听了高兴得不得了，连觉都睡不着。公孙丑问道："乐正子能力很强吗？"孟子回答说"不是。"公孙丑又问："那他能够深谋远虑吗？"孟子仍回答说"不是。"公孙丑紧接着问："那么乐正子知识渊博吗？"孟子还是回答说"不是。"公孙丑奇怪了："那您为什么那么高兴啊？"孟子回答道："他是个好善的人。""好善就够了吗？"公孙丑毫不放松地问道。于是孟子就解释了他的看法。

好善的人能给天下带来好处，何况是小小的鲁国呢？如果执政者好善，那么四海之内的人们就会不远千里赶来报告他的善行。如果执政者不好善，那么人们也会说，我已经知道了，这个人傲慢无礼，不懂装懂。傲慢无礼、自以为是的表现往往是拒人于千里之外，有识之士也会止步于千里之外，而阿谀奉承、排斥异己的小人就来了。跟阿谀奉承的小人在一起，想把国家治理好，可能吗？

孟子无时无刻不相信人性本善，也无时无刻不期待君主臣子为善天下。如今他的学生乐正子就要为鲁国执政了，而乐正子的好善，正符合孟子的心意。他期待自己的弟子能够在鲁国实行他一直主张的仁政。孟子等了几十年没有等到的机会，如今在自己的学生那里看到了，他怎么能不激动得睡不着觉呢？看来以善治国还真不容易推广。

生于忧患，死于安乐

孟子虽然肯定人人都有成为尧舜的可能，但要真正成为尧舜那样的贤士，是需要经历各种艰难困苦的考验的，这就是孟子所强调的忧患意识。许多先贤圣人其实都经历了从艰难困苦中成长起来的过程。比如：舜是从田间农夫的生活中成长起来的；傅说原本是从一名筑墙工匠的位置中提拔起来的；胶鬲是从鱼盐商贩的地位上提拔而成名的；管夷吾是由监狱的囚犯中选拔出来的；孙叔敖是隐居在海边被发现的；百里奚是从市场上被赎出来的。因此，上天若要降大任于某一个人，一定先磨砺他的心志，劳累他的筋骨，使他的身体忍受饥饿，使他穷困贫乏，处处不顺，然后用这些来触动他的灵魂，增强他的心性，使他宽容大量，让他具有原来没有的能力。

孙叔敖塑像

"生于忧患，死于安乐"是说，忧愁困苦可以使人奋起，让人生活得更好；安逸快乐只会消磨人的意志，使人趋于灭亡。这有点类似于我们现在说的挫折教育，逆境容易成材，一帆风顺常常半途而废。因为这样，孟子认为人不怕犯过错，只要随后改正就好。心境困窘，思虑不顺，才会奋发有所作为。"自古英雄出寒门"说的就是这个道理。

独善其身

　　孟子很厌恶纵横家的游说活动，认为他们都是为了自己的私利而四处奔窜，搬弄是非，使得诸侯间战乱不断，百姓不得安宁，但是对宋勾践却十分热心。一方面这个宋勾践不是坏人，另一方面也可以借助他的口去宣传仁政思想，扩大仁政的影响。所以，他就对宋勾践说："你喜欢游说是吗？那我就来和你说说游说的事。别人理解我，我也悠然自得、清心寡欲；别人不理解我，我也悠然自得、清心寡欲。"

　　宋勾践说："那怎么才能做到悠然自得、清心寡欲呢？"

　　孟子回答："崇尚德，喜爱义，就可以做到了。士人在穷困的时候不丧失义，富贵显达的时候不背离道。穷困时不丧失义，就能自得其乐，不失去自己的节操；显贵时不背离道，就不会让百姓失望。古时的君子，得意的时候，把恩惠广施于百姓；不得意时，就修养个人的品德。所以，穷困时使自己做到善，显达时就使天下人都做到善。"

　　这就是孟子的"穷则独善其身，达则兼济天下"的著名思想。这句话在过去的两千年里影响了中国从古至今无数的读书人。真正的君子，无论自己的处境如何，都不能放弃君子所应该追求的道义。这样，即使身处困境，也不会动摇自己的个人追求，富贵显赫的时候也不会违背自己的主张，而让天下百姓都得到恩惠。应该说，兼善天下是不容易做到的，并不是每个人都有那么多的机会去帮助民众。但独善其身则不难，管好自己，修养自己的品德，应该是每个有精神追求的人都应该努力去做到的。

君子有三乐

在十多年的奔走游历之后，孟子产生了一种疲惫的感觉，他发现政治原来是那么虚幻，唯有教育才能使人心灵净化，才能使人看到希望。所以他对学生说：君子有三乐，父母健在、兄弟平安，这是一乐；仰头无愧于天，低头无愧于地，这是二乐；能够教育天下优秀人才，这是三乐。而王天下之乐并不在其中。

对于受教育的对象，孟子是有所选择的。有一次，滕文公的弟弟滕更向孟子求教，就遭到孟子的回绝。公都子不理解："滕更到您的门下来求教，您似乎应该礼待他，可您却不回答他的问题，为什么呢？"孟子回答说："凡是自恃尊贵来问的，自恃贤能来问的，自恃年长来问的，自恃老交情来问的，我都不回答。这几条里，滕更已经占了两条。再说，我不屑去教育他，这本身也是一种教育方法，这叫不教之教。""不教之教"其实是在用无声的方式提醒学习者应当怀有虚心求教、尊重知识的心态和诚意。

此外，孟子还谈到一个有趣的教育现象，他说，古时候的人，常常彼此交换儿子来进行教育，为什么呢？原来亲生父母教育孩子有一个弊端，即在讲解道理的时候如果没有效果，往往会发怒责备，而孩子就会说，您拿大道理来教训我，自己却做不到。这样一来，就有可能导致父子之间相互伤害感情。交换孩子来教育，就可以避免伤害亲情。因为教育而伤害父子感情是不值得的，所以古时候的君子都不亲自教育自己的孩子。

学习者不虚心，就不能接纳新的东西；基于亲情之上的教育，常常会省略必要的认识程序，犯简单化的毛病。"易子而教"可以有效地控制教育者的情绪，形成的是一种既让孩子懂得道理，又不伤害彼此感情的教育方式。孟子关于教育的这些看法，在我们今天看来，仍然很有价值。

乡愿之人

孟子、万章师徒有一天谈论孔子时，万章想到一个问题："孔子在陈国遭遇困境时曾经感叹：我的家乡还有一群志气高而缺乏阅历的青年，我为何不回去呢！我不明白，孔子在陈国为什么会想念这些狂放的人？"

孟子说："孔子也想找到中规中矩的人来传授知识，可是得不到，便想找到这些次一等的人来传授。毕竟狂者有进取心，狷者有所不为。狂放的人志高言大，动不动就是'古人啊，古人啊'什么的。而狷介的人就又次一等，他们的好处是不屑于干坏事。孔子最厌恶的恐怕就是乡愿之人了，认为他们是破坏道德的人。"

万章就问："怎样才算是乡愿之人呢？"

孟子说："乡愿之人批评狂者说'为什么这样志气高远呢？言语不顾及行为，行为不顾及言语。'又批评狷者说：'处事为什么落落寡合呢？生在这个世道，就迎合这个世道，过得去就行了。'这种八面玲珑、四处献媚讨好世人的人，就是乡愿之人。"

万章又问："整个乡里都称赞的人，无论到哪里都得到称赞的人，孔子却认为是德行的破坏者，为什么呢？"

孟子说："这种人，要指责他，却举不出缺点，责骂他，却找不到理由。看起来为人似乎忠诚守信，处事似乎端正洁净，大家也都喜欢他，他自己也认为自己很正确，但实际上却与尧舜之道完全背离，所以说是德行的败坏者。孔子说他憎恶似是而非的东西：憎恶莠草，是怕它混淆禾苗；憎恶自作聪明，是怕它混淆正义；憎恶强辩，是怕它混淆忠信；憎恶郑国的乐曲，是怕它混淆了雅乐；憎恶紫色，是怕它混淆了朱红色；憎恶乡愿之人，是怕它混淆了德行。君子只是让一切都回归到正道罢了。正道可以使民众奋发向上，这样就没有邪恶的藏身之地了。"

"乡愿"这个词语我们比较陌生,它的构成来源于"乡里的人都称赞他符合大家的愿望"这个含义。孔子所谓的"乡愿"大概是指伪君子,指那些貌似忠厚,其实没有一点道德原则,只知道媚俗趋势的人。孟子所指的意思则是当面一套、背后一套,四处讨好、八面玲珑的人。生活中有些人表面上善良、忠诚、不偏不倚,但实际上却是随波逐流、趋炎附势的虚伪之徒。这不是善,而是伪善,是最大的恶。俗话说的"伪君子比真小人更可怕",表明了人们对乡愿的普遍厌恶。

五十步笑百步

孟子刚到魏国的时候,梁惠王的态度有一点轻慢。经过几次交谈,梁惠王对孟子的态度已经有了一些改变。有一次,他很有点卖弄地对孟子说:"我对于国家,算是很尽心了吧?河内发生饥荒,我就把那里的百姓迁移到没有饥荒的河东去,并把河东的粮食运到河内去,如果河东发生饥荒时也是这样办。我研究过邻国的政治,没有像我这样为老百姓尽心尽力的。可是邻国的百姓并不见减少,我的百姓也没有增多,这是什么原因呢?"

孟子答道:"大王喜好打仗,我就用打仗来做比喻吧。战鼓咚咚擂响,双方交战开始了,战败的士兵丢盔弃甲拖着武器逃跑,有的跑了一百步才停下,有的跑了五十步就停下了。那个跑了五十步的士兵却讥笑跑了一百步的士兵,这事您怎么看呢?"惠王说:"这不行,他只不过没有跑到一百步而已,但同样是逃跑啊。"孟子说:"大王如果知道这个道理,就不要指望您的百姓比邻国多了。"

战国时代的国君致力于征战,农民既是耕田的劳动力,又是战争的兵力。所以增加人口一直是各国统治者十分关心的事。孟子对于这一点看得很清楚,但他并没有直接说出来,而是用了一个"五十步笑百步"的故事来打比方,机智地给梁惠王设了一个圈套。梁惠王自满于自己的一点点功德,却不知道自己的根本问题是什么。孟子要让梁惠王充分地认识到，移民、输粮固然是好事，但也只是头痛医头，脚痛医脚的办法，比邻国好不了多少。只有解决老百姓的生老病死，让他们真正过上安定富庶的生活，才能成就国家千秋万代的功业。

缘木求鱼

孟子有一次问齐宣王最大的愿望是什么。齐宣王笑而不答。孟子继续追问："是为了肥美的食物不够吃？轻暖的衣服不够穿？还是美丽的色彩不够看？美妙的音乐不够听？手下的侍从不够使唤？这些大王的臣子都充分地供应了，大王难道会是为了这些吗？"齐宣王摇头说："不，我不是为了这些。"

孟子说："那么大王的愿望我已经知道了。是想开辟疆土，威慑秦楚，君临天下，安抚四方夷狄吧。可是，以大王的所作所为而想达到这样的愿望，那就好比是爬到树上去抓鱼一样不可能啊。"

齐宣王吃惊了："有那么严重吗？"孟子回答说："恐怕还更严重呢！爬到树上去抓鱼，虽然抓不到鱼，但不会有灾祸。可是凭陛下的所作所为，想实现愿望，就算尽心尽力，也必然招来灾祸呢！"

齐宣王大惊失色，说："我心思很混乱，希望您帮助我，教导我。我虽然不贤，但愿意照您所说的去尝试。"

孟子见齐宣王挺诚恳的，心中十分高兴，便趁机对齐宣王论述"仁政"强国的必要性。他认为，没有固定产业的人能坚持道德原则的只有读书明理的人才能做到。一般老百姓如果没有固定的产业收入，生活没有保障，就不可能保持向善的心态，甚至可能违法干坏事。等到他们犯了罪，再去惩罚他们，这不等于是故意陷害他们吗？所以贤明的君主一定要让老百姓有固定的收入，使他们上足以赡养父母，下足以养活妻子儿女。年成好的时候，可以丰衣足食；年成不好的时候，也不会饿死。生活有了保障，再教育他们向善，那就很容易了。孟子接着就为齐宣王提出了一系列的施行仁政的方针。但齐宣王会不会实行，就不是那么容易的事了。

"缘木求鱼"这个成语我们至今仍在使用。那些想要达到目的的人，却使用了错误的方法，结果就是离目标越来越远，就像爬到树上去抓鱼一样，肯定是徒劳无益的。孟子的这个比喻难道不是很恰当吗？

王顾左右而言他

孟子对齐宣王屡次正面宣讲王道都不起作用后，就改变了策略。有一天他对齐宣王说："假如大王有一个臣下要去楚国，将他的妻子儿女托付给他的一个朋友照料。等他回来时，却发现自己的妻子儿女在挨饿受冻，他应当怎样对待这个朋友呢？"齐宣王回答说："跟这个朋友断交。"孟子接着说："长官管理不好属下，怎么办？"齐宣王说："罢免他。"孟子说："那么一个君王没有治理好政事，又该怎么办呢？"齐宣王不敢正对孟子，只好扭头去看左右侍从，岔开话题说起别的事来了。

这就是我们现在常说的"王顾左右而言他"这个成语的由来。一句"王顾左右而言他"，把齐宣王尴尬心虚的难堪神态刻画得惟妙惟肖。一个人如果在内心深处知道自己的行为有过失，但又没有勇气坦白承认自己的错误时，往往会选择逃避性的肢体语言。齐宣王不敢正视孟子，眼睛往别处看，把话题扯开，正好暴露了他内心的不安和不自信。

从这个小故事里也可以看出，战国时期君臣之间还是存在着相对平等的关系，并不像后世的独裁者那么专制暴戾、一意孤行。

拔苗助长

公孙丑问孟子最擅长于什么？孟子说，"我善养我浩然之气。"那什么是浩然之气呢？孟子解释说，浩然之气很难用语言表达清楚。它刚直、宏大，如果用正确的方法培养它，不伤害它，它就会充塞于天地之间。这种气要和正义感融合在一起，才会有气势。

公孙丑问孟子如何才能培养浩然之气。孟子没有直接回答他，而是给他讲了一个故事：从前有个宋国人，担心禾苗不长而去拔高它，然后把自己累得惨兮兮地回到家里，对家人说："今天累坏了，我帮助禾苗生长了。"他的儿子连忙跑到田里一看，结果禾苗都枯萎了。

"浩然之气"是我们至今常用的概念，"养气"的说法则比较接近我们说的意志培养的问题，同时也包含养生、气功等中国传统理论。一身正气的人往往具有这种不同于"勇气"的浩然之气，它是在道德良知的基础上养成的。"拔苗助长"固然反映了拔苗者强烈的主观能动性，但它脱离了现实，最后的结局往往与愿望相背。

天时地利不如人和

有一次，在和弟子论说民心问题时，孟子举了一个军事方面的例子。他说，比如有一座城池，内城城墙方圆三里，外城城墙方圆七里，把它团团围住却攻打不下来。既然能够团团包围着攻打，必然是得到了天时的有利条件；如果得到了天时仍没有攻打下来，证明这一方的天时不如另一方的地利重要。再比如有一座城池，城墙不是不高，护城河不是不深，武器不是不锋利，盔甲不是不坚固，粮食也不是不充足，可是敌人一进攻，士兵就放弃城池逃走了，这证明地利之便，又不如人和重要啊。

所以说，想让民众安居乐业，不在于划定边界，限制他们来往；要使国家稳固，不能光靠山川河流的险要；要威震天下不能光靠武器设备的先进。拥有道义的人自然会得到众人的帮助，失去道义的人帮助他的人自然就少。失道到了极点的时候，就连亲人也会背叛他。得道到了极点的时候，天下的人也都会归顺他。用整个天下都来归顺的力量去攻打那些众叛亲离者，那仁德的君王不用战争手段也就罢了，一旦用了，那就一定会获胜的。这就叫"天时不如地利重要，地利不如人和重要"。

"天时地利人和""得道者多助，失道者寡助"这两句名言，就出自孟子的这一段话。他强调了战争胜败的关键在于人心的向背。能把人民团结在自己的周围，就具备了人和的优越性。当然，这两句话其实并不局限于军事斗争，也适用于现代社会中各行各业的发展。一个国家的进步，是否符合正义，能否取得民心，至关重要。

一傅众咻

戴不胜与薛居州都是宋国的大臣。当时的宋国，正处于周围大国的包围之中，宋国君臣都想振兴国运，却又找不到好办法。于是戴不胜便去向孟子请教。

孟子对戴不胜说："你想让你的君王向善靠拢吗？我问你：有个楚国大夫想让他儿子学会说齐国话，是让齐国人教他呢？还是让楚国人教他呢？""让齐国人教。""一个齐国人教他说齐国话，十个楚国人在旁边跟他说楚国语，即使天天鞭打他，让他学说齐国话，也是不可能做到的。你要是把他放到齐国的闹市里，几年后，想让他再说楚国话，即使天天鞭打他，也是改不过来的。你说薛居州是个品德

一八二六

善良的人，那就让他住在王宫里。在王宫里，如果不论年龄大小、地位高低，都是像薛居州那样善良的人，那君王便不可能与别人做不好的事。相反，在王宫，如果不论年龄大小、地位高低，都不像薛居州那样，那君王又能与谁一起去做好事呢？一个薛居州又能改变宋王多少呢？"

孟子用了一个楚人学说齐语的故事，最直接的意义是说语言学习与语言环境的关系，深层次的意义说的就是环境对人的巨大影响力。从政治上说，只有多吸纳像薛居州那样的贤士，创造好的环境，才能让君王多做好事。通常人们所说的"近墨者黑，近朱者赤"说的也是这个道理。

为何等到明年

宋国大夫戴盈之对孟子说："田租只收十分之一，取消关市的征税，现在还做不到；我先减轻税收的比例，等到明年再彻底实行，怎么样？"

孟子回答说："如今有一个人每天偷他家邻居的鸡，有人忠告他说：'这可不是君子之道。'他回答说：'请允许我先少偷一点，每月偷一只鸡吧，等到明年我就一只也不偷了。'你觉得怎么样？既然知道自己的所作所为不合道义，那就快点改正，为何要等到明年！"

知道错误而及时改正，才是真诚的认错。"月攘一鸡"的故事是对那些知过而不改的人的辛辣讽刺。

三年之艾

有一次，孟子跟齐王谈起了为君之道，他从桀纣的失天下说起。桀纣之所以失天下，是因为失去了百姓的支持。之所以失去百姓的支持，是因为失去了民心。获得天下其实并不难，只要获得百姓的支持就够了。得到老百姓的支持也不难，得到他们的心就够了。得到民心是难事吗？老百姓想要的，你给他们；老百姓讨厌的，你不要施加在他们头上，就这么简单啊。百姓归附仁政，就像水往下流，野兽在旷野奔跑一样自然。

所以，把鱼赶进深水里的是水獭；把鸟雀赶进树林的是鹰鹯；使老百姓归顺汤武的是桀纣啊。如今天下的君主如果有爱好仁义的，那么其他诸侯统治下的老百姓都会归顺过来，即使他不想称王天下都难。可是你看看现在那些想称王天下的人，一个个就像患了七年的病，却用三年的艾草来医治，你说能有用吗？平时不积累，一辈子都不可能办到。同样的道理，假如不行仁政，一定会终身受辱，甚至会像桀纣一样招来杀身之祸呢。

不行仁政就会导致自己的灭亡。孟子在这里并不是危言耸听，夏桀商纣国破身亡的例子就是很好的证明。可惜不爱护百姓的统治者向来不相信他们的下场会如此不幸。他们就好比病入膏肓的人，什么药都治不了了。"七年之病求三年之艾"，孟子用了一个很好的比喻，说明统治者不行仁政的行为，是没有任何办法可以改变他最终的悲惨结局的。

逢蒙学射

远古时代，有个叫逢蒙的人跟着后羿学习射箭，最终掌握了后羿全部的技巧。这时逢蒙想到天底下只有后羿比自己的射箭技术高明，就突然生出了歹念，把后羿谋害了。逢蒙忘恩负义，恩将仇报，自然遭到世人唾骂。而后羿历来都是公认的完美英雄。但有一次，孟子和学生们谈起这件事，孟子却评论说："这个结果之所以会发生，后羿自己也有责任啊。"孟子的学生公明仪不同意老师的看法，说道："后羿不应该有什么过错吧？"孟子说："只不过错小点而已，怎能说没有错呢？"接下来孟子就讲了一个故事。

从前，郑国派子濯孺子侵犯卫国，卫国派庾公之斯追击他。子濯孺子说："坏了，今天我的旧病发作了，胳膊抬不起来，弓拉不开。我就要死在敌人的手里了。"于是问他的侍从："追我的人是谁？"侍从说："庾公之斯。"不料子濯孺子听了竟说："这下我能活命了。""庾公之斯是卫国有名的射手。您却说您能活命了，这是什么意思？"侍从不解地问。子濯孺子回答："庾公之斯的老师是尹公之他，尹公之他又是我的徒弟。我知道尹公之他是个正派的人，他收的徒弟肯定也是正派的人。"

说话间，庾公之斯追上来了，见到子濯孺子却并没有动手射箭，而是问他："先生为什么不张弓射箭？"子濯孺子说："今天我旧病复发了，拉不开弓，射不了箭。""我的老师是尹公之他，尹公之他是您的徒弟。我不忍心用您的射术来伤害您。话虽这么说，但我今日执行的是国事，我不敢不做一下表示。"庾公之斯一边说着，一边拔出四支箭，除去箭头，向子濯孺子的战车射了四下，便转身走了。

孟子用这个故事告诉我们，交友、择徒都要慎重。只有真正信得过的有德行的正派人，才能引为知己、朋友和亲近的人。如果是因为自己选错了人，那么出了问题的话，自己也要负一定的责任。这个道理放在今天来说也是很有意义的。

齐人娇妻

有一天，孟子给弟子们讲了一个很有名的寓言故事。

从前有个齐国人，家里有一妻一妾。这个人每天出门，都要酒足饭饱后才醉醺醺地回来。他妻子问与他一起吃饭的人是谁，他说都是富贵之人。他的妻子有点怀疑，到了晚上，就偷偷对妾说："咱们的夫君每天出去，都是酒足饭饱才回。问他和什么人一块吃饭，他说都是富贵子弟。但我们可从来没有看见有地位的人拜访过咱家。因此我要跟踪调查夫君的行踪，看看他究竟在干什么。"

第二天早上起来，齐人之妻待其夫君出去后，便远远跟在后面，结果发现整个城中竟没有一个愿意与她丈夫说话的人。到了中午，跟到城东郊外的墓地中，她才看到她丈夫走到祭坟的人那里乞讨剩余的酒肉。不够吃，又东张西望跑到别的地方乞讨。原来这就是他酒足饭饱的方法。

齐人的妻子回到家中，如实地把看到的情况告诉了他的妾，并说道："夫君是咱们一生的依靠，现在他却这样！"两个人骂了好一会儿，相对哭泣了起来。可是，这个齐人还不知道他的家人了解了内幕，仍旧洋洋自得地回来。又在他的妻妾面前摆威风。

孟子讲的这个故事在一定程度上反映了当时的社会状况。在孟子生活的年代，那些追求富贵显达的人，其在外的丑行能够不使家人感到羞愧哭泣的，恐怕太少了。孟子便借此抨击那些表面上衣冠楚楚、洋洋自得，背地里却为求富贵而行为卑鄙、无所不为的人。人们千万不要被他们所炫耀的那些表面现象蒙住了眼。

得其所哉

万章有一回问孟子："舜被父母和弟弟陷害，大难不死回到家后，弟弟象却还在他面前装出一副乖巧的样子，说自己非常想念舜。这时候，舜到底知道不知道象要谋杀他呢？"孟子于是给万章讲了一个故事：

从前有人送给郑国的子产一条活鱼，子产让管理池塘的小吏把鱼养在池塘里，那小吏却把鱼煮着吃了。然后报告子产说："那鱼刚放到池塘里的时候还半死不活的，过了一会儿就摇摇尾巴活动起来，很快游走不见了。"子产听了高兴地说："那它是去到了它该去的地方啊。"小吏出去后就对别人说："谁说子产聪明啊？我把鱼煮了吃了，他还说'到了好地方啊，到了好地方啊。'"

孟子讲完这个故事就总结说，真正的君子行的都是正道，不会懂得小人的阴谋诡计。内心光明的人，看待别人的行为也以为同样是光明的，不会产生怀疑。象看见舜的时候装出一副敬爱和想念舜的样子，内心光明磊落的舜自然不会怀疑自己的弟弟，所以马上就相信了象。舜因此而常常遭受欺骗、甚至陷害而浑然不觉。这就是人们常说的"明枪易躲，暗箭难防"，君子也难防暗中使坏的小人。

牛山之木

孟子一直强调人人都有善性，那么为什么世间还会有那么多的恶行呢？有一次，孟子的弟子公都子就问道："告子说：'本性没有善，没有不善。'有人说：'本性可以成为善，可以成为不善。所以，文王武王在位，民众就崇尚善；幽王厉王在位，民众就崇尚暴。'还有人说：'有的人本性善，有的人本性不善。所以，尧这样贤明的君主却有象这样的坏儿子，瞽瞍这样的恶父亲却有舜这样的好儿子，纣这样的暴君却有微子启、王子比干这样的贤兄。'如今老师认为性善，那他们都错了吗？"

面对这样的质疑，孟子回答："按人们的实际情况确实是能够向善的，这就是我们所说的人人性善。至于有的人变成不善，并不是资质的问题。同情之心人人都有，羞耻之心人人都有，恭敬之心人人都有，是非之心人人都有。同情之心属仁，羞耻之心属义，恭敬之心属礼，是非之心属智。仁、义、礼、智不是从外部注入的，是人本来就有的，只是有的人不曾去领悟罢了。所以说，追求就能得到，放弃就会失去，人与人之间的能力或德行相差一倍、五倍甚至无数倍的原因，就在于有的人没有充分发挥他们天生的善性。孟子接着又举了一个例子来说明：

齐国国都临淄的南方有一座牛山，曾经林木茂盛，郁郁苍苍。然而因为靠近都城的缘故，常常遭到人们的砍伐，所以如今几乎是光秃秃的了。当然，那里的树木仍然在继续生长，加上雨露的滋润，并不是没有长出新枝嫩芽。可是那些放牛牧羊的人又去糟蹋了一番，于是就变成寸草不生的模样了。大家看见牛山的这副模样就认为它不曾长过树木，就认为寸草不生就是这山的本性，这难道对吗？

人其实也一样。人的善良之心就像牛山上的树木一样，天天用斧子去砍伐，当然就会越来越少。日夜砍伐，而不去培养，这样，他的善性就会日益淡薄，以至于完全丧失，行为跟禽兽没有什么两样了。但如果你看见他现在的行为跟禽兽一样，就认为他从来不曾有过善良的本性，这难道是对的吗？所以，如果能得到应有的培养，没有什么东西不能生长；要是失去了应有的培养，那就什么东西都会消失。

孟子的这段话说明，人的善良本性就像牛山的树木一样，得到保护培养和雨露滋润，就能够根深叶茂。相反，一味地任自己的恶性发展，不去培养自己的善性，那它们终有一天会消失干净，原来善良的人就会变成恶人，跟禽兽没有两样了。

一暴十寒

齐宣王总是不能实行仁政，孟子对此评论说：不能怪大王不明智。即使有天下最容易生长的植物，你拿去暴晒一天，再冻它十天，也不可能活下来。我见大王的次数本来就很少，我刚退下，那些泼冷水的人就又来了，齐王即使产生了一点行仁政的念头，我又能怎么样呢？这好比下围棋，围棋作为技艺，是一种很小的技艺，但如果不专心致志去学就学不好。弈秋，是全国最好的棋手。如果让弈秋教两个人下棋，其中一个人专心致志，听从弈秋的教诲。另一个人虽然也在听，但心里却在想着如果天鹅飞来了，就要拿弓箭去射它。虽然他也与别人一起在学习，但成绩却赶不上别人的好，这是因为他的智力赶不上别人吗？并非如此啊。

孟子所说的"一日暴之，十日寒之"由后人精简成成语"一暴十寒"，用来比喻修学、做事没有恒心，作辍无常。生活经验告诉我们，努力的人不一定会成功，但成功的人一定经过了超人的努力。世上没有不劳而获的事，只有经过了汗水的辛勤浇灌，才有可能让自己的希望之园结出果实。一暴十寒，三心二意，三天打鱼两天晒网，缺乏持久的努力，最终的结果只能是白费力气，徒劳无功。

鱼与熊掌

　　孟子认为，人的本性虽然善，但有时候也会迫于形势与私欲，而做出不善的事情来，这样就失去了应有的本心。所以君子时刻都要反省自己的所作所为。孟子举了一个例子来说明这个观点。

　　孟子说，鱼是我所喜爱的，熊掌也是我所喜爱的。二者不能同时得到，便舍弃鱼而取熊掌。生命是我所追求的，正义也是我所追求的。二者不能同时得到，便舍弃生命而奉行正道。生命虽是我所追求的，但有比生命更为令人向往的，因此决不苟且偷生。死亡虽是我所厌恶的，但有比死亡更令人厌恶的，因此，面临祸患时决不苟且逃避。如果人所追求的没有比生命更为重要的，那凡可以获生的手段无不可用。如果人所厌恶的没有超过死亡的，那凡可以避患的手段无不可用。由此来看，虽有时可以获得生命，但人们宁死不生；虽有时可以避患获生，但人们宁死不逃。因此，有比生命更为令人向往的，也有比死亡更为令人厌恶的。其实并不仅仅是贤人君子有这种人生态度，人皆有之，只不过贤人君子能保持这种心境而不丧失罢了。

　　一筐食物或一罐羹汤，得到了便能活命，得不到就要饿死。呼喝着给予路边行人，路人不会接受；扔到地上，踩上一脚，送给乞丐，乞丐也不会接受。由此看来，一万石粮食如果不考虑一下合不合乎礼义便接受了，又意味着什么呢？一万石粮食又能给我带来什么呢？难道为了让宫室房屋更美，妻妾生活得更好吗？还是施舍给穷人，让他们感激我呢？这种不合礼义的东西，小到一筐食，一罐汤，也宁可饿死而不接受；变成一万石粮食时，便因为房屋、妻妾或穷人的感激而接受下来，这到底是一种什么心态呢？难道不应该想想可不可以这样做吗？这样做的人真是失去了他的本心啊。

鱼与熊掌不可得兼，我们在做出选择的时候往往需要取舍。在鱼与熊掌之间做出取舍也许不太难，而面对生存与正义，人们该怎样取舍呢？在孟子看来，知识分子固然要有崇高的理想，但更应该具备在逆境中坚持的勇气，所以他的答案是：放弃生命，追求正义。现实生活中人们并非一定会面临这样的选择，但利益与理想的冲突不可避免，那时你该怎么做呢？

茅草塞心

有个叫高子的读书人，听说孟子很有学问，就去拜他为师。孟子将他收为弟子，对他讲授儒家的学问知识。可是过了一段时间，这个高子就开始走神了，对其他的事物发生了兴趣，而且在孟子讲课的时候三心二意，很不用功。

孟子发现这个情况，就对高子说了一个比喻：布满茅草的山间小路虽然很狭窄，但走路的人多了，小路就渐渐被踏宽了，变成了一条大路。但是如果没有人再去走它，过不了多久，茅草又会长满这条山路，最终将它堵塞，以前所做的一切努力就都白费了。高子听了孟子的这番话，有点似懂非懂。看他那个样子，孟子接着又说："也许现在茅草已经把你的心给堵塞了吧！"高子听到这里才明白了孟子的意思，感到很不好意思，于是下决心努力学习。

孟子用山间小道之所以成为大路来做比喻，勉励高子对于大道要持续不断地追求，不能有任何松懈、疏忽和间断，否则的话，就会如同被茅草塞住一样，永远也走不到通向大道的路。

这个故事如今已经被引申出了两个语义。一是"茅塞顿开"这个成语，即经过孟子的一番教导，高子一下就明白了其中的道理，好像堵塞山路的茅草一下子被扫除了一样，道路变得通畅开阔，高子的内心也豁然开朗了。还有一个就是鲁迅先生说的名言：世上本无路，走的人多了，也就成了路。这告诫我们不要因循守旧，要勇于开拓、创造，走出新的人生道路。

再作冯妇

齐国闹饥荒。陈臻对孟子说："国内百姓都以为夫子您会再次劝说齐王打开粮仓拯救灾民，我想您恐怕不会那么做了吧？"

孟子回答说："再那么做我就成了冯妇一样的人了。"

冯妇是晋国人，很善于打虎。后来他宣布再也不打虎了，从此专心读书。一天他与朋友去郊外玩，看见一只老虎靠着山角。很多人围着它，却没有人敢上前捉它。人们远远看见冯妇来了，就快步上前去迎接他。冯妇就挽起衣袖，露出胳膊下了车，杀死了老虎。人们都很高兴他这样做，可是士人却讥笑他又重操旧业。

孟子讲这个故事的用意是什么呢？其实很简单。假如反复提出自己的主张而不被采纳接受，遭到冷遇，却还要不顾一切地去继续劝谏，那就会跟冯妇一样遭世人讥笑了。即使是像孟子这样的圣人，也有普通人的一面：我干吗要去做那种吃力而不讨好的事呢？

第八章　《孟子》典故释义

一、自知之明

【释义】

　　透彻地了解自己（多指缺点）的能力。指了解自己的情况，对自己有正确的估计。自知：自己了解自己；明：看清事物的能力。

【故事】

　　孟子在齐国时看到齐王对自己百姓的生活漠不关心，就想找一个机会对他说。有一次，他到了齐国边境的一个地方——平陆，对平陆的地方官孔距心说：

　　"要是你队伍里的战士一天三次离开自己的队伍，你会不会开除他？"

　　孔距心说："不会等到三次，我就会开除他。"

　　孟子说："但是你像那离开队伍的战士一样，失职的地方实在多啊。灾荒年景，你的百姓里老年人的尸骨抛在山沟里，壮年人四方走散，有好几个人哪。"

　　那地方官又说："这不是我孔距心所做的事啊。"

　　孟子说："有一个人受人委托放牛羊，那就一定要为那些牛羊寻找牧场和草料。要是牧场和草料都找不到，是把这些牛羊还给人家呢，还是让这些牛羊都饿死呢？"

孔距心想了想说："这是我的罪过啊！"

过了些日子，孟子见齐王，说："您派去治理都邑的人里，我认识了五个人。可是知道自己罪过的，只有孔距心一人。"

孟子把见孔距心的事向齐王说了，并把他们的谈话也向齐王说了一遍。齐王听了以后说："下面的官员不称职，百姓的生活不好，都是我的罪过啊！"

孟子就用这个委婉的办法批评了齐王对自己百姓生活、对国家政事漠不关心的不良行为。齐王只好承认自己的错误。

在另一个场合，孟子还对齐王讲过类似的故事。他对齐王说："您的臣下有一个人把自己的妻女托付给他的朋友照顾，自己到外边去游玩了。等到他回来的时候，他的妻女却在那里挨饿受冻。对这样的朋友，该怎么办呢？"

齐王说："不要这个朋友。"

孟子说："一个司法官不能管理自己的下属，怎么办呢？"

齐王很干脆地说："罢免他。"

孟子说："那么全国的政治很坏，该怎么办？"

齐王一下子明白了孟子原来是在批评他，他无话可说，只好看着左右的人，说着别的事。大概因为如此，齐王不太喜欢他，孟子终于离开了齐国。

二、尊老爱幼

【释义】

尊敬长辈，爱护晚辈，形容人的品德良好。

【故事】

有一天，孟子来到了齐国，见到了国君齐宣王。孟子和齐宣王谈到了治理国家的王道仁政这个大问题。

孟子说："王道仁政，这是大王不去做，而不是不能做呀！"

"不去做和不能做有什么区别呢？"齐宣王问。

"抱起泰山去跳越北海，那是不能做；看到老人走路不便而不愿折根树枝给他当拐杖，那就不是不能做而是不去做。大王不实行王道仁政，就属于不为老人折枝一类。"

孟子运用这个比方分清了"不做"和"不能"的道理后，就进一步阐述说："把对禽兽的仁慈推广为对百姓的仁慈，大王怎么不能做到呢？要知道，推广仁心就能够保有国家；不推广仁心就连妻子儿女都难保。"

"那么，怎样推广呢？"

孟子诚恳地说："老吾老，以及人之老；幼吾幼，以及人之幼。做到这一点。统一天下就像在手掌心里转动东西那样容易。"

"怎么叫'老吾老，以及人之老；幼吾幼，以及人之幼'？请夫子解释一下。"

"尊敬自己的父母长辈，从而推广到尊敬所有人的父母长辈；爱护自己的孩子，从而推广到爱护所有人的孩子，这不就是仁心的推广吗！"

齐宣王听了，不觉点头信服。

三、与众乐乐

【释义】

和众人一起欣赏音乐也是快乐的。

【故事】

古时候，有一个叫庄暴的人来见孟子，他对孟子说："我被齐王召见，齐王把他爱好音乐的事告诉我，我不知道用什么话回答。"孟子听了，回答说："如果齐王真的很喜欢音乐，那么齐国大概治理得也很好了吧！"

后来有一天，孟子被齐王接见，孟子就向齐王说："您曾经把自己爱好音乐的事告诉庄暴了，是真的吗？"齐王说："我不是爱好古代的高雅音乐，只是爱好世俗流行的音乐。"孟子说："当今的音乐和古代的音乐是一样的。只要您真的很爱音乐，齐国就一定能够治理得好了。"齐王面露疑色，问道："这是什么道理呢？"孟子回答说："请让我给您谈谈关于欣赏音乐的事吧。假如您在这里奏乐，百姓听到您的钟、鼓、箫、笛的声音，都觉得头痛，愁眉苦脸地互相转告说：'我们的君王这样爱好音乐，为什么使我们落到这样坏的地步呢？父子不能见面，兄弟东奔西跑，妻子儿女离散。'假如现在君王在这里打猎，百姓听到您的车马声音，看到仪仗的华丽，都觉得头痛，愁眉苦脸地互相转告说：'我们的君王这样爱好打猎，为什么使我们落到这样坏的地步呢？父子不能相见，兄弟东奔西跑，妻子儿女离散。'这没有别的原因，只是您不肯和百姓一起欢乐啊。如果您在这里奏乐，百姓听到您弹奏钟、鼓、箫、笛的声音，都高兴地互相转告说：'我们的君王大概没有疾病吧，不然，怎么能奏乐呢？'如果现在您在这里打猎，百姓听到您车马的声音，看到仪仗的华丽，都高兴地互相转告说：'我们的君王大概没有疾病吧，不然怎么能打猎呢？'这同样没有别的原因，只是因为您能和百姓同欢乐啊！如果现在您能和百姓一起欢乐，那天下就能统一了。"

在孟子的观念中，国君自然可以喜欢音乐，也可以喜欢田猎，但这个"喜欢"得出的"快乐"，必须是具有普遍性的，也就是不能只是君王一个人快乐，而是应连老百姓也能分享到国君的快乐心情。

如果国家治理得不好，导致民不聊生、百姓叫苦连天，那么国君对某事、某物的喜好，只是一种自私的感官享乐，只会造成百姓的反感与不满。如果国家治理得好，整个国内和乐安康，歌舞升平，国君出门田猎或享受音乐之美时，百姓们自然可以因此感受到国家的富强、富足，并也因君王的身体强健而感到欣慰。所以，孟子认为，能够"推己及人"的快乐，具有分享价值的"独乐乐不如众乐乐"的快乐，才是一个国君真正该拥有的快乐。齐宣王听了孟子这番话后，觉得很有道理，高兴地笑起来了。

四、缘木求鱼

【释义】

爬到树上去找鱼。比喻方向或办法不对头，不可能达到目的。缘木：爬树。

【故事】

齐宣王企图称霸天下，孟子劝他放弃这种念头。孟子说："要统一天下，应从改革政治，施行仁政入手，使百姓生活安定，人心归服。靠武力、行霸道，是行不通的。"

齐宣王有些想不通，不使用武力，怎么能统一天下呢？

孟子为了说服齐宣王，他又说："您动员全国军队，使将士冒着危险去攻打别的国家，是为的什么呢？"

齐宣王说："为的是满足我最大的欲望。"

"您最大的欲望是什么？可以讲给我听听吗？"

齐宣王笑了笑，却不作回答。孟子问道："是因为好东西不够吃吗？好衣服不够穿吗？因为没有艳丽的艺术品可看吗？没有美妙的音乐可听吗？还是因为侍候您的人太少，不够使唤呢……这些，您都不缺啊！"

齐宣王说："不，不，我不是为了这些。"

孟子说："那么，我明白了。您是想征服天下，扩张领土，使各国包括秦、楚等大国，都来朝贡，四方外族，也都听命于您，您成为天下唯一的霸主——是不是要满足这样的欲望？如果您正是这样，那就好比'缘木求鱼'，不可能达到您的目的！"

齐宣王说："会有这样严重吗？"

孟子说："恐怕比这样更要严重。缘木求鱼，至多得不到鱼，却还不致有什么祸害。以您这样的办法想满足您的欲望，不但不可能达到目的，其后果将是不堪设想的！"

五、再作冯妇

【释义】

比喻重操旧业。

【故事】

齐国发生饥荒，陈臻对孟子说："国内的百姓都以为您会再次劝说齐王打开棠邑的粮仓来赈济灾民，恐怕不能再这样做了吧。"

孟子说："再这样做就成了冯妇了。晋国有个叫冯妇的，擅长和老虎搏斗，后来成了一个善士，不再打虎了。有一次他到野外去，看到有很多人正在追逐一只老虎。那老虎背靠着山势险阻的地方，没有人敢去迫近它。大家远远望见冯妇来了，连忙跑过去迎接他。冯妇挽袖伸臂地跳下车来，众人都很高兴，可士人们却讥笑他。"

六、凿池筑城

【释义】

把护城河凿深，把城墙筑牢。

【故事】

孟子为了宣传自己的学说和主张，他来到了滕国。滕文公见到他后，开门见山地问道："滕国是个弱小的国家，竭尽全力侍奉大国，仍然避免不了灾祸，该如何做才好呢？"

孟子想了想回答说："从前周太王居位在邠地，狄人经常来侵犯。太王送给他们裘皮和丝绸仍免不了受他们的侵犯；送给他们良驹骏马，仍免不了受他们的侵犯；送给他们珠宝玉器，也免不了受他们的侵犯，于是太王就召集邠地的父老，告诉他们说：'狄人所要的，是我们的土地。我听说：君子绝不会拿养活老百姓的东西来害老百姓。你们何必担心没有国君呢？我将离开这里。'太王离开邠地，越过梁山，在岐山之下兴建城邑定居下来。邠地人说：'太王真是仁人，我们可不能失去他啊！'跟从太王到岐山去的人很踊跃，像去赶集一样。也有人说：'祖上留下的土地应该世世代代守着它，并不是谁说离开就能离开的。至死也不能离开。'请大王从上面的两种做法选择一种吧。"

过了几天，滕文公又问孟子："滕国是一个很弱小的国家，夹在齐国和楚国之间，是侍奉齐国呢，还是侍奉楚国？"孟子回答说："决定这个策略不是我所能做到的；不得已，只有一个办法，把护城周围的池凿好，把城墙筑好，团结人民坚守着，人民尽死力捍卫，不散去，这是最好的办法。"滕文公听了孟子的话后，觉得只要团结人民独立自卫，不依赖大国，才不会受人奴役。

七、专心致志

【释义】

形容一心一意，集中精神。致：尽，极：志：意志。

【故事】

齐王管理国家没有什么成就，当时人们很不满意，有人认为齐王资质大概不够聪明。孟子为了说明这个问题，他先举了一个一曝十寒的例子后，又举了一个下棋的例子。他说："有两个人同时学习下棋，一个专心致志，一个却不能集中精力。结果，前一个学得很好，而后一个没有学成。这难道是聪明不聪明的问题吗？根本不是的。"

孟子举了这个例子后，他认为只有专心致志、集中精力地学习，才能够培养和加强思想的分析和判断的力量——智，才能达到正确认识客观事物规律的目的。相反，如果不专心致志地学习，智力经常被削弱、分散或抵消，就得不到足够的培养，从而得不到发展和运用，失掉学习的效果。

最后孟子向人们表明，齐王管理国家没有什么成就，根本不是资质不聪明，而是他的精力没有放在管理国家大事上罢了。

八、濯缨濯足

【释义】

水清就洗帽带，水浊就洗脚。后比喻人的好坏都是由自己决定。

【故事】

有一次，齐景公与孟子商量是否把女儿嫁到吴国。孟子说："天下太平，政治清明时，小德被大德役使，小贤被大贤役使；天下不太平，政治混乱时，小的被大的役使，弱的被强的役使。这两种情况都是天意。顺从天意者生存，违背天意者灭亡。"

齐景公听了后说："既然不能号令别人，又不愿意听从别人命令，真是无路可走了。"于是流着眼泪把女儿嫁到吴国。

孟子就景公嫁女的事发表议论，说："不仁的人可以劝说吗？处境危险却自以为安全，灾祸临头还只顾夺取利益；做着毁灭自身的事还以之为乐。不仁的人可以劝说，则哪会有亡国败家的事呢？"

这时候，孟子想到了古代一首童谣："有个小孩唱道：'沧浪的水清澈啊，就用它洗我的冠缨，沧浪的水混浊啊，就用它洗我的脚。'孔子说：'弟子们听着！水清洗缨，水浊洗脚，是水自身决定的。'因此，人必定是先有自招侮辱的行为，而后别人才侮辱他；家必定是先有自致破败的原因，而后别人才会搞垮它；国必定是先有自取讨伐的缘由，而后别人才会讨伐它。《太甲》书上说'上天降灾犹可避，自己招祸无处逃'，就是这个意思。"

齐景公听了孟子这些议论，不由得从心底里佩服。

九、以羊易牛

【释义】

用羊来替换牛。比喻用这个代替另一个。易：更换，替换。

【故事】

齐宣王问孟子说："齐桓公、晋文公在春秋时代称霸的事迹，你可以讲给我听听吗?"孟子回答说："孔子的学生们没有谈起过齐桓公、晋文公的事迹，这些事迹没有传到后代来，我也没有听说过。那么，我只好讲讲用仁德的力量来统一天下的'王道'。您说可以吧?"

齐宣王问道："德行需要达到什么样的标准才能够统一天下呢?"

齐桓公

孟子说："什么事都要替老百姓着想。这样去统一天下，就没有人能够阻挡了。"

齐宣王说："像我这样的人，能够做到全心全意为老百姓服务吗?"

孟子说："完全可以做到。"

齐宣王追问道："你根据什么来断定我能够做到呢?"

孟子说："您的近臣胡龁曾告诉我一件事：宣王您坐在大殿上，有人牵牛从殿堂下经过，您看见后问道：'把牛牵到哪儿去呢?'牵牛的人回答说：'准备把牛杀了，用牛血涂抹那新钟的缝隙，以做祭祀之用。'当时您就说：'把这头牛放了吧！我实在不忍心目睹它战战兢兢、十分害怕的样子，它毫无罪过却要被杀死。'牵牛的人问道：'那么，祭钟的仪式也要废除吗？'您回答说：'怎么能够废除呢？用羊来代替牛吧！'我不知是否真有这件事。"

齐宣王回答道："确有此事。"

孟子说："您有这样仁慈的心，完全可以统一天下了。老百姓都认为您主张用羊代替牛是出于吝啬，但我知道您是于心不忍。"

齐宣王说："是的，的确有些老百姓这样看。齐国虽然不大，可是我怎么会舍不得一头牛呢？我是不忍心目睹牛那种害怕、战栗的样子，毫无罪过就被杀掉，因此才用羊来代替它。"

孟子说："老百姓认为您吝啬，您也不要感到奇怪。因为羊小牛大，用小的换大的，老百姓当然会有那种想法。他们怎么会体会到您的深刻思想呢？可是，不知您想过没有，如果可怜牛毫无罪过就被杀掉，用羊代替它，那么宰牛和宰羊又有什么区别呢？"

齐宣王笑了，说道："噢，我也弄不清楚自己是怎么想的。但是我以羊换牛，的确不是出于吝啬。经你这么一说，我感到老百姓认为我吝啬的说法，的确有一定的道理。"

孟子说："这没有什么关系！您这种'不忍'之心，正是仁爱的表现。问题在于，您只看到了牛，而没有看到羊。对待飞禽走兽，具有德行的人看见它们活着，就不忍心看到它们死去；听到了它们的悲号嚎叫，就不忍心吃它们的肉。因此，君子从来不愿意接近厨房。"

齐宣王听了孟子这番话，觉得很有道理，于是会心地笑了。

十、义理悦心

【释义】

探究名理的学问使心情愉悦。

【故事】

孟子认为人们的脑筋都是一样的，都能作推理和判断来认识欣赏客观事物。他说："丰收好年成，年轻人多懒惰；灾荒坏年成，年轻人多强暴。这并不是天生的资质有所不同，而是环境改变了他们的思想。拿大麦做比喻吧，播了种，耙了地，如果土地相同，种植的时候也一样，大麦便会蓬勃生长，到了夏至就会成熟。即使有所不同，那也只是由于土质的肥瘠、雨露的多少、人的管理有差异的缘故。所以同类事物，大体相同。"

孟子的学生问道："为什么讲到人便怀疑起来呢？"

孟子接着说："圣人与我们同类，都一样是人。所以古代贤者龙子说：'不看清脚样去织草鞋，我知道他也不会织成箩筐。'草鞋的相似，是因为人的脚形状大体相同。人的口对于味道，有相同的嗜好，齐桓公时最擅长烹调的易牙早就摸准了这一点。假如口对于味道，人各不同，就像狗马与人本质上不同一样，那么，天下的人凭什么都追随易牙的口味呢？一讲到滋味，天下人都期望于易牙，说明天下的口味大体一样。耳朵也是如此，一谈到声音，天下人都期望晋平公时的乐官师旷，说明天下人的听觉大体一样。眼睛也是如此，一说到郑昭公时的美男子子都，天下没有谁不认为他俊美。所以说，口对于味道有相同的嗜好，耳朵对于声音有相同的听觉，眼睛对于容色有相同的美感。"

孟子最后总结说："谈到人心就没有相同之处吗？人心相同之处是理和义。圣人早就懂得了人心的相同之处，所以理义能愉悦我们的内心，就如同猪、牛肉合我们的口味一样。"孟子的学生听了后明白了人心是相同的，不过是环境能改变他们的思想罢了。

十一、以邻为壑

【释义】

拿邻国当作大水坑，把本国的洪水排泄到那里去。比喻只图自己一方的利益，把困难或祸害转嫁给别人。壑：山沟。

【故事】

战国时候，魏国有个丞相叫白圭，是个治水的能手。他曾为魏国兴修水利，发展生产，有一定的功绩。但是他的治水方法，主要是修筑堤坝，用以阻拦洪水冲入本国国境，至于邻国是否将因此泛滥成灾，他就不管了。

白圭对自己的治水工作相当满意，曾得意地对孟子说："我很懂得治水，我的方法恐怕要胜过大禹哩！"孟子冷笑一声，不客气地说："算了吧！你那叫什么治水呀！你知道大禹是如何做的吗？"

原来，大禹治水的方法与白圭完全不同。在大禹之前，鲧治了九年水，仍然没有把水治服，因为他只懂得水来土掩、造堤筑坝，结果洪水冲塌了堤坝，水灾反而闹得更凶。舜觉得鲧办事不力，就把他杀了，又改收鲧的儿子禹去治水。

禹改变了他父亲的做法，用开渠排水、疏通河道的办法，把洪水引入大海。当时黄河中游有座龙门山，挡住了河水的去路，致使河水溢出河道，造成水灾。禹就领人开凿龙门山，开了一个大口子，让河水畅行无阻。就这样，经过十三年的努力，终于治服了洪水，使百姓过上了安居乐业的生活……

孟子回顾了这段历史后，对白圭说："大禹是顺乎水的本性，把河水引入河道，最后流向四海；你却修堤筑坝补漏洞。你自己的国家是保住了，可大水却流到你的邻国去了，这叫作'以邻为壑'，凡是有仁爱之心的人是干不出来的。你还有什么值得夸耀的呢？"

白圭听了孟子的批评，羞愧万分，再也不宣扬自己治水的功绩了。

十二、一毛不拔

【释义】

形容为人非常吝啬自私。

【故事】

战国时期，魏国有一位学者叫杨朱，字子居，又称杨子。他的学说主张"为我"，与墨子的"兼爱"学说正相反。孟子在谈到杨子和墨子的学说时，说："杨子主张什么事都以自我为中心，拔一根汗毛而对天下有利的事，他都不肯干。墨子主张兼爱，哪怕浑身上下皆因辛劳而造成疾病，只要对天下有利，他什么都干。而鲁国贤人子莫，主张折中而行。他认为折中比较恰当，但若不知道随时变通，就和偏执一端一样。之所以厌恶偏执一端，是因为它损害了仁义之道，只抓住一点而废弃了其余。"

十三、易如反掌

【释义】

像翻一下手掌那样容易。比喻事情很简单，非常容易完成。反：翻转。

【故事】

有一天，公孙丑问孟子说："您如果在齐国当了政，掌了权，管仲、晏子当年的功业可以再度兴起吗？"

孟子说："您可真是一个齐国人，只知道管仲、晏子罢了。以前有人问曾西说：'您和子路相比，谁更强一些？'曾西恭敬不安地说：'他是我父亲敬畏的人，我哪里敢和他相比呢？'那人就又问：'那么，您和管仲相比，哪个强？'曾西马上不高兴地说：'您为什么竟把我和管仲相比呢？管仲得到齐桓公的赏识，是那样的专一；掌握国家的政权，是那样的长久！但成就的功业，却那样微不足道！您为什么把我和他相比？'"

孟子停了一下又说："管仲是和曾西都不能比的人，您以为我愿意学他吗？"

公孙丑听了以后回答道："管仲辅助齐桓公建立了霸业；晏子辅助齐景公使他名扬天下。难道管仲、晏子这两个人还不值得学习吗？"

孟子遗憾地说："凭齐国这样的大国行仁政来统一天下，是易如反掌的事啊！"

公孙丑听了不以为然，还坚持自己的见解。

十四、一曝十寒

【释义】

即使是最容易生长的植物，晒一天，冻十天。也不可能生长。比喻学习或工作一时勤奋，一时又懒散，没有恒心。

【故事】

齐王管理国家大事，没有什么成就，当时人们对齐王很不满意，所以有人说：齐王的资质大概是不够聪明吧！

孟子说："这不是聪明不聪明的问题。比方以培育植物来说，我们知道，一般的植物都需要温暖的阳光，而害怕寒冷。如果我们培育一种植物，在阳光下仅仅暖了它一天，而在寒冷的空气里却一冻就连冻十天，这样，即使是最容易生长的植物，也一定长不起来。齐王并不见得不聪明，像我这样给他阳光的人，见他的机会很少，偶然见他一次，同他谈一谈，向他提些意见，可是我刚一走，向他吹阴风的人就连续而来，有时看见他有萌芽的希望了，结果到底还是不成！我就没有什么办法了。"

十五、揠苗助长

【释义】

把苗拔起，帮助其生长，后用来比喻违反事物的发展规律，急于求成，反而坏事。揠：拔起。

【故事】

孟子和公孙丑经常在一起议论国家大事。有一次，公孙丑问孟子说："您在齐国做卿相，可以行您说的道，齐国由此而成为霸主。如此，您动心吗？"

孟子说："不！我不动心。"

公孙丑说："要是这样，您可远远超过孟贲了。"

孟子说："这并不难，告子就比我更不动心。"

公孙丑问："不动心有什么方法吗？"

孟子说："有。"

孟子说了一通不动心之道，公孙丑听着很感兴趣。听完了孟子说他的不动心之道，他问孟子："敢问您有什么长处吗？"

孟子说："善于剖析言辞，我善养我的浩然之气。"

公孙丑接着问："敢问您什么叫浩然之气呢？"

孟子说："这可不好说啊。浩然之气之所以为气，它至大至刚，只要养而无害，它就塞于天地之间，无处不在。它之所以为气，是合乎道义，并且可以助长道义，如果不是这样，那么它就不会充于天地之间。人做事有不满足之心，那么他体内就不会有浩然之气。所以我说告子未必知道义是怎么回事，说义是外在的东西。人做事可以不必预期效果，但是心里不能忘掉，也不能强行去助长那个效果。不要像宋国人那样。有一个宋国人老是忧虑自己田里的禾苗长不大。有一天，他就把那些苗全都往上拔了一截，这样看起来就比原来高出许多了。他既带着高兴的神情也有着无知的那种茫然回到家里，对家人说：'今日真累，我在地里帮助我们的禾苗长了。'他的儿子听到他能帮助禾苗长大，就跑到田里看，结果，他看到自己田里的禾苗全都枯萎了。天下的人没有不希望自己的禾苗长大的，以为没有什么用处而舍弃的是那些不管理耕耘的人。可是为了帮助禾苗长大，却去把它拔高，不但没有益处，反而有害处。"

公孙丑听完这些话，问孟子说："什么叫知言呢？"孟子说："偏颇的话我知道它的片面所在，放荡的话我知道它能让人沉溺，邪辟的话我知道它的离叛，闪烁的言辞我知道它的如何屈理。如果不知道这些

白玉五彩龙

话，那么这些话生于心，就要害政。要是发于政，就要危害事情。如果圣人再起的话，那么他必定会赞称我这些话的。"公孙丑听了这一席话后十分高兴地说："这真是听君一席话，胜读十年书呀！"

十六、夜以继日

【释义】

形容勤奋工作或学习。

【故事】

有一次，孟子的学生问："老师，周公为什么会受到人民的拥戴呢？"孟子说："禹讨厌美酒而喜欢善言，汤掌握住正确的原则，选拔贤人没有一成不变的常规。文王看待百姓，如同他们受了伤一样，总是同情抚慰；望见了'道'却像没有看见一样，总是不断追求。武王不轻慢近臣，不遗忘远臣。周公想要兼有三代圣王的功业，实践禹、汤、文、武的美德，要是有不合当时的情况，就仰头思索，白天想不好，夜里接着想；若是想通了，就坐等天亮，以便立即实行。"

孟子在这里所盛赞的周公，是周武王之弟，亦称叔旦，是西周初期的著名政治

家、思想家。他辅佐武王灭商。武王死后继承王位的成王年幼，由叔父旦摄政。平定管、蔡与武庚叛乱，营建洛邑作为东都。相传他制礼乐，建立典章制度，主张"明德慎罚"。因为他所封的地方在周，因此被称为周公。

孔子在其年老体衰之时，高声慨叹道："吾已衰矣，久矣吾不复梦见周公！"由于孔子的推崇，周公成为后来儒家学者最为尊崇的古圣之一，有时与孔子合称为"周孔"。那个学生听了孟子这一番话后，深深体会到，难怪周公会得到人民的拥戴，道理就在这里呀！

十七、因小失大

【释义】

为了小的利益，造成大的损失。

【故事】

人最宝贵的是生命，因此养生之道很重要。但保养身体，就要保养好身体的每一部分。孟子说："人对于身体，哪一部分都爱护。都爱护便都保养。没有一块肌肤不爱护就没有一块肌肤不保养。考察护养得好与不好，难道还有另外的方法吗？完全在于他重视哪一部分而已。身体有重要的部分，也有次要的部分；有小的部分，也有大的部分。不要因小失大，也不要以轻害重。保养小的部分，就是小人；保养大的部分，就是君子。"

孟子为了说明保养有重点，他就用场师和医师作了生动的比喻："如果一位园艺家，放弃桐树梓树，却去种酸枣荆棘，那就是劣等园艺家。如果一个医师，只保养他的一个手指，却忘记了他的肩头背脊，那就是蹩脚医师。"同样道理，孟子最后还认为，如果有人只养口腹，不养心态，难道吃喝的目的仅仅是为了口腹的那一小部分吗？这也就是说，培养自己高尚的品质是多么重要啊！

十八、引而不发

【释义】

拉开弓却不把箭射出去。比喻善于启发引导。也比喻做好准备暂不行动，以待时机。引：拉引。发：射箭。

【故事】

孟子处在"百家争鸣"的战国时代，他既以继承尧、舜、禹、汤、文王、孔子等的"古圣先贤"的道统自居，又以"避异端""斥邪说"为己任，积极宣传自己的学说和主张。他认为，天下有道政治清明的时候，君子要为道而献身；如果天下无道，政治黑暗的时候，君子要挺身而卫道，直至牺牲自己的生命。

有一次，他的学生公孙丑问孟子："道是崇高的，完美的，好像是登天一样，似乎是高不可攀的，为什么不让它成为可以企及而每天去苦苦追求呢？"孟子为了回答这个问题，他作了一个生动的比喻，他说："严师不因拙劣的徒工改变或废弃规矩，古代著名射手后羿也不因为拙劣的射手而改变张弓的标准。君子发扬正道，也像弓师教人射箭一样，他张弓搭箭，拉满了，并不发射，做出跃跃欲试的样子。他引导学者，凡是具有学习能力的人都能努力跟上。如果人为地降低标准，就会脱离客观实际，就不是道。这需要学者从实践中去努力、体会了。"

公孙丑听了孟子这番话，终于明白了严师出高徒，师严然后才道尊的深刻道理。

十九、与民偕乐

【释义】

和老百姓一起快乐。

【故事】

孟子拜见梁惠王。惠王道："老先生不远千里前来，将会带给我们国家什么利益呢？"

孟子回答说："大王何必讲什么利益呢？只要有仁义就够了。大王如果把义放在后边而先求得自己的私利，那么，那些大夫不去夺取国君的位子是决不会满足的。没有讲仁义的人会抛弃父母的，也没有讲仁义的人而不顾及君王的。大王只说说仁义罢了，何必去谈利呢？"这样，梁惠王被孟子说得心悦诚服。

后来，孟子又去拜见梁惠王，惠王在水池边，观看鸿雁和麋鹿，说道："贤者也是这样为乐吗？"

孟子回答说："是贤者，然后才能乐于此，不是贤者，即使有这些东西，却没有乐趣。"这时候，孟子想到《诗经》上说："文王开始造灵台，细心经营巧安排。黎民百姓同施工，不到九日落成快。筑台本来不需急，百姓自愿来出力。文王游览到灵苑，母鹿伏地很温驯。母鹿肥大一群群，小鸟俊美羽毛白。文王游览到灵沼，满池鱼儿齐跳跃。"因此，孟子接着说："周文王用民众的力量筑台修池，而民众都非常高兴，称此台为'天台'，称此池为'灵沼'喜欢灵苑、灵沼有麋鹿和鱼鳖。古代的君王能够与老百姓同乐，所以能够享受到真正的快乐。这就是贤者才能享受这种乐趣。相反，《尚书·汤誓》中说：'这太阳啊（指暴君夏桀）怎么还不陨落，我们要与你一同灭亡。'老百姓要与夏桀一起灭亡，他即使有台池鸟兽，难道能够独自快乐吗？"梁惠王听了孟子这一正一反的道理，再次点头称是。

二十、心官则思

【释义】

心的功能在于思考。

【故事】

有一次，孟子的弟子公都子说："告子讲：'人的本性没有善没有不善'，'本性可以使它善良，也可以使它不善良。所以，周文王、周武王在位，百姓便变得善良；周幽王、厉王在位，百姓便都变得横暴。'又说：'有些人本性善良，有些人本性不善良，所以，以尧这样的圣人为君，却有象这样的坏蛋。以瞽瞍这样坏的父亲，却有舜这样的好儿子。以纣这样恶的侄儿，这样恶的君王，却有微子启、王子比干这样的仁人。'如今老师说的人的本性都很善良，难道他们都错了吗？"

孟子说："从天生的资质看，可以使他善良，至于有些人不善良，不能归罪于他的资质。"

接着，公都子又问："同样是人，有的人成为君子，有的人成为小人，这又是为什么呢？"孟子说："顺从大体就成为君子，顺从小体就成为小人。"

听了孟子的解释，公都子又问道："有的人顺从大体，有的人顺从小体，又是为什么呢？"

孟子耐心地说："耳朵眼睛这类器官不会思考，所以被外物蒙蔽。它们一旦接触外物，会接受引导，而心灵这器官是主管思维的，思考便有所得，不思考便无所得，这是上天赋予我们的。人们通过思维，确立人生目标，有些人之所以成为君子如此而已。"

二十一、性善如水

【释义】

人性的善良就像水一样。

【故事】

婴儿刚一生下来的时候，只会哇哇地啼哭，这个时候，这个小生命是没有坏心思的，自然也不懂得如何做坏事。

人的本性就好像是湍急的流水，在平面上，水流是没有固定方向的，既不是非要向东流或非要向西流，也不是非要向南流或非要向北流，而是从东方开了缺口便向东流，从西方开了缺口便向西流，但是水流是有向上或向下的定向的，水的天性就是向下流。

婴儿也是这样的，人的本性是向善的，人性的善良，就好像水的天性是向下流一样。初生的婴儿，在最初的时候，没有不善良的，就像水没有不向下流的道理一样。然而，如果击打小流，那么也可以使水飞溅起来，用力拍击水流，掀起的水花可以高过额头，甚至是倒流回去。而且，除了拍击水流之外，人们还可以通过各种技术，将从高山上流下来的水重新引上高山。但是，这并不是流水的本性，而是形势迫使水流流向改变。

所以，同样的道理，一个人在刚刚生下来之后，本性是善良的，但如果在后天受到了坏人的影响，没有能够走上正途，也是可以使他做坏事的。因为人的本性也像流水一样，是有可能改变方向的。

二十二、胁肩谄笑

【释义】

为了奉承人，缩起肩膀装出笑脸。形容巴结人的丑态。胁肩：耸起双肩做出恭谨的样子。谄笑：装出奉承的笑容。

【故事】

有一次，公孙丑问他的老师孟子："文人学士是不是就不要跟执政当局去接触？"

孟子的回答是，要看具体情况。他说："古代有这样的习惯：不是臣属，就不见君王。从前魏文侯去访问名士段干木，段干木跳墙躲开了；鲁穆公去看望贤人泄柳，泄柳关着大门不出来相见。这都未免过分了。必要的时候，还是应当见的。当年阳虎（春秋时鲁国执政者季孙氏的总管）想让孔子去见他，但是自己放不下架子，不肯先去拜访孔子，竟然耍个花招，打听得孔子不在家，派人送去了一只蒸豚（有人说是火腿）。按礼节，大夫或相当于大夫的贵宾对士有所馈赠，士如果不在家，没有亲自拜受，事后就必须亲自去向馈赠者答谢。孔子知道这是阳虎的花招，便也打听得阳虎不在家才去答谢。如果阳虎不摆架子，不耍花招，孔子是不会像段干木、泄柳那样拒不接见阳虎的。当然，向权贵献媚、曲意逢迎，是可耻的。正如曾子所说："耸肩假装恭敬，讨好地谄笑，比夏天浇菜地还累。"

二十三、无规矩不成方圆

【释义】

形容言语行动没有规矩，不成样子。方圆：借指用规矩所成之图形。

【故事】

春秋时期，有些国君虽然有仁爱之心和仁爱之誉，但是民众却未能蒙受其恩泽，不能为后世效法，是因为没有实行先王之道。所以孟子就说："有离娄那样的视力，有公输子那样的巧艺，不凭借圆规和曲尺，不能画出方形、圆形。同样道理，有师旷那样的听音能力，不凭借律管，不能校正五音；有尧舜的大道，而不施行仁政，就不能治理天下。"

孟子说到这里，自然联想到《诗经》上的话："没有过失没忘祖，一切都循旧规章。"接着他又说："遵行先王法度而犯错误的，还从未有过。圣人既然竭尽视力，再加上圆规、曲尺、水准、墨线，画方、圆、平、直是用不胜用的；既然竭尽了听力，再加上六律，校正五音是用不胜用的；既然竭尽了心智，再加以怜恤民众的政治，那么仁爱就泽被万民了。"最后，孟子得出结论："筑高台的必要凭借原有的丘陵高地，挖深池就须利用原有的河流沼泽。治国理政却不因循先王之道，能说得上聪明吗？"

二十四、五十步笑百步

【释义】

作战时后退了五十步的人讥笑后退了百步的人。比喻自己跟别人有同样的缺点错误，只是程度上轻一些，却毫无自知之明地去讥笑别人。

【故事】

有一次，孟子到魏国去见国君梁惠王。惠王接待他时，问道：

"老人家，您不怕千里之远，来到我国，将怎样帮我国谋利呢？"

孟子回答说："大王，何必先要谈利呢？我们谈谈仁义怎么样？如果大王问我怎样为国谋利，您的官吏又问我怎样为他家谋利，百姓再问我怎样为他们个人谋利。这样，上上下下互相追逐私利，国家就危险啦！"

梁惠王听后没有话说了，他请孟子在魏国住下，时常请他进宫来谈谈，一天，惠王说：

"寡人对国家大事，是很尽心尽力的。比如说吧，河内遭到了灾荒，寡人就把那里的老百姓迁移到河东去，再把河东的粮食运到河内去。河东如果遇到了灾荒，也是这样做。请问，可以说是尽心尽力了吧？"

孟子不答，默默地点头。惠王又接着说下去：

"我留心观察邻近别的国家，他们的国君没有人能像寡人那样尽心尽力的。可是，邻国的百姓人口并不减少，而我国的百姓也不见得增多，这是什么道理呢？"

孟子微微一笑，立即回答说：

"大王请允许我用作战来打比方。假如两军作战，一方抵挡不住，兵士们丢掉盔甲，拖着兵器向后逃走。其中，有些人一直逃了一百步，而有些人却只逃了五十步就停止下来了。"

孟子说到这里，问惠王："战斗结束，那些只退了五十步的人，讥笑退一百步的人为怯懦、怕死，大王以为如何呢？"

"那怎么可以！"惠王摇了摇头说，"他们虽然没有逃到一百步，但总还一样是逃啊！"

"大王知道了这一点，就不能因为大王在灾荒时迁移百姓运送粮食，便希望魏国的百姓比邻国多了！"就这样，孟子含蓄地告诉惠王，魏国与邻国君主的行动，不过是"五十步"与"一百步"的相差而已。

二十五、文过饰非

【释义】

用漂亮的言辞掩饰自己的过失和错误。

【故事】

有一次，孟子与齐国大夫陈贾讨论齐国攻打燕国对不对的问题时，说到了人不怕犯错误，只怕掩饰错误而又不能改正。

当时，燕人背叛了齐国。齐王说："我有愧于孟子。"

陈贾说："大王不必忧虑。大王认为自己与周公谁更仁爱和智慧？"

齐王说："呀？这是什么话？"

陈贾说："周公派管叔监管殷国，管叔却带领殷人叛乱。倘若周公预先知道却仍指派他，这是不仁；若不能预知而派遣他，这是不智。仁和智，周公都不能完全做到，何况大王呢？请让陈贾去见孟子并作些解释。"

见了孟子，陈贾问："周公是怎样的人？"

孟子说："是古代的圣人。"

陈贾说："他派管叔监管殷人，管叔却带领殷人叛乱，有这回事吗？"

孟子说："不错。"

陈贾说："周公是预知他将会叛乱而任命他的吗？"

孟子说："周公不知道。"

陈贾接着说："那么，圣人也会有过错吗？"

孟子说："周公是弟弟，管叔是兄长，周公的过错不也是合情合理的吗？况且古代的君子有过错就会改正，而现在的君子有过错却放任它。古代的君子，他们的过失就像日食和月食，民众都能看到；当他们改正时，民众都抬头仰望。现在的君子岂止是放任过错，还要为自己的过错找借口，来辩护呢。"

陈贾听了，觉得孟子说的话多对呀，现在的君子，甚至是国君齐王，也为自己的错误辩护，难怪他有愧于孟子呀！

二十六、为渊驱鱼

【释义】

原比喻残暴的统治迫使自己一方的百姓投向敌方。现多比喻不会团结人，把一些本来可以团结过来的人赶到敌对方面去。

【故事】

有一次，孟子的学生请教他："老师，夏桀王被商汤王消灭了，商纣王被周武王消灭了，这两个人为什么丢掉了江山呀？"

孟子说："这个问题提得好啊！夏桀和商纣都是历史上的暴君，他们失去天下，是因为他们失去了百姓，一个君王要想统治好天下，就要取得百姓的拥护，要想取得百姓的拥护，就要努力做到：百姓喜欢的事情你就做，百姓厌恶的事情千万别强加在他们头上，这样老百姓的心就向着你了。"

学生说："老师的话确实很有道理，能不能举个具体的例子呢？"

孟子说："可以呀。你们知道有一种生活在水里的野兽叫水獭吗？它是吃鱼的。水獭一出现在哪里，那里的鱼儿就赶快往深水里逃命；还有一种飞禽叫鹯，很凶猛，它一飞来，其他的鸟群都吓得藏在密林里，不敢出来。所以说，从深水中把鱼赶来的是水獭，从丛林中把鸟雀赶来的是鹯鸟。"

学生恍然大悟，说："我明白了，那么替商汤王、周武王把老百姓赶向他们的阵营的，就是夏桀和商纣自己了！"

孟子点点头："对呀，正是这样。夏桀和商纣太残暴了，老百姓恨透了他们，才跑到商汤王和周武王那边，支持他们铲除暴君，这就如同'为渊驱鱼，为丛驱雀'啊！这个历史教训，不能不吸取。如今的君主如果施行仁政，百姓就会像水往低处流那样，向君主靠拢，君主的江山就会坐得稳稳的。如果他不愿意对百姓施行仁政，那他一辈子都像坐在火山口上，终日提心吊胆。"

那个学生听了孟子的话，觉得很有道理，会心地笑了起来。

二十七、同流合污

【释义】

指跟坏人一起干坏事。流：流俗。

【故事】

孔子生前对老好人嗤之以鼻，骂他们是"德之贼也"。后世有个读书人名叫万章，他弄不懂老好人到底有什么不好，便请教他的老师孟子说："先生，为什么孔子那么讨厌老好人，骂他们是败坏圣德的小人呢？"

孟子告诉万章："老好人一般都是那些怀有私心，不讲原则是非的伪君子。这种人处世圆滑，关键时候从不表态，一切以对自己是否有利为出发点。他们甜言蜜语，八面玲珑，四面讨好，因而容易迷惑别人，往往还落得个好名声。你如果要批评他吧，他本来就没干事情，所以根本就谈不上犯错误；你如果责骂他吧，他比谁都老实，再骂也不吭气。老好人总是紧跟社会上的风气，风气向东，他就向东；风气向西，他向西。世道再肮脏，他照样左右逢源，如鱼得水，尽管同流合污，表面上却还装出一副忠诚厚道、廉洁正直的假面孔，骗取大多数人的信任。要整治这种人，办法真还不多！他们目以为得意，其实与尧舜的圣德相差十万八千里，哪里值得人们尊敬呢？"

万章说："我记得孔子说过，他厌恶那种表里不一的东西。他厌恶狗尾草，因为它貌视禾苗；他厌恶邪恶的才智，因为它搞乱仁义；他批评夸夸其谈，因为它破坏了信用；他不喜欢郑国音乐，因为它干扰雅乐；他讨厌紫色，因为它模糊了红色……"

孟子高兴地接下去说："孔子厌恶老好人，就是因为这种人把是非标准搞歪了，助长了邪恶势力。作为一个君子，要尽量将一切事物拉回正道上来，才能禁绝伪善和丑恶！"

万章兴奋地站起身，向孟子鞠了一躬："经先生这么一解释，我懂了，孔子反对老好人，是在维护尧舜的圣道啊！"

二十八、为富不仁

【释义】

剥削者唯利是图，心狠手毒。不顾他人死活。为富：想发财致富；不仁：没有好心肠。

【故事】

滕文公当上国君之后，聘请孟子来担任他的国策顾问。有一天，他向孟子请教如何治国。孟子告诉滕文公，人民的农事是最不可以拖延的，因农事不仅关系到人民的温饱，也与国家的财政税收息息相关。因此要让人民能够安定生活，就要让人民按时耕作，这样国家也才会有收入，而征税时也要依据合理的制度。孟子并且告诫滕文公，要做一个敛聚人民财富的君主，就不可能施行仁义道德，要做一个布施仁义的君主，就不可能累聚财富。当时，季氏的家臣也曾说："要想富有，就不会讲求仁义道德；想要施行仁义，就无法累聚财物。"孟子在这种"上下交相利"的时代，鼓励滕文公做一个"为仁不富"的君主，实在是用心良苦呀！

二十九、始作俑者

【释义】

比喻恶劣风气的创始者。

【故事】

战国时期，梁惠王对孟子说："我这个平庸的人非常希望得到您的指教。"孟子回答说："用木棒和锋利的刀杀人，这两者之间有什么不同吗？"梁惠王说："没有什么不同。"孟子问道："用刀杀人和施行暴政而置民于死地，这两者有什么不同呢？"梁惠王回答道："没有什么不同。"

于是，孟子用了比喻说："如今，您的厨房里搁满鲜肥的肉，马圈里养着许多肥壮的马，但是天下的百姓却面带饥色，很多人因饥饿而横尸野外，这实质上就等于带领兽类去吃人啊！兽类自相残杀，尚且使人觉得可恨，而主持政事身为老百姓父母官的，却不能禁止禽兽去吃人，那又怎么能做老百姓的父母官呢？孔子曾经说过：'第一个制作用来陪葬的木偶人或土偶人的人，真该绝子灭孙断绝后代吧！'这是因为'俑'很像人形却用来殉葬，以至于后来发展成为殉葬活人的坏风尚。用人形的'俑'殉葬都使孔子如此愤慨，又怎么可以使那些老百姓活活地饿死呢？"

三十、事半功倍

【释义】

形容做事的方法，费力小，收效大。功：功效。

【释义】

战国时代，各国间战争不息，人民不堪忍受暴虐政治的统治，迫切要求解放。因此，孟子认为，这个时候，像齐国这样的大国，如能推行王道，实施仁政，统一天下，比起周文王的时代来要容易得多。

孟子的学生公孙丑不得解，他说："如果是这样，我就不明白了。您说称王天下如此容易，那么周文王不值得效法了吗？"

孟子说："齐国人有一句俗话说：'即使有妙计，也要抓时机，即使有锄犁，也要等节气。'现在的时机是很有利的，夏、商、周三朝最兴盛的时候，国土都没有超过方圆千里的，而齐国就有这么宽广的疆域，鸡鸣狗叫的声音相互听得见，从国都到边境都是如此，齐国就有这么多的民众；土地不用再开辟，民众不用再增添，施行仁政称王天下，没有谁能抵御。而且贤王久不出现，没有间隔像现在这么长的；民众为暴政所摧残，没有程度像现在这么厉害。饿肚子的人不挑剔食物，口渴的人不挑剔饮料。孔子说：'德政的推广，比驿站传达命令还要迅速。'当今之时，拥有万辆兵车的国家推行起仁政来，老百姓必然爱戴它，就像倒挂的人被解救了一样。所以只要做古人一半的事情，便可获得双倍的功效，只有现在这个时候才能如此。"

公孙丑听了老师的这番解释，心悦诚服地笑了。

三十一、舍生取义

【释义】

为了正义事业不怕牺牲。

【故事】

孟子在讲生死问题与荣辱问题发生矛盾时，主张宁愿光荣而死，不愿屈辱而生。他打比方说："鱼，是我所想得到的；熊掌，也是我所想得到的。两者不可能同时都得到，我便舍弃鱼而要熊掌了。生命，是我所企求的；义，也是我所企求的。在两者不可都得到的情况下，我会弃生命而取义。"他又说："生命本是我所企求的，当所企求的东西比生命更重要的时候，因而不去苟且偷生；死本是我所厌恶的，当所厌恶的东西比抛弃生命更让人难以接受时，因此有的祸患并不去躲避。假如使人们求得生存的欲望大于一切，那么所有可以求生的手段，为什么不去使用呢？假如人们所厌恶的事物没有超过死亡的，那么所有可以避免祸患的事情，有什么不去做的呢？但是，有的人由此而行，便能免祸患，却不去干，所以令人企求的东西有大于生命的，令人厌恶的东西有超过死亡的。并不是贤人才有这种心，人人都有它，不过贤人能持而不失罢了。一筐食物，一碗汤菜，得到它就能生存，没有它就会饿死。如果鄙视地呼唱着给人，就是过路的饥人也不会接受；践踏过再给予人，就是乞丐也不屑一顾。但对于万锺的俸禄，有的人竟不问是否合于礼仪，就欣然接受了。万锺的俸禄能给我增加什么呢？为了用来建造华美的宫室或妻妾享乐的供奉，抑或让接济过的穷困朋友感激自己的恩惠吗？过去舍弃生命而不接受的，现在为了宫室华美而这样做；过去舍弃生命而不接受的，现在为了穷困朋友对你感激而这样做，这些远不如生命珍重的事情，不可以就此住手吗？这就是叫失却了他的本性。"

就这样，孟子从正面、反面讲述了生死、荣辱问题，孟子确实是一个当之无愧的贤人。

三十二、舍我其谁

【释义】

除了我还有哪一个？形容人敢于担当，遇到该做的事，决不退让。舍：除了。其：还有。

【故事】

战国时，孟子门下聚集了许多学生，他们经常向孟子提出一些治理国家的问题。孟子呢，就认真地解答，将儒家的学说加以发挥。一天，当孟子开堂讲学后，一个学生问道："老师昨天讲到，人最重要的是有'不忍人之心'，那是什么意思呢？"

孟子轻轻地咳了一声，然后从容地说："所谓不忍人之心，就是不忍无故伤害别人的想法。从前的帝王，如周文王、周公等，有了这种思想，所以能建立一个统一的国家。如果现在的统治者都不愿伤害别人，而是爱护自己的百姓，那么治理天下不就像手掌上运转一个小泥丸一样的容易了吗？为什么说人都有不忍人之心呢？举个例子来说，人们看见一个可爱的小孩子将要掉进一口深井里，心里都会产生一种恐惧同情的念头。一个人具备了同情心，就知道羞耻，就产生了智慧，这是一个人最基本的东西呀。如果将它发扬光大，就像刚刚点燃的烈火，缓缓流出的泉水一样，还能够逐渐扩大，那不就可以安定天下了吗？"学生听了都点头称赞老师讲得很好。

后来，当孟子离开时，有一个名叫充虞的学生在路边问他："老师，您好像有点不愉快！您不是说过君子不埋怨上天，不归罪于别人吗？"孟子听完一下笑了，说："过去是一个时代，现在又是一个时代。历史每五百年就要产生一个英明的君主和至贤，从周武王开国到现在，已经七百多年，如果上天要产生一个至贤，除了我以外还有谁呢？"

充虞听了老师的解释后，感到孟子济世利人，充满了力挽狂澜的抱负与自信，有时代的责任感，令人肃然起敬。

三十三、人皆可以为尧舜

【释义】

人人都可以做尧舜。

【故事】

曹国贵族的后裔曹交，有一次他碰见孟子，就问道："人人都可以成为尧、舜那样的圣人，有这话吗？"

孟子回答道："有的。"

曹交问道："我听说文王身高一丈，汤王身高九尺，现在我也有九尺四寸多高的身体了，却干不出什么大事，只能吃饭而已。照这样我怎样才能成为尧、舜那样的圣人呢？"曹交表现出一副发愁苦闷的样子。

孟子听后却很轻松地说："这有什么困难呢？也照尧、舜那样做就是了。假如有一个人，连只小鸡也提不起来，真可以说是一个毫无力气的人了；如果可以举起三千斤的重物，那可以说是一个很有力气的人了。但是能举起秦国的大力士乌获能举起的重量，这也只有乌获能够做到的了。人怎么以不能胜任而忧愁呢？只是没有去做罢了。慢慢地走在长者后面的叫作悌，快步跑在长者前面的叫作不悌。慢点走，跟在长者后面，这是人所不能的吗？只是不能那样做罢了。尧、舜之道，讲的不过是孝和悌罢了。你穿尧的衣服，说尧的话，像尧那样行事，就像尧一样了。你穿舜的衣服，说舜的话，像舜那样的行事，就像舜一样了。"

曹交说："我想面见邹君，向他借个住的地方，情愿留在您的门下听取教诲。"

孟子听后说道："正确的学说和主张就像大路一样，难道不易知晓吗？只怕人不去寻求罢了。你回去探求它吧，老师多得很呢！"

三十四、仁者无敌

【释义】

有仁爱之心的人是没有敌人的。

【故事】

梁惠王即位以后，不仅东方败于齐国，大儿子战死沙场，并且西面又被秦国夺取七百里土地，南面受辱于楚国……对此种种，梁惠王并非无动于衷。因此，在与孟子的几次详谈之后，梁惠王终于不再对孟子心存芥蒂，而愿意开诚布公，将心中的憾事告诉孟子，毫不隐瞒地向他表述自己想为战死在战场上的将士报仇雪恨的念头。

既然梁惠王已坦诚，孟子自然也是倾囊相授，再度提出自己一向不遗余力鼓吹的"仁政"主张，并且更为细致地将其分为"内政"和"文化教育"两个层次来谈。

在内政方面，孟子提出三项实际可行的政策：一是减轻刑罚，二是降低赋税，三是让老百姓能无后顾之忧地致力于农事，保证人民得到最基本的温饱。在文化教育方面，则强调儒一贯主张的"孝""悌""忠""信"。如此一来，不仅让社会稳定，并且当国家遇到危难之时所有的人才会义无反顾地同心一致，保卫国家。

自然，孟子在提出这些政策之时，也不忘举出他国"倒行逆施"的例子来作为借鉴，具体地分析敌国的致命弱点，明白点出敌国国君因施暴政而导致百姓的民心涣散，人民向往"仁君"的心理，以此作为梁惠王的"定心丸"，从而引出"仁者无敌，王请勿疑"的名句。

孟子如此有理有据，掷地有声的论点，就是今天听起来，也是相当地具有说服力，引人深思的。

三十五、与人为善

【释义】

指赞成人学好。现指善意帮助人。与：赞许，赞助；为：做；善：好事。

【故事】

孟子认为一个人要有高尚的品质，他十分佩服伯夷的为人。他说："伯夷，不够格的君主不侍奉，不够格的朋友不交往，不在恶人的朝廷做官，不同恶人交谈。认为在恶人的朝廷做官、和恶人交谈，就好像穿戴着上朝的冠服坐在污泥黑炭中一样。把这种厌恶恶人的心推广开去，感到要是跟一个乡下人站在一起，乡下人的帽子戴得不正，定会决然不顾地离去，好像什么会弄脏自己似的。因此诸侯中虽有好言礼聘他的，他却不肯接受。不接受的原因，就是不屑与之为伍。"不仅如此，孟子还认为一个人应该与人为善。他以子路、禹、舜为例加以说明。有一次，孟子对他的学生说："子路是别人指出他的错误就高兴；禹则听到有益的话就下拜。舜又比他们两个更伟大，能同他人一起行善，放弃自己的错误听从他人的正确意见，乐于吸取别人的优点来为善。从他种庄稼、制陶、打鱼到成为天子，没有优点不是从别人那儿学来的。吸取别人的长处而为善，就是帮助和赞许别人共同为善。所以君子的德行没有比赞许和帮助人行善更伟大的了。"

三十六、齐傅楚咻

【释义】

齐人辅导，楚人干扰。比喻势孤力单，观点或意见支持的人很少。傅：辅助，教导；咻：吵闹。

【故事】

孟子是战国时代有名的思想家。一次，邻近的宋国有一个叫戴不胜的人来向孟子求教，说：

"我们的国君整天和一些奸臣混在一起，请问有什么办法让他变好吗？"

孟子听了，问："你听说过齐傅楚咻的故事吗？"

"没有。"戴不胜回答说。

于是，孟子就给他讲了下面这个故事：

从前，楚国有一个大夫，他看到自己的宝贝儿子渐渐长大，很想让儿子学会齐国语言，使儿子成为一个出类拔萃的人。于是，他决定为儿子找一个教齐国语言的老师。

他的朋友知道了这件事，建议说：

"你要让儿子学齐国话，依我之见，最好是从齐国请一位老师来教。"

楚大夫觉得朋友的话很有道理，就用很高的聘金从齐国给儿子请来一位老师。

这个齐国老师发音准确，教得也十分卖力，但是收效却很微小。楚大夫的儿子花了不少时间仍然没有学会多少，出出进进，仍是一口楚国话。

楚大夫以为这是儿子学习不用功，十分生气，每天拿板子打儿子的手心，儿子的手心都被打肿了，但情况仍然没有什么变化，儿子的齐国话还是学不好，急得他不知怎么办才好。

他的另一个朋友知道这件事后，对他说：

"我认为你儿子学不好齐国话，不是他不用功。你想，这里只有一个人说齐国话，其他人都说楚国话，他怎么学得好呢？你即使再打他也是没有用的。你要他学好齐国话，不如把他送到齐国去。如果他周围的人讲的都是齐国话，他肯定能学好的。"

楚大夫听了，感到这位朋友讲得很有道理，便把儿子送到齐国，让他在齐国学习齐国话。这样过了几年，他的儿子从齐国回来，已经能说一口流利的齐国话；而他的楚国话倒反而说不好了。

孟子讲完这个故事，微笑着说：

"戴先生，不知这个故事对你有没有什么启发？"

戴不胜高兴地说："先生讲的故事使我茅塞顿开，我回到宋国后，一定要照你的指点去做……"

后来，"齐傅楚咻"用来比喻学习要有一定的环境才能学好，也用来比喻近朱者赤，近墨者黑。用"一傅齐"，比喻势单力薄；用"众楚咻"比喻世俗舆论；用"齐咻"比喻异地方言。

三十七、明察秋毫

【释义】

原形容人目光敏锐。任何细小的事物都能看得很清楚。后多形容人能洞察事理。明察：看清；秋毫：秋天鸟兽身上新长的细毛。

【故事】

　　齐桓公小白、晋文公重耳曾在春秋时先后称霸，统领诸侯，是霸主中的代表。几百年后，战国时的齐宣王也想称霸。齐宣王对孟子说："您能把有关齐桓公、晋文公的事迹讲给我听听吗？"孟子答道："对不起，我们孔夫子的门徒向来不讲霸主的事。我们只讲王道，用道德的力量来统一天下。"齐宣王问道："那要有怎样的道德才能统一天下呢？"孟子说："我听说，有一次新钟铸成，准备杀牛祭钟，您看见好好一头牛，无罪而被杀，心中感到不忍。凭您这种好心，就可以行王道，施仁政，统一天下。问题不在于您能不能，而在于您干不干罢了！比方有人说：'我的力气能举重三千斤，但举不起一根羽毛；眼力能看清秋天鸟兽毫毛那样细微的东西，却看不见满车的木柴。'您相信这种话吗？"齐宣王说："当然不相信！"孟子紧接着说："是呀，不能相信。如今您的好心能用来对待动物，却不能用来爱护老百姓，这也同样难以叫人相信。老百姓之所以不能够安居乐业，是您根本不去关心的缘故。显然，这都是干与不干的问题，而不是能与不能的问题。您问能不能行王道、统一天下，问题也是如此，是不去干，而不是不能干！"

三十八、明堂之诟

【释义】

　　明堂该毁还是不该毁，在孟子看来这只是一个表面问题。明堂代表了实行王政的政治主张，如果要施行仁政，就不该毁明堂。

【故事】

　　齐国有一座明堂，所谓明堂，就是古时候人们用来祭礼的殿堂。有人劝齐宣王把它毁掉，齐宣王对此拿不定主意，毁呢？还是不毁呢？于是他向孟子求教，请孟子帮他出谋划策。

孟子说："明堂是什么呢？是有道德而能统一天下的王者的殿堂。如果您要实行王政的话，就不要把它给毁了。"

齐宣王说："实行王政的事，我可以听一听吗？"

孟子正想利用这个机会给齐宣王好好讲一讲王政，听到齐宣王的请求，当然很高兴，就和他说：

"从前周文王治理岐地，对农夫的税率是九分抽一；做官的人可以世代承袭俸禄；在关卡和市场只稽查，不征税；湖里可以任意捕鱼，没有禁令；对犯了罪的人，只惩罚他本人，不株连家属；老了没有妻子的人叫鳏夫，老了没有丈夫的人叫寡妇，没有儿女的人叫孤独者，死了父亲的儿童叫孤儿。这四种人是世界上最穷也是最没有依靠的人。周文王实行仁政，决定是先照顾他们。《诗经》里说得好：'有钱的人生活没困难，可怜那些无依无靠的人呢！'"

听了这一席话，齐宣王说："这话说得多好啊！"

孟子以为他说的是真心话，就问他："您认为这话说得好，那为什么不实行呢？"

齐宣王想了想说："我个人并不吝啬钱财，但是国家太穷，又要备战，实行起王政来怕有困难。"

孟子一听齐宣王的话，就知道齐宣王是在找借口，不想实行王政，就批驳他说："《诗经》里说：'粮食堆满仓，用来做干粮，还装满行囊。百姓安居国威扬。箭上弦，弓开张，梭镖大斧都上扬，浩浩荡荡向前方。'大王如果能够和老百姓一道艰苦奋斗，把有限的钱用于百姓生计，对您实行王政有什么困难呢？"

齐宣王又想了想说："我有个毛病，喜爱女人。"说完他想，孟子总不能让老百姓和他一道喜爱女人吧。

孟子说："从前的时候，太王也喜爱女人，十分娇宠他的妃子。《诗经》里说：

'古公亶父清早骑着马，来到岐山下。视察民众的住宅，姜女始终伴随着他。'在那个时代，既没有找不到丈夫的女人，也没有找不到妻子的单身汉。大王喜爱女人并不错。但应当让老百姓一道喜爱，这样对您实行王政又有什么困难呢?"

齐宣王没有想到问孟子一个是否毁明堂的问题竟引出这么一大片关于王政的话来，看来明堂毁不毁不是一个大问题，是否实行王政才是一个大问题。那一次谈话就这样结束了。

三十九、谋取私利

【释义】

设法取得私人方面的利益。

【故事】

孟子认为，片面强调私利，人人都将站在自己的立场上考虑问题。只有提倡仁义，才能涵盖众人的共同利益，使社会得到安定。

对此，孟子的弟子万章问道："什么是仁和义呢?"

孟子解释道："人都有不忍心做的事，把它推及于所忍心做的事上，这就是仁，人都有不愿做的事，把它推及于所愿意做的事上，这就是义。人若能扩充他不想害人的心，那么他的仁就用之不尽了。人若能扩充他不挖洞翻墙的心，那么他的义就用之不尽了。人若能扩充不受人轻贱的行为，则无论到哪里都不会不行义。与之相反，士人若不可以言谈却与之言谈，这是以言辞诱惑他以便自己谋取私利；而可以言谈的却不与之言谈，这是以沉默诱惑他以便自己谋取私利，这些都与挖洞翻墙的行为无异。"

万章听了孟子的解释后体会到：那卑鄙、狡猾、自以为得计的"不义"思想，确实是和人所共同鄙视的小偷行为一样的可耻。

四十、茅塞顿开

【释义】

形容闭塞的思路，由于得到了某种事物的启发，豁然开朗。明白了事物的内在含义。

【故事】

孟子有一个学生名叫高子，他向孟子学习知识，但是经常是三天打鱼，两天晒网，后来甚至半途又改学别的。因此，孟子做了一个恰当、生动的比喻：学习要循序渐进，一步一个脚印，正如小道走成大路一样，不断得到提高；如果学习中断，正如熟路变成荒径、茅草丛生一样。现在，茅草堵塞了你的心。

白玉牛首

高子听了孟子的教导，顿开茅塞，认识到学习知识一定要持之以恒。后来他迷途知返，认真学习知识，终于成为一位著名的学者。

四十一、藐视大人

【释义】

轻视，小看诸侯。大人，指诸侯。

【故事】

孟子为了实现"仁政"理想，以"舍我其谁"的气魄，"任重道远"的使命感，在各诸侯国之间奔走呼号。当时在各诸侯国之间游说的说客很多，他们有的专搞权谋机诈，有的一味逢迎拍马。而孟子却始终保持自己的独立人格，从不拿原则做交易。张仪、公孙衍是当时两个很会投机取巧的游士。有一次，孟子的弟子问孟子："张仪、公孙衍那样的人，说出话来在诸侯之间举重若轻，难道不是大丈夫吗？"孟子轻蔑地回答道："他们算什么大丈夫？没有一贯的政治主张，只会一味顺从附和，他们只是小媳妇罢了。富贵不能淫、贫贱不能移、威武不能屈，这才是大丈夫的精神！"

孟子傲然藐视那些高高在上的王侯，公然提出"民贵君轻"的口号，痛斥那些暴君为独夫民贼。他说："游说大人物，就得从心底里藐视他们，别把他们那高高在上的臭架子放在眼里。他们的殿堂好几仞高，他们的屋檐好几尺宽，我一朝得志，不会这样做。他们面前的菜肴足足摆满一丈见方，侍候的姬妾几百人，我一朝得志，不会这样做。他们酗酒狂欢，纵马射猎，跟随的车子上千辆，我一朝得志，不会这样做。他们所有的，都是我所不屑为的；我所拥有的，都符合古时的法度，我为什么要畏惧他们那臭架子呢？"由于孟子敢于藐视任何大人物，尤其是脑满肠肥、不学无术的大人物，弄得那些君主们狼狈不堪，威风扫地。

四十二、民贵君轻

【释义】

人民比君主更重要。这是民本思想。

【故事】

春秋时郑国杰出的政治家子产，主持郑国的国政，用自己的座车在溱水洧水边帮助别人过河。孟子评论说："待人有恩惠，却不懂得抓纲治国。在十一月，搭好走人的便桥，十二月，修好了走车的桥梁，百姓就不会为渡河而发愁了。一个大政治家，抓好自己的政务，他出巡，鸣锣开道都可以，哪能一个个地帮人渡河呢？所以，执政者要一个个地去讨人欢心，那时间就会永远不够用了。"

接着，孟子又讲了国君、社稷和人民的关系，他说："民众最为重要，其次是土地神和谷神，国君最轻。因此，赢得万民之心的人做天子，赢得天子之心的人为诸侯，赢得诸侯之心的人做大夫。如果诸侯危害到社稷，就改立诸侯；用于祭祀的牲口已是肥壮合乎标准，盛在祭器中的黍稷也已洁净，就按时进行祭祀，然而仍有水旱灾害，就改立土地神和谷神。"

从孟子的这段话中可以看出：如果天子得罪人民，由实行王道、受到人民拥戴的诸侯代表人民的意志来替换他。

四十三、君子之忧

【释义】

指君子的忧虑。孟子说，君子有终身之忧，无一朝之患也。君子的忧虑在忧国忧民。

【故事】

孟子认为君子应该严格要求自己，不断提高自己，用自我检查的方法克服从外界所遭受的委屈、困难，决不因此动摇自己的意志。因此，他说："君子和常人的区别，就在于他的存心。君子把仁爱存于心，把礼让存于心。仁人爱护他人，有礼的人尊敬他人。爱他人的心常常被人爱护，敬他人的人常常受人尊敬。假如这儿有个人，他蛮横粗暴地对待我，那么君子必定会反躬自省：我一定是不仁，一定是无礼，否则怎么会发生这样的事呢？他反省做到了仁，反省做到了有礼。而那人的蛮横粗暴依然如故，君子再反躬自问：我一定是不忠，自省做到了忠。而那人的蛮横粗暴不变，君子就认为：这不过是个狂人而已。像这样，与禽兽有何区别？对禽兽又有什么可计较、责难的呢？因此君子有终身的忧虑，而没有一时的担心。至于他所忧虑的事情比如有：舜是人，我也是人。舜为天下做了榜样，可以传到后世，我则还不免是个乡里的普通人，这才是我值得忧虑的。忧虑这些又怎么办呢？向舜学习就行了。至于君子担心的事就没有了。不仁的事不干，无礼的事不做，即使有一时的祸患，君子也不用担心的。"

孟子就这样从爱和敬两方面达到自己最大限度的努力，思想上就会轻松愉快，放下包袱，做一个名副其实的君子。

四十四、君子志道

【释义】

包含两层意思：一方面指基础要扎实，要循序渐进。逐步通达；另一方面指立志要高远。胸襟要开阔。

【故事】

泰山别名岱宗，是五岳之首。有一年，孔子游历泰山，看到它突立在郁郁葱葱、莽莽苍苍、一望无际的齐鲁大地上。泰山神奇秀丽，山峰巍峨，把山北山南的傍晚和早晨的景色分割了开来。孔子在泰山脚下，先远看近望，之后又注目观景，只见山中云气迷漫，层出不穷，看了觉得胸襟也为之激荡开阔。孔子一直观赏到傍晚还舍不得离开。因此，他下了决心，一定要登上泰山顶峰，那时去看周围所有的山峰，便都在泰山脚下而显得又矮又小了。因此，孟子根据孔子登泰山的经过，展开丰富联想：把所谓"圣人之门"比作海，见过海的觉得寻常沟池的水太不够了，进入"圣人之门"的，觉得"一家之言"不够味了。于是，孟子说："孔子登临东山便觉得鲁国小了，登临泰山便觉天下小了。所以观看过大海的人很难再为一般的水流动心，游学于圣人之门的人很难再为一般的言辞动心。观水有观水的方法，一定要观赏它壮阔的波澜。日月有光辉，能透光的缝隙就一定能照到。流水这东西，不把坑坑洼洼填满就不再向前，君子有志于大道，不到一定的程度就不能通达。"

孟子就这样，通过登山观水的平常事情，深入浅出地说明了伟大的成就就是寻常的业绩，是有步骤、有条理的点滴积累，是通过坚持不懈的劳动来完成的。

四十五、劳心者

【释义】

劳心者是相对于劳力者而言的。劳心者，泛指脑力劳动者。劳力者泛指体力劳动者。

【故事】

孟子在滕国时，有个叫许行的人，他听说滕国的国君滕文公能实行仁政，就从楚国到滕国来，宣传自己的学说。

许行带了几十个门徒，都穿着粗麻布的衣服，靠打草鞋、织席子来生活。他们主张"君民并耕"，强调国君应该跟老百姓一起种田来获取口粮，还要一面自己烧饭吃，一面兼做治理百姓的事。他认为滕文公没有这样做，所以算不得一位好国君。

陈相、陈辛两兄弟，本来是学儒家学说的，兄弟俩背了农具从宋国来到滕国，见到许行。他俩听了许行的主张十分佩服，完全抛弃了自己原来学的东西，转向许行学习了。

有一次，陈相碰到孟子，就大大地吹捧起许行来，孟子对许行的学说大为不满，同陈相展开了一场针锋相对的辩论。

孟子问："许行一定要自己种粮食才吃饭吗？"

陈相回答说："是这样的。"

"许行一定要自己织了布才穿衣服吗？"

"他只穿粗麻布衣服。"

"许行戴帽子吗?"

"戴的。"

"戴什么帽子?"

"戴白绢帽子。"

"是他自己织的吗?"

"不,是用粮食换来的。"

"许行为什么不自己织绢做帽子呢?"

"因为那样就会影响他干庄稼活。"

"许行也用锅子做饭,用铁器耕田吗?"

"对。"

"这些饮具和农具是他自己制造的吗?"

"不,是用粮食换来的。"

于是,孟子就发表议论说:"农夫用粮食换炊具和农具,不能算是损害瓦匠和铁匠,那么,瓦匠和铁匠拿炊具和农具来换粮食,难道能说是损害了农夫吗?而且许行为什么不自己烧窑、炼铁、做各种器械,把一切东西都储备在家中随时取用,而要一件一件地跟各种工匠去交换?为什么许行不怕麻烦呢?"

陈相回答说:"各种工匠的活儿本来就不是在种地的同时可以兼着干的。"

孟子抓住陈相的话来反驳,说:"那么,难道治理国家的事独独可以在种地同时去兼着干吗?事实上应该是各种事情都有分工,有君子的事务,有小人的事务。以一个人的生活来说,各种工匠的制品都不可缺少,如果一定要自己制作的才能使用,这是率领天下人在道路上疲于奔命。所以说,有的人动脑筋,有的人出力气,动脑筋的统治别人,卖力气的受人统治,受人统治的养活别人,统治别人的接受供养,这是天下通行的道理。"

四十六、乐以天下，忧以天下

【释义】

与天下人同乐，与天下人同忧。

【故事】

周慎靓王三年（公元前318年），孟子第二次出游齐国。有一天，齐宣王在自己的别墅雪宫中会见孟子。他观看着翩翩起舞的乐队，环顾四周美丽的园林风光，洋洋得意地询问孟子说："有道德的贤人也会这样快乐吗？"孟子回答说："有啊！谁有了这种美好的园林风光，都会感到十分快乐，不过一般的百姓享受不到这种快乐，便会埋怨国君了。百姓因享受不到这种快乐，就责怪国君，这当然是不对的。但作为国君不能与百姓共同欢乐，也是不对的。"于是，他提出了"乐以天下，忧以天下"这句名言，要求国君与民同忧同乐。他认为，"国君把百姓的欢乐当作自己的欢乐，百姓也会把国君的欢乐当作自己的欢乐；国君把百姓的忧愁当作自己的忧愁，百姓也会把国君的忧愁当作自己的忧愁。与天下人共同欢乐与忧愁，这样的国王还不能统一天下，是从来没有过的事情。"

为了说明这个道理，孟子引述了春秋时期宰相晏婴劝谏齐景公要与民同忧乐的故事：古代天子出游叫巡狩，是他的职责。他春天出游，是检查春播如何，对贫苦农户加以补助；秋天出游去考察收获，看看谁缺粮需要救济。而现在君王出游，兴师动众，寻欢作乐，乐而忘归，哪里想到百姓的痛苦呢？君王准备怎样出游，就得认真考虑了。

四十七、君臣相悦之乐

【释义】

国君和大臣相悦的音乐。在孟子看来，国君与天下百姓同乐同忧，才能实行王道。

【故事】

雪宫，是齐宣王的郊外别墅，其中有台、池、鸟、兽供人游览。齐宣王款待孟子住在雪宫。他夸耀以这样的娱乐胜地优礼孟子，于是问孟子道："贤能的人也有这种快乐吗？"

孟子回答说："有。如果人们得不到这种快乐，就要抱怨他们的国君。得不到这种快乐而抱怨他们的国君，是不对的；然而做人民的国君而不同人民共享快乐，也是不对的。国君以人民的快乐为自己的快乐，人民也会以国君的快乐为自己的快乐；国君以人民的忧愁为自己的忧愁，人民也会以国君的忧愁为自己的忧愁。国君与天下的人民同乐，与天下的人民同忧，如果这样做了还不能实行王道，是绝对不可能的。"

孟子为了证明自己言论的正确，他想到了齐景公有关娱乐的往事。他接着说："以前，齐景公向晏子问道：'我想要到转附、朝儛两山去游览，然后沿着海岸向南行走，一直到琅邪。我应该如何做才能比得上先王的巡游呢？'"

"晏子回答说：'您问得真是好啊！天子到诸侯国去叫作巡狩——巡狩就是巡察各个诸侯国所拥有的疆土。诸侯向天子朝拜称作述职——述职就是汇报自己所担负的职责。没有不跟政事相联系的。春天去视察耕作而补助不足，秋天去视察收成而救助缺粮户。现在却不是这样，国君一出巡，就要下面筹粮筹款，因而饥民吃不上饭，劳动者得不到休息。人们愤怒地侧目而视，都抱怨国君的出巡，老百姓只得作恶做坏事。这种巡游违抗天命而虐待百姓，大吃大喝，挥霍浪费有如流水。这种流连逸乐的行径，让诸侯们都感到担忧。古代圣王没有流连忘返的游乐，也没有狩猎酗酒的行为。现在就要看大王作何种选择了。'"

　　齐景公听后很高兴，决心以古代圣王为榜样，在国都做了充分准备，然后到郊外住下来，拿出钱粮救济衣食不足的百姓，并让乐官创作君臣同乐的歌曲。

四十八、尽信书，则不如无书

【释义】

　　读书时应该加以分析，不能盲目地迷信书本，应当辩证地去看问题。

【故事】

　　《尚书·武成篇》记载着周武王讨伐商纣王的一段历史。在这段历史记载中，说到双方战争非常激烈，尤其是在殷商的都城朝歌以南约三十里的牧野地方展开的一场恶战，直杀得天昏地暗，"血流漂杵"。

　　杵，是古代舂米用的木棒。战场上的血，把舂杵都漂浮起来了，试想这是多大的伤亡呀！可是孟子却不相信这段记载，他说，"血流漂杵"的描写是夸张过度，不符事实的。他认为，伐纣的武王军队，是仁义之师，当时殷人都痛恨纣王，拥护武王，武王怎么会滥杀人民呢？而且纣王的军队，当时纷纷起义，武王很快就进入了朝歌，又怎么会展开那样激烈的战斗呢？所以《孟子·尽心篇》记载着孟子的这一段话，说："尽信《书》，则不如无《书》。我对于《武成》那一篇，所取的不过两三页而已。仁义是无敌于天下的，以仁义之师讨伐最不仁义的暴君，怎么会流那么多血，甚至于'血流漂杵'呢!"

可见孟子并不一味迷信古书。但是，"血流漂杵"这句话，后来仍然保留了下来，人们用它形容战争中杀人之多，同"血流成河""血流成渠"等意思相仿。

四十九、拒人千里

【释义】

形容傲气极大，不愿与人接近或毫无商量的余地。

【故事】

战国时，孟子门下生徒众多。有一次，鲁国国君鲁平公准备任用孟子的学生乐正子主持国政。对此，孟子喜出望外，高兴得一连几夜都睡不着觉。

公孙丑看到老师如此高兴，就问他说："鲁平公任用乐正子主持国政，难道他真的很有本领吗?"孟子知道公孙丑的意思，回答说："不是，如果论本领，他的确不如你。"公孙丑说："那么，他考虑问题很全面吗?"孟子说："不，也不如你。"公孙丑说："他的见闻和知识比我多吗?"孟子说："也不是。"公孙丑说："那么先生为什么如此快乐，甚至还睡不着呢?"

孟子微微地笑了笑，沉吟了一会儿，才接着说："他最大的长处是对人很好。"他见公孙丑摇了摇头，似乎不同意他的说法，就继续说道："对人很好比天下所有的事情都重要，何况一个鲁国的事情! 如果一个人对人好，那么，四海之内的人都会聚集在他的身边，给他提出各种好的建议。相反，如果一个人对人很差，自以为是，那傲慢的声音和脸色就会拒人于千里之外! 别人说什么，他把脸一沉，说:

'我早就知道了。'这样还能听到什么好的意见、建议呢？相反，那些阿谀奉承之徒就会说长道短，搬弄是非，政治就会搞得一塌糊涂。这样，能够治理好匡家吗？"

公孙丑终于明白了老师的意思。

五十、掘井之譬

【释义】

比喻做事情要有始有终，决不能半途而废。

【故事】

孟子主张仁义治国，他的学生问："如何得到仁义呢？"

孟子回答说："对仁义礼智，探求便会得到，放弃便会失去，这种探求有益于获得，因为所探求的对象存在于自身之中。"为了说明这种探求的程度，孟子就用了一个形象、生动的比喻："探求仁义礼智，乃至做一切事情，好比掘井一样，井掘到九仞深，还看不见泉水，仍是一口废井。"

这个学生听后，明白了探求仁义一定要有真心，要有始有终，决不可半途而废。

五十一、教以人伦

【释义】

用伦理道德教化百姓。

周显王四十七年（公元前 322 年），孟子受滕文公的聘请而前往滕国。孟子在滕国期间，多次与滕文公交谈，积极劝告滕文公实行仁政。孟子的一些仁政主张得到滕文公的采纳，在诸侯国中造成了一定的影响。楚国的农家代表人物许行仰慕滕文公的仁政，率领几十名弟子来到滕国。楚国儒生陈良的学生陈相和弟弟陈辛，也携带农具从宋国来到滕国。这两派人都主张自食其力，身体力行。农家许行开始仰慕滕文公的仁政，后来逐渐产生了怀疑和不满。他否认社会分工，主张国君应该与百姓共同耕种来供给生活，自己烧火做饭，同时又治理国家。这一观点，实际上是批评孟子在滕国宣传的"没有官吏，就无法管理百姓；没有百姓，就无法养活官吏"的社会分工论。这样，孟子不得不接受农家的挑战而回击。

为了论证实行社会分工的论点和批驳许行否定社会分工的观点，孟子采用多层次反复证明的方法，铺叙描述了古圣先贤忧虑百姓、发展生产、安定社会、加强教化的功绩。他指出尧忧虑百姓苦难，选拔舜治理百姓，舜派大禹治理水患。后稷教导百姓种植庄稼，栽培谷物。谷物成熟了，便能养育百姓。在这基础上，孟子提出了"人之有道，教以人伦"的名句。

五十二、济世救民

【释义】

挽救天下，拯济百姓。

【故事】

孟子怀抱着"安天下"的大愿，对齐王寄予很高的希望；他为济世救民采取耐心的等待，但齐王没有采纳他的建议，于是他在无可奈何的情况下离开了齐国。

孟子离开齐国后，齐国人尹士对人说："不知道齐王成不了汤武那样的圣君，就是不明智；知道他不行却仍来齐，就是贪图富贵。不远千里来与齐王相见，得不到赏识因而离去，在昼邑住了三天才动身上路，为什么行动这样迟缓呢？我对这种做法不以为然。"孟子的弟子高子把这话告诉了孟子。

孟子听了后感叹地说："这尹士怎么能了解我呢？不远千里来见齐王是我的愿望，因为话不投机而离去难道是我所希望的吗？我实在是不得已呀！我在昼邑住了三天才动身上路，在我心里还觉得太仓促，齐王说不定会改变主意。齐王如果改变主意必定要召我返回，离开了昼邑而齐王并未追召我返回，我才断然决定返回故乡。我这样做，难道是愿意舍弃齐王吗？齐王还是有办好政事的条件的，他若任用我，那么就不只能使齐人安居乐业，天下人也都安居乐业。齐王也许会改变主意，我天天都在盼望。我难道会像那些心胸狭窄的人一样吗？像他们这种人，如果向君主进谏而不被接受就怒形于色，辞官离职了就要尽力地走上一天才肯歇宿。"

尹士听了这些话后，惭愧得很，于是自言自语道："我真是个小人呀！"

五十三、坚甲利兵

【释义】

坚固的盔甲，锋利的兵器。比喻精锐部队。

【故事】

孟子来到魏国，拜见梁惠王。梁惠王很高兴，向他请教治国的方法。梁惠王说："过去魏国很强大，当时天下没有别的国家能够比得上，这一点你是很清楚的。

如今到了我这一代，在东边同齐国打了一仗。结果打了大败仗，连我的大儿子也牺牲了；在西边又被秦国打败，丧失了河西七百里土地；南边的楚国又抢去我的八座城镇。我感到这实在是奇耻大辱，一心想为我国所有的战死者报仇雪恨，你认为怎样做才行呢？"

孟子听了之后回答说："只要有方圆一百里的地方就可以施行仁政，使得天下归顺，何况魏国是个大国呢？如果你能够对人民实行仁政，减轻刑罚，降低赋税，让老百姓能够深耕细作，使年轻人能有空闲时间学习礼仪，孝顺父母，敬爱兄长，做事尽心尽力，待人忠厚诚实，办事信守诺言，在家能侍奉父兄，出去为国家做事服从上级，如果这样的话，即使手拿木棒也可以抗击秦国和楚国的坚甲利兵。"

梁惠王听了这一番道理，连连点头。孟子继续分析秦国和楚国的治国情况，说："秦国和楚国无时无刻不在征兵募丁，剥夺了百姓的劳动时间，使得他们不能够耕种田地，无法养活父母。他们的父母受冻挨饿，兄弟和妻子儿女离乡背井，四处逃难。秦王和楚王使他们的百姓陷在水深火热的痛苦之中，您带领军队前去讨伐他们，那有谁能抵抗得住您呢？有这样一句话：'仁德的人是天下无敌的。'请您不要再疑虑了！"

五十四、见一善行

【释义】

听到一句有益之言，或者看见一种善行，便毫不动摇地拿来实行。

【故事】

孟子认为，古代的舜十分伟大，他能取人之长，补己之短，虚心接受人家的意见。因此他就说："子路是别人指出他的错误就高兴；大禹则听到有益的话就下拜；而舜又比他们两个更伟大，能同他人一起行善，放弃自己的错误，听从他人的正确意见，乐于吸取别人的优点。舜从种庄稼、制陶器、打鱼到成为天子，优点都是从别人那儿学习来的。"

孟子特别崇拜舜的为人，他说："舜居住于深山之中，与树木山石为邻，与麋鹿野猪同行，他的打扮与居于深山的草野之人几乎没有什么差别。但当他听到一句有益之言，或者看见一种善行，便毫不动摇地拿来实行，就如同决口的江河，蓬勃向前没有任何力量能阻挡的。"

孟子讲完这些话后，从内心深处发出感叹说："舜真是伟大啊，不愧为历史上的圣贤！"

五十五、集大成者

【释义】

指有作为的人。

【故事】

孟子说，商朝末期住在中国东北方的一个部落酋长——孤竹君的长子叫伯夷，其弟叫叔齐。父死，他俩互相让国，不肯为君，远逃他方。据说，伯夷的眼睛不看不好的事物，耳朵不听不好的声音。不是理想的君主不去侍奉；不是理想的百姓不去使唤。天下太平就出来做官，天下混乱就退隐。凡施行暴政的国家，住有暴民的地方，他都不愿意去住。在商纣的时候，他住在北海边，等待天下的清平。所以听说伯夷的风范后，贪婪的人会廉洁，懦弱的人会立志。接着，孟子讲了第二个圣人

——伊尹。伊尹的做法与伯夷相反。他说："哪样的君主不能侍奉？哪样的百姓不可使唤？社会太平也出来做官，社会混乱也出来做官。"他还说："老天爷生下这些百姓，就是要先知先觉的人来开导后知后觉的人。我就是这些人中的先觉者，我要以尧舜之道来开导他们。"

"柳下惠不把侍奉恶君当羞耻，也不因官小而辞职。"孟子又讲到了第三位圣人。"柳下惠立于朝廷，不隐藏自己的才能，但一定按原则办事。自己被遗弃，也不怨恨；身处困境，也不忧愁。同老百姓相处，高高兴兴不忍离开。所以听到柳下惠的风范后，胸襟狭窄的人也宽大起来，刻薄的人也厚道起来。"

孟子讲到最后一位圣人是孔子。他说："孔子离开齐国，不等把米淘完，沥干就走；离开鲁国时，孔子却说：'我们慢慢走吧。'这是离开父母之邦该有的态度。该走的就走，该留的就留，该隐退就隐退，该做官就做官，这便是孔子。"

最后，孟子总结道："伯夷是圣人中的清高者，伊尹是圣人中的负责任者，柳下惠是圣人中的随和者，孔子是圣人中的识时务者。孔子可以称他为集大成者。'集大成'的意思，就像奏乐，先敲钟，是乐章节奏的开始，然后用玉磬来给乐章收尾。条理的开始在于智，条理的终结在于圣。智好比技巧，圣好比气力。犹如在百步之外射箭，射到，是靠你的力气；射中，则要凭你的技巧了。"

五十六、何必曰利

【释义】

不要把"利益"总挂在嘴边上。在利与义之间，要先讲义。

【故事】

战国初年，魏国首先成为最强盛的国家。战国中期，魏国接连被齐、秦、楚三国战败，被迫割让了大片国土，逐渐失去了昔日强盛的局面。魏惠王为重整旗鼓，收复失地，便用谦卑的礼节和丰厚的财物招纳天下贤士，希望他们为魏国的强盛出谋划策。当时在齐国闻名的客卿邹衍、淳于髡等人，曾受邀请前往魏国。孟子率领弟子不远千里，风尘仆仆地前往魏国，首次拜见梁惠王时，梁惠王说："老先生，您不远千里而来，一定是有什么对我的国家有利的高见吧？"

孟子回答说："大王，何必开口闭口都是利字呢？只要讲仁义就对了。像大王您说，怎样使我的国家有利？大夫们说：怎样使我的家庭有利？士人和老百姓说：怎样使我自己有利？结果上上下下相互争权夺利，国家能不危险吗？在一个拥有一万辆兵车的国家里，杀害他国君的人，一定是拥有一千辆兵车的大夫；在一千辆兵车的国家中谋杀国君的就是拥有一百辆兵车的大夫。可是，如果把义放在后面而把利摆在前面，他们不夺得国君的地位是永远不会满足的。反过来说：从来没有讲'仁'的人抛弃父母，从来也没有讲'义'的人不顾及国君。所以，大王只要谈仁义就行了，何必说利呢？"

梁惠王听后，觉得孟子的话言之有理，只有提倡仁义，才能维护大家的共同利益，社会才能安定。

五十七、何待来年

【释义】

为什么还要等到明年呢？寓意指：知道错了的时候。要及时改正，决不能借故拖延，明知故犯。

【故事】

宋国有个大夫叫戴盈之，他说："田租十分取一，取消关卡、集市的赋税，今年还做不到；让我先减轻一些，等到明年再彻底改正，怎么样？"

孟子针对此事，就讲了一个偷鸡人的故事："现在有一个人每天偷邻居一只鸡，有人告诫他说：'这不是君子的行为。'那人说：'让我先少偷一些，每月偷一只吧，等到明年就完全不干。'如果知道这件事是不对的，就应该马上停止，为什么要等到明年呢？"

孟子就这样以这个故事来说明，明知错了，就应该马上彻底改正，找各种理由，文过饰非，只减轻错误的程度，拖延不改，无非是自欺欺人。孟子的这个故事无情地戳穿了戴盈之的伪善面目，他被说得面红耳赤，不好意思地走了。

五十八、祸福自求

【释义】

灾祸和幸福都是自己寻求而来的。

【故事】

公元前 318 年，孟子第二次来到齐国。孟子向齐宣王宣传仁政主张时，首先把是否实行仁政与荣辱联系起来，认为国君如能实行仁政，就会得到荣耀，相反，就会遭到屈辱。孟子指出："人人都具有喜好荣耀，厌恶屈辱的心理，但仅仅具备这一心理还是不够的，必须采取各种有力措施，才能达到目的。当今的国君，虽然厌恶屈辱，却全不实行仁义，这就像厌恶潮湿而仍在低洼的地方一样。要改变这一状况，就应该在厌恶屈辱的心理基础上，尊崇仁义道德，尊重士人，让有德行的人具有官职，有才能的人具有相应的职务。这样，有德行的人担任官职，就能匡正国君而形成良好的社会风俗，有才能的人具有相应的职务，就能治理好国家政事。国家没有内忧外患，正是大有作为的好时机。趁此修明政治法典，努力使国家强盛，即使强大的邻国也会畏惧它。《诗经》上说：'趁着没有下雨云没起，桑树根上剥些皮将门窗全部都修理。下面的人们，谁敢把我欺！'孔子说：'做这首诗的人，很懂得道理呀！'能治理好国家的人，哪一个敢欺侮他呢？"

于是，孟子接着说："现在国家虽然没有内忧外患，但国君却怠惰，追求逸乐，纵欲偷安，这等于自己寻求祸害。"在这基础上，孟子提出了"祸福无不自己求之者"的名句，说明灾祸与幸福都是自己寻求而来的。

五十九、贵在树人

【释义】

指培养自己善良的心性是最为可贵的。

【故事】

孟子的学生问老师："仁义是什么意思？"孟子说："仁，是人的本性；义是人的大道。放弃了义的正路不走，丧失了的良心不去找，可悲得很呀！人们家里的鸡狗丢失了，都知道去寻找，而善良的心丧失了，却不去寻找。"

接着，孟子又做了一个比喻，他语重心长地说："现在有人，他的无名指弯曲，不能伸直，虽不痛苦，也不妨碍工作，但只要有人能够使它伸直，就是到楚国、秦国也不觉得远，一定要去医好。但他的心性不及别人，竟不知道要医治。"

最后，孟子对"养身"的重要性感叹地说："桐树、梓树，人们如果要使它生长，都明白要去培植，至于人的本身，但有些人却不知道如何去培养。难道保护自身还不如桐树、梓树吗？"这个学生听了孟子的这番教导，心里顿感豁然开朗，明白了仁义和养身的道理，高兴地回去了。

六十、旱苗得雨

【释义】

将要枯死的禾苗得到一场好雨。比喻在危难中得到援助。

【故事】

孟子拜见梁襄王（梁惠王的儿子），走出宫廷后告诉别人："从远处看梁襄王，不像一个国君的样子，接近他，看不到国君的威严。他突然问我：'天下要怎样才能安定？'我对他说：'天下统一了才能够安定。'

"梁襄王又问道：'谁能够统一天下？'我回答说：'不喜好杀人的国君能统一天下。'

"这时候，梁襄王又问道：'谁会归顺他呢？'

"我立即回答道：'天下没有一个人不归顺他。大王知道那禾苗吗？七八月之间干旱，那么禾苗就枯萎了。这时，天上如果乌云密布，落下了充足的雨水，那么禾苗就欣欣向荣地长了起来。如果像这样，谁能够遏制它呢？当今天下的国君，没有不喜欢杀人的。如果有不喜欢杀人的国君，那么天下的老百姓都伸长脖子来盼望他。如果像这样的话，老百姓归顺他，就好像水往低处奔流，汹涌澎湃，谁能够阻挡得了呢？'"

六十一、浩然之气

【释义】

一般用来形容一种刚正宏大的精神。

【故事】

孟子通过不断的学习，最终成为知识渊博、见识广博的人。他不但能够识别各种言论的好坏，而且更善于培养自己的浩然之气。

有一次，孟子的学生公孙丑问他："请问先生，什么叫浩然之气?"孟子听罢，回答说："这真是很难说得清楚啊。我自己认为，浩然之气作为一种气息，应该是一种最为盛大、最为刚强的气息，如果我们能够依靠正直的品德去培养它，而不是去伤害它，那么这股浩然正气就会充满在天地之间。浩然之气作为一种气，要与义和道配合在一起才能释放出最大的能量，而没有这些配合，浩然正气就会逐步萎缩。需要提醒的是：浩然正气本身是通过不断积累正义而产生的，而不是偶然地有过正义的举动就可以获取的。"

孟子继续说："一个人如果行为有愧于心，那么他自己的气也会随着萎缩了。因此，对于浩然之气来说，就一定要不断地培养它，让它无法停止下来；心里既不能忘记它，也不要妄自助长它，因为妄自助长浩然正气的后果就会像拔苗助长一般。有一个宋国人老是忧虑自己田里的禾苗长不大。有一天，他就把那些禾苗全都拔上了一截，看起来比原来高多了。他既高兴又茫然地回到家中，对家里人说："今日真累，我把田里的禾苗拔高了。'他儿子听到他帮助禾苗长大，就跑到田里去看。结果，他看到自己田里的禾苗全都枯萎了。天下人没有不希望自己的禾苗长大的，以为没有什么用处而舍弃的是那些不管理耕耘的人。可是为了帮助禾苗生长，而去把它拔高，不但没有益处，反而有害处。"

公孙丑听了孟子的话后，知道了浩然之气的形式、内容和培养方法，高兴地走了。

六十二、墦间乞食

【释义】

在坟间讨吃一些残余酒菜。孟子借用这个故事嘲讽了卑鄙无耻、却故作骄矜的丑恶行径。

【故事】

有个齐国人，娶了一个妻子，后来又娶了一个小妾。家里并不富裕，可是他常常在外面喝得醉醺醺地回来。问他上哪里去了，他总是说同富人、贵人们在交际应酬。

他的妻子有些怀疑，她对小妾说："咱们的丈夫，总说是同富贵的人们在交际应酬，可是，从来没有看见阔绰的客人上咱们家来呢？我倒要悄悄地侦察一下，看他究竟搞的是什么名堂？"

第二天早晨，这个人又摇摇摆摆地出门去了。他的妻子蹑手蹑脚地在他后面跟着。走了好一会儿，大街上的人谁也不跟他打招呼，他头也不抬地径自向坟地走去。那里有人家在埋葬死人，办理埋葬事务的人，正大吃祭奠用过的供饭。他就向他们乞讨一些剩余的酒食，在旁边狼吞虎咽地吃起来。一会儿，吃完了，还没有饱，抬头四面望了一下，又向另一个埋葬死人的地方走去了。——"原来他是这样同富人贵人交际应酬的啊!"他妻子完全明白是怎么回事了。

妻子懊丧地回家,把亲眼所看的情形,一五一十地告诉了小妾,并且说:"丈夫是妻妾终身所依靠的亲人,而咱们的丈夫却可怜得这个样子。"小妾听了,也感到十分伤心。两个人在院子里一边议论,一边就相对哭泣起来。这时,她们的丈夫回来了。他不知道他已经露出了马脚,仍然一副大男子的傲慢气派,大模大样地踱进大门,呵斥他的妻妾:"这是干什么?我这样的丈夫。你们难道还有什么不满意的吗?"

这个故事,讽刺那些追求富贵利禄的人,一面乞讨人家的残羹冷饭,一面还洋洋得意,虚伪骄傲,瞧不起比他地位低下的人;其卑劣行径,在这里被刻画得相当生动、有趣。

六十三、顾左右而言他

【释义】

看着两旁的人,说别的话。形容无话对答,有意避开本题,用别的话搪塞过去。

【故事】

齐宣王在位时,孟子是他的常客。孟子信奉王道,也就是君主要用仁义的办法去关心百姓,治理国家。可是当时的君主大多数相信霸道,不爱听孟子这套理论。于是孟子便经常拐弯抹角,旁敲侧击地灌输自己的思想。

有一次,他和齐宣王在一起聊天,孟子好像漫不经心地谈起一件事。他说:"大王,有一件事我搞不明白。我听说一个人因为要到楚国去办事,临行前把老婆和孩子托付给一位好朋友，请这位朋友费心照顾。谁知道等到他从楚国回来后，才知道他的老婆和孩子一直在受冻挨饿，那位朋友根本未尽到照顾的责任。您要是碰上这种朋友，该怎么办呢？"

齐宣王毫不迟疑地回答："和他绝交！"

孟子点点头，又说："还有一件事，有一位负责掌管刑罚大权的司法官，可是连他自己的部下都管不了。您手下要是发现这种人，该怎么办呢？"

齐宣王毫不含糊地回答："撤他的职！"

这时候，孟子又点点头，意味深长地说："那么，如果一个国家的事情搞得一团糟，老百姓都无法安居乐业，朝廷上下怨声载道……您看那又该怎么办呢？"

"那就——啊……"齐宣王终于听出了孟子的弦外之音。他翻了翻眼珠，装作没听清孟子刚才的话，急忙把目光移向站在两旁的随从，支支吾吾地把话题扯到别的事情上。（王顾左右而言他）。

这样，孟子的一番苦心又白费了。

白玉舞女

六十四、贵在仁爱

【释义】

可贵的在于施行仁爱。

　　孟子主张仁政。他说："行仁政就能身享荣乐，不施仁政就将身遭屈辱；现在有些人厌憎耻辱却又安于不仁的状态，这就像厌恶潮湿却偏甘居于洼地。倘若真的厌恨耻辱，不如就重视品行的修养并且尊重士人，让贤者有官位，能人有职守。国家安宁了，趁着此时修明政教法律，即使是大国，必定也对此感到害怕。"

　　孟子为了进一步说明仁的重要性，他作了一个生动的比喻，说："造箭的难道比制铠甲的更残忍不仁吗？造箭的唯恐箭不能伤人，制甲的唯恐人被箭所伤。巫和匠的情形也是这样，因此选择谋生之术不能不谨慎。孔子说：'居住在有仁德风气的地方比较好，选择没有仁德的地方居住，怎么算是聪明？'仁是上天最尊贵的爵位，是人们最安乐的居所。没有任何阻力却不讲仁德，就是不明智。不仁不智，无礼无义的人，只配被人使唤。"

　　最后，孟子又把造弓和造箭做比喻，说明胜败、荣辱的关键在自己的"仁"与"不仁"。他说："为人役使又耻于受人役使，这就好比造弓的人以造弓为耻，造箭的人以造箭为耻。如果感到对此耻辱，不好做到仁。修仁好比射箭：射箭者端正自身的姿势然后放箭，箭射不中，不埋怨胜过自己的人，而是反省自身寻找原因。"

六十五、二者居一

【释义】

　　两者之间选择一个。

【故事】

　　有一次孟子去齐国，向齐王提出许多建议，但齐王都不接受。孟子离开齐国时，齐王赠送给孟子一百金，他也不接受。到了宋国，宋君赠送孟子七十金，他却接受了。又到了薛国，薛君赠送孟子五十金，他又接受了。

孟子的学生陈臻对此不理解，问他说："如果说您不接受齐王的赠金是对的，那么，接受宋君、薛君的赠金就不对了；如果说接受宋君、薛君的赠金是对的，那么，不接受齐王的赠金就不对了。一个人前后的行为应当一致，您只能在这两者中选择一种，怎么前后矛盾呢？"

孟子向陈臻解释说："你说得很有道理，但不了解其中真正的原因。在宋国，我将去很远的地方，路上要用钱，不接受行吗？我到了薛国，看见到处都戒备森严，我住的地方有士兵站岗。薛君给我五十金，我自然接受。但不是我自己要，而是把它分给了士兵。至于齐国，齐王给我的赠金，我没有用处，没有用处而又要别人赠金，那不是向人借钱吗？天下哪有君子向别人借钱的呢？"

陈臻听了，觉得老师说得很有道理。

六十六、独善其身

【释义】

原意指做不上官就修养好自身。现指只顾自己，不管别人。独：唯独；善：好，维护。

【故事】

有一天，孟子对一个名叫宋勾践的人说："你喜欢游说各国的君主吗？我告诉你，游说的态度在别人理解时要安然自得，别人不理解时也要安然自得。"

宋勾践说："怎样才能做到安然自得呢？"

孟子说："尊崇德，喜欢义，就可以自得其乐。因此，士人失意时不失掉义；得意时不离开道。失意时不失掉义，所以自得其乐；得意时不离开道，因而百姓不致失望。古代的人，得意时，恩惠遍及百姓；不得意时，修养品德以显于世。失意时完善自己的身心，得意时则拯救天下。"

修身、齐家、治国、平天下，是儒家思想传统中知识分子谨守的信条。以自我完善为基础，通过治理家庭，最终达到平定天下，可以说是数千年来知识分子的最高理想。然而，成功的时候少，失败的时候多，于是孟子说："穷则独善其身，达则兼济天下。"这积极而达观的态度，弥补无法完成的孤高理想，成为千年来儒家的信条。

六十七、独夫民贼

【释义】

指对国家人民有严重罪行的、残暴的统治者。独夫：暴虐无道，众叛亲离的统治者；民贼：残害人民的坏家伙。

【故事】

孟子虽然是儒家大师，但他不把"君"看作神圣不可侵犯的东西，他一贯主张"民为贵，君为轻"，因此，有一次齐宣王问孟子说："商汤王流放夏桀，周武王讨伐商纣王，有这回事吗？"

孟子回答道："在史籍中有这样的记载。"

宣王道："作为臣子而弑杀自己的君主，这合适吗？"

孟子答道："残害仁的人叫作贼，残害义的人叫作残。这种人大家叫他独夫。

我只听说武王歼灭了殷纣，没听过这叫以臣弑君。"

接着孟子又说道："当今侍奉君主的人都说'我能为国君开辟疆土，充实府库的财富'，当今所谓的好臣子，正是古代所谓的害民之贼。国君不追求以德治国，不存心仁义却一心想为他聚集财富，这就等于帮助夏桀得到财富。当今侍奉君主的人还说'我能为国君邀结盟国，每战必胜'，当今的所谓好臣子，正是古代所谓的害民之贼。国君不追求以德治国，不存心仁义却一味想为他的强大而战争，这等于辅佐残暴的桀纣。走当今这样的道路，也不改变现在这样的风气，即使把天下给他，他连一天也坐不安稳的。"

齐宣王听了这番话暗暗吃惊，恐怕孟子在指责自己，一定要吸取历史教训，振兴齐国。

六十八、绰绰有余

【释义】

宽裕的样子。形容非常宽裕，富裕。

【故事】

战国时，齐国大夫蚔蛙担任灵丘县令，干得有声有色。过了一段时间，他想去国都担任谏官，就辞去了灵丘县令。他在国都做了好几个月的谏官，却始终没有向齐王劝谏过。

一天，孟子去见蚔蛙，对他说："谏官是可以进言的官，你做了几个月，却始终没提过什么建议，看来你不适合做这样的官。"

蚔蛙听了孟子的指责，心里很不好受，他知道齐王的脾气很不好，怕说了也不起作用，就很少劝谏。现在经孟子这么一说，才感到自己没尽到职责。于是，他向齐王辞去了谏官。

这件事被齐国人知道了，纷纷议论说："孟子替蚳蛙考虑得不错，但为什么不替自己好好考虑一下呢？他屡次向齐王进言，齐王不用，他却厚着脸皮不走，这难道不是嫉妒吗？"

公都子把这些议论告诉了孟子，孟子满不在乎地说："我听人说，一个有官职的人，如果没尽到职责，就应该辞官；有进言责任的人，如果进言未被采纳，也应该离去。而我呢？既无官职，又无进言的责任，我的进退不是绰绰有余吗？"

公都子听了孟子的话，觉得名正言顺，很有道理。

六十九、大旱云霓

【释义】

好像大旱的时候盼望寸水一样。比喻渴望解除困境。霓：虹的一种，又称副虹。

【故事】

战国时候，有一次齐国出兵讨伐燕国，只用了五十天就大获全胜。齐宣王为此很高兴，逢人便夸耀说："我只用了五十天就打败了燕国这个有一万辆兵车的大国，这是天意呀！"可是不久，几个诸侯国就商议联合援救燕国，抗击齐国。

齐宣王得知几个诸侯国将联合来犯，很担忧，便向孟子请教说："许多诸侯国要一块来攻打我，我怎么对付他们呀？"

孟子回答说："这怪你自己呀！《尚书》上说，商汤率军征伐东方，西方的百姓不高兴；他征伐南方，北方百姓不高兴。他们说：'我们盼望商汤的军队就像久旱盼望乌云和虹霓一样（大旱云霓），我们等不及了，快先到我们这里来吧！'为什么四面八方的人都欢迎商汤呢？因为他兴的是仁义之师，目的是惩罚那些暴君，解救受苦的百姓。他就像及时而降的甘霖一样，老百姓怎么能不欢欣鼓舞呢？而你出兵燕国，攻占了燕国的城池，霸占了人家的土地，杀死他们的父兄，毁坏他们的宗庙，抢掠他们的宝物。如此暴虐无道，燕国的百姓怎能忍受下去，必然要赶走你，其他国家也会帮助燕国来讨伐齐国。因为他们对你很不放心，担心你占领燕国后，还会进攻别的国家……"

"那我该如何对待呢？"齐宣王见孟子一味批评自己，赶快打断他的话，再一次问起这个自己最关心的问题。孟子毫不客气地说："办法只有一个：遣散燕国的俘虏，放他们回家；送回燕国的宝物，让燕国再立一个国君；撤回齐国军队，安抚齐国百姓，这样一来诸侯国的军队便不会来讨伐你了。"

七十、大有作为

【释义】

能够充分发挥才能，做出很大成绩。作为：可做的事，做出的成绩。

【故事】

孟子仕齐，位为客卿，只备顾问，没有一定职务，也未曾接受俸禄，而且，他认为君臣是相对关系，臣无绝对服从君命的义务。

有一天，孟子正打算朝见齐王，齐王派人来说："齐王本应来看望你，但患了感冒，不能吹风；如果你来朝见，齐王一定临朝视政，不知能否和你见面？"孟子说："不巧，我也病了，不能到朝堂上去。"

第二天，孟子到东郭大夫吊丧。公孙丑说："昨天以病为借口推辞，今天却出去吊丧，恐怕不妥当吧？"孟子说："昨天生病了，今天病好了，为什么不可以吊丧？"

齐王派人来询问病情，医生也来了。孟子的亲戚（孟仲子）对答说："昨天接到大王的召请，夫子由于身染微疾，所以不能到朝堂拜见；今天病情有些好转，已经往朝堂去了，我不知道现在到了没有？"于是派人在路上拦住孟子，说："千万不要回家，到朝堂上去。"

孟子不得已到景丑家过夜。景丑说："在家有父子，在外有君主，这是为人最重大的伦理关系；父子之间以慈爱为本，君臣之间以恭敬为准。我只看到大王对你的敬重，却没看到你对大王的尊敬。"

孟子说："呀！这是什么话！齐人没有一个和大王谈论仁义之道的，难道是认为仁义不好吗？他们心里是这样想的：'他哪里配得上谈论仁义呢？'那么不敬没有比这个更大的了。我则不是尧舜之道，不敢在大王面前陈说，所以齐国人没有谁比我更尊敬大王了。"

景子说："不，我说的不是这个。《礼》曰：'父亲有召唤，不等答应忙起身；君王有召唤，不等马车驾好就前往。'本来你将要去朝见，听到大王的召唤倒不去了，似乎与礼的要求不相合。"

孟子说："难道你是这样认为的吗？曾子说：'晋、楚的富有是不可企及的。然而他仗着他的富，我凭我的仁，他靠他的爵，我有我的义，我又有什么缺憾呢？'要是没有道理的话，曾子怎么会这样说呢？其中一定是有道理的。天下有三件东西是人们普遍尊重的：一是爵位，一是年龄，一是品行。朝廷最尊重的是爵位，乡里中最尊重年龄，要说匡扶世道、统率民众最应尊重的就是德行，怎能拥有了爵位就轻视其他两件呢！"

最后，孟子说："准备大有作为的君主，必然有他不敢召唤的臣子，有什么大事要商量，就亲自去拜访，他尊重德行、乐施仁政，不是这样就不足以帮助他有所作为。因此商汤对于伊尹，是向他学习，然后以他为臣，所以能不费力称王天下。桓公对于管仲，是向他学习，然后以他为臣，所以不费力就称霸天下。当今天下各国大小相当，君主的德行相近，谁也不能压倒谁，没有别的原因，是因为喜欢以听话的人为臣子，而不喜欢以能教导他的人为臣子。商汤对于伊尹、桓公对于管仲，就不敢召唤。试想，管仲尚且不可召唤，何况并不想做管仲的人呢？"

齐国大夫景子听了孟子这席话后，觉得言之有理，从心底里佩服孟子。

七十一、地利人和

【释义】

现指地理条件优越，群众基础好。利：（地理上的）有利形势。人和：得人心。

【故事】

孟子十分关心天下大事，并且竭力主张仁政治国。有一次，一位弟子问治国的首要条件是什么时，孟子说："天时不如地利，地利不如人和。"

什么叫天时呢？天时就是大的自然气候，也指天意。地利就是地形，或险要、或平坦。人和就是人与人的团结和睦，人心所向。

孟子说："三里之城，七里之郭。把它包围起来进攻它，可是不能取得胜利。敌人要包围起来进攻它，一定是趁着有利的天时来的，但是还不能取胜，那是天时不如地利；城很高，护城河的池水也很深，城里的兵器也很坚利，粮食也多。可是城却守不住，自己弃城而去，那就是地利不如人和啊。所以说，限制人民不必靠国家的边界，保卫国家不必靠山川的险固，使天下威服不必靠武器的锐利。行仁政的人，帮助他的人就多，不行仁政的人，帮助他的人就少。帮助的人少到极点的时候，就连他自己的亲人也背叛他，离开他。帮助的人多到极点的时候，天下的人都归顺他。以天下人都归顺的力量攻打那些亲人都背叛他的人，所以仁德之君不战则已，一战必胜。"

历史上有名的武王伐纣，就是一个例子。那时候纣王残暴无道，武王起兵讨伐。武王的军队所到之处，受到人民的欢迎，纣王很快就灭亡了。还有齐宣王五年，燕国的国君让位于相国子文，激起人民的不满，齐宣王出兵伐燕，燕国的人民也欢迎齐国的军队，燕军竟大开城门，不战自退。

孟子总结了历史上许多经验教训，得出了"天时不如地利，地利不如人和"的著名论断。他的论述有理有据，闻者无不叹服。

七十二、动心忍性

【释义】

比喻历经困苦而磨炼身心，不顾外界阻力，坚持下去。动心：使内心受到震动；忍性：使意志坚强。

【故事】

孟子的学生曹交问："人人都可以成为尧、舜那样的人吗？"

孟子回答道："可以。"

曹交又问："那么，人们怎样才能成为尧、舜那样的人呢？"

孟子先举了一些事例，他指出："古代圣王舜帝是从普通农事活动中成长起来的；殷代武丁时的贤相傅说是从被人雇佣筑墙的低下地位上提拔上来的；殷纣时的贤人胶鬲是从贩卖鱼、盐的市场中被提拔起来的；齐国国相管仲是从狱官手中得到解放，被齐桓公提拔上来的；春秋时楚国隐士孙叔敖是从海边的隐居之所以被提拔出来的；百里奚被楚人捉住后，为人放牛，秦穆公闻其贤，把他赎买到泰国，举以为相，所以等于从市场上买回来加以重用的。这些名人是艰苦奋斗得来的，是没有安闲平顺的道路可走。上天将要把重大的使命赋予一个人：一定先要使他的内心愁苦，劳累他的筋骨，饥饿他的身体，使他穷困贫乏，让他经历坎坷，总是不顺利如意。用种种窘况来触动他的灵魂，坚韧他的心性，增强他还不曾具有的应付事情的能力。"

曹交听了孟子这一席话后，他感到历史上有成就的人，在困难面前经得起考验，才能锻炼担当"大任"的力量和本领。

七十三、出类拔萃

【释义】

超出同类之上。多指人的品德才能。拔：超出；类：同类；萃：草丛生的样子，引申为聚集。

【故事】

有一次，公孙丑问他的老师孟子："能不能将伊尹、伯夷与孔子相提并论，同称为天下的圣人呢？"

孟子的回答十分干脆、简捷。他说："当然不能，孔子是有人类以来唯一的圣人，谁也没有资格与孔子相比。"

公孙丑又问："那么这三位贤人中有什么相同的地方吗？"

孟子回答道："有，而且不少。比如伊尹甘冒篡位反叛的恶名，放逐了太甲，使商汤王的社稷不致倾覆。这件事，孔子会做，伯夷也会这么做。伯夷不愿违背父亲的意志，放弃了诸侯的封爵，甘愿忍受贫寒，孔子与伊尹会采取与他相同的办法。这三位贤人如果当了国君，他们都有足够的威望统一天下，使天下诸侯按着规定的礼节来朝见；如果让去做一件违反道理的事，他们都会拒绝，如若让他们去杀一个无辜的人，哪怕会因此获得天下，他们也同样拒绝做的，这是他们的相同之处。"

公孙丑追问道："既然他们都绝不做坏事，那还有什么不同的地方吗？"

孟子继续回答道："不同的地方差别就大了。你应先了解一下孔子的学生是怎样评价孔子的。宰我说：'我的先生比尧舜高明得多。'子贡说：'先生能够从一国的礼制判断它的政治情况；听到一国的音乐，就可以了解它的品德教育水平。孔子的治国思想是千秋万代的君主所必须遵循的最高原则，谁违背了孔子的治国思想，谁就会亡国。'伊尹和伯夷都是属于同一时代的贤人，他们没有功垂百代的治国思想，有若说：'世上同类很多，但高下不同，比如麒麟与走兽，凤凰与飞鸟，圣贤与常人，江海与溪流。圣人与常人都是人，属于同类，但圣人远远超出了同类，比同类中优秀的还优秀得许多（出乎其类，拔乎其萃）'。孔子是圣人，没人可比。"

七十四、杯水车薪

【释义】

用一杯水去救一车着了火的柴草。比喻力量太小，解决不了问题。

【故事】

从前，一个樵夫一大早就上山去砍柴，他很卖力地劳作，到了快接近中午的时候，就已经砍了满满一大堆的柴，足够他用好长一段时间了。于是樵夫便将砍完的柴捆好，装上车，然后推着满满的一车柴收工回家了。正赶上这一天的天气特别热，这个樵夫推着柴下山回家的路上，碰巧经过一家茶馆，樵夫感觉口干舌燥，于是心想，天这么热，不如在这家茶馆先喝杯茶，凉快凉快再回家吧。于是樵夫就把装满柴的车停放在树林边，自己走进茶馆，要了一杯茶，歇息了下来，可是没想到，樵夫刚喝了几口茶，就听茶馆外面有人大声叫喊："不好了，着火了！来人哪！救火啊！"樵夫一听，心想，坏了，是不是我一车柴着火了！于是，急急忙忙地端着茶就从茶馆里跑了出来。樵夫出门一看，原来由于天气太热，气候干燥，引发了森林大火，而他的柴车因为停放在树林边上，此时也已经被山火给引燃了，眼看着自己辛辛苦苦忙活了一个早上才砍到的满满一车柴就要被大火吞噬。樵夫情急之下，慌忙将手中拿着的茶杯里的水向燃烧的柴车泼了过去，恨不得一下就能把火扑灭，但是一杯水对于一车燃烧的柴来说，实在是太微弱了，一点作用都起不到，最后樵夫只能眼睁睁地看着一车的柴都烧成了灰烬。

七十五、不违农时

【释义】

不违背适合农作物耕种、管理、收获的季节。违：违背，违反。

【故事】

孟子主张推行"仁义"，建立"王道"。梁惠王曾经向他请教，怎样发展生产，达到国富民安的目的。

孟子说：不耽误农活季节，粮食就吃不完了；细密的鱼网不到大的池沼去捕鱼，鱼类就会吃不完了；斧斤进山也要遵守时令（不要滥加砍伐），木材也就用不完了。粮食、鱼鳖吃不完，木材用不完，就使老百姓生养死葬都没有什么担忧了。老百姓对生养死葬没有什么担忧，这就是"王道"的开始。

接着孟子指出，给每户五亩的宅地种上桑树，年过五十的人就可以穿丝绸做的衣服了；鸡、狗和猪的饲养，不错过它们的繁殖期，七十岁的人都可以吃肉了；给每户的百亩土地，不要耽误他们的农时，几口之家，可以没有饥饿的人；认真办好地方的学校，反复强调侍奉父母，尊敬兄长的规矩，须发斑白的老人就不会在路上背负重物了。七十岁的老人穿丝绸做成的衣服吃肉食，百姓不挨饿不受冻，如果这样做了，就能发展生产，达到国富民安的目的。

七十六、恻隐之心

【释义】

对别人的不幸表示同情。见到遭受灾祸或不幸的人产生同情之心。

【故事】

孟子学说中有一个最基本的观点，就是"性善说"。他认为人的本性都是善良的。有些人变恶，是因为受外界环境的影响，是没有保持和发扬本性中的善。儒家的另一个代表人物荀子则认为人的本性是恶的，所以能成为善人是教育的结果。

还有一个告子，他认为人的本性无所谓善或恶，环境和教育才使一个人成为善人或恶人。有一次，告子和孟子就这个问题进行辩论，告子先提出他的看法："人性，好比急流的水，水路的决口在东面就往东流，决口在西面就往西流。人性不能分善或恶，正像水在流向决口之前不能分东西一样。"

孟子立刻驳斥告子说："是的，水的确不能分东或西，但难道不能分清它的本性是向上流或者向下流吗？水总是向下流的。人性也是这样。人性没有不善良的，正如水没有不向下流一样。但是，水可以用拍击、遏阻的办法使它从平地流向高山，人性也可以用外力使它成为不善。"

告子又说："人性的善或不善，都是由外界影响决定的。周朝的文王、武王是仁德的君主，百姓就向善了，到周朝的后代幽王、厉王，是暴虐无道的君主，百姓就跟着暴乱了。"

孟子回答道："从你说的例子来看，也仍然证明人的本性是善的。百姓跟着君主而变得暴乱，这不能说是他们的本性不善。请想一想，'恻隐之心（同情人的心）'是人人都有的；'羞恶之心（羞耻与憎恶的心）'，也都是人人都有的。还有，看到值得尊重的事而生的'恭敬之心'，看到某件事情而做出判断的'是非之心'，更是人所共有的。这些，正是人性本善的证明。"

告子还没有来得及回答，孟子又补充说："但是，人的善良本性是存在于内心的，必须有意识地去探索它、发展它，才能成为一种美德。如果放弃它，那就会失掉或被埋没。"

孟子和告子的辩论各不相让，不可能得到统一的结论。即使到现在，我们还要从本性和环境、内因和外因的相互影响或统一的角度来深入研究。但是，"恻隐之心，人皆有之"这句话，却已经作为名言流传下来了。

七十七、出尔反尔

【释义】

原意指你怎样做，就会得到怎样的后果。现指人的言行反复无常。前后自相矛盾。

【故事】

战国时，有一年邹国和鲁国发生冲突，邹国的士卒作战不力，结果吃了败仗，死伤了不少将士。邹穆公为此非常气愤。这时孟子恰巧在邹国做客，邹穆公就去向孟子诉说心中的烦恼。他说："先生，你是一位贤良而有学识的人，请您告诉我，在这次邹、鲁两国战斗中，我牺牲了三十三位将领，然而邹国的士卒、百姓却没有一人为他们去拼命。他们眼看自己的长官有难，竟袖手旁观，真是太可恶了！我要惩罚他们，但是他们人太多了，杀也杀不完呀！您说我该怎样处理这件事呢？"

孟子思考了片刻，直言不讳地对邹穆公说："孔子的弟子曾子说过一句话：'要提高警惕啊！你怎样对待别人，别人也将怎样回报你（出尔反尔）！'我想曾子的这句话您一定忘了。还记得那年邹国闹灾荒吗？粮食歉收，百姓吃不上饭，饿死了许多人，尸首抛弃在荒山野坡，无人掩埋；年轻力壮的小伙子四处逃荒，流离失所……那时国君和大夫们又干什么了呢？你的官吏不关心百姓的死活，甚至隐匿灾情，不向国君报告，国君也不去察访民情，不关心百姓的疾苦。等到战争发生的时候，却要驱赶他们到前线去送死卖命。您认真想一想吧，士卒、百姓的心里怎么会服从你呀？这次发生的事件就是百姓对你们的报复。你即使惩罚他们也是没有用的。"

"如何才能预防今后不再发生这样的悲剧呢？"邹穆公忧心忡忡地问。

"只有一个办法呀，"孟子告诉他说，"那就是您要彻底改变过去的做法，在邹国实施仁政，爱护、关心老百姓，让他们过上安定的好日子。只有这样，老百姓才会拥戴他们的君王，爱护他们的长官，发生战争时，也才会心甘情愿地为君王去拼死作战……"

邹穆公接受了孟子的建议，在邹国实行仁政。

七十八、按功付酬

【释义】

国家或集体按照每个人所提供功绩的大小付给相应的报酬。

古代国王的生活十分讲究排场，每年都要各诸侯进贡朝拜，其车辆、人数多得惊人。因此，孟子的学生彭更就问："后面跟着几十乘车辆，身边随从着几百个人，轮流接受各国诸侯的款待，不是太过分了吗？"

孟子说："不合乎道理，即使是一筐饭也不可以接受别人的；合乎道理，舜接受尧的整个天下也不过分。你觉得过分吗？"

彭更说："我不是这个意思，我是说士人不干事而接受人家的奉养是不可以的。"

孟子说："你如果不让大家交流成果、交换产品，用多余的弥补不足的，那么农夫就会有多余的粟米，女子就会有多余的布匹。你如果能使它们流通，那么木匠们都能从你那儿得到吃的。现在有这样一个人，在家孝顺，出外友爱，遵循先王的准则，扶持后进的学者，却不能从你那儿得到吃的；你为什么只看重工匠却轻视实行仁义的人呢？"彭更听后还不甚理解，又进一步问道："工匠们劳动的目的就是吃饱肚子，那么，君子们的学习，施行圣人之道，也是为了吃饱肚子吗？"孟子一针见血地指出："你为什么要管他们的目的动机呢？他们对你有功绩就要付酬劳。那么你究竟是根据目的来酬劳呢？还是按功绩来酬劳？"彭更说："根据他的目的。"孟子听后笑了笑说："不对。例如现在有这么一个人，毁损屋瓦，乱画墙壁，他的目的是要以此谋食，你给予他吗？"彭更回答说："当然不给。"最后孟子总结道："既然这样，很明显，你给予酬劳不是根据目的，而是根据功绩呀！"

第九章　《孟子》名言名句

一、治学观名言名句

当今之时，万乘之国行仁政，民之悦之，犹解倒悬也。故事半古之人，功必倍之，惟此时为然。

——《孟子·公孙丑上》

现在这个时候，若拥有万辆兵车的大国能施行仁政，那老百姓心中的喜悦，就像被倒挂的人得到解救一样。所以，只做到古人一半的事，就可以得到双倍于古人的功绩，也只有这个时候才行啊。这句话是说施行仁政能够让称霸天下取得很大的功效。

成语"事半功倍"就是由孟子的这段话而来，用来形容做事得法，费力小，收效大。

这段话的由来还得从孟子和他的学生公孙丑的一次谈话说起。有一次，孟子和公孙丑谈论统一天下的问题。他们从周文王谈起，说当时周文王以方圆仅一百里的小国为基础，施行仁政，历经困难，终于创立了丰功伟业。现在群雄争霸，老百姓都苦于战乱，而齐国领地何止千里，并且人口众多，国力强盛，这样一个大国，如果能推行仁政，那统一天下根本就是易如反掌，这与当时周文王所经历许多困难相比容易得多了。孟子最后说："像齐国那样的大国，如果能施行仁政，天下百姓必定十分开心，犹如被倒挂的人得到解救一般。所以，给百姓的恩惠只要达到古人的一半，而获得的效果必定能够加倍。"

孟子清楚地看到，在当时的诸侯国中，最有实力称霸天下的莫过于齐国。齐国具备了称霸的诸多条件，但"万事俱备，只欠东风"，只要齐国能够再施行仁政，则"民之归仁也，犹水之就下、兽之走圹也"（《孟子·离娄上》），意即百姓归向仁政，就如水往低处流、兽往旷野跑，那成就霸业自然是水到渠成，"事半功倍"。孟子还说过一句话，正好可以作为此处的反证，"尧舜之道，不以仁政，不能平治天下"（《孟子·离娄上》），是说即使有尧舜之道，如果不施行仁政，也不能治理好天下。所以，如果不施行仁政，而一味强调"霸道"治国，那就不是"事半功倍"了，而势必是"事倍功半"。

孟子这番"事半功倍"之语，不仅适用于施政，也适用于做其他事情，如人际交往、解决问题等，而对于我们的学习来说，更具有无穷的指导意义。

孟子曰："人之患在好为人师。"

——《孟子·离娄上》

孟子说："人的毛病在于喜欢做别人的老师。"孟子这句话是在告诉我们，为学做人要保持谦逊的态度。

有个成语叫作"好为人师"，就是从孟子这句话演变而来，形容不够谦虚，自以为是，好以教导者自居。

这里的"师"当然是老师的意思。唐代文学家韩愈在《师说》中曾说："师者，所以传道，授业，解惑也。"意思是老师是来传授道理、讲授学业、解答疑难问题的人。如此说来，老师可是一个高尚的职业。而且，孔子也曾说过："自行束脩以上，吾未尝无诲焉。"孔子的意思是说：只要是带着薄礼来求见我的人，我从来没有不给予教诲的。当然，孔子给予别人教诲并非贪图区区薄礼，而是表达了一种只要学生愿意学习，自己就愿意教诲的态度。说起孔子，可以称得上一个"好为人师"的典型，他有弟子达三千人，仅贤者就有七十二人，而且还屡屡称自己"诲人不倦"。那为什么在韩愈、孔子看来，"好为人师"没有问题，而到了孟子口中就一下子成了"人之患"呢？究其因，最关键的还是在于一个"好"字。

"好"就是喜欢。一旦一个人喜欢去教导别人，他就会不自觉地产生一种优越感，即使自己不如他人也会处处觉得高人一等，这就是一种自以为是的心态，就是孟子所说的"人之患"。反观孔子，首先，他有"为人师"的能力；其次，他从来没有自以为是，妄自尊大，相反却不耻下问，虚怀若谷。"三人行，必有我师焉"，不就是最好的证明吗？所以，他虽有弟子三千，却不成"患"，反而是"韩信将兵，多多益善"。

由此可见，孟子说的"好为人师"的人中当不包括具有真才实学的人，而是指那些"一瓶子不满，半瓶子晃荡"的人。这样的人最好有自知之明，别再"好心"地去教导别人。否则，他越是"诲人不倦"，越是"毁人无数"。

> 必有事焉，而勿正，心勿忘，勿助长也。
>
> ——《公孙丑上》

一定要努力培养它，而不要预期它的结果，心里头不要忘记它，但也不能违反规律去助长它。

宋国有个农夫担心他的秧苗长得太慢，于是自作聪明地把秧苗一棵棵拔高。当他完成了工作，气喘吁吁地跑回家向家人炫耀："今天我忙了一天，让田地里的秧苗都长高了！"他的儿子一听，紧张地跑到田里去，只看见田里刚播种的秧苗全都枯死了。

这个"揠苗助长"的故事，让孟子非常感叹。天地间不帮助禾苗生长的人太少了，那些认为培育工作徒劳无功、放弃努力的人，就好像是种田却不除草的懒人；而那些把禾苗硬生生拔高的人，不但白费力气没有任何益处，反倒损害了秧苗。

教育就好比是种植农作物。农作物的生长有一定的时序，并不是人为一味地助长就能够让作物长成。一株小秧苗一定要有足够的成长时间，让它能够尽情地吸吮大地的养料，接受阳光的照拂，偶尔接受狂风暴雨的挑战，更是坚韧其生命不可少的元素。在这段时间里，培育它的农夫，除了帮它们拔去侵入田里的杂草外，只能静候时间的淬炼了。

然而，现代人往往有种急功近利的心态，今天播下了种子，明天就想要收成。为了达到这样的目标，无所不用其极地想法子要将秧苗拔高。许多父母害怕让孩子输在起跑点上，所以学龄前就以学才艺为由，让稚幼的小孩子开始日复一日补习的噩梦。废除联考制度后，孩子们并没有拾回青春该有的灿烂，反而在他们这段秧苗成长的时期，成为整个教育思想僵化的大环境里的牺牲品，连原先兴味大于评比的"绘画""体育"等课程，也开始要补习加强了……

术不可不慎也。

——《公孙丑上》

从事什么职业或学习手艺，不可不谨慎选择。

制造用来攻击的弓箭的人，难道比制造防卫的铠甲的人还要残忍吗？一个造箭者怕所造的箭没有杀伤力，而制造铠甲的人却怕箭会伤到人。为人治病的巫医和制作寿材的木匠也是一样，巫医就怕病人医不好，而木匠就怕没有人死去。一个人希望自己在社会中如何贡献自己的力量，就要谨慎地学习选择职业与手艺。而决定的动机，就要回头去问自己内心真正的渴望。

二十世纪最伟大的科学巨人亚伯特·爱因斯坦（Albert Einstein；1879～1955）一生致力于物理学研究，发表了改变整个物理学定律的重要理论。

由于爱因斯坦是犹太人，在第一次世界大战后受到纳粹党的压迫，只好辞去柏林大学的教职，移居到美国。第二次世界大战末期，爱因斯坦担心德国纳粹政权可能筹划制造原子弹，因此写信给罗斯福总统，在美国秘密制造了原子弹。第二次世界大战就以投在日本广岛和长崎的两颗原子弹画下了句点。

爱因斯坦

爱因斯坦在目睹二次大战中因为自己发明的原子弹造成的人间地狱后，感觉到内疚不安，无法得到心灵的平静，因此他的后半生为了维护世界和平不断地奔走呼吁，希望原子能够帮助人类便利的生活与科技进步，而不是用来毁灭全人类。

科技就好比是一把锋利的刀剑，刀剑本身是一种中性的存在，它能够被用来帮助人们便利生活，也可以被当成人类自相残杀的武器。水能载舟亦能覆舟，事物往往有极端的两个面向，就看取用的人取舍的智慧了。

一齐人傅之，众楚人咻之，虽日挞而求其齐也，不可得矣。

——《滕文公下》

一个齐国的老师教导他，但是许多楚国人却在他身边喧哗，即使是每天都打他、强迫他说齐国话，也是很难办得到。

孟母三迁的故事，是每个人耳熟能详的故事。故事中，孟子的家从邻近市场搬迁到墓地附近，最后选在学校旁边长期定居。整个故事强调的就是孟母对孩子学习环境的重视，因为小孩子的可塑性强又擅长模仿，居家环境的潜移默化，可说是教育能否成功的关键因素。

我经常听到现代的父母师长们抱怨小孩子难教，不受教。除了学科能力不断地大幅下降外，学习态度也没有二十年前，甚至十年前积极。抱怨着抱怨着，似乎教育已成为难以为继的末代事业了。

我回想起幼年接受教育的过程，台上的师长们也常抱怨我们是不知惜福的一群，当年的他们要如何努力、如何奋斗才能够有读书上进的机会。然而，台下的我们总觉得老师的话语刺耳又不济，正值青春年少的我们，也有属于自己的烦恼，也有真实困扰着我们的情绪问题啊！后来才知道，一个世代的成长，都有一个世代的课题，从事教育工作者，如果不能将心比心，合情合理地对待自己的学生，而老是活在自己过去的求学背景里，只会让学生产生反感罢了。

如何利用现有条件营造一个让学生可以专心向学的环境，吸引学生的注意，引导学生走向预期的学习目标，才是从事教育者最重要的挑战。在这个资讯爆炸的时代，未来的世界将面对的是我们现在难以想象的世界，我们的当务之急是想办法传承钓鱼的方法，而不是强迫提供无法活到未来的鱼儿。

教者必以正，以正不行，继之以怒；继之以怒，则反夷矣。

——《离娄上》

从事教育的人一定要严正道理，严正道理不能收效时，接着很容易就会有愤怒产生；而教者的怒气一旦产生了，反倒伤害了彼此的感情。

老师的工作除了知识技能的传授外，最重要的是帮助学生顺利地在社会上找到最适合的位置，在贡献一己之能的同时，也能享受自我实现的满足。在这样的过程中，老师除了引导方向外，更重要的还有正向的示范作用。只是，教学毕竟有着预期的目标，更何况儒者的培养过程中，最重视的就是人格的导正。然而，学生的差异性何止是天高地低之远，每个人的学习历程都是独特而难以比较的。

教学者如果不断地以既有的目标去要求每个受教者，往往就会因为责成心切而感到沮丧与挫折。一旦接受教导的学生或子女没有达到预期目标，又不愿听从教诲时，教学者就容易因为权威受到挑战而产生愤怒的情绪。这时，如果教学者没有警觉到自己的情绪，很容易就在愤怒的驱策下将怒气发泄在相对弱势的学生或子女身上，而造成情感的破裂。

桃莉·海顿在《她只是个孩子》一书中就展现了无比的耐心与关怀。虽然桃莉在和问题儿童席拉的相处过程里，两人也不可避免地发生了激烈的冲突，从小就得不到爱的席拉不断地挑战着桃莉的极限，但桃莉总在事后反省自己的处理方式，不断地调整两人互动的模式。最后，席拉终于在桃莉无条件的爱里，首次敞开心房接受桃莉的爱，并一步一步勇敢地面对自己的人生。

因此，对一个从事教育的工作者或父母而言，对自己情绪的掌握是非常重要的工夫。当发现自己的情绪涌上来、即将失去控制时，如果可以马上离开现场，等到彼此的冲突冷却、能够静下心来沟通彼此的想法时，再一起想办法来解决问题。一次两次，相信对彼此的信任愈来愈增长时，冲突的场面就会愈来愈少了。

古者易子而教之，父子之间不责善，责善则离，离则不祥莫大焉。

——《离娄上》

古时候的人互相交换小孩来进行教育，使父子之间不至于因为劝勉向善而互相责难。为了劝勉子女向善而互相责难，会导致亲子之间情感的隔离。一旦亲子之间产生了情感的隔离，造成的不良后果是相当严重的！

愈是亲近的人，对彼此的期待就愈大。父母与子女之间的情感，就是因为太过亲近，反而容易因为理所当然，或对彼此有所期待而产生激烈的冲突。现代心理学家发现，一个人成长的家庭对他的情感动向与性格养成都有不可忽视的影响力。因此，对子女的教育是非常重要而不可一刻忽视的。

然而，父母亲最大的通病就是把子女当成是自己的财产，认为子女是自己生命的延续，所以，理所当然地可以为子女规划他们的生命。在父母这样的心态下，子女的生命往往就背负着沉重到难以负荷的压力。

纪伯伦在《先知》中曾有这样的字句：

你们的孩子并不是你们的孩子，他们是生命对自身的渴求的儿女，他们借你们而来，却不是因你们而来……

你们可以把你们的爱给予他们，却不能给予思想，因为他们有自己的思想……

你们可努力仿效他们，却不可企图让他们像你，因为生命不会倒行，也不会滞留于往昔。

当父母不再把孩子当作是自己的财产，也不是自我生命的延续，放弃对孩子强烈掌控的欲望时，就是把孩子当作一个分离、独特的个体，这样就能够改变父母的态度，减少对孩子行为的不接受。能够放手让孩子依循自己的性向去发展，就是父母送给小孩一辈子最好的礼物。

中也养不中，才也养不才，故人乐有贤父兄也。

——《离娄下》

品德修养良好的人去涵育熏陶那些品德不良的人，有才华能力的人去教导那些才华能力尚未展现的人，这么一来，人人就都乐意能够拥有贤能的父兄了。

中学时期，我在所谓的前段班就读。整整三年，全班持续地笼罩在升学压力的阴影中。每到学年结束，学校总会来次模拟考，藉着模拟考的名次，将几位同学

"下放"到后段班去。每到这时，面对未知的命运，班上同学就开始躁动起来。同学与同学之间，见了面常开的玩笑就是："下学期，在X班见了!"师长们也常在讲堂上强调，如果不认真上进，一旦被分到后段班去，人生就"前途无亮"了。

就是因着这样不知不觉被灌输的观念，前段班与后段班的学生就好像活在不同的两个世界一样，彼此之间不但不能互相了解，甚至也没有沟通的管道。许多我小时候的玩伴，就在这样的分野下，渐渐变成平行的两条线，见了面除了局促地打个招呼外，再也没有任何交流的机会。

那时，班级整洁秩序比赛是老师与同学们都认为重要的事情，如果一个星期没有拿到全年级冠军，那个礼拜老师将给我们的处罚，已不是水深火热可以形容的。班上被分配到的，刚好是打扫洗手间的区域。一次，我看见班上一个功课很好的女生和一个后段班的女孩在洗手台前吵了起来。当服务股长的我过去一问，原来那个女孩不知道我们班已完成了清洁工作，还在洗手台上洗拖把。我告诉那女孩情况，请她以后用大水桶洗拖把，那个女孩道着歉，静静地离去。而我同学看了一眼女孩的背影后，对着我说："没水准就是没水准!"

孟子说："如果那些品德修养良好的人厌弃那些不良品性的人，而那些有才华能力的人也厌弃那些尚未展现他才华能力的人，那么贤良的人与那些尚未步入正轨的人之间的差距，就微小到不能以寸去测量了。"我衷心希望我那个现在已经执起教鞭并且为人妻母的同学，早已跳脱出那个以成绩来衡量一个人价值的观念了。

博学而详说之，将以反说约也。

——《离娄下》

学习涉猎的范围广博，并且能够加以详细的说明，进而达到提炼出精华的地步。

人为何要接受教育？经由教育，人想要从中学到什么？教育对人的生命有什么意义？

　　传统升学主义填鸭式的教育，将整个国家导向一个以功利为取向的大环境，一个人接受教育只是为了能在社会上得到一个较具优势的地位，享有较为丰厚的物质。然而，在物质的享受远超过个人基本需求的现代，灵魂却发出饥渴的哀鸣。远离了生活经验，以知识为取向的填鸭教育，已将人们导向一条麻木、没有目标、心灵空虚的不归路，而那些社会新闻事件中高知识低 EQ 的主角，就是功利主义填鸭式教育氛围下的殉葬者。在这条驱往功利的社会卡位战中，人们看不到未来，更看不到生命的价值。

　　于是，停下来，重新思考生命的意义，为后代子孙们找寻一条灵魂的出路，就是当前刻不容缓的课题。终于，在一片教改的声浪中，前省教育厅在 1997 年底开始实施了中等学校生命教育计划，而教育部门也在 2000 年二月宣布设立"生命教育专案小组"，将 2001 年定为"生命教育年"，希望能将生命教育的理念逐步纳入由小学至大学的十六年学校教育体系中，让这个教育理念能够获得一贯化、完整化、全程化的体现。生命教育的目的，是为了保存延续生命，并且启发生命的智慧、深化生命的价值及学生反省的能力，以整合知情意为目标。希望经由为学生创造出的尊重生命与热爱生命的学习环境，让学生能在学习的过程中，将学习所感内化为面对实际生命经验的智慧。

　　生、老、病、死不只是佛家所说的苦，更是所有生命必经的历程。如何带着智慧与热情去面对这些人生之必经，比起能够将知识装入脑袋来得重要许多。当我们认定了教育的目标是为了服务这趟美妙的生命之旅时，所有教学与学习都可以归结于同一个目标，那就是学习——生命的智慧。

　　以友天下之善士为未足，又尚论古之人。

——《万章下》

和天底下的优秀之人结交仍然感觉不够，又上溯去谈论古代的人物。

唐朝的陈子昂在登上幽州台时，写下了这样的字句：

前不见古人，后不见来者；

念天地之悠悠，独怆然而涕下。

一千三百多年后的我们，咀嚼着这样的字句，还是难免尝到独立于悠久渺茫、无穷无尽的宇宙前那卑微渺小的悲伤。

从我们离开母亲的子宫，呱呱落地的那一刻，就注定了"无所逃于天地间"的孤寂。降生于斯，我们就注定要活在有限的肉体里，去品尝单独的兴味。在这样唯一而有限的孤寂里，友谊就像是奇迹的花朵，开在生命的旅途里，成为一路上缤纷灿烂的风景。

志同道合的人，第一次相遇时，那灵魂与灵魂冲撞激发的光芒，是亘古暗夜里最动人心魄的雷电。能够知道有人与我们同样有着对生命的质疑，能够知道有人与我们同样经历着人生的悲欢离合，能够知道有人与我们一样一无所有地孤身面对苍茫的天地，即使只是知道，就已让人感觉到安慰。在一路的孤寂里，一旦得到同行的伴侣，生命就仿佛得到了甘泉的浇灌，得以放心地伸展枝芽与嫩叶。被看到与被知道，往往就是我们继续面对生命的勇气泉源。

当个人的生命感受超过现阶段灵魂能够承受的极限，当个体已开始寻找人生的真谛而沉潜入自己生命的幽谷时，阅读，就是灵魂的救赎。面对阅读古人的文字，使我们能够汲取古人经过挑战淬炼的智慧，藉着阅读古人，我们就打破时空的阻隔，与古人的灵魂，静静地交流。

虽有天下易生之物也，一日暴之，十日寒之，未有能生者也。

—— 《告子上》

即使是天底下最容易种植成长的植物，将它曝晒一天，再冻它十天，也没有能够顺利生长的。

学习是一条永无止境的道路。当我们种下一颗学习的种子后，如果没有持之以恒地浇灌，这颗种子即使发了芽，最后也难逃枯萎的命运。

许多人对于自己的需求并没有真诚地去探索，只是人云亦云地跟随着众人的脚步，穿着不合脚的鞋，在人群中跌跌撞撞后，又自怨自艾自己的不幸，却不知道，当你对于目标并没有真正的兴趣时，从跨出第一步那刻起，就导致了最终的失败。只有当你对于所学的事物或即将来临的目标真正地渴求时，你才有足够的精力去坚持那似乎看不见终点的学习之路。而唯有在你不断努力浇灌下，你的学习才可能结出美丽的果实。一曝十寒，永远只是白废气力、徒劳无功而已。

有句话说："努力的人不一定会成功，但成功的人一定要有过人的努力。"每个人眼中的成功不同，为了达到成功所费的努力也不相同，然而，想要达到目标，不断地经营努力却是必要的元素。世间没有不劳而获的事情，却有许多守株待兔的宋人。每个人都知道缘木求鱼的愚蠢，却在许多无意识的片刻迷失掉自我，而做出明知与目标相违背的事情。

要学习一件事，就要立下目标与计划，按着计划持续地进行。情感的经营也是如此。只要是人都有情感的需求，在亲密关系中，最怕一种理所当然的需索。情感也是需要细心呵护、小心培养的。家人、情人、朋友之间的情感，若在一种理所当然的任性中不断地消磨，再真诚美好的情谊也只能破灭。因此，在这条永无止境的学习之路上，持续不断地努力，就是达到目标唯一的方式。

今夫弈之为数，小数也。不专心致志，则不得也。

——《告子上》

下棋这件事，本来只是一种小技术。如果不全心全意专心学习，也不能学到家。

弈秋是全国最高段的下棋高手。让他来教两个人下棋，其中一个学生能够全心全意专心学习，只听弈秋的教导。另一个人虽然也在场听课，心里却想着一只天鹅即将飞来，要拉弓箭去射击它。虽然两个人一起学棋艺，第二个人却远比不上第一个人，难道是因为他的聪明才智比不上人家吗？答案是不辩而明的，两个人学习成绩的高下，只是因为学习态度的不同。

学生时代上课时，我往往突然想到了当时困扰着的问题，就忘记台上老师的存在而神游太虚去了。读着一本书时，我也常突然想到了其他的事情，思绪就飞离了当时的阅读。或者，和某人谈话时，却想起了另一个人，对于眼前的人视而不见，对他所说的话语充耳不闻。事后，当我试图要捕捉当时那片刻的记忆时，却只有脑海里模模糊糊无法辨识的一片。这样的学习态度，呈现在考试的表现，就是令人触目惊心的成绩了。

任何一种学习，如果无法专心致志，学习的成果就容易打折扣。因此，找出自己学习的方式，营造出适合的学习环境，是很重要的事情。经由多次的教训后，我终于懂得了"把握当下"的重要性。每一个片刻都是独一无二的，每一个片刻也都是稍纵即逝的。如果在当时的情境里不能够真正融入去学习，事后才想要补救，只是时间上双倍的浪掷。

因此，当你读着一本书时，请全心全意去阅读，用着好像这辈子再也无法读它的热情去读。当你听着一堂课之际，也请全心全意去倾听，就好像这是最后一堂课。而当你与任何一个人相处时，请全心全意去感受这个人，就好像这是最后一次的相聚。这样，生命的强度就会穿透你，而你的每一个片刻都将是无与伦比、不可替代的精彩。

羿之教人射，必志于彀，学者亦必志于彀。大匠诲人，必以规矩，学者亦必以规矩。

——《告子上》

从前羿教人射箭，一定拉满弓，要求学子也一定拉满弓。有名的木工教人，必定有规则，学子也必定依循规则。

晋代的卫铄是书法史上杰出的书法家，人称卫夫人，嫁给太守李矩为妻。她出身于书法世家，父兄都是著名的书法家，在耳濡目染之下，书技精湛。卫夫人擅隶楷，在《书断》中说她"隶书尤善，规矩钟公。"所谓钟公，指的是钟繇，是魏时最好的书法家。卫夫人从钟繇为师，后来，王羲之又从卫夫人为师，卫夫人的书法地位是不可忽视的。

另外，她也有著名的《笔阵图》，她提出"多力丰筋"，她认为"善笔力者多骨，不善笔力者多肉，多骨微肉者，谓之筋书；多肉微骨者，谓之墨猪。多力丰筋者甚，无力无筋者病……"《笔阵图》中还论述了执笔、用笔的方法，列出七独基本笔画的写法，这些见解对后代的书法绘画艺术都产生了很大的影响。

教亦多术矣。予不屑之教诲也者，是亦教诲之而已矣！

——《告子下》

教育方式是多元的，我不屑去教导他，也算是一种教诲呢！

电影《春风化雨》是描述发生在英国小镇一所传统中学的故事。基廷先生回到母校威灵顿中学教授英国文学。基廷先生是一个充满教学热忱，对生命怀有梦想的老师，以自由而富于创造力的教学方式开拓学生的生命视野，他教导学生认识诗歌、认识文学。

基廷先生的口头禅是"把握今日，创造自己的人生"。这段话激起许多学生对自己的盼望。他让学生站在讲台上，以不同的角度观察世界；带学生到中庭步行，学习如何不跟随别人的脚步，找到属于自己的步伐。基廷先生的到来，带给这所具有所谓优良传统、高升学率以及严格纪律的古老学校一个巨大的冲击。

一群年轻的学生建立了"古诗人社"，他们在山洞里读诗、论事、发表创作；而其中一位名叫尼尔的孩子，在父亲的要求下进入威灵顿中学，目标是当一名医师，不过，他对戏剧的热爱却让父亲震怒，尼尔在痛苦之余选择了举枪自尽，结束自己十七岁的年轻生命。

尼尔的自杀震惊了整个学校，校方要找出唆使者负责。于是，基廷先生成了众矢之的，"古诗人社"遭到调查，孩子们被迫签字，将矛头指向基廷先生，要他为此事负责，于是，基廷黯然离开了学校。

在基廷离开教室的那一刻，学生们站上课桌，说"Oh! Captain! My Captain!"向带领他们驶向生命之旅的精神导师，致上最崇高的敬意。

挟贵而问，挟贤而问，挟长而问，挟有勋劳而问，挟故而问，皆所不答也。

——《尽心上》

倚仗着自己的权势来发问，倚仗着自己的才能来发问，倚仗着自己的年纪来发问，倚仗着自己的功勋来发问，倚仗着自己的交情来发问，都是我所不回答的。

达摩祖师自印度来中国，将禅宗东传，他的衣钵弟子便是慧可，神光慧可翻山越岭到达少林寺，想要拜谒达摩祖师请求开示。当时，达摩祖师在山洞内闭关，面壁静坐，对他毫不理会，于是慧可便在洞外伫候，那时正值寒冬，大雪纷飞，山中一片雪白，连走过的足迹都马上被雪覆盖。慧可站在洞外，不一会儿，雪深已经达膝，祖师依然没有动静。慧可不耐久寒，跪倒在雪地之中，白雪覆盖了他的身体。

到了第二日早上，风雪稍息，达摩看见他还在洞外，是诚心求法，便开口问他："你久跪雪中，所求何事？"

慧可说："唯愿和尚开甘露门，广渡群品。"

达摩回答："佛是无上妙道，要难行能行，要难忍能忍。如果做不到，只能说是轻心慢心，说要求法，只是徒劳勤苦而已。"慧可听到这里，便拿刀断了自己的右臂。

达摩说："诸佛求道为法而忘形，你今断臂，求又何在？"

慧可答道："弟子心未安，请祖师为我安心！"

达摩喝道："把心拿来，我为你安心！"

慧可愕然说："我找不到心呀！"

达摩笑说："心，我已经为你安好了。"

神光慧可豁然大悟。

孟子曰："君子深造之以道，欲其自得之也。自得之，则居之安；居之安，则资之深；资之深，则取之左右逢其原，故君子欲其自得之也。"

——《孟子·离娄下》

孟子说："君子遵循正确的方法来加深造诣，是希望自己有所领悟。自己有所领悟，掌握得就比较牢固；掌握得比较牢固，就能够积累深厚；积累得深厚，用起来就能够取之不尽，左右逢源。所以，君子总是希望自己有所收获。"这段话是说学习不仅要靠用功，还要透过自己的体会和领悟去掌握真知。

"自得"，简单的理解就是自己有所领悟，是中国古代哲人们的一种独特的思想方法。它不依赖于外在的传授，不人云亦云，而是以自己的独到体验，从自然和人生中"自得"出人生的哲理。

"自得"思想在中国有着深远的渊源。《庄子·外篇·知北游第二十二》中就有："夫体道者，天下之君子所系焉。"意思是体悟大道的人，天下一切有道德修养的人都将归附于他。魏晋著名玄学家郭象曾为这句话作注，认为"至道"不是语言概念所可得，只有主体的亲自体验即"自得"才能真正"体道"。这便是"自得"思想的萌芽。

及至孟子，他在此明确提出了"自得"的概念。他此处所说的"道"，指的是所凭借的正确方法；而"自得"则指自己有所领悟，自然而然地得之于己心。对于"自得"，后世玄学、理学等不同的思想流派也在不断地强调并丰富着其内涵。比如明代著名理学家陈献章谈到读书与为学的关系时便曾叹曰："夫学贵自得也。自得之，然后博之以载籍。"

古往今来，许多有成就的人都重视"自得"，圣贤孔子就是其中之一。孔子曾向师襄子学琴，一首曲子学了好长时间，可孔子还是反复练习。师襄子多次告诉孔子，说他已经弹得很好了。可以学些新曲子了。但孔子却依然认真地反复弹奏，他要么说自己还没熟练掌握弹琴的要领，要么说还没领会乐曲的内涵，要么说还没体会作曲者的志趣为人。一段时间之后，孔子终于说道："我体会到作曲者是什么样的人了，他肤色黝黑，身材高大，目光深邃，心系苍生，胸怀天下，除了周文王还能是谁呢？"师襄子听后，赶紧离座向孔子拜了两拜，说："我的老师也认为这正是《文王操》啊！"

像孔子这样的人都如此好学，重视"自得"，我们又有什么理由不去这样做呢？

孟子曰："博学而详说之，将以反说约也。"

——《孟子·离娄下》

孟子说："广博地学习，详尽地解说，目的在于融会贯通后归于简约。"孟子这句话强调的是一种驾驭知识的能力。

在读书学习方面，孟子有不少精彩的论述，"博学而详说之，将以反说约也"就是其中之一。

孟子这句话告诉人们，读书学习首先要广博地学习，详尽地阐述，从而打下扎实的基础。但读书学习又不仅止于此，其最终的目的是将掌握的这些知识融会贯通，抓住问题的关键，然后深入浅出地表达出来，从而达到运用自如的境界。这句话后来渐渐演变为成语"由博返约"，成为历来指导人们学习的方法之一。

其实，除了孟子，孔子也曾就"博"与"约"进行过论述。他说学习应当"多问""每事问""无常师"，以拓宽自己的知识面。要做到知识面广但不能杂乱无章，必须有一个中心加以统帅，也就是："君子博学于文，约之以礼，亦可以弗畔矣夫。"（《论语·雍也第六》）意思是君子要广泛地学习一切知识，并且用礼来约束自己，这样就可以不背离君子之道了。朱熹曾对此评注道："君子学欲其博，故于文无不考；守欲其要，故其动必以礼。"孔子所强调的"博学于文"自不必说，"约之以礼"的"礼"便是"其要"，便是孔门弟子治学和修身所应把握的重点。

再来看孟子的由博返约，它强调的是一种驾驭知识的能力。假如我们不能做到这一点，即使掌握了再多的知识，也只能是一堆死知识，渐渐烂在肚子里。即便是有机会向别人滔滔不绝地炫耀，那也只能是令听者昏昏，保不准对方还会送上一句："你不说我还明白，你越说我越糊涂。"而只有真正地深入钻研所学知识，层层抽丝剥茧，掌握其简明精要之处，才能做到深入浅出，做到真正地为我所用。

梓匠轮舆能与人规矩，不能使人巧。

——《尽心下》

木工以及轮舆工只能将制作的方式传授给别人，却没办法保证别人一定能技巧高超。

"物质丰富了，灵魂失落了，上帝死了，一切解构了。"这是后现代主义的基本观点，许多古典的传统与价值，在后现代主义的立场下失去意义。后现代是现代的极度延伸，它强调不必去掌握什么，因为生命是不可捉摸的，过去所谓的精神、意义、本质、深度都是空泛虚无的。西方许多艺术家为后现代主义提出作品，例如莱莉·华洽特、卡洛·玛丽·马利亚尼、雷斯·克林姆斯等人，艺术家们利用科技、绘画、雕塑等综合素材，产生自己的美学观点，不管后现代艺术的评价如何，它都引导西方目前艺术家们的思维。

我们的艺术家们也承袭了这样的潮流，奇异的媒材、耸动的言语、离经叛道的举止，乍看之下，这群艺术家似乎也是富于思想、充满创造力、对社会环境有话要说的，但是，细细观察后不难发现，我们的艺术家经常移植国外的美学思想，或者观点，或者形式，比如把布条包裹椅子在国外已经有艺术家做过了，他的意图是呼吁人们重视内心的需求，一个人最大的困境在于自己束缚自己，如果，国内的艺术工作者又做了一样的事，那么，又有什么样的意义呢？也许，我们的艺术家，该为自己，走出一条路来。

　　山径之蹊间，介然用之而成路，为间不用，则茅塞之矣！

　　　　　　　　　　　　　　　　　　　　　　——《尽心下》

山坡上的小径虽窄，经常走过就能变成一条路；如果不去走它，就会被茅草堵塞住。

战国时期，有一位读书人名叫高子，他听说齐都的孟子很有学问，于是，便前往齐都向孟子拜师求教。于是，孟子便将高子收为学生，并且对他讲授关于儒家的学说。过了一段时间，高子对其他的事物发生兴趣，开始在孟子讲授课程时显得很不用心。

孟子发现这个情形，便对高子说："布满茅草的山坡小路，虽然狭窄，如果人们经常走来走去，小路就会被踏宽，变成一条大道，但是，如果不去走它，茅草很快会长满小路，并将山路堵塞，一切的努力都会白费工夫。"

高子听到老师这番话，有点似懂非懂。接着，孟子说道："也许现在茅草已把你的心给堵塞住了吧！"高子听到这里，终于明白孟子的意思，感到不好意思，他发现自己的学习方式不对。于是下定决心努力学习。

故说诗者，不以文害辞，不以辞害志。以意逆志，是为得之。

——《孟子·万章上》

解说诗的人不因为个别文字而误解词句的意思，不因为个别词句而歪曲诗的本意。要用自己的体会揣度诗人的本意，这样才对。这句话论述了孟子关于读书要知人论世的主张。

在孟子的治学主张中，有一个著名的观点叫"知人论世"。它源于孟子的一句话："颂其诗，读其书，不知其人，可乎？是以论其世也，是尚友也。"（《孟子·万章下》）这句话是说，如果对古人的作品进行吟诵和研读，需要了解古人的为人，需要研究他们所处的时代。"故说诗者不以文害辞，不以辞害志。以意逆志，是为得之。"这句话论述的同样是"知人论世"的观点。

"知人"，就是了解作者的生平、人生经历、心路历程等，我们了解得越透彻，就越能深入地走进作者的心；"论世"，就是要了解作者所处的社会环境、自然环境等，只有这样，我们才能更好地理解作者寄托于作品中的思想情感，读出作品背后的意义。孟子此处说得更为细致，"不以文害辞，不以辞害志。以意逆志"，一字一句都要符合作者的本意，还要站在作者的立场上，用自己的体会去揣度作者的本意。

清代章学诚曾说："不知古人之世，不可妄论古人文辞也。知其世矣，不知古人之身处，亦不可以遽论其文也。"说的也是同样的道理。我们掌握了这一原则，将有助于更好地理解古人及其作品。比如孟子给他的弟子咸丘蒙举例说："《诗经》里有一首诗，描写周朝时曾旱灾严重，老百姓死了不少。诗人说：'周馀黎民，靡有孑遗。'如果照字句表面的意思理解，就是没有一个人活下来，然而事实并非如此。"孟子以此教育弟子不要断章取义，割裂个别字句来曲解本意。再如，李白《秋浦歌》中有"白发三千丈"一句，我们用"以意逆志"的方法读后，知道这是夸张的修辞，用来表现诗人内心的愁绪，所以绝不会想到拿尺子去量那"三千丈的白发"。

直到今天，我们在对一些文学作品进行解读时，孟子的这一观点仍具有重要的指导意义。

求则得之，舍则失之。

——《孟子·告子上》

一经探求就会得到它，一旦放弃就会失去它。这句话强调要重视实际行动。

这句话是孟子在解答弟子公都子关于"性善"的问题时所说。

我们知道，孟子主张"性善"，但他的弟子公都子却对这一观点提出了疑问。公都子首先引出告子的观点："性无善无不善。"意思是人的本性无所谓善与不善。接着，公都子又举出另外两种观点：一是有人说"性可以为善，可以为不善"，意思是人的本性可以让它善，也可以让它不善；二是有人说"有性善，有性不善"，意思是有本性善良的，有本性不善良的。在列举了这三种常见的观点后，公都子便向老师提出了疑问："您说人本性是善良的，那么这些说法都是不对的吗？"

孟子针对弟子的这一提问，说了自己的看法。他认为，人不仅性本善，就连仁、义、礼、智这四种道德品质也都是人们本身就有的，只不过我们平时没有去想它，所以没有察觉罢了。只要我们去探求就会得到它们，一旦放弃就会失去它们，即"求则得之，舍得失之"。

这之后，在《孟子·尽心上》中，孟子又提道："求则得之，舍则失之，是求有益于得也，求在我者也。"在《孟子·告子上》中，他又说："思则得之，不思则不得也。"这些都是对这一看法的重申和强调。

其实，在孟子之前，孔子也说过类似的话，而且这话还被孟子引用过，那就是"操则存，舍则亡"句，意思是抓住了就存在，放弃了就失去。在孟子之后，荀子也表达过这样的意思，"道虽迩，不行不至；事虽小，不为不成"，意思是路程虽近，不走就达不到目的地；事情虽小，不做就成功不了。无论是孔子、孟子，还是荀子，他们都表达了一个意思，那就是面对一件事物，一定要发挥自己的主观能动性，付诸行动，尽力去完成。

孟子曰："富岁，子弟多赖；凶岁，子弟多暴，非天之降才尔殊也，其所以陷溺其心者然也。"

——《孟子·告子上》

孟子说："丰收年成，少年子弟多半懒惰；灾荒年成，少年子弟多半暴力。不是他们天生资质不同，而是由于外部环境使他们的心变坏了的结果。"这段话强调的是教育环境对人的影响。

之前，我们已经提到过环境对人的影响作用，即"一齐人傅之，众楚人咻之，虽日挞而求其齐也，不可得矣"。现在，我们再来讲教育环境对人的影响。

孟子虽然相信"性善"，但也没有忽视后天环境对人性情的改变，所以才有"富岁，子弟多赖；凶岁，子弟多暴。非天之降才尔殊也，其所以陷溺其心者然也"

这样一番话。孟子认为，当人们生活在富足的环境时，容易养成懒惰的性格；当生活在灾荒年代时，容易养成横暴的性格。孟子以种植大麦为例，当人们将同样的大麦种子撒进地里，如果土地的贫瘠相同，播种时间相同，各人便会收成一样。如果土地有贫有瘠，雨露滋养有多有少，人们辛勤劳作的程度有好有坏，收成便会有差异。

其实，抛开这些例子，孟子自身的经历更能说明教育环境对人的影响。孟子小时候非常调皮，孟母为了让他接受好的教育，颇费了些心思。母子二人起初住在墓地旁，时间长了，孟子便每天和邻居小孩一起玩办理丧事的游戏。孟母觉得这个地方不适合孩子居住，就带着孟子搬到了市集旁。在这里，孟子又和邻居小孩学起商人做生意的样子。孟母觉得这个地方也不适合孩子居住，于是又把家搬到了学校附近。从此，孟子开始变得守秩序、懂礼貌、喜欢读书了。这就是"孟母三迁"的故事。也许正因孟子有这样的切身体会，他才如此看重教育环境对人的影响。

对于我们来说，身处好环境中时，要善加利用；身处不好的环境中时，更要勤奋刻苦，努力消除不良环境对自己的影响。所以，不管好的环境还是不好的环境，我们都应该努力奋斗，而不要像孟子所说的那样，于"富岁"时"赖"，于"凶岁"时"暴"。

人之有德慧术知者，恒存乎疢疾。独孤臣孽子，其操心也危，其虑患也深，故达。

——《尽心上》

人之所以有道德、智慧、本领、知识，经常是由于他的处境艰困，唯有那些孤老遗臣、庶孽之子，经常警惕考虑深刻，所以能通达事理。

中国有一个相当感人的故事"赵氏孤儿"，内容描述晋灵公时，屠岸贾与赵盾不和，便设计陷害赵盾，于是，赵家被满门抄斩，只有驸马赵朔与公主幸免。不过屠岸贾却计骗赵朔自杀，公主在生下一子后也自缢而死。程婴为了救赵氏遗孤，就以自己的小孩来调包，他虽然救了赵氏孤儿，却牺牲了自己的小孩。

屠岸贾将程婴收作门客，也不知情地将赵氏孤儿收作义子。二十年之后，孤儿长大成人，将屠岸贾当作父亲敬重。不过，程婴见时机成熟，便将二十年前仇人屠岸贾如何设计赵家，残害他父母的事全告诉孤儿，孤儿悲愤不已，立志要为父母报仇，并开始等待时机。

而后晋悼公继位，因见屠岸贾坐拥兵权而感到不满，于是，便命赵氏孤儿暗中搜集罪证以捉拿屠岸贾，处以酷刑。赵氏孤儿也将自己的名字改回了赵武。

孔子登东山而小鲁，登泰山而小天下。故观于海者难为水，游于圣人之门者难为言。

——《尽心上》

当孔子登上东山，便觉得鲁国渺小，登上泰山便觉得天下渺小。所以，对于看过海洋的人，其他湖池便不足为奇，对于在圣贤门下学习的人，其他小议论便不足为奇。

有人说江南是"多山多水多才俊"，而北方则是"一山一水一圣人"。而这一山，指的便是五岳之首泰山。泰山在圣人孔子的心目中是无比崇高的。《礼记·檀弓》中说："孔子在去世前几日感叹：'泰山将要倒了，屋梁将要断了，而圣人将要死了。'唱完后回到房中，坐在屋内，七天之后便去世了。"

自古就有访名山大川的风气，许多名人雅士都乐于游山近水，泰山势高望远，作为五岳之首是实至名归的。不过，最重要的是，孔子最初登泰山时，发出傲视古今的历史胸怀，使得泰山成为文人自我提升的象征地，而这种登高望远的历史沉思之感，使得中国文人从内心崇仰泰山。

流水之为物也，不盈科不行；君子之志于道也，不成章不达。

———《尽心上》

水流的特性是不把低洼处填满，便不再往前流，君子立志于道，没有一定的成就也就不能算是通达。

钟理和是一位著名小说作家，他出生在非一个极不平凡的家庭，家里拥有大片土地，是十分富裕的大家族。他十九岁的时候，钟家在美浓买下大片山地，经营农场，他被派到农场督工时，与同姓女工相恋、结婚，但是遭到家里强烈的反对。

夫妻俩于是前往沈阳，直到抗日战争结束，全家迁回台湾。不论在现实、经济和心理上，钟理和都面临了极大的困难，他却毅然进入写作之路。回台湾之后，他又立刻进入一段漫长的和病魔抗战的日子。长期的结核病使他无法出外工作，只能在家养病，但是他依旧靠着瘦弱的身体撑起写作之笔，写下了《笠山农场》这样深刻动人的作品。

1960年，钟理和终止了与病魔交缠的一生，据说在他呕出最后一口鲜血时，仍然拿着笔，不停写作。

有为者，辟若掘井；掘井九轫而不及泉，犹为弃井也。

———《尽心上》

做一件事有如挖一口井，挖掘到六七丈的时候，仍看不见泉水，它就只能算是一口废井。

有一天，子贡对孔子说："老师，在求学上，我已经感到疲惫，想休息一下，改去服务君王。"孔子对子贡说："服务君王要从早到晚温文恭敬、谨慎小心，事君是很难的事，怎么可以算是休息？"

子贡说："那我想回家去事亲，可以稍微休息一下。"孔子又说："事亲要和颜悦色、服侍尽切，是很难的事，怎么可以算是休息呢？"子贡低头想了一下，说："那我回家与妻子相处，应该可以好好休息了吧。"孔子微笑说："必须先在妻子面前树立典范，之后影响兄弟，扩展到国家。与妻子相处是很难的，怎么可以说是休息呢？"

"那么我想休息，可以空出时间与朋友多相聚。"子贡又说。

孔子回答："你应该知道，与朋友相处也是一件很难的事，怎么可以算是休息呢？"子贡有点困窘，便说："那我回家去种田算了。"孔子笑着说："白天你得去割草，晚上你得搓索。要花时间用茅草来盖屋，然后要播种施肥。耕种可不能说是休息啊！"

"那么难道我们就没办法休息了吗？"子贡问。

孔子说："等你看见自己的坟墓，那高高垄起、圆而上尖的时候，你就真的可以休息了。"子贡微笑说："死亡真是一件隆重的事啊！君子在此可以放下他的重任休息，而小人也在此终止他的生命。"

君子之所以教者五：有如时雨化之者，有成德者，有达财者，有答问者，有私淑艾者。

——《尽心上》

君子主张的教育方式有五种：有如及时雨那样灌溉万物，有成全品德者，有培养才能者，有解答疑问者，还有以风流余韵为后人所模仿学习者。

晋代的竹林七贤，是中国历史上有名的放浪不羁的人物，他们分别是：阮籍、嵇康、山涛、刘伶、阮咸、向秀和王戎，这七个人经常在竹林下酒酣耳热，而这其中最著名的酒徒，便是刘伶。

据说刘伶随身带着一壶酒，乘着小鹿，一边走，一边喝酒，一个小厮拿着铲子跟随在后，看他什么时候死了好就地掩埋。阮咸爱酒更是夸张，他每次与大家一起喝酒，都是以大脸盆来装酒，大伙儿坐在脸盆四周，用手捧酒喝。有猪狗来喝酒，非但不把它们赶走，阮咸还凑上去和猪狗一块儿喝。

竹林七贤惊世骇俗的行为，充分反映了晋代时期文人的心情，因为社会动荡不安，权贵们个个飞扬跋扈，统治者对人民更是迫害有加，读书人只好借酒浇愁，酒后狂言不羁以排泄苦闷。竹林七贤中还有著名的阮籍、嵇康，他们潇洒奇异的风范、狂狷浪漫的行为，也被后世传为美谈。

学问之道无他，求其放心而已矣。

——《孟子·告子上》

学问之道没有什么，不过就是把那失去了的本心找回来罢了。孟子认为学问的根本就在于"求其放心"。

要理解这句话，我们首先要明白这里的"学问"和"心"各指什么。我们知道，儒家将一个人的修身养性视为最重要的"学问"。因为在他们看来，学问之道就是做人之道，加强伦理道德的修养才是教育和学习的根本目的。所以，此处的"学问"更多的是指孟子的人格修养论，而不仅仅是我们现在所理解的客观知识。

至于"心"，它是孟子学说中的一个重要概念。在《孟子》一书中，除去人名中所包含的"心"字，全书共出现过一百多次。它有时指良心、本心，有时指恻隐之心、羞恶之心等。至于此处的"心"指的是什么呢？孟子在说，"学问之道无他，求其放心而已矣"这句话时，曾先说了这样一句："仁，人心也；义，人路也。"意思是仁是人的本心，义是人的大道。前后联系，我们可以知道，这个"心"指的是本心，是人本性善的"善"心。

但孟子认为，一个人如果不按"仁"和"义"的标准行事，是十分可悲的，即随后他说的"舍其路而弗由，放其心而不知求，哀哉"，意思是放弃了大道不走，失去了本心而不知道寻求，那将是一件很悲哀的事情。而且，孟子以发生在人们身边的小事打比方，说有的人鸡狗丢失了倒晓得找回来，本心失去了却不知道寻求。这未免太不懂得孰轻孰重了吧，这样的人可怎么做"学问"啊？别急，孟子不光提出了存在的问题，还给出了解决的良方。他以轻松的口吻说道："学问之道无他，求其放心而已矣。"学问之道没有什么，最重要的是要把失去了的本心找回来。由此，孟子将自己的观点自然而然地引了出来。

"求其放心"是孟子的"学问之道"，它同样可以成为我们的学问之道、学习之道，那就是找回自己的散逸之心，这是一切学习的开始，然后我们心无旁骛，专心学习。

知者无不知也，当务之为急。

——《尽心》上

生命的智慧是不可穷尽，也无法穷尽的。所以，对于我们的生活而言，所谓生存的智慧常常体现在我们能否具体地从一个个执迷中解脱出来。

佛家在弘扬教义时，曾有如下一则故事：某高僧在某地讲经，一位愁容满面的时运不济者在列数了自己一系列的不幸遭遇后，向这位高僧求教："如何才能时来运转？"高僧于是让求教者写下所谓时来运转具体指的是什么。经过一番沉思后，这个人列出了一张"清单"：财富、健康、娇妻美妾、高官厚禄……高僧看完，淡淡地对他说："你漏掉了最重要的也是你最急需的东西，这个东西，就是你内心必须有的智慧。"

智慧之于成功之所以是最重要也是最急需的东西，我想那是因为，智慧的观照能使我们走出诸多的迷误。譬如，我们总是以为自己的运气不好，但"运气"是什么，却往往不愿多想，因此执迷不悟，从而使我们永远与成功无缘。其实，许多人自以为怀才不遇。恰恰是因为缺少这种智慧。于是有一天机遇来了，有一件重要的工作轮到你，却发现自己不能早起，或者无法戒酒，或者专长不符，或者身体太坏。为什么不早一点锻炼身体、追求知识？也许早有人劝过你，可你却说："那有什么用啊！"是的，也许有用，也许无用，事先的确很难预料，得走下去才知道。我们只有一面走着，一面准备着，才会在某一天重担当前有力气一肩挑起。

谚语说："如果成功是一把梯子，运气是梯子两边的直柱，才能便是中间的横档。"这正是那些怀才不遇者急需明白的道理。

于所厚者薄，则无所不薄也。

——《尽心》上

人生活动中最易有这种迷误：本来应厚待的人或事，我们却薄待了；反之，本来应薄待的人或事，我们却厚待有加。这种迷误当属对人生智慧的无视。佛家之所以把智慧列为人生修行至关重要的功课，就在于佛家的确看到了智慧对于生命目标之顺利实现的重要性。

《大正藏·贤愚经》记载：一位名叫毗舍离的姑娘，虽贫贱但聪慧过人。一天，许多伙伴都去路边的果树上摘果子吃，唯有她站着不动。一位国王的使者见了就问："大家都去摘果子吃，你为什么不去？"姑娘答道："这果树长在路边，却有那么多熟透的果子，这表明这果子一定不好吃！"她刚说完，那些摘果子的人果然就"呸呸"地吐个不停，这果子果然又苦又涩。她因此被国王的使者看中，开始了自己不再贫贱的人生。

我们也正是因为具有这样的人生智慧，才使自己的生命有意义的。有了这种生存的智慧，人生才不会为种种痛苦和欢乐所折磨。高朋满座，不会昏眩；曲终人散，不会孤寂；成功，不会欣喜若狂；失败，不会心灰意冷。所以，一位哲人深深地祈祷："把尘世的礼物堆积在愚人的脚下，只求赐给我智慧的心灵！"

在生活中，我们固然可以薄待甚至鄙弃许多东西，但倘若我们薄待甚至丢弃了生命中的智慧，那么，我们的人生就肯定是贫乏而不幸的。

恭敬者，币之未将者也。

——《尽心》上

正如真正的恭敬之心，是在致送礼物之前就具备的那样，真正的人生智慧，也是表现在思而后行的。故西谚称："不要把时间花在你会后悔的事情上。"

有一则西方典故形象生动地说明了这一点：有一做水产生意的老板运了一船鲜蚌在海上航行，阻于风浪，误了归期，满船蚌肉都腐烂了。老板见血本全部损失，急得要跳海自杀。船长劝他："等一等，也许你还剩下什么东西。"于是，船长率领水手清理船舱，果然从满船腐烂的蚌肉中找出了一粒硕大无比的珍珠。因为砂粒在蚌肉中，蚌把砂粒变成了这颗珍珠，而它的价值足以弥补货价运费而有余。船长之所以能救这老板一命，正由于他有"思而后行"的生命睿智。

当然，即便是思而后行，也不可能永远成功，因为"智者千虑，尚有一失"。但面对着失败，我们依然需要"思而后行"的生命智慧：它可以使我们不至于心灰意冷甚至绝望；它可以使我们不至于跌入到自责的痛苦之中，而是能宽容和谅解自己。一旦有这样一份智者的觉悟，我们就可以在重新选择的行动中获得成功。

生命总是存在着一种不断行动的冲创力的。可以这样说，一流的智慧和一流的冲创力的合流，可造就辉煌灿烂的人生；一流的智慧和二流的冲创力的合流，则导致明哲清澈但却缺乏进取的人生；二流的智慧和一流的冲创力合流，则会导致冲动、贪婪的人生。

在我们生命的冲创力面前，智慧不仅是重要的，而且必须是居先的。

　　恶似而非者：恶莠，恐其乱苗也；恶佞，恐其乱义也。

——《尽心》下

　　人生中似是而非的东西实在是很多的。因此，善于区分似是而非的人生现象，正是人生存的一大智慧。

　　孤独与无聊就是现代人常常区分不了的两种似是而非的存在。在我们的生活中，那些无所作为的自卑情绪，那些厌世绝望的哀怨，那些因失意而滋生的忧伤，那些因嫉妒别人的成功而不能自拔的惆怅，那些一味地追求虚荣却又不得意的颓废，以及那些孤芳自傲不可一世的清高等，均被有意或无意地视为孤独。其实，这是我们认识中一个极大的偏差。人们感情中这些因自卑、烦恼、忧虑、痛苦、失意、恐惧以及自傲而导致的类似孤独的心境，可以用一个词来规范，那就是无聊。无聊从形式上看，类似于孤独的情感，但无聊是灵魂的一种可悲的飘忽和不确定。

　　我们或许可以这样来区分孤独和无聊：孤独是心灵的坚定执着，而无聊则是灵魂的飘忽不安；或者说，孤独是对人生意义的一种确信，而无聊则是对人生价值的无情否定；或者还可以说，孤独是深沉、自信和获得，而无聊则是浅薄、动摇和失落。

　　儒、释、道三家均很强调孤独的人生体验，但同样更强调以"智"来审视人生。我想，正是"智"可使我们辨别那些似是而非的东西。

　　因此，在我们强调孤独对人生的审美意义，强调"人生难得寂寞"时，一定要注意不能让无聊充塞自己的心灵。人生的智慧在此就具体表现为，必须区分自我生命情感中孤独与无聊的界限。只有这样，我们才能在幽远、缄默的深思中体验到生命的真正旨趣。

　　贤者以其昭昭使人昭昭。

——《尽心》下

　　人生中有许多道理是昭然若揭的，但我们却常陷于人性的执迷中而不能懂得。所以，贤者的启迪对人生是很重要的。

　　佛家中流传着这么一个典故。一次，佛祖释迦牟尼想考考他的弟子们，问道："一滴水怎样才能不干涸？"众弟子面面相觑，居然无一人能回答。释迦牟尼佛给出了答案，很简单："把它放入大海中去。"这个典故意味深长。我们都企求自我的实现，但至于如何实现则往往如释迦牟尼佛的弟子们一样，惘然不知所措。其实，正如一滴水只能置于大海中才不会干涸一样，一个自我只有在他人、集体、社会的关系中才能走向自我生命价值的实现。

　　黑格尔以其哲人的睿智和深刻，精辟地分析过自我如何实现的历程。他认为其中必须经历三个发展阶段：第一阶段是单个的自我，只意识到自己的存在，具有狭隘性；第二阶段是承认自我和他人，意识到自己和他人都是真实的存在；第三阶段是集体自我，把自我置身于家庭、乡里、国家之中并形成调整集体与自我关系的道德意识。应该承认黑格尔对自我发展阶段的把握是精当的。对我们人生的成长是有启迪意义的。因此，倘若我们宁愿信奉"人不为己，天诛地灭"的处世之道，而不愿走出自我狭小的天地，那么，这种人生肯定是虚假的。

　　我们要保持生命的独立性和个性，但恰恰是在他人及社会、集体对我们的悦纳中才真正做到这一点的。

从其大体为大人，从其小体为小人。

——《告子》上

古代贤哲向有"读万卷书，行万里路"一说。但我想，这其中却有一个如何选择的问题。那些真正懂得生活旨趣的智者，无一不明白这一道理：看山要看大山，读书要读大书。

看山之所以要看大山，那是因为像泰山、黄山、华山等大山不仅秀丽险峻，而且它本身就是由几十座、几百座小山组合而成的。它包容了许多小山所有的景色，又体现出自己雄浑的气势。大山是山中之山。故我国自古以来就有"五岳归来不看山，黄山归来不看岳"之说。

看书也要看大书。称之为"大书"的那些经典之作，一本抵得上几十本、几百本小书。古代的四书五经就可以称得上这种大书。这类书一经问世，俨然成了中国人日常言行的规范、准则。而且，不同时代的人又可以从这些"大书"中读出不同的意蕴来，所以，古人又有"半部《论语》治天下"的佳话。

我们的生命也有一个追寻以大为贵的问题。这个道理，道家称"贯通大道"，儒家称"从大体"，而佛家称"参大缘"。禅宗里还有"道"只从大拇指之"大"中悟得的传说。六祖惠能就把自己的教法称为"摩诃般若波罗蜜法"。"摩诃"是梵语"大"的意思，"般若"则指"智慧"，"波罗蜜"在梵语中是"从烦恼痛苦中获得解脱"的意思。倘若都能拥有这份生命中的大智慧，我们不是也就拥有禅所宣示的那种适意的人生了吗？

所以，在人生中求大道，求大本原，我们才能立大志，成大事业，从而拥有大适意大洒脱的人生。

心之官则思，思则得之，不思则不得也。

——《告子》上

现代的都市人似乎已愈来愈不需思想，而只需轻松地把自己投掷在五光十色、沸沸扬扬的感觉中。

我们在拥挤不堪的城市里布置起梦幻般的人生舞台，在迷你裙、流行音乐、鲜果汁和侍者的微笑中陶醉，在酒宴的觥筹交错与杯盘狼藉中流连，在娱乐场里嘻嘻哈哈地玩各种时髦的游戏。可是，当我们走出了这些氛围后，却总也摆脱不了一种若有所失的落寞。

其实，除了把自己沉浸于感觉之外，我们还是很需要思想的。生活在很多时候，更需要我们学会思考。正是在思考中，我们才能看到、听到在感觉中看不到听不到的东西。能在平常处寻求趣味，在一般处发掘出意蕴，从而使自己活出真趣来。

理学家把这种思考称为："万物静观皆自得，四时佳兴与人同。"因而，只要用心，无处不能看到美、获得生活的真谛。

我们如果能如理学家说的那样，用心去思考、去凝神观照外部世界，就会发现感觉之外的情趣。譬如现代人即使再忙碌，对喝茶却总是情有独钟的。但许多人只知茶解渴，只有那些会喝茶的人才会用心去品，在凝神之中品出茶的诸多情趣来。林黛玉曾称："一杯为品，二杯则是解渴的蠢物，三杯便是饮牛饮骡了。"所以，用心去品，才能于凝神观照中领略到茶的"轻柔浮云之美"，这不是生活的真趣吗？饮茶如此，世上诸事亦如此。只要我们全身心地跃入人生，多思善思，生命的意义肯定将是异常丰富的。

中华传世藏书

孟 子

《孟子》名言名句

一九五三

心不若人，则不知恶，此之谓不知类也。

——《告子》上

　　某杂志上曾登载一份关于社会各行业一千名成功者心理素质的调查报告，其中有六条，而首推第一条就是"善于平衡自己的心灵"。这一调查结果是意味深长的。我们景仰叱咤风云的成功者并效仿力行，但却常常忽视了成功者心灵深处的东西。

　　现代生活的节奏愈来愈快，现代人承受的压力也愈来愈大。精神和体力，经常超负荷地支出着，如果遇上挫折、遭受委屈，更是令人心力交瘁，随时会有走向崩溃的危险。于是，青少年因缺乏理解而离家出走，升学落榜者因不堪忍受舆论压力而走上绝路，失恋者因绝望而孤注一掷，事业受挫者因心理失衡而一蹶不振。这种悲剧不断重演，时有所闻。许多人的人生因此而不幸沉沦甚至毁灭了。

　　佛家提倡不贪恋、不执着、不成见的平常心，这对于我们心灵的平衡是有意义的。唐朝赵州和尚在修行时，曾请教他的老师南泉禅师："什么是道?"南泉禅师引用马祖禅师的话回答说："平常心是道。"佛家称的平常心，也就是自然心、本原心，即要我们用自自然然、平平静静的态度来对待生活中的一切。

　　在很多情况下，我们之所以不能成为人生的成功者，那是因为我们"心不若人"。倘若我们能及时给心灵放次假，让心抛下所有的负担，或去云游四方，领略一下大自然的奥妙与博大；或让心走进音乐，在或轻松或悲怆的氛围中得到宣泄，心便会由压抑走向轻松，由脆弱走向坚强，我们就能在这一种平常心中造就不平凡的人生。

无以小害大，无以贱害贵。

——《告子》上

生存的智慧常体现在我们能区分生命中的贵贱大小。佛教中有这样一则故事：从前有一个生性傲慢的人出门，在路经一个险峻的悬崖时，一不小心，掉了下去，侥幸的是，他抓住了一根树枝，悬在半空中。眼看体力不支，将要堕入深渊，他连忙向佛祖求救："大慈大悲的佛祖啊，求你来救救我吧！"佛祖听见后，连忙赶来救他。佛祖对他说："你赶快把手松开，伸给我，我拉你上来吧！"但这个生性傲慢的人听了，心想，自己一松手不是要掉到山谷里摔得粉身碎骨了吗？所以就这样悬在半空中，始终都不肯放手。这则故事劝谕人切忌傲慢，傲慢的人受到褊狭心理的限制，连佛祖都救不了他！

西方也有与此相似的故事：一个人不慎掉到水中，大呼救命。有过路者准备救他，对他说："把你的手伸给我吧！"这个危在旦夕的溺水者却在想，为什么要我把手给你，而不是把你的手给我呢？于是，良机丧失，这个傲慢的人因此毙命。

傲慢无疑是生命中以小害大、以贱害贵的一种劣根性。傲慢之性，使人自以为是，从而不能区分生命中的贵贱大小。因此，傲慢者就像把自己圈在一个栅栏内与愚昧无知为伴。囿于自己的褊狭，在危险的时候甚至连获救的希望都没有。这实在是人的一种丑陋之性。

我们这里仅是以傲慢为例。其实，在人性中以小害大、以贱害贵的岂止是傲慢呢？

仁之胜不仁也，犹水胜火。

——《告子》上

在我们的人生中，仁者因此无败，但智者也同样无败。

现代人总处于一种焦虑不安的情绪之中，许多人因此而成为人生的失败者。对于焦虑何以成为现代病的问题，美国精神分析学家霍妮认为，由于现代社会充满了竞争和敌意，置身于这样的社会中的人，内心必然产生难以摆脱的渺小感、孤独感、软弱感、恐惧感和不安全感，这些感觉就是焦虑。于是，人为了对抗这种焦虑，不得不拼命追求爱，追求事业的成功，追求权力、名声和财富，以获得安全感和自信心。但由于这些追求本身是建立在焦虑的基础上的，故这种心态又妨碍了人去爱，去获得事业上的成功，所以焦虑的人们总是处在无休止的内心冲突中而无法获得爱，也无法获得成功。这在现代人心里形成了严重的恶性循环。

然而，生命中的智者，却可以走出这一恶性循环。使我们从焦虑的阴影中解脱出来的只能是我们自己。佛家的见地也颇给人以启迪。《六祖坛经》强调四弘誓愿说："众生无边誓愿度，烦恼无尽誓愿断，法门无尽誓愿学，佛道无上誓愿成。"故在禅宗看来，焦虑显然与人过度的工作负担、不合理的抱负以及由此产生的贪多务得、患得患失有关。这些东西并非社会强加给人的，而是人因为"无明"所衍生出来的心机和妄想。

古代圣哲有所谓中年之前"不要贪"、中年以后"不要悔"六字箴言之说。我想这六字箴言所蕴含的奥义，正是智者人生身体力行的准则。

君子之事君也，务引其君以当道，志于仁而已。

——《告子》下

林语堂先生曾这样说过：在仁、义、礼、智、信中，倘若事君事国当以"仁义"、对长辈当以"礼"、对朋友当有"信"的话，那么，对待生活则需要"智"。这话的确道出了生活的真谛。

其实，佛家也是极为推崇生存的智慧的。佛是梵文 Buddha 的音译，其原意就是"智慧之人"。所以，我们理解，从根本上讲佛学的根柢是智慧。从禅宗的典故中可以领悟到这一点。五祖弘忍大师座下有一个和尚，人们问他禅是什么，他说：

"有两个贼，一个老贼，一个小贼。老贼年纪大了，他的儿子小贼问他：'爸爸，您老了，告诉我找饭吃的法子吧！'一天晚上，老贼把小贼带到一个有钱人家，挖了一个洞，进到屋里。把一个大柜子的锁打开，让儿子进到里边去，然后把柜门锁上，并且大喊：'有贼！有贼！'自己却跑掉了。富人家听说有贼，连忙起来搜查，却什么也没发现，东西也没丢失，仍然回到床上去睡觉。关在柜子里的小贼呢，着急得很，不知父亲的用意，也不知如何逃走。终于他想到一个办法，在柜子里学老鼠的叫声。睡在里间的太太听到了，就叫丫鬟掌灯来看是怎么回事。刚一开柜门，小贼一跃而起，吹灭了灯，逃走了。回到家后，老贼微笑着说：'你以后不愁没有饭吃了！'显然，这位和尚讲禅引出的这则故事并不是教人去做贼，而是说，人无论在何种情况下都要通过自己的智慧来想办法，打破一切障碍。这才是禅的真谛。

生活中的成功者无一不是以其智慧作为垫脚石的。借用孟子的说法，我们或许可以这样说：君子之于生活者，务以智而当道，志于智而已。

权，然后知轻重；度，然后知长短。

——《梁惠王》上

我们的命运，通常取决于我们的思考。所以，法国哲学家蒙田在三百年前就这样告诉世人："除了你的思想，没有别的东西会给你平静和欢乐。"

可是，置身于现代社会的人们，匆忙地生活着。我们几乎没有多少时间来对自己所做地做一点理性的思考与权衡。于是，一些人便干脆在自己的人生旗帜上写上："跟着感觉走。"

我想，这实在是现代人的一个悲剧。曾在报纸上看到一则"焦点"问题的讨论："为什么现代人变得愈来愈浮躁和冲动？"其实原因很简单，因为在我们的人生中缺失了理性的权衡。苏格拉底一再对他的学生说："没有思考的人生是不值得活的。"他之所以这样说，那是因为思考可以帮助我们权衡人生的诸多利弊，而不至于盲目地行事。古人所言："知可为而为，知不可为而不为。"我想这正是对人生、对生活权衡度量的结果。

其实，只要认真思考一下自我的人生，我们就会发现，自己所蕴藏的才能是多方面的，只是因着惰性才使其湮没了；或许还可以发现自己本来是充满了善良同情之心的，只是由于缺乏对别人的理解，才使自己对别人那么冷漠甚至敌视……

我们常常太相信"只要耕耘就会有收获"这句古老的格言，然而，却不太思考两个更重要的问题：在哪里耕耘？如何耕耘？显然，在沙漠里耕耘是劳而无获的，而采用刀耕火种的原始方法也是与现代社会格格不入的。

惟智者为能以小事大。

——《梁惠王》下

老子曰："知人者，智；自知者，明。"

但是，人们常常要问，人生中怎样的情形方可称"知人"？佛家的看法是颇有见地的。《阿弥陀经》称："水鸟树林，皆见佛性。"倘若在人生中，我们能从一花、一草、一木这样细小的存在中体验到人类自身存在和发展的大道，并因此精进以求、躬身践行，那么我们肯定就是大智大觉者。许多人常把这大智大觉的行为视为一个很神秘的过程，其实，我们大可不必以为这种以小见大的感悟，需很深的禅修工夫才会有所得。譬如我们对自然景致中一花一叶的观赏，只要我们用心，都是可以有所感悟的。美学家朱光潜曾以古松欣赏的例子来说明这一点："我们观赏一棵古松，玩味到聚精会神的时候，我们常常不知不觉地把自己人性所景仰的诸如高风亮节的品性移注到松，并从松的这一高风亮节中感悟出做人的许多道理来。"

我们这里对以小见大的阐发只是对自然物而言。同样，社会与人生之现实存在中的每一件事，甚至每一个人的一言一行中，只要我们用心，也都能因小而见大，这就如禅家说的"无处不是禅"，道家说的"处处有道"一样。相传老子临终前，他的学生问他"道"的根本。老子已不能说话，就用手指了指牙齿和舌头。他其实是在告诉弟子们，牙齿虽然刚强，但随着时光的流逝，总会变得残缺不全；而舌头虽然柔弱，却能始终如故。因此，做人的道理，就在于"柔弱胜刚强"，以柔克刚。在日益被功利、物欲障迷的现代人的心里，所缺乏的或许正是这种以小事大的生存智慧。

　　学不厌，智也。

——《公孙丑》上

　　生存的智慧不可胜数。但其中最重要的智慧之一无疑是一种永不厌倦的执着精神。

　　我们承认，生命中的洒脱也是生存智慧之一，但倘若只剩下超然无物的洒脱，那么生命无疑又会因为一无所有而徒具形式。所以，洒脱与执着是相互映衬，彼此互为条件的。美学家朱光潜称："该摆脱则摆脱，该投入则投入。"其含义正是如此。

　　特别是对于那些常常把生存的智慧只理解为投机取巧的人而言，智慧只是他怠惰的遮羞布，因而执着专一的精神才是照亮人们心灵的唯一的智慧之光。师旷学艺的古老传说是具有某种启发意义的。师旷年轻时研习音乐，造诣未精。当他发觉"艺之不成，由心之不专，心之不专，由目之多视"时，就用艾叶熏瞎自己的眼睛，使心无旁骛，终于成为中国古代大音乐家。

　　这个故事当然不是教我们仿效师旷，它只是鼓励我们做事要专心，专心始能有成。西谚中有"上帝很吝啬，他只允许一个人一生只做一件好事"之说，这话虽然

孟子

有些过分，却很值得人们深思。

所谓成功，就是专心的人彼此长期竞争而产生的结果。专心未必就能夺得冠军，还要有机缘。然而只要我们在"专心"的行列里，即使站在最后一名，也还是置身精华之中，这使我们比那些怠惰的人要领先得多。

是非之心，智之端也。

——《公孙丑》上

是非之心是对生命的一种明辨和洞察。中国哲学乃至整个文化都非常强调智慧人生的一个最重要根据，林语堂将之归结为："生存的欲望是感性的，而生活的本质则是理智的。"

从前有父子俩牵着一头驴子赶路。路人讥笑他们说："瞧这两个傻子，放着现成的牲口不用它来代步！"于是父亲骑驴。行人又议论道："这个老头不知道慈幼，自己骑驴，倒让孩子走路。"于是父亲让儿子骑驴，但又有人批评道："这孩子不知道敬老！"父子俩一起骑上驴背，行人又非常惊讶地说："他们虐待牲口！"父子俩停下来讨论一番，做出一个新的决定：把驴子捆起来，父子俩抬着走。这则民间寓言之所以被后人收在《道藏补遗》中，我想是因为它的确生动地反映了道家的观点，即一种缺乏明哲、自知的人生是何等的愚蠢。故老子的结论是"以圣人自知不自见，自爱不自责，故去彼取此"。

我们的生命倘若缺乏独立的是非判断，那么我们就只是为别人的议论而生存着。是的，我们需要认真倾听别人的意见，但在这个过程中更需要有自己的主见。如果别人怎么说我们就怎么做，就会像风车一样团团转，最后可能一无是处。因为提供意见的人角度不同、动机不同、见解和修养也不同，再加上一些人或许之前并未经过深思熟虑，极可能只是信口说说的。我们的是非之心在这里就表现为要过滤、要选择、要思考，然后择善而从。

我们心中有确定的是非判断，但同时又认真甚至谦恭地倾听别人的意见，这就是"大智若愚"的真实含义。

恭者不侮人。

——《离娄》上

对别人谦恭有礼，往往也是赢得人心的生存智慧。

儒家之所以强调温良恭俭让的德性，不是为了道德上的说教，而是教人学会生存的仁者的叮嘱。佛家的"忍"字其实也包含了恭俭让的修养。相传禅宗四祖道信在弘法时曾遇一恶吏，这个恶吏曾因欺侮他人被一武僧痛打过。他见又来了一位出家人，便令其奴仆以冷水浇其项脖。道信不恼不嗔，只是不住地念："南无阿弥陀佛。"恶吏问其故，道信答曰："出家人忍字当先，又岂是凉水能夺其志耶！"恶吏有所感悟。从此，不仅对道信恭敬有加，而且还成了他的一名俗家弟子。

禅的这种谦恭忍让或许并非人人都能做到的，但它给我们的启迪则是：人性中谦恭忍让的力量有时是很神奇的。

不仅如此，谦恭有礼也能营造人生的一种欢愉氛围。有一次，萧伯纳在街上散步，突然，一个冒失鬼骑着自行车把他撞倒在地。骑车人感到很抱歉，赶紧把他扶起来。幸好他没有受伤。骑车人向他表示道歉，他却说："我觉得遗憾的是你很不幸。如果你把我撞死了，你会闻名天下的。"谦恭有礼在这里甚至使人生中的尴尬都转化成一种轻松的幽默。

"侮人者，人必从而侮之。"同理，"恭人者，人必从而恭之。"倘若做到这一点，那么我们又怎会抱怨"做人难"呢？

君子有终身之忧，无一朝之患也。

——《离娄》下

在人生中，许多我们朝暮为之忧虑的东西，或许并不值得，而真正应该为之忧虑的却又非常地不经意。我想，这正是圣哲要人们对人生存一份智慧之心的缘故。

相传一位大禅师在某地弘法，遇一人闷闷不乐地前来求他指点迷津。禅师问其故，此人道出缘由：原来他是一个好酒之徒，相信"三杯通大道，一醉解千愁"，故逢酒必醉，自然每每误事。此后家人告诉他必须戒酒，否则要逐他出门。他向禅师诉苦："其实，我也知道冷酒伤胃，热酒伤肝，但不喝酒伤心啊！"禅师闻言喟然叹曰："你该伤心的不是戒不掉酒啊！"

确实，这位酒徒该伤心的绝不在于戒不掉酗酒的恶习，而应是他生命中最重要的东西：意志力。人格中倘若没有了意志力，这才是一个欲成就人生事业者必须为之终身忧思的。

生命中因意志力而具有的坚忍品格，几乎是每一个成功者必须具备的。俗语称："滴水穿石。"滴水穿石靠的不是力量，而是它不分昼夜的努力与坚忍。刘备三顾茅庐，靠的是坚忍，因为他相信，诚意能打动人。勾践卧薪尝胆十年，终于转败为胜，靠的也是坚忍。只有坚忍，才能使他复仇雪耻。苏武牧羊十九年，不屈不挠，最后终于回朝复命，靠的也是坚忍。所以，一个人内心具有这种坚忍的品格，就不会害怕人生的任何失败。

倘若生命中具有了这种非凡的品性，又何须患得患失呢？

禹之行水也，行其所无事也。如智者亦行其所无事，则智亦大矣。

——《离娄》下

孟子这一说法简直令人怀疑是崇尚无欲无为的老庄之言。可见，儒道不仅是相通，有时甚至何其相似乃尔！

真正的生存智慧如大禹治水一样，在于懂得如何顺其自然、因势利导。老庄的人生哲学其要旨和精义也正在此。从这一意义上说，尔后的道家热衷于养精炼气、服食金丹，以求长生不老之术，恰恰是违背老庄顺其自然的思想的。宋朝的一位道士葛长庚经过诸多的失败之后，曾有所醒悟。为此，他曾这样写道："有一修行法，不用问师傅。教君只是，饥来吃饭困来眠。何必移精运气，也莫行功打坐，但去净心田。终日无思虑，便是活神仙。"这首《水调歌头》（上阕）无疑反映了作者已开始摒弃道教中那些虚妄迷信的成分，把握住了"顺其自然"这一道家思想的真谛。

事实上，佛家也推崇这种顺其自然的人生态度。禅宗为此告诫人们"随缘行"，切忌"吃饭时不肯吃饭，百般计较，睡觉时不肯睡觉，千种需索"。

所以，无事绝非无所事事，而是一种顺其自然的态度。倘若我们在生活中违背自然之性，那么不仅烦恼丛生，甚至会危及生命。有"诗鬼"之誉的李贺终日苦吟不辍，其母曾担心地问："吾儿欲呕出心来邪？"果不其然，他身心疲顿，英年早逝，年仅二十七岁，令人为之扼腕叹息。

我们固然不可没有上进心，但违背自然之性的努力，则是一种自寻劳顿，这实非智者所为。

　　人知之，亦嚣嚣；人不知，亦嚣嚣。

——《尽心》上

在许多情形下，生活的智慧往往体现在我们是否能自得其乐。故禅宗东土三祖《信心铭》中有"至道无难，唯嫌拣择，但莫憎爱，洞然明白"之说。

的确，每个自我拥有独特的生命这件事本身，就是值得庆幸的。这就好比大地上长满了各种花草，它们类别各异，形色香味也迥然不同，但同样能博得人们的喜爱。故而清馨的水仙从不叹息自己不如雍容华贵的牡丹；山溪野径旁的无名花木，也绝不羡慕养在庭院、暖房里名贵无比的君子兰。既然如此，我们为什么就不能悦纳自己呢？其实，每一个人的生命都是独特的、唯一的、有价值的，因而是值得庆幸的。我们的遗传、环境、遭遇和生命的阅历造就了独特的我，无论它是怎样的，我们都应该接受它、喜欢它、庆幸它，因为它毕竟是我们自己。倘若连自己都不能接受，那么我们又何以会接受别人，或者使别人接受你呢？

不懂得自得其乐的人，总是百般地挑剔自己，不满意这，不满意那，于是，充塞于他内心的只有失败和挫折。倘若你是这样一个人，那么，又怎么能够去体悟人生之真趣，从而快乐地享受人生呢？所以，日本的禅学大师池田大作总是对那些认为"自己是世界上最不幸的"人说："要学会自得其乐，要学会庆幸自己。"只有这样，我们才会使自己旷达大度、心胸开阔，从而养成面对生活敢于挑战的乐观态度。

在我们的人生中，不怕别人不接受你，而只怕你自己不接受自己。

二、修养观名言名句

五十步笑百步。

——《梁惠王上》

"严以待人，宽以律己。"用两套标准来衡量世事、看好戏，幸灾乐祸的心态。

有一回，梁惠王对孟子说："我对于国家政事也算尽心尽力了。比如河内遭逢饥荒，我就把一部分的百姓迁移到河东去居住，把河东的一些粮食运到河内来救灾。河东遇到荒年，我也采用同样的办法救济。我仔细观察邻国，没有一个国君像我这样用心爱民！但奇怪的是，邻国的百姓并没有因此减少，我的百姓也未因此增多，这是什么缘故呢？"

梁惠王只不过比别的国君稍微好一点点罢了，其实，他并没有做到真正的勤政爱民。

孟子说："从前有两个士兵，他们平常就喜欢夸耀自己的勇敢事迹。其中一位说：'我一次可以打败五个敌人。'另一位又说：'才五个，就算来十个敌人我都不怕。'

"有一次为了看看谁比较勇敢，他们决定一起去参战。果然，当战争的号角一响起，他们两个人就奋力战斗，毫不畏惧。可是，敌人的士气十分高昂，勇猛善战，一波接着一波，好像永远打不完。其中一位心想：我的天啊，敌人怎么这么多又这么勇敢？我看我还是先逃了吧！于是便丢下武器先逃走。

"他好不容易跑到一个安全的地方。'这儿大概没有敌人了吧！'没想到后面却传来一阵讥笑声：'哈哈，你这个胆小鬼，看到敌人一来拔腿就跑，真没用啊！'他回头一看，原来是跟他一块参战的朋友也气喘如牛地跟在他后面逃走，只不过比他少跑了几十步而已。"

于是，孟子问梁惠王："那个后面逃走的人嘲笑先逃走的人胆小，您认为对吗？"

梁惠王回答："当然不对，两个人都害怕得逃跑，虽然一前一后，却同样是胆小！"

孟子就说："对呀！您既然明白这个道理，就该理解虽然您较用心地待百姓，但仍是不够，人民觉得您与其他国君没什么不同，就不会移居到梁国来，那么我们的人民又怎么会增加呢？"

自反而不缩，虽褐宽博，吾不惴焉。自反而缩，虽千万人，吾往矣。

——《公孙丑上》

当我自行反省的时候，知道正义不在我这边，即使对方是卑微的人，我也不能威吓他；当我自行反省时，知道正义在我这边，即使对方是千军万马，我也会勇往直前。

台湾近代有位著名的文学作家吴浊流先生，他是诗人、小说家，也是文学运动者，一直到 1976 年病逝为止，他为自己的生命与信念不停创作。

他的《亚细亚的孤儿》是我们十分熟悉的故事，这部作品记录了台湾民众在战前最深刻的经验和悲痛。"亚洲的孤儿"这个词汇，生动地描述出台湾民众悲情的处境。吴浊流认为小说是历史的一环，写小说是要为历史留下真实的见证，他出生于日本统治时代，看见充满遗民意识的祖父辈，目睹过急于成为皇民的父执辈，以及接受典型的统治者训练、出身国语学校的自己一辈的青年，这些艰涩的人生经验被他记录保留；不顾被捕的危险，也没有美丽的修辞，吴浊流写出血泪斑斑的《亚细亚的孤儿》。

吴浊流的小说不但述说着整个时代的悲哀，也表达出他充满正义、炽热的心志与使命感，他把笔当剑，以笔仗义人间，宵小奸佞在文中无所遁形；那种揭奸发恶不遗余力地勇猛之气，正是他文学作品中锐不可当的利刃。

有些评论家说他的小说是"疮疤！疮疤，揭不尽的疮疤！"也有人直接论断他的作家性格是"社会病理学家"。不管如何，吴浊流还是坚持写下眼中的台湾社会，在目睹"二二八事件"后，便写下《黎明前的台湾》和《无花果》，而亲历战后台湾动荡的他，更描写出《台湾连翘》的深刻形象。

因着伸张正义的使命感，吴浊流以生命在文学路途上全力以赴。

夫志，气之帅也；气，体之充也。

——《公孙丑上》

思想意志，是意念感情的引导，而意念感情，是充盈体内的力量泉源。

所谓的道德行为，是一种对道德的认知付出实际行为的结果。当我们具备了道德认知后，实践自己所认知的道德原则，便属一种道德行为。但有时候，我们虽然知道如何做才是对的，却没有力量支持这些行为，那是因为我们无法将认知转化为行动。一般而言，道德行为具有三种成分：能力、意志及习惯。所谓的能力，是确认自己具有执行某项助人行动的能力，如果曾有过成功的助人经验，那么以后就更容易且更愿意助人。

意志是指当我们面临需以道德来处理的状况时，能够做出正确的选择，事实上，这是一件不容易的事情。意志是理性的，它能控制人的情绪，让人头脑清楚，以至于能负担属于自己的责任；所以，意志是道德勇气的核心。最后一种成分是习惯，在许多情况下，道德行动需以习惯作为后盾，所谓"习惯成自然"，是说当我们建立某种习惯时，自然会出现一股力量，促使我们依此习惯行事，否则内心会显得不安。若能建立良好的道德习惯，然后在不断的实践与练习中增加信心，那么，道德的光芒会不露而自现，内化成自我本质；尤其年幼的时候更是道德习惯建立的关键时期，如果成人能够以身作则，从旁指点，让儿童自小至大就不断地实践道德行为，养成乐于助人、诚实公正等性格，那么，这些本质便会永远陪伴着他。

持其志无暴其气。

——《公孙丑上》

我们要坚定自己的意志，不要滥用意念、感情。

"以磨炼来坚定自己的意志，以反省来修养自己的性情。"在许多名人的故事中，我们常看到历经生命艰难的痛苦过程或者穷途潦倒的辛酸回忆，因为，他们承受了残酷现实的折磨，尝尽人间的酸甜苦辣，才将自己的精神磨炼出光芒。一些白手起家的大董事长、大企业家总说自己是一路吃苦过来的，没吃过苦的人，不能成大事业；这些话是有道理的，往昔缩在街角的路边小贩竟成了今日的商业巨人，其中的艰辛困难、酸甜苦辣，唯有他自己才能解其中滋味吧！将自己的意志训练得坚强，那么，即使遇到再艰困的事情，都能坦然以对，努力克服。

即使自己现在过得非常顺遂、愉悦，也不能保证永远如此，大自然有春夏秋冬，人的一生不会完全是春天，也不会完全是冬天，人生也会有春夏秋冬的各种历程。在幻化多变的人生旅途中，四季寒暖，也许哪天就会碰到失业、破产、落第、失恋，就像是难耐的寒冬，都要坚持下去。因为，一个能干的人，不但无惧于人生的寒冬，反而能在寒冬中坚定自己的意志、锻炼自己的体魄，等待好的时机，等待下一回的春风缓缓吹起。

志壹则动气，气壹则动志也。

——《公孙丑上》

人的意志若专注于某方面，感情势必转移；人的感情若专注于某方面，那么，意志势必也会被影响。

前几年，有一部相当动人的电影《钢琴师与她的情人》，这是新西兰女性导演珍·康萍（Jane Campion）在 1993 年拍摄完成的。之前，她拍过《甜姊儿》《天使诗篇》等作。《钢琴师与她的情人》表达出珍·康萍一向关怀的女性主题。

这个故事发生在维多利亚时期，位于新西兰附近的小岛，是毛利人的地方。女主角艾达被以交易的方式与史都华结为夫妇，艾达只带着芙萝拉、简单的家具以及一架黑色大钢琴来到小岛。当史都华到海边接艾达母女时，史都华不顾艾达的愤怒，拒绝将无用的钢琴搬回家，而后，艾达请求班斯带她到海边，当艾达看到被遗弃在海边的钢琴时，便尽情地弹奏起来，女儿芙萝拉则在一旁跳舞。

班斯被美妙的琴声感动，便动用大批人力将钢琴运回，并以土地与史都华交换，要求艾达必须到他的住处教授他钢琴。史都华显然觉得这是个好交易，便强迫艾达为了家庭而牺牲自己的钢琴，因此，史都华不仅将钢琴让给了班斯，艾达也必须教班斯学习弹钢琴。于是，艾达必须到班斯的住处去教授钢琴。

班斯无意学琴，他只想听艾达弹琴，最后他向艾达表白，两人谈定条件，约定以琴键数目换取让班斯的亲近。但班斯以真诚对待艾达，使他不能忍受以琴键来决定能否与艾达幽会，于是将钢琴送还，这不仅使得艾达感到疑惑，同时也引起史都华的不安。不过，史都华担心的是，班斯将钢琴送还给艾达，那么，他们之间的土地交易是否还成立？

不过，当艾达理解班斯是因为知道钢琴对她的重要性才将钢琴还她时，深受感动。芙萝拉通报了两人的暧昧关系，于是史都华将艾达幽禁，教诲艾达的所作所为是不守妇道的行为，并且宣称将会好好地爱她。

艾达对班斯的爱意丝毫未减，使得史都华极其愤怒，他用斧头把钢琴打坏，并将艾达的小指头剁掉。可是，艾达对班斯的爱意仍然没变，史都华忍无可忍，便要班斯带走艾达，回到英国。班斯带着艾达、芙萝拉与笨重的钢琴，离开小岛。

笨重的钢琴使得船身摇摆，岌岌可危，艾达终于同意将钢琴弃置，当钢琴落入海中的那一刻，艾达将左脚套入绳索，与钢琴同坠入海。一切仿佛就要这么消失了，但沉入深海的艾达挣脱绳索，浮出水面，终于被班斯救起。他们两人回到文明世界，过着属于自己的生活。

中华传世藏书

孟　子

《孟子》名言名句

一九六九

我知言，我善养吾浩然之气。

——《公孙丑上》

我善于理解、分析别人的言辞，也善于培养自己的浩然之气。

语言，是思考与沟通的主要工具。说话时有条不紊能反映出一个人的思路清晰，而言辞含混，便使说明不清，思想淆乱。如果语意混乱，错误百出，便会引起许多争辩、冲突；这是因为人们曲解了彼此的语意，当一个人说话时语意不清，甚至错乱，那么他说的话，只能算是无意义的废话。无意义的问题，无所谓回不回答；无意义的言语，便无所谓真假。孟子就是当时一位善于思辨的高手，也因为他善于思考、分析别人的言语，才能在诸子蜂起的战国时代有立足之地。

如果我们对思辨稍微思考一下，不难发现它的重要性。若就个人来说，没有学识只能说是无知，不能思考或者不愿思考，才是真正的愚蠢；若进而就整个社会而言，当会独立思考的人越多的时候，自由、民主、法治才有生存的机会，才能屹立不摇，如果只想依赖立法院诸公吵出来的法律条文是无用的！要指望握有权势的人履行限制他的法律，岂不是缘木求鱼？这些条文能否真的落实，人民的明辨秋毫才是基础。如果群众能够觉醒，对自己的社会能深入思考，才能真正地辨别是非曲直、真假对错。

其为气也，至大至刚，以直养而无害，则塞于天地之间。

——《公孙丑上》

所谓的浩然正气，是最伟大、最刚强的，必须要用正义去培养它，不可伤害，假以时日，这股浩然正气便会充盈天地四方，无所不在。

世界之初四方混沌，盘古双手撑天，双足踏地，将天归于天，地凝为地，而后，精疲力竭的盘古右眼成日，左眼化月，血流成长江黄河，胸膛成昆仑百岳，天地便这么开始了。

千百年后，天空破了一个大洞，女娲奉命补天，天地为了不让四极折断，派了四名金刚力士守卫，世称"四大金刚"。四大金刚个个面貌宛若凶神恶煞，长三十丈，力大无穷，一切妖魔鬼怪都怕它，便把天边镇守住了，这是中国金刚的传说。

在佛教中，金刚力士也叫那罗延（Nyana），是具有大力量的印度古神，又作那罗延天，就是金刚力士。在许多石窟中，我们可以看见力士的雕像，两眼暴突，怒视前方，双手握拳，胸上、手、腿上的肌肉高高隆起，造型粗犷豪放，雄健有力，气势逼人。

佛教传到了日本，力士也被称为仁王，他们通常是一对面目狰狞、体格强健的金刚力士，具有巨大力量及神力，能够守护众生。在印度的神话里，仁王们被视为遵守着佛陀的教诲、避免因烦恼而自身腐败的神。其中一尊神像，右手拿着印度古代的武器"金刚杵"，开口说："啊！"；另一尊神像则右手张开，口中喃喃念着梵语密咒："吽"。"啊"和"吽"皆表示宇宙万物之意，是梵语中的字母，而这两尊神像常被矗立在寺院门口，又被称为仁王门。

不论是印度、中国或者日本，这面目可怖却守护众生的力士都成了刚毅不屈的象征，而他们正义、宏伟之气也充塞于天地之间。不论是佛教或儒家，对于人的正义坚忍都十分强调，这就是信仰的共通性，无论是世界上哪一个宗教，正义都是永恒的归属。

祸福无不自己求之者。

——《公孙丑上》

无论是祸害或者是幸福，其实都是自己找来的。

"一下雨就淹水，没下雨就缺水。"这种荒谬的景象，竟是今日台湾的真实写照。

近年来，缺水问题成了热门话题，也许大部分的人会认为老天不赏脸，水库又兴建不及，使得人民只好面对缺水之苦。然而，一到夏天雨水充沛时，就得担心水灾、泥石流，到了冬天，又得忍受缺水之苦，这种生活未免太恐怖了点！难道真的只是天灾的问题吗？

台湾地区最珍贵的自然资源，莫过于森林资源，森林是水的故乡，茂密的山林，是无形的绿色水坝，可以涵养水分，保护水源；可是，现在满山遍野的槟榔、高山茶、高山蔬菜，无疑是为山林水源的保育埋下一颗迟早会爆的炸弹，到时得付出多少社会成本，让人连想都不敢想！

如果仅就种植槟榔来看，槟榔显然是既破坏环境又危害健康的产品，再放眼大街小巷，满街都是违章小玻璃屋，槟榔西施争奇斗艳、花枝招展，游走在"有露没露"的边缘，真不知下一代会如何看待？此外从保育山林资源的立场来看，满山遍野的槟榔园是造成地下水位下降、水库干枯的主因，进而使山土流失，造成泥石流，危害到人身的安全，而这些流失的土石到哪儿去了？它们淤积在水库里，使得水库的蓄水量越来越少，这可是严重的连锁效应，下一步，就是水质污染了。当大家嚼着槟榔，喝着高山茶，吃着高山蔬菜的同时，是否曾想过这些问题？

> 凡有四端于我者，知皆扩而充之矣，若火之始然，泉之始达。
>
> ——《公孙丑上》

凡是拥有仁、义、礼、智四端的人，便要把他扩充发扬，就像小火苗会有燃烧天地的一天，就像小河流会有成大海的一天。

"历史经常在某些时刻，会以一种不可思议的方式让圣者出现。用他或她们所行的最高之善，将神的意旨变成胜利的号角。圣者群像里，十二世纪的'阿西西的圣方济'（St. Francis of Assisi）和今日的德蕾莎修女（Mother Teresa），就站在最高的顶点。"一位著名的作家如是说。

在电影《圣方济传》里，描述一位出身富贵、顽劣成性的青年，对生命感到困惑，四处追寻真理，最后受圣恩垂爱，奉献所有，终生照顾麻疯病患与穷人。在圣方济临终时，他说："天主领我悔罪，我是罪人，我原无法面对麻疯病人，天主把我带到他们之中，对他们悲怜，一切都变成身体与灵魂的甜美。现在，我就要离开这个世界了。"

七百年后，德蕾莎修女出现了。她在一次火车之旅中感悟到天主的召唤，她说："这个召唤是清楚的，我必须离开修会，在穷人间生活，为他们服务。"她走进印度的贫民窟，照顾那些极致贫苦的穷人。她创设了"仁爱传教修女会"，收容垂死者、麻疯病患、弃婴。两件衣服、一个食具是她全部的所有。一九七九年她得到诺贝尔和平奖时说："我以穷人之名接受这个奖，这个奖是对穷人世界的认识。基督说：'我饥饿，我裸身，我无家可归。'藉着侍奉穷人，我侍奉基督。"她以最简单的方式、最简朴的信仰、最纯粹的侍奉，完成了巨大的事业。

仁者如射，射者正己而后发，发而不中，不怨胜己者，反求诸己而已矣。

——《公孙丑上》

行仁的人，有如一个面对竞赛的射手，必须先端正好自己的姿态，然后发箭；倘使没有击中目标，也不会埋怨，或妒忌那些成绩比自己好的人，而是反躬自省罢了。

从小到大，不论是学生时代的打工，刚入社会的第一份工作，或是长时间投入职务，每一份工作，或多或少都积存着一些经验、资源，它们都是人生中值得学习的部分，如果能带着感恩的心工作，那么，你的工作心情乃至于工作态度都会是愉快的、充满活力的。

倘若心中起了"另起炉灶"的念头，不妨先转换心情，用另一种角度看待目前的工作，看待身边的人事物，也许，对于离职将会有不同的想法。有些人之所以想求去，可能是觉得别人能力普通却升迁快速，自己能力更好竟得不到重用。但是，在职场生涯中，或多或少都会有不同的标准、不同的观点，也许别人并不像您所见到的那么差；而您，是否也该重新衡量看看自己各方面的能力呢？

若以另一个角度来看，换工作也许是必经的过程，但每一次换跑道，是否真能为您带来帮助？很难说，有很多人只是从一个抱怨掉到另一个抱怨的圈子里。工作没有日日轻松的，也没有企业是零缺陷的，上班族总对自己抱怨，觉得自己的公司简直一无是处；等到了新的职场，日子久了，一再恶性循环，难道还要再换跑道？看不到事情的症结是找不出解决之道的，还是好好反省自己，问自己到底想要什么，想过什么样的生活，才是重点。

　　古之君子，过则改之；今之君子，过则顺之。

——《公孙丑下》

古代的君子，有了过错马上就改；现在所谓的君子，有了过错便将错就错。

姬旦就是有名的周公，他是文王的四子，武王的弟弟，他的封地在周，所以被称为周公。

据说，他小时候就聪明过人，对父母长辈也十分孝敬，后来，助兄武王伐纣，被封于鲁，他派儿子伯禽到鲁治理并对他说："一沐三发，一饭三哺"，要伯禽礼待贤才。灭商后两年，武王重病不起，周公问卜，为武王祷告，并把结果放于金匮，告诫官员不许打开。可是，过没多久武王就过世了，当时成王还在襁褓之中，周公唯恐天下大乱，便摄政护国，但是管叔与蔡叔不满，在周公理政的第四年便勾结纣王之子武庚叛乱，后来，周公奉成王之命率兵东征，杀掉管叔、武庚，流放了蔡叔，重整商民，同时决定建东都洛邑。

成王长大后，周公还政，面北称臣，行诸侯之礼。后来，有人诬陷周公居心不良，周公于是被迫逃离，等成王查明实情，便哭着将周公接回国。周公还怕成王会沉溺酒色，写了许多告诫成王的文章，希望他能勤政爱民，率祀明德，顺从天道。另外，周公还制礼作乐，建立社会制度，教化百姓，使周成为重礼而仁爱的国度。即使周公不曾自命为君王，但自古以来，人民对他的尊敬已超越了名义上的君王。

富贵不能淫，贫贱不能移，威武不能屈，此之谓大丈夫。

——《滕文公下》

富贵不能扰乱我的心志，贫贱不能转移我的意志，威吓不能委屈我的志节，这才是一个顶天立地的大丈夫。

明代有个著名的清官——海瑞，最近有人为他拍了部电视剧《海瑞罢官》，剧中的海瑞清正廉洁，不畏权贵，一身正气；同时代的文学家王世贞也给了他"不怕死，不爱钱，不立党"的评语，可见海瑞的清廉是名不虚传的。

关于海瑞的著名事迹，便是向嘉靖帝直言上疏，在大臣粉饰盛世，一片歌舞升平，以及受宠者阿谀，小臣们畏罪结舌的黑暗政圈中，海瑞仍毅然指责嘉靖帝收括民脂民膏，滥兴土木，无视朝政。当然，他被拘提入狱了，在狱中的海瑞，恐怕是抱着必死的决心。不过，没多久，皇帝便驾崩了，当他听到皇帝"殡天"的消息时，哭了。

在史料里，关于海瑞哭帝一事有详细的记载。据说嘉靖帝病死时海瑞并不知道，按照惯例，死囚被押赴刑场前都能吃到一顿好酒菜。海瑞看到好酒菜，便大口大口地吃起来，狱卒问他：“先生今天为什么这么高兴呢？”海瑞说：“我要做个饱死鬼嘛。”狱卒便告诉他方才听到皇帝驾崩的消息，至于酒菜，是为了让先生出狱前能饱餐一顿才准备的。当海瑞听到这消息时顿足痛哭，把吃下去的食物全吐出来便晕了过去。第二天，便穿上丧服，伏地痛哭。

海瑞确实是个不屈不挠的大丈夫，他从未向权贵者低头，面对上位者从不软弱；但他也是个彻头彻尾的悲剧人物，自己的一生全被顶头上司操纵着，肝脑涂地仍不知所以。尽管他所到之处都受民爱戴，人们为将离任的好官送“万民伞”，为好官痛哭送葬百里，却没有权利、没有资格选择自己的“父母官”；海瑞是清廉、刚正，却也是个太过封建的书生。在佩服海瑞之余，还是学习做个更聪明、更有弹性的海瑞吧！

作于其心，害于其事；作于其事，害于其政。

——《滕文公下》

人的心灵不求正道，便不会做合于正道的事；如果大家都不做合于正道的事，那么，关系着全国人民的政治也会跟着混乱。

元朝末年，顺帝荒淫无道，宠信奸臣，每天饮酒作乐，荒废国家朝政，民生晦暗，天下大乱，加上天灾人祸频传，民不聊生。终于，群民并起，争地称霸，最后由一介平民的朱元璋统一了天下，他就是明太祖。朱元璋原本是个牧童，因为社会太过困乏，人民苦窘，许多农民乞丐结合起来，逐渐扩展势力，其中以朱元璋最为仁德宽大，又得贤人刘伯温、李善长等人协助，克服困境，南征北讨，终于推翻元朝，开创明朝。

可欲之谓善，有诸己之谓信，充实之谓美，充实而有光辉之谓大，大而化之之谓圣，圣而不可知之之谓神。

——《尽心下》

一个人值得让人喜欢，便是善；那些善真实地存在他/她身上，便是信；那些善充满于他/她身上，便是美；不但充满，而且光辉地表现出来，便是大；既然光辉已表现出来，已能融会贯通，便叫作圣；圣到了不可探测的境界，便叫作神。

古人说"温润如玉"，是指玉的体态质感，温善暖和；玉也常拿来形容人的质地，一个人尔雅温文，也常被称为"温润如玉"。古人赏玉讲究六德，即"温、润、细、腻、凝、结"，又说，温如蕴玉，有宝气；润如石里生泉；细绵致如婴肤；腻如肌里油溢；凝明澈如镜，富光泽；结实如铁，密度高。赏玉有如此高标准，那么，观人呢？

著名学者朱自清先生可说是"玉"的典范了。怎么说？有一两件关于他的趣闻。

有一是说，清华大学的学生们不拿他这个国文系主任当回事儿，有回一个学生在图书馆找不着书，竟打电话到朱先生家中，要他到图书馆里帮着找。又有一说，朱先生的课比较枯燥，只有三人选修，到后来只剩下一个人，这个人恰是有杰出成就的王瑶先生，有这样的弟子，可说欣慰，但问题是，要是王瑶一生病，那课可就上不成了。这两件趣闻，不知真假，姑且听之。作为清华大学的国文系主任，朱先生提出了"中西融会，古今贯通"的看法，并且成功地付诸实行，中国在三四十年代人才辈出，朱先生的理念影响深大；另一方面，他笃学、谦和、朴厚、博雅的气质，岂不像极了"温柔敦厚"的玉之典型。

"温润如玉"是对君子的美称，它的意思是智者不惑、勇者不惧、仁者不忧的精神在这个人身上体现，形成一种温暖的光芒，使亲近者也能感受、体验。

养心莫善于寡欲，其为人也寡欲，虽有不存焉者，寡矣；其为人也多欲，虽有存焉者，寡矣。

——《尽心下》

修养心性的方法最好是减少物质欲望。一个人的欲望不多，那善性纵使有所丧失也不会多；一个人的欲望很多，那么，善性纵使有所保存，也是极少的了。

一日，释尊与众弟子在山林中落座，身旁有野鹤飞过，数只白虎也在石崖上休憩，细听释尊讲话。有一俗人路过，便问释尊为何修养身性的人总显得如此平静，并洋溢着喜悦的光辉？释尊回答："他们不为过去的事悲伤，不汲求还未发生的事，当下对他们而言是足够的，因此，他们会显得喜悦洋溢。不追求未来，也不为过去而神伤，就不会像砍下来的芦苇般逐渐枯萎。"

那人又问："为什么人经常为自己的健康、名声及财产烦心？"释尊说："人总想掌握千变万化的事物，结果愈是担心未来，愈对生活失去信心。""那，身为一个人该怎么办呢？"那人问。"一个老是想改变生活现况的人，无法领悟何谓平静安宁的心。"释尊回答。

"如何能有平静安宁的心？"

"修行。"

"修行？"

"是。努力行善，禅定涤心，尽力修持。如此一来，不良的影响可以减少，而得到宁静就更容易了。因为，没有一颗星星是值得信赖的，也没有一盏领航的灯；修行的人只知道要善良、公正、正当，勿循原路回头寻求过去，珍惜尚未到来的将来；有洞察力的人可清楚看见当下就是此处、此刻，如此的智者求取成就，遇任何事均不曾迷惘或动摇。与其浪费精力担心将来，不如把握此刻可以做的事，充分发挥潜能。因为，现在是过去的孩子、未来的父母。"那人低头沉思了一会儿，然后拜别释尊往山林的出口前去。

　　阉然媚于世也者，是乡原也。

——《尽心下》

八面玲珑、四方讨好的人就是好好先生。

　　孔子说："乡愿，德之贼也。"而这种媚世者，乍看起来不痛不痒，假以时日，便是祸国殃民的大根源。一个著名的作家，曾经这样描写关于乡愿的经验：

　　小儿科医生在医院门口匆匆拦了辆计程车，在路途中与司机攀谈起来。那司机告诉他曾在这家医院就医，还因此救了一命，引起这小儿科医生的好奇。

　　司机说："五年前，我在三芝一带种田，后来觉得喉咙不舒服，常咳嗽，就去医院看病。结果 X 光一照，发现肺部有一块阴影，医生给我开了肺结核的药。我吃了半个月的药，症状不但没有好转，反而愈来愈厉害，同时又有药的副作用，看东西颜色都变了，后来我决定来你们医院看比较妥当。"

　　"结果呢？"小儿科医生问。

　　"医生看了胸部 X 光片，觉得不太像肺结核，于是用管子进去看，抓出来一小块东西去化验，才诊断出来是隐球菌感染。"

　　小儿科医生吃惊地说："像你这样身体的年轻人，免疫系统强得很，很少人得到这种病的。"

　　"对啊！我还住在高尔夫球场旁边，那里空气那么好，每天早上我都有早起呼吸新鲜空气，怎么会得这种怪病？"司机一脸茫然。

　　"你养鸽子吗？"医生问。（鸽粪是传染源之一）

　　"没有。"

　　"抽烟？"

"没有。"

"喝的水？"

"抽地下水。"

那医生沉默了一会儿，说："喝水最好注意一点。许多的高尔夫球场都喷洒了大量农药，如果抽地下水，结果可能对身体不好。"

"后来我住院差不多住了快两个月，医生把我的肺整个切掉了一边才保住性命。出院以后，身体状况还是不好，才改开计程车。"

"那你的田呢？"医生问。

"我不种田了，租出去给别人家，就是那些倒废土废料的啊！"司机的口吻出奇地平淡。

"难道你不知道你的田现在被倒了什么？"年轻的医生显然有点生气了。

"我现在是只要有钱拿就好了。"

"但那是你的地，你怎么可以不管了呢！"

"我不是不管，只是他们都是黑道的，我管不起。"

于是我们就有了镉米，有了掺着农药的地下水，有了辐射屋和辐射马路，有了聚集在医院里各种奇奇怪怪病症的病人。

这时，到了家门口，下了车，医生心里突然觉得有些悲哀。如果这块土地上的每个人，心中的正义无论大小，都一再受挫，那么，台湾地区的未来在哪里？人性的贪婪、自私是普遍共通的，可是在台湾，却连与之对抗的勇气、正义都特别薄弱。

如果说台湾是个"贪婪之岛"，其实是不公平的，因为在殖民历史中，外强的掳掠贪婪与之相比是有过之而无不及；但说台湾是个"污染之岛"却十分贴切，因为有许多人对自己土地毫不怜惜地糟蹋蹂躏。也许该说，台湾是个不折不扣的"乡愿之岛"，一个人小小的勇气正义，在乡愿者的操弄之下，成为挫折、空洞、无力的泡影，在众人恶意的掩饰下，自行破灭、消失。

真正该被医治的是谁？是那个被环境戏弄的病患，还是那些乡愿者的心？

形色，天性也。惟圣人然后可以践形。

——《尽心上》

人的外在容貌是天生的，只有圣人能以内心之善去美化外在的面貌。

爱美是人的天性，希望青春更是每个人的梦想，的确，无论在专业上或任何社交场合，姣好的外貌与体态确实能微妙地获得较好的机会。那么，何谓"美"？一般人常以"美"去称赞事物，如美酒、美女、美事、美貌等。如果细问"这件事物何以是美呢？"大多数的人会说："因为它令人感觉很愉快。"

令人感觉愉快便是美吗？也许是，也许不是。倘若引起这种愉快心情的仅限于外在，就不全为"美"，有些只是快感而已；真实的"美"是从内心到外在所产生的明确的愉悦之感。诗人 Allan Poe 认为："美是一种品味"。这种品味会因为人所受的教育与刺激而有所不同，尤其是现代人受到许多资讯冲击，如报纸、电视、电影、广告等，因而对美的共鸣也有差异。

内在的美是什么呢？有人说是"心灵简单宁静"，简单心灵就是美吗？确实可以这么说。爱琳·詹姆丝的《心灵简单就是美》便提出了这样的看法，她认为，如果我们可以把人生的注意力由外在的物质享受转向内在的精神领域，除了能解放快乐，自我肯定，克服恐惧，以愉悦处世外，还能让人们拥抱真实的自然山水，在自然中独处、阅读、灵修、学习，进而懂得关爱、宽恕、感恩。

唯有内在心灵的宁静、清明，才能获得真正简朴、别致的品位，以喜悦的心情来面对每一天；有欣喜的心情，便有愉悦的面容，而后才有美丽的笑靥，这就是最美的。

君子引而不发，跃如也。中道而立，能者从之。

——《尽心上》

君子有如一位高明的射手，张满了弓却不出箭，做出跃跃欲试的样子；因为他站在道路之中，有能力者便跟随而来。

古代中国对于一位知识分子的要求是具备"礼、乐、射、御、书、术"的能力，这六种基本的能力，被称为"六艺"；所谓的"射"指射击，是一种身体的操练，"御"是驾驭马车，它们可以说是古代的体育训练；不过，它们也符合了时代的需要，射箭和驾驭马车、马术是先秦军事训练中的重要项目，在春秋战国时代，还出现了"导引术""吐纳术"等体育事项，为的是训练呼吸以保持体魄，以达到健身、防治疾病的效果。

长沙马王堆（利仓夫人墓）出土了一幅西汉帛画，名叫"导引图"，其中描绘许多不同性别和年龄的人，做直臂、下蹲、收腹、踢腿、弯腰、深呼吸等动作，可以证明在二千多年以前的汉代，中国已经有了基本的健康体操；东汉名医华佗创立了"五禽戏"，是一种充实体魄的健康运动，后来又出现了"八段锦""易筋经"等。到了明清时代，中国传统封建的社会结构发生大动荡，在战役或战争中，中国武术得到了进一步的发展，在史书上介绍的各种拳术、操练术，渐渐流传广泛，成为中国别具一格的武侠世界。

在许多武侠作品中，我们可以看见所谓君子的面貌，从《三国志》《杨家将》《七侠五义》《水浒传》到大家最熟悉的云州大儒侠史艳文，都是清楚的典型；由此可知，中国的侠义精神其来有自，远传自古代儒家的体育精神。

鸡鸣而起，孳孳为善者，舜之徒也；鸡鸣而起，孳孳为利者，跖之徒也。

——《尽心上》

当鸡一鸣叫，就起来努力行善的人，是像尧舜那类的人；而鸡一鸣叫，就起来努力求名利的人，就有如盗跖一类的人。

今天的台湾社会，传承着以儒家思想为本位的教育模式，但千百年来的世俗化与扭曲，使得以仁爱为本的儒家思想成为使社会溺于短视近利，现实冷漠的目的论导向、学问、知识、修养，不是为了利济人群，服务社会，而是为了来日可得的财富、权位、声名。"十年寒窗无人问"无所谓，只要"一朝成名天下知"，那一切的努力、付出便有了代价。

如果不幸，结果不如自己所预测的，又该如何呢？中国社会向来充斥着自私自利，勾心斗角的心态，重权谋，耍手段的事件早已见怪不怪，难道是我们把儒家思想给荼毒了吗？

当人类汲汲营营于名利到达一个极端，便会出现另一种极端主义，那是及时行乐的享乐主义，表面上他们颠覆旧有的伦理道德，放浪不羁，崇尚个人自由；但骨子里却普遍存在对未来的不安全感，是迷失的一群，他们其实是重物质乏精神的社会下的受害者。

当名利成为判断人的价值的唯一标准时，那么，在名利中的人便紧紧抓住名利绝不放手；想要拥有名利的人，便不择手段，巧取豪夺；而想要却无力去取的人，只好表面上厌弃名利，背地里暗暗饮恨。然而，有哪个人在咽气的那一刻，能把名利一块儿带走？

士穷不失义，达不离道。

——《尽心上》

知识分子穷困时不会违背仁义；发达时，不会舍弃道理。

元代在绘画上有著名的四大家，四大家之首便是黄公望，字子久。

黄公望原本姓陆，后因父母早逝，被永嘉一位姓黄的老人收养，笑曰："黄公望子久矣"，便取名为黄公望。

元代的绘画在赵孟頫以后便确立了文人画的方向，所谓的山水，不再是对于风景的客观描述，而是画家自己的心情意境。为何会有这样的转变呢？这是因为元代并不重视文人，尤其是汉族的知识分子更是不受重视，所以读书人大多过着隐逸的生活，也有人是故意躲藏在山林间不愿入仕的。

像黄公望或者倪赞、吴镇、王蒙这类的文人，对儒释道的哲学思想都非常透彻，因为汉人多无法入朝，便在江南一带往来、游历，才形成了元人山水画淡远荒疏的风格。其实，黄公望从五十岁才开始画画，绘画对他来说，只是寄情述怀于笔墨之中，也因此，他的山水画在元代四大家中才能开拓出平淡天真的基调，不矫揉造作，回归自然自在。

人不可以无耻，无耻之耻，无耻矣！

——《尽心上》

入不可以无耻，不知羞耻的那种羞耻，是真的无耻啊！

陶渊明在《读山海经》中写下一段话："精卫衔微木，将以填沧海"，说的便是"精卫填海"的故事。精卫是炎帝的小女儿，性格天真有正义感，有一天，她看见一个大孩子在欺侮小朋友，便走过去对那大孩子说："你这个人太不知羞耻了，欺负小孩子算什么本事？有本事去打虎打熊，别在这儿欺侮小娃娃。"

那大孩子不是别人，正是海龙王的儿子，他对精卫说："别管我，你也管不起。

快滚吧!"

精卫非常生气，就和龙王的儿子打了起来，没想到身材瘦小的精卫竟把龙王的儿子打得东倒西歪，龙王的儿子见情况不对，只好摸摸鼻子溜回大海。

过了一些日子，精卫到海边玩，没想到被龙王的儿子看见了，龙王的儿子见机不可失，马上兴风作浪，把精卫卷入海中，活活淹死了。

过了几天，在精卫被淹死的地方，飞起一只红爪白喙的鸟，不停地用嘴衔来石头与树枝投向大海。

龙王的儿子在海里笑着："精卫啊！精卫，你永远都不可能把海水给填满的。"

君子有终身之忧，无一朝之患也。

——《离娄下》

君子有长期的忧患，但没有紧急的焦虑。

"让高墙倒下吧，只要高墙倒下，我们就可以有一颗宽广的心。有了宽广的心，我们会看见世上不幸的人，也会听到他们的哀求。看见了人类的不幸，我们会有炽热的爱。有了炽热的爱，我们会开始替不幸的人服务。替不幸的人服务，一定会带来我们心灵上的创伤，可是心灵上的创伤一定会在最后带来心灵上的平安。如果你是基督徒，容我再加一句话。只有经过这个过程，我们才能进入永生。"

德蕾莎修女当年走出高墙，将自己变成了穷人，她用手握住贫穷人的手，伴他们步向死亡，她照顾印度的穷人，也照顾艾滋病患，去爱这些穷人中的穷人。在高棉地区，有很多人被地雷炸成残废，修女便开始为他们想办法。她以瘦小的身躯走进贫民窟，将世人的痛苦背负在自己身上，用全精神、全身体为他们服务。她走出了高墙，不，她推倒了高墙，让世人看见痛苦与悲哀，并且正视它们。那堵墙不在世界上的任何一块土地上，而是在每个人的心中，当我们在城市里过着优雅的生活，而将丑陋的、哀痛的一切挡于墙外，好像人世间没有悲惨一样，即便有人病死，有人饿死，我们仍能吃吃喝喝，无以为意时，请问：您心中的墙有多高、多厚？

夫谓非其有而取之者，盗也，充类至义之尽也。

——《万章下》

不是自己所有的而去强夺它，是强盗；这只是提高原则性高度的说法。

从前，在古印度一个小国中出现了五百个强盗，他们打家劫舍、杀人放火、无恶不做，百姓深受其害。于是国王派遣军队前来，在一场大火拼之后，五百个强盗全成了俘虏。国王决定将五百个强盗处以酷刑，于是，强盗们被捆在柱子上，割掉鼻子、耳朵，挖出眼睛，然后放逐到深山中。从此，山中传出了鬼哭狼嚎的惨烈声音。

这样悲惨的叫声传到了佛的耳里，佛便用法力将他们的眼睛治好，并向五百个强盗说法，要他们洗心革面、弃恶向善。五百个强盗听了佛的教化，便跪地膜拜，成了佛的弟子，百年以后，五百个强盗便修成正果，成为我们熟悉的五百罗汉。

从其大体为大人，从其小体为小人。

——《告子上》

满足身体重要器官需要的是君子；满足身体次要器官需要的是小人。

在先秦时代，与孔子相对应的便是老子。据说老子自幼潜心苦读，到了中年已经是名满京师的学者，他曾做过周朝图书馆官员，使他能接触许多学术著作，博取淬炼，形成自己的思想。

老子的思想虽然与儒家的孔子相对，但两者间并不一定是相违背的，在人类的追求上，老子主张追求真正的幸福。因为俗人往往把追求物质享受看成是幸福，以为人能吃得好、穿得好、用得好就是幸福，但老子认为，物质享受只能满足人的感觉器官的需求，却无法满足人的精神上的需求。俗人只汲汲营营于物质享受，损害了做人应有的善良本性，如果身体的欲望太强大，人就会忘记自己朴素的本质、自然的天性，倘若绝大部分的人都失去良好的本性，那么整个社会也即将崩溃。所以老子说，淡泊可以明志，宁静可以致远。明志而又致远，则是人生最美好的精神境界，拥有清明如镜的心灵，才是人生最大的幸福。

老子还认为，世上万事万物都遵循着"物极必反""祸福相倚"的法则，任何事物一旦发展到极点，必定向相反的方面做出变化。因此，人生的祸福也是在轮流变换的。一个人要想避免祸患，就不要把福发展到极点，任何时候都要谦逊忍让，与世无争。简单来说，贪婪招祸，知足常乐。

人恒过，然后能改。困于心，衡于虑，而后作；征于色，发于声，而后喻。

——《告子下》

一个人因为常做错，才能改正；因为心境困苦，思虑阻塞，才能奋发创造；将心志表现在脸色上，表现在言词中，才能够让人了解。

《我很叛逆，可是我很上进》是珍妮特·勃得的一部小说作品，内容记录着五位青少年的生活情状，他们有着不同的家庭、不同的性格、不同的思想，也因着这些不同，而步出了各自不同的人生。

其中，一位十六岁的青少年马修，由于交友不慎，沉沦于喝酒、嗑药中，甚至错手杀了人。虽然他并不邪恶，只是迷失了方向，但已铸成大错。他被关进少年监狱后，便开始自省，奋发图强，努力读书，申请大学。出狱后的马修，展开了他全新的生活，品学兼优，奋力地踏出每一步。其实，只要活着，每天都是个机会，今日一定可以做得比昨天好，生命只有一遭，不要限制自己的可能性，要做所有你能做的，好好把握你所拥有的人生。

生于忧患，而死于安乐也。

—— 《告子下》

忧愁患难可以使人生存；安逸享乐足以害人至死。

现代社会发展迅速，人们的物质水准很高，人在这样的情况下，可能会有吃苦的精神吗？许多青年认为生活品质已改善，不需要吃苦，应该好好享受安稳的生活环境才是。所以，有些年轻人害怕辛苦、四处跳槽，结果连工作都没了，这就是现在的草莓族。

他们不仅自己摇摇摆摆，也造成家庭与社会的负担。社会中虽不乏有志青年在工作岗位上努力，不过"十年寒窗无人问，一举成名天下知"的喜悦已不是现代青年可体会的。

"天下没有白吃的午餐"，爱吃霸王餐的草莓族们，可得先享受后付款喔！

有不虞之誉，有求全之毁。

—— 《离娄上》

人生中有意想不到的赞美，也有过于严苛的诋毁。

许多人对曹操的人品都极为不屑，却也不得不承认曹操是个善用人才的政治家，知人善任，是曹操的优点。三国时代，人才济济，比起蜀吴，只有曹操能做到将人才尽数网罗，共造大业。他的幕僚文人荟萃，谋士云集，战将缤纷，形成风云万象的奇景。他的军师荀攸之所以投奔曹操，是因为收到一封恳切的信，另外，名士阮瑀为逃避曹操披发入山，曹操竟施出焚山求士的狠招，终于让阮瑀入朝施其所长。曹操听说太史慈的大名后，也想罗致帐下，就派人送去礼物，太史慈打开一看，其中并无书信，只有一味中药——当归。

曹操最惊世骇俗的举动，莫过于颁布了三道求贤令，其中《举才令》恐怕影响最大；这个"唯才是举"的主张，展现了唐突圣贤，藐视礼法的雄心魄力，他明白地告诉世人，无论是否有"污辱之名""见笑之耻"，或有如"贪将吴起"那种"杀妻取信""母死不归"的恶人行径，只要有能力，仍受重用。曹操隐秘的性格特色，使许多读者感到困惑，在《三国演义》的文字中，经常读到一些意外的赞扬文字，如"阿瞒的是可儿""老瞒最会和事""语甚趣"之类，虽然这可以归结于小说本身的文学魅力与角色张力，却也明白说出一个事实，曹操这个人确实是难以论断的，他的功过是非就在后人心中，各自品评吧！

人有不为也，而后可以有为。

——《离娄下》

人，要有所不为，而后，才能有所为。

禅宗有一句话："大死一番，再活现成"，意思是说：我们必须历经人生的大痛后，方能真正理解生命的意义，必须死后复活，才能创造生命的价值。

乔埃斯在《一个年轻艺术家的肖像》里有一句话："喔！欢迎你，生活！我将与生命的经验，作第一百万次的互动，在灵魂的熔炉里，凝练出最纯粹的自我。"如果能够认真生活，累积生命的精力与智慧，为自己思索，为自己战斗，为自己开怀；学习如何爱自己，学习认识自己，生命的意义才能由此显现。

当人因为外在的压力而套上厚重的面具，隐藏真正的自己时，他便踏上丢弃灵魂，忽略内心世界的路途，这有如一种魔咒，面具般形影不离的魔咒，让人永远不认识自己，不了解自己。这种魔咒，可能来自别人，也可能源于自己，当我们还未凝聚出坚强的自我时，总有人喜欢提早断言我们是怎样的一个人，又或者，那个断言者就是自己。若一个人真诚地看见自我，与自己的内心世界完整沟通，便知道什么适合自己，什么不适合自己，知道什么该做，什么不该做，知道什么不可为，什么可为。

君子深造之以道，欲其自得之也。

——《离娄下》

君子依循正确的方法来掌握道理，这是他从自觉中所得到的。

东晋有位著名的书法家——王羲之。王羲之，字逸少，琅琊人，他从小就因为战争的关系移居会稽山阴，也就是现在浙江绍兴一带，王羲之出身于名门，是世家子弟，成年后任右军将军，又任会稽内史，所以后来被称为王右军。据说，他七岁开始学书法，十二岁便能读前人笔论，年幼时也随当时的大书法家卫夫人学习，从小便名扬南北。成年后渡江游历，亲临名山大川，见到李斯、曹喜、钟繇、梁鹄等著名书法家所遗留的书迹，又在洛阳看到蔡邕的"华岳碑"，开始觉得自己的不足，于是奋发学书，以至书艺大进。

他博采楷草之长，变汉魏淳厚之风，开创畅利流变之美，把草书推向全新的境界，王羲之的行草书最能表现出飞逸流动的艺术美，他的《兰亭集序》便是书中神品，书势遒媚劲健，流传至今的有各种摹本和刻本。王羲之的墨迹能够流传到今日的十分稀少，大多只是仿刻本，著名的如《姨母帖》《初月帖》《平安帖》《快雪时晴帖》等。王羲之的小楷有《乐毅论》《东方朔像赞》《黄庭经》等多种，因屡经传摹翻刻，是否仍保存原貌也很难断定了。

声闻过情，君子耻之。

——《离娄下》

如果名声超过实际的情况，君子会因此感到羞愧。

战国时期，齐国有位喜欢音乐歌舞的国君，名叫齐宣王。他下令到各处去找寻善于演奏音乐的乐工以及善于舞蹈的伶人，然后组成了一支规模很大的歌舞乐队。

不知为什么，齐宣王特别爱听竽这种乐器所吹奏出的音乐，而且演出排场十分壮观，每次总要动用二三百名乐工一起吹奏，声势浩大。

后来，有个游手好闲、不务正业的南郭先生知道这个消息，便想混进齐宣王的演奏班子。不过，他根本不会吹竽，便想着和数百名的乐工一起演奏，只要混在里头，假装会吹的样子充充表面，绝不会有人看出来的。于是，这位南郭先生加入了这支国君喜爱的乐队。

每回乐队演奏时，他就学着别人摇来摇去，有模有样地吹奏，学得惟妙惟肖，也没露出破绽，他在乐团里厮混了好几年，吃得好，穿得暖，好不快活。

后来齐宣王去世了，他的儿子齐泯王继承王位。齐泯王也喜欢听竽，但是，他不喜欢听大型的乐团合奏，爱听独奏，便要求乐工们一个接着一个轮流吹奏给他听。这下惨了，滥竽充数的南郭先生不知如何是好，眼看着马上就要到国君面前演奏，却明明不会吹，可能会被砍头，只好连夜收拾行李，慌慌张张地溜走了。

由仁义行，非行仁义也。

——《离娄下》

从内心的仁义出发，才是正途；而不是将仁义看成是一种行为的手段、工具。

鲁迅在《狂人日记》中痛批吃人的礼教，我们在人物中看见含讽的、恶意的嘲笑口吻出于所谓的正常人，这些正常人就是继承优良传统，维持仁义道德，具有根深蒂固封建阶级观念的、绝大多数的中国人；而惶然失措、忧心忡忡的狂人，在日记中记录着一些新的、奇异的思想。由于传统本身的软弱，不愿面对创新改革，而对新的思维采取了排斥与鄙视的态度，这种态度，仍源源不绝地漫流在今日的中国社会。

《狂人日记》里的许多人物，分领出中国世界的各种束缚，其中的狂人他看见了世俗的框架，看见传统的拖累，以精神异常的外衣，说出历史、政治、社会中的不合理；而那些正常的人，有富人赵贵翁，依仗人势的狗，都是压迫人的象征，而暗喻中国封建古老礼教的古久先生，从知县、仕绅到衙役、债主，都是压榨平民的角色，故事中的青年、儿童全凭着世代传递的观念，不敢、也不愿跨出礼教的门槛，宁可抱残守缺、积非成是。

20世纪早期，一群知识分子站出来，反对礼教仁义变成压迫人的工具，他们与腐败的历史传统奋战，企图为未来的中国人开创新的世界，鲁迅便是其中一员。

　　行有不得者，反求诸己。

——《离娄上》

如果所有的行为都没有得到预期的效果，那么，就要反省自己了。

当社会呈现出一片混乱污浊时，人民将渐渐失去心灵的慰藉，唯一能救他们的，就是文学、艺术。因为，艺术能净化灵魂，而文学能提升人的精神境界。如果生活在这块土地上的人们，能发展出属于自己的文学面貌，追寻自己的根源，并且将这些珍贵的精神呈现在文艺之中，那么，在这块土地上的人心，便不会如此浮躁不安了吧！在十九世纪末的欧洲，出现了许多文学家、哲学家以及艺术家，他们以内敛的思想与爱国情操重建战后的欧洲世界，拯救当时人们破碎而恐惧的心灵，再创欧洲的现代文明。

目前台湾地区面临巨大的精神危机，人人茫然不知所向，恐惧与不安像梦魇一样徘徊不去。如果再不能唤醒人们的良知，收敛在上位者的贪婪功利之心，要改善其他社会问题恐怕是难上加难。握有权势的人是否真的负起责任，众人举目皆知，若权贵们再不能反省自己、批判自己，更遑论战胜目前的窘境了。愚者相残，智者相生，不改善今日，哪来美丽的明天？

　　言非礼义，谓之自暴也；吾身不能居仁由义，谓之自弃也。

——《离娄上》

说破坏礼义的话，这是自己残害自己；觉得自己不能以仁爱为本，不能行义事，这是自己抛弃自己。

陀斯托也夫斯基有一部很重要的作品《白痴》，因为他想透过《白痴》这部作品，写出心中的基督精神，而小说中的基督精神，则呈现在男主角麦色金身上。

麦色金的身世坎坷，常因不够世故而被欺负，而且他患有严重的癫痫症，以至于被人取笑为白痴。但是，麦色金具有一种特质，就是能让别人吐露心声，拥有宽广的接纳胸怀，以及对心灵敏锐的直觉。通常，善于看透别人内心的人会令人有威胁感，可是麦色金不同，他能看出恶行中的善，使那些被讨厌、唾弃的人感到被理解。

故事里的麦色金，在三角恋情的思索中离开了深爱自己的女子，而另一个他深爱的女子则选择离开他，故事以这样的悲剧性收场。当麦色金将邪恶的行为看透，指出背后的怜悯，为那些做解释时，陀斯托也夫斯基也透过麦色金的眼睛，看出在这个邪恶时代中真正良善的人，可以从邪恶里辨识良善，而邪恶者则永远将良善解释成邪恶，这就是陀斯托也夫斯基所说的基督精神。从陀斯托也夫斯基的观点来看，深陷苦难中的人，唯有靠悲悯来扶持，即便因为怜悯而失去幸福，十字架精神仍是人类中肯的希望。

陀斯托也夫斯基在自己的时代里，已经看见未来的虚无，在《白痴》之后，他对未来提出了一个莫大的疑问："如果没有上帝？"在《卡拉马助夫兄弟》中，或能找到些许解答。

道在迩而求诸远，事在易而求诸难。

——《离娄上》

道在咫尺却往远处追求，事情原本很容易却往难处去做。

也许经常有人会挂在嘴边："快乐在哪里？要到哪里去找快乐？"快乐真的如此难寻吗？其实，快乐在每个人的心里。有一天早上，我陪妈妈去逛百货公司，在回来的路上，看见一只被丢弃的小流浪狗，原本我们两人已经经过了那只狗，可是，妈妈想一想，又回头找那只小流浪狗将它抱起来，放置在箱子里带回家。

那小狗看起来还年幼，不知是什么缘故被遗弃了，当妈妈帮它洗完澡，喂着它喝鲜奶时，我们看见小狗脸上满足的表情，心里真的觉得很快乐。原来照顾小动物也会让人觉得快乐，真像电视里说的："心中有爱，就有快乐。"

其实快乐是随处可得的，看一场精彩的篮球赛、一场有趣的电影，读一本好书，或者听一下午的音乐，又或者和家人好好地吃一顿，这些都可以是快乐的泉源，快乐是很简单的，也可以用最简单的方式获得，不必舍近求远，不用奢侈花费，因为知足者必常乐。精神上的快乐，是最深刻、最永恒的快乐，这种快乐别人夺不走、抢不去，却能供你分享。

何必曰利？亦有仁义而已矣。

——《梁惠王》上

《孟子》的这句"何必曰利"，开宗明义，影响了中国两千多年。曾几何时，儒家的这一教义，再辅之以道家的淡泊明志、佛家的诸多戒律，使我们这个民族成为不屑言利的民族。"君子喻于义，小人喻于利。"其实，人是需要利益的满足才能生存和发展的，这一点上我们的传统文化过于轻视"利"对人生存在的意义是有失偏颇的。可是，今天我们如果因为反传统而走向了唯"利"是图，那显然又陷入了另一个迷误。

因此，我想我们固然要充分首肯每一个生命个体对自我人生的积极谋划，但在这个谋划中如除了"利"之外无暇旁顾，那么，我们不就变成一种利益的动物了吗？可是，在反传统的现代，现代人在义利取舍中的确存在着太多令人为之不安的情形了：不再崇尚利他主义和献身精神；不再关注仁、义、礼、智、信等善良本性的塑造；不再相信正义、气节和勇敢；在工作中更多地计较利己心的满足和实惠的获得，在爱情中更多地注目于肉体与性的相互

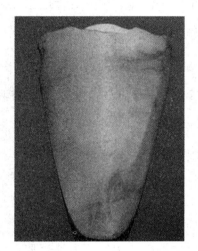

玉蝉

占有和取悦；在与社会和他人的交往中，唯我主义不可思议地膨胀，等等。这样的人性不是变得非常可怕了吗？故《庄子》中有"沉于物，溺于德"之说。

我们无奈地承认如下的事实：在西方物质文明的强大压力下，儒家给我们的这一分力量、道家给我们的这一个境界、佛家给我们的这一份把持正受着严峻的考验。但无论如何，一个只知言利的民族，是绝不可能真正图强振兴的。曾见有人撰文称："今天孟子见了梁惠王还会说'何必曰利'吗？"我想，孟子还是会这般

说的。

　　羞恶之心，义之端也。

——《公孙丑》上

　　为什么成语中要有"嫉恶如仇"一说？我想那是因为恶行常常会毁灭我们的人生。

　　佛家因此教人须信善恶的因果报应。《杂宝藏经》就记载了一则恶有恶报的故事：一位悍妇千方百计地想除去年老体弱的婆婆，她假惺惺地对丈夫说："何必让她受世间苦呢？送她去天堂享乐吧！"在举行了必要的仪式以后，便狠心把婆婆推入了火坑。谁知火坑旁有个小土坎，老人因掉在土坎上而活了下来。就在她又饥又冷时，碰上了一群盗贼。可盗贼在这荒郊野外碰上她误以为她是恶鬼，吓得丢掉赃物逃走了。婆婆于是带了极多的财宝回到了家。老人对又惊又怕的媳妇说："这些财宝都是你死去的父母、姑姑、姨娘及姐妹们托我带给你的。他们给得非常多，可我年纪大了，没力气，只给你带回这一点。他们说，如果你自己去的话，他们还会送更多的好东西给你。"她听婆婆这么说，高兴极了，便让丈夫把自己也送上天堂。这位媳妇的运气可没婆婆那么好，她没掉在土坎上，而是直接掉在火坑里，一下子就被烧死了。

　　所以，保持人性的羞恶之心是重要的。即使是对那些很小的恶，我们的人性也要有这样一份自制。

　　一位作家曾这样断言：倘若在夜深人静时，也能遵守十字路口红绿灯的指挥来行走，那么，我们就是有德之人了，因为我们已使"羞恶之心"成为生活中的一种习惯了。而能够把美德化为生活习惯的人，是最值得羡慕的。

天下有达尊三：爵一，齿一，德一。朝廷莫如爵，乡党莫如齿，辅世长民莫如德。

——《公孙丑》下

　　生命中值得我们追求的财富是很多的，孟子把爵位、年龄、美德列为人生的三大财富。西方几乎与孟子同一时代的哲人柏拉图则把健康、美德、力量、财产列为人生的四大产业。东西方这两位哲学巨人在"美德"问题上竟如此惊人的一致。

　　这绝不是偶然的。《说文解字》对"德"的注释是："德者，得也。行道有得心，谓之德。"所以，"德"是我们心灵世界通过对外在世界的感悟而确立的内心准则，它构成生命的支点。没有这一支点的生命是不能自立的。"美德"则使"德"这个生命支点拥有一种为人悦纳，能带来审美效应的情趣。

　　佛家甚至因此认为，有德之人才能获救。《六度集经》记载的这则故事甚至告诉人们美德能使人死而复生。有一条载有五百人的大船，不幸遇到了狂风暴雨。在这万分危急的时刻，一位勇敢的年轻人想起一则传说：凡海神均有洁癖，他们最厌恶的就是死尸。于是他立刻抽出一把短刀，向自己的喉管刺去。他死了，殷红的鲜血洒到船上、海中，漂在波浪上。海神见状，慌忙躲开，海上顿时风平浪静，大家得救了。所有人都被年轻人的行为感动了，大家抱着他的尸体呼天抢地，悲痛欲绝："天呀！宁可让我们这些凡夫俗子去死，也不能让这个有德的人去死呀！上天啊！救救他吧！"他们诚心挚意的祈求与悲痛欲绝的泪水，深深感动了帝释天，这位年轻人就此死而复生了。

　　"德者，得也。"一个从不知道"德"为何物的人，他的生命终究不会有所"得"。

中华传世藏书

孟子

《孟子》名言名句

一九九七

古之人未尝不欲仕也，又恶不由其道。

——《滕文公》下

处于当今的商业社会，我们或许可以说：今之人未尝不欲钱也，但恶不由其道。

这是一个对钱极为敏感甚至有些崇拜的社会，于是正如作家所描述的那样：当我们拥有一份工作时，人们不问你这项工作的性质与意义，而先问你"能拿多少钱"。如果当你说："这是不计酬劳的。"他会有两种反应，一是不相信，觉得你"一定是偷偷地在赚钱，怕给别人知道"；一是不以为然："真是傻瓜！不给钱有什么好做的？"你办一个活动，别人会问："收不收入场费？"不收？那你办它做什么？"你去旅行，别人只会问："花了多少钱？"你要上大学："投资那么多，什么时候才能赚得回来？"或者说："要是从高中毕业就做生意，早就发财了！"似乎人生的一切都变成了"生意"，而每做一件事，目的都应该是为了赚钱。

这样的金钱观无疑是本末倒置的。的确，工作能使我们得到钱，我们正是靠此维持生计的。但倘若以钱来衡量工作，那么工作可能会因此而变质。

工作的目标只是钱的心态，还使人因急功近利而体悟不到工作的真趣。人们直接地奔向金钱，而无心顾及人生理想，更无暇完成这个理想。大家心慌意乱，毫不汗颜地奔赴金钱，表现在社会上是浅薄、急躁、纷乱与浮嚣；表现在个人上则是狭隘地以"是否赚钱"来评判一切事物的存在，再也没有雍容沉稳的生命节奏，更没有飘逸潇洒的生气风度。生命一旦变成了赚钱的机器，生命真趣当然也就不复存在了。

守身，守之本也。

——《离娄》上

生命中需要守护的东西是很多的，财富、荣誉、职位、爱情、友谊，等等，都需要我们谨守才不致丢失。但是，儒家的结论却是：守身才是最根本的。

道家认为守身就是培育一种清静不为的心境，对万物的诱惑能以"为而不争"的态度去对待。故《老子》称："道常无为，而无不为。若能守之，万物将自化。"倘若道家的"无为"之境让常人难以接受的话，那么，他们提及守住本性，不让"万物诱惑人心"的思想则是必须接受的。这亦即儒家的"不动心"之教。

如果放任自己的身心沉湎于对财富、美食等身外之物的追求，那么，心灵中的操守便会因此而迷失。罗马帝国衰亡前，富人们生活日益腐化，他们费尽心思地寻欢作乐。鉴于饮食过量实在不是件舒服的事，他们甚至想出了一个绝招：在冗长的宴会上，用羽毛在喉咙处搔痒，将吃下去的东西吐出来，以便开始新一轮的吞咽。所以，罗马帝国的衰亡，实际上是从罗马人身心的衰亡开始的。

其实，对德性的一种谨守，也常常是身心愉悦的不竭之泉。有哲人这样说：以自己的德性品学去获得财富是愉快而自豪的；因侥幸和机遇得到的财富很可能也容易失去；用欺骗得来的财富则总使人忐忑不安，因为他也怕别人会以更高明的骗术拿走这些财富。

所以，生命中最应谨守的是我们自身，而不是财富。

饮食之人，则人贱之矣，为其养小以失大也。

——《告子》上

饮食男女，人之大欲也。从现代生物学的观点来看，饮食的本能，是人为了保存自己得以活下去的最根本的保障，即便再克制欲望的禁欲主义者，也绝无禁食一说。然而，倘若把对生命的占有仅仅理解为口腹之欲的满足，在自我人生中信奉"人生在世，无非吃喝二字"，那么，我们无疑已使生命本末倒置了。

中国古代有"饕餮"一词，专指只知饮食而不知人生尚有仁、义、礼、智、信诸德之人。据《左传》记载："贪于饮食，冒于货贿；侵欲崇侈，不可盈厌；聚敛积实，不知纪极……谓之饕餮。"在佛教中，与饕餮相似的是"饿鬼"，梵语称preta，其特征也是永远吃不饱。的确，人需要饮食，现代人更是讲究美味，这本身并无过错。但切忌使其过度。因为在人生中，无休止的欲望会不断地制造着占有的梦想，必然就衍化出人生诸多的悲剧。当我们的占有欲愈强时，实现这种欲望的行动也愈强，从而使人生因沉湎于口腹之欲的满足中而毁灭的可能性也愈大。

我们怎样才能在灯红酒绿的酒楼舞场面前平心静气呢？我想唯一的办法是告诉自己：生命的意义并不在于饮食之欲的满足，更重要的是心灵世界的充实和富有。

当然，许多沉醉于灯红酒绿之中的人，他们可能并非真正的饮食之人，而只不过是借酒浇愁罢了。对这些人我们只要指出一个基本的事实就行了：酒菜可以吃完，愁却依然存在。

动心忍性，增益其所不能。

——《告子》下

传说在佛祖释迦牟尼还住世的时候，有一位叫黑指的婆罗门教徒双手拿着两个花瓶，前去参见佛祖。佛祖见到他后，只说了一句"放下"，黑指连忙把左手的花瓶放下；佛祖又说"放下"，黑指又把右手的花瓶放下；佛祖仍然说"放下"，黑指不解："我已经把两个花瓶统统放下了，两手空空，还要放下什么呢？"佛祖说："我并不是要你放下手中的花瓶，而是要你放下你的六根、六识和六尘。你的这些东西放不下来，你就永远无法摆脱你心灵的桎梏和一切的烦恼。"

人有佛家称为"六根"的眼、耳、鼻、舌、身、意，这一切无不使我们对外界的诱惑产生动心。我们固然不可能像佛祖要求的那样彻底"放下"。但倘若心动了却从不知道有所"忍"，那么，或许就会因此而跃入纵欲主义的泥潭之中，从而毁灭自我的人生。

卢梭对人生在诱惑面前表现出来的占有欲做过形象的论证。在他看来，只有生命终结，面对一切诱惑才不会动心，故而他写道："十岁受诱惑于饼干，二十岁受诱惑于情人，三十岁受诱惑于快乐，四十岁受诱惑于野心，五十岁受诱惑于贪婪。"但正如卢梭理解的那样，毕竟我们对许多诱惑还是能不动心的。只有这样，我们才会对人生的其他方面有所增益。

其实，正是在欲望的动心忍性中，我们的灵魂经过痛苦的战栗，战胜了卑琐的情欲诱惑，甚至呼号着、呜咽着、痉挛着，蜕去兽性皮毛使人性得到升华。我们认为，也只有经过这种升华才可谈得上人性的尊严和人生的价值。

耻之于人大矣。

——《尽心》上

由于人性中必然存在的诸多迷惑，我们需要羞耻感的内省来调整我们人生的行动。故儒家主张省察克己，佛家倡导"忏悔思过"，道家则推崇"心斋、坐忘"。因为羞耻感使我们能更坦然地面对人生，所以孔子说："内省不疚，夫何忧何惧?"讲的或许正是这个意思。

人生修养的实践也证明内省的重要性。因为内省是一种理性的自觉自愿，对理想人性的追求在内省者这里已成为一种坚定的信念。真正的内省有时会是很痛苦的，特别是对自我丑陋之性的认识更是需要极大的胆识和勇气。正是在这种胆识和勇气下，我们才能克己省察，扬长避短，真正造就理想的人性。

也正是在内省中我们确立着自我独特的人生理想目标。马克思喜欢的格言中有一句是："人所具有的我都具有。"这充分体现了他不凡的品性：所有他人具有的优美品性我要具备，而且，别人所没有的优美品性我也要有。因此这句格言的另一层含义就是"人所不具有的我也具有"——我们如果也有这样的人生目标，那么，我们肯定也将有所成就。尽管现代人已愈来愈不屑传统的"吾日三省吾身"（曾子语）的做法，但我想，内省对自我人性的修养却永远是有必要的。因为正是在自我的反省中才产生对真、善、美的人性发自内心的惊叹、倾慕和景仰，从而以此激励自我去完善人性。

在现实人生中，有时真的就差那么一点点，使我们没有了伟人那般的人生境界。这"一点点"或许就是人生的羞耻感。

强恕而行，求仁莫近焉。

——《尽心》上

人所赖以生存的世界充塞着各种各样的诱惑。因此，我们的人生处于不断受着诱惑的困扰之中。特别是当我们有一个远大的人生目标和抱负，并为之孜孜追求时，外来的诱惑则会使我们一事无成。因为诱惑总带着一种神奇的魅力，使我们止步不前，把目光转向它，从而延缓或耽搁了我们向既定目标的前进。有时还会遇到这样的情形，当我们从诱惑中幡然悔悟时，却发现自己已心灰意冷、情绪消沉或已改初衷，丧失了继续前进的目标。

人心有时候是很软弱的，因而，人难免都会受到诱惑：名誉、地位、金钱、漂亮的异性、赏心悦目的良辰美景，甚至一时的舒适和享受，都向人们发出诱惑的脉冲波。即使在伟大人物那里诱惑同样存在。然而，伟人之所以伟大就在于他们在诱惑面前有坚强的意志力，使自己始终保持清醒的头脑。

所以，从人性的另一面讲，人类要彻底摈弃诱惑是不可能的。我们只能告诫自己诱惑对成就我们事业的危害性。这有助于自身尽量少地受到诱惑，或者一旦陷入诱惑的泥潭，则能"强恕而行"，使自己尽快地脱身出来。

正如哲学家培根说的那样："伟人在节制中实现自己。"我想，我们通常是因为不能强恕而行地节制自我，所以，我们才无法成为伟人。

有大人者，正己而物正者也。

——《尽心》上

道家曾有"忘乎物忘乎己以达天人合一"一说，当然这种境界一般人达不到。而其中"忘乎己"的要求也是不合情理的。在这一点上，儒家称"正己"无疑更具合理性。现代人总喜欢说我们处于一个充满竞争的年代，但倘若我们对"竞争"只理解为物质利益之争，那未免失之偏颇。其实，人在被狭隘的物欲束缚时，就会放不开，想不开，拘泥于物，于是竞争被理解成为大事争，为一点小事也争。结果，争得的人固然得意扬扬，未争得的人则垂头丧气。到最终，争得的人和未争得的人却因此仇结难解，有时甚至是多年的友谊也为此而不复存在。这样细细一思量，争不争得到又有什么了不起呢？

关汉卿在"闲适"诗中曾有这样的描述："贤的是他，愚的是我，争什么？"相传关汉卿是因自己写的杂剧惹出风波而写了这首诗的。当时一批所谓正统文人用礼教来讨伐关的剧本，并鼓动一些绅士名流反对上演他的戏。关汉卿的同道定要与之争个高低，关本人却极为洒脱："只求问心无愧，何必争个高低？"寥寥数语，把关汉卿豪放天然、飘逸豁达，充满着超然顺应的人生观表达得异常精当。我们倘若都有这样的人生态度和这样的处世哲学，也就站得高、看得远，对人对己也就看得透、想得开。

的确，在我们的生命中，自己但求无愧于己心，岂可事事如意？自己但凭良心办事，何须事事与人斤斤计较，一争短长？

名利之争常常是使人生感到很累、很沉重的缘由，所以，淡泊豁达的人生往往是经由对名利的超脱才达到的。

于不可已而已者，无所不已。

——《尽心》上

人生总是伴随矛盾和无奈的，我们"于不可已而已"，但却常常"于可已而不已"。

对诸如德行的造就、空灵之性的培育、智慧人生的追求，等等，我们总因为它是一个艰难的过程而放弃努力。但对于人生另外的东西，如金钱的攫取、名誉的追逐等，我们却总是不知道在适当的时候说一句"如此而已"。

譬如，对名誉的追逐，我们恰恰是很需要拥有一份"而已"心态的。中国人熟知的三国时期刘备三顾茅庐的故事中，诸葛亮自称"我本是卧龙冈散淡的人"，因此他视功名为浮云过眼。在诸葛亮身上既有儒家的镇定，也有道家的潇洒？他所追求的都是一种更深远、更宽广的精神内涵，所以，他的一生不以小成而沾沾自喜，不以小败而不可终日。他能把个人胸襟扩展到尽可能地大，使自己能够容纳一切的纷扰，包容一切的起伏。我们都倾慕他从容镇定、谈笑用兵的人生，却常常不知道那是因为他对功名有着精当的"而已"心态。那"淡泊以明志，宁静而致远"的人生信条，正是他这种心态的最好诠释。

现实生活中的无数成功或失败者的人生已充分表明，在人生的功名追求中，唯有"知可已而已，知不可已而已"的人才会是真正的成功者。只有如此，我们才能放开个人的得失，人生智慧也才会从容出现，也才会有该执着处则执着、该洒脱时则洒脱的胸襟。

我们的社会有太多教导如何取得功名的方法，却忽略了与此同时，也要教导人们如何抗拒功名和为什么要抗拒它。

仁言不如仁声之入人深也。

——《尽心》上

一个不断地在嘴上说要行仁义的人，无论如何也比不上一个在行仁义方面声誉卓著的人。同样，在自我的人生中，一个总说热爱生活而又不愿以自己的行动去创造生活的人，他无论如何也是体悟不到生命之真谛的。故禅宗六祖惠能劝人"精进"与"抖擞精神"。相比之下，儒家则强调的是一种可贵的入世践行精神。所以，我们如热爱生活，就必须创造生活。

许多人总是抱怨生命太短促了，但就在抱怨声中，短促的生命变得更加短促。唯其因为生命的短促才需要我们加倍努力和创造，使我们的生命在创造中体现其价值，只要我们是在创造和奋斗，那么生命短促是无关紧要的，因为短促的生命也可以创造出永恒的业绩。

我们可以设想，如果爱迪生没有他那上千种的发明创造，贝多芬没有他那几部震撼人心的交响乐，拿破仑没有他那叱咤风云的法兰西帝国，那么，爱迪生、贝多芬、拿破仑这些生命就不会具有我们今天所景仰的那种崇高的价值。

创造无疑是艰辛的。因为生命的存在一方面很短暂，另一方面也很脆弱，而生命所面临的外部世界则往往是无限强大的。但正是在这个以短暂抗衡无限、以脆弱抗衡强大的创造和奋斗中，生命才得以展示辉煌。

所以，平庸的生命再长也是短促的，而轰轰烈烈的生命再短也是永生的。我们要使自己的生命有价值，就必须勇敢地投身于轰轰烈烈的创造之中。

夫君子所过者化,所存者神。

——《尽心》上

倘若我们不是一个伟人,就不可能像伟人那样,具有"过者化""存者神"的伟力。因此,在自我的人生中,如果一味执着地追求改变他人、改造社会的这种神奇伟力,那么,我们往往会无功而返。

然而,我们仍然可以有成功的人生。对不凡的人和事,古人称为"高山仰止,心向往之"。其实,在这一过程中,同样会带给自我人生意想不到的收获。有这么一则传说,很好地说明了这一点:从前有一个书童,常年侍候一位大书法家写字。有时候,书法家对自己的字不满意,就搓成纸团儿丢进字纸篓里。晚上,书童清理字纸篓,悄悄地把那些纸团捡起来,放进床下的一只大箱子里。若干年后,大书法家去世了,书童的箱子也盛满了,他竟成为一名非常著名的书法收藏家。

我们固然佩服大书法家精益求精的敬业精神,但我们更羡慕这位有心的书童。正是因为他心存对伟人的钦慕与崇敬而把书法家的弃物也视为宝贝,从而使自己获得了成功。

生活中,对伟人的钦羡带给我们人生的东西实在是很丰盈的。《圣经》中有"因你羡慕善人善事,故你能得救"之说,或许指的也是这个意思。

我们不必去仿效伟人的一言一行,故须懂得"高山仰止";但我们却可以在伟人那里汲取生命向上的力量,所以,必须使自己"心向往之"。

责善,朋友之道也。

——《离娄》下

友谊,有时也是促使人生向上和向善的一种德性的力量。

　　动物有时为了生存而联合一起攻击一个目标，但这不是友谊；人们有时为了物质利益或为了维护自己的名望地位而相互勾结利用，但这不是友谊。真正的友谊不是建立在个人功利的基础上的，也不是物质性的东西，而是两颗心自觉自愿的交融，它拥有一颗随时准备帮助别人的善心。

　　因此，友谊以无私的善心相互提携，而使我们与另一人同行在风雨人生路上。民间有这么一则传说：一老一少两位忘年交结伴同行。途中少者拾得一锭纹银，他想到自己家贫如洗，便欲将此银纳为己有，老者默然不语。及归家中，老者将此事告知少者父母。其父母责备道："长者为何不当面教之于吾儿？"长者赧然答曰："我虽为长者，可当时亦有此私心，故无颜教之矣。"

　　这位老者的负疚之心表明了，真正的友谊还是人性中一种促使自己心灵净化的力量。而这一点正是古今中外的圣哲贤士要热情讴歌友谊的缘由所在。倘若没有了这种促使人生向善的力量，那么友谊就会变质。我们都有用信用卡取钱、购物的经验，友谊也如银行之信用卡，只有信用卡上的数目大过或至少等于所需的数目时，它才对我们有意义。银行一般不允许透支，友谊中内蕴的东西，也不允许我们透支。

　　只有拥有一颗善心，才能去接近和理解另一颗善心。

友也者，友其德也。

——《万章》下

　　因德性、品学相融洽而缔结的友谊，是人生中的一大精神财富。故有哲人断言："友谊是各自独立的两颗心灵相互接近的磁场。"这种心灵磁场的存在就是因为德行的默契。

　　佛家也以德行来论友谊。佛经中有关于一老婆罗门如何考察同行者是否同道的生动记载：有两位邂逅的婆罗门，一天经过一片果树林。正是深秋果熟时节，枝上硕果累累。他们已走得又饥又渴了，很想买点果子吃，但寻遍果园找不到主人，只得继续上路了。但在前面树荫下休息时，其中一个惊叫道："我包袱上有一果子。"果子显然是因为熟透了而恰好落在上面的。他于是连忙赶回果园，送回了那个果子。另一人被同行者深深感动，从此与其结为同道知己，后两人均成为修行极高的尊者。

儒家、佛家这一"友其德"的思想其实也为西方文化所赞赏。一个奢侈好客的人，整天在家招待宾朋亲友，三日一小宴五日一大宴，而且宴席之奢靡简直难以形容。主人为此而洋洋自得。可是终于有一天，他把所有的家财跟朋友们一块花光了，朋友因此冷淡他、背弃他，没有人肯帮助他。直到有一天他忽然发现了一堆金子，这些朋友才又重新回到他的身边。

这是莎士比亚剧本里的故事，读了这则故事的人都会觉得那些"朋友"太不够朋友了。这些朋友的背弃行径固然应该谴责，但我想，一个挥霍败家的人恐怕自己已失掉了受朋友永远尊重的可能。

因此，想拥有朋友，自己首先得"够朋友"。

欲贵者，人之同心也。

——《告子》上

谁都企求生命的尊贵，人同此心，心同此理。然而，并不是所有的人都知道在生命中是什么东西使我们尊贵。于是，在现代社会中，我们可以发现愈来愈多的人执着于名牌轿车、豪华别墅、高薪职业等的追求，以此来实现自我生命的尊贵。现代社会亦因此而被称为消费的社会。

其实，真正的尊贵在于人的内心世界。道家称：人之贵者，来自自然。故《庄子·外篇》对人的这一境界有这样的描述：不委屈身体，不炫耀聪慧；期待无为而自然有威仪，沉默无言而后道德自至，精神有所归向以使动作自然合乎天理，从容大度，无为而无所不为。这可以说是人生至尊至贵的境界了。

如果说佛家以"空"义来诠释生命，对不勤于修行的现代人而言显得无从把握的话，那么，道家在这里以"来自自然、从容大度而有威仪"来理解生命的尊贵则显得较为实际。这就是说，我们的生命本来就是尊贵的，我们能有这一具有血有肉的身躯就不能辜负了它。我们可以借着生命的存在，借着这具有血有肉的身躯，活得泰然自在、清心恬适，活出光明的本性来。因此，倘若迷恋于名利得失、感官刺激，甚至钻到贪、嗔、痴里出不来，却过上了清心适意的精神生活，那么，我们就在糟践尊贵的生命了。

人生中有许许多多身外之物是必需的，但它们并不会使我们因此而变得尊贵。因为，使一个人真正尊贵的东西永远是我们的心灵。

君臣、父子、兄弟终去仁义，怀利以相接，然而不亡者，未之有也！

——《告子》下

我们处于一个讲究利益的时代，所以古人那种"千金一掷为知音"的仁义之举已遥远得宛如神话一般，这当然是历史的必然。然而，如果把人生命中的所有东西都以"利"作为衡量的标准，那么，我们的人生则又是不幸的。

感情，就是我们生命中不能以利来衡量或交易的一种东西。拜伦有一次看见一位盲人身上挂着一块牌子："自幼失明，沿街乞讨。"但他手里那乞讨用的破盒子却空空如也。于是，拜伦灵机一动在他的牌子上写了这样一句诗："春天来了，可我看不见。"过路之人一时纷纷解囊。

为何牌子上的字换了一下，结果竟如此不同呢？这是诗人诗句中蕴含的巨大

"情力"，拨动了路人心中的"情弦"。因为人非草木，孰能无情？当人们一下子从诗句中感受到盲人乞丐内心那撼人心魄的痛苦时，不免就动情了。

然而，对于生命中如此神圣的东西，许多人却不珍惜，而是轻易地将其炒卖了。在这充满商业竞争的社会，一些人把感情当做交易的砝码，虽然赚到了钱，却透支了人与人之间的真情。这些人最终注定要沦为人生中的失意者。

也许我们谁也无法改变这样一个事实：在商业社会里，几乎所有的东西都能以利来权衡而被炒卖。但唯其因为如此，我们才需要对那些不能炒卖的东西特别地珍惜。否则，即使钱赚回很多，但心灵的世界却会变得一无所有，生活中就不再会有激情。这样的生活无疑是人生最大的不幸。

路恶在？义是也。

——《尽心》上

义者，宜也。故人生之路通常就在一个"宜"字上。爱情之路也同样如此。

爱情既然是两个人的统一体，总难免有统一体破裂的情形发生，这即是失恋。失恋无疑是痛苦的，因为对双方来说都意味着要否定过去。歌德在《少年维特的烦恼》中描写过这种失恋的挫折和困顿："爱情是人性中的至洁至纯，为什么从此中有惨痛飞进？"——歌德留下了这样的抱怨，也留下了爱情中维特般那永恒的痛苦绝唱。

出路何在？一个"宜"字而已。失去了的毕竟是一去不复返了，因此任何自我折磨、自我沉沦都是缺乏理智的表现。尤其是因爱情的失却而像维特那般毁灭自我的生命是最"不宜"的。如果我们连生命都不存在了，那么，人生的一切也就不复存在了。既然我们不会因为人生的艰难而毁灭自我，那为什么要因着爱情的挫折而毁灭自己呢？

其实，失恋对失恋者具有双重作用：对于弱者，它使人自甘沉沦，甚至痛不欲生而走向毁灭。但对于真正的强者，它则是一个严厉的生活导师，用近乎残酷的手段，使我们在异乎寻常的痛苦中重新认识自己、认识爱情、认识整个人生。这样，在失恋的反省和沉思中，我们就会自觉地把失恋当作自我完善的一次机会，使自己的意志变得更为坚强、品格变得更为高尚、情感变得更为深沉。

我们的爱情之路正是因此而峰回路转、柳暗花明的。

居仁由义，大人之事备矣。

——《尽心》上

在爱情的追求中，要成为一个成功的人，我们就必须拥有一种居仁由义的自律的精神。

泰戈尔说："爱就是充实了的生命，正如盛满了酒的酒杯。"因此，让爱拥有更丰厚的内涵，就意味着我们要有一种道德上的自律精神来充实爱情本身，从而充实我们的生命。

所以，真正的爱情从来都受到道德的规范，这种规范并以意志作保障。这样，我们的爱情就不仅仅是爱的情感，而是在这一情感背后还渗透着更多的诸如义务、责任、同情心、尊重等内涵。对自我和所爱的人来说，这样的爱才可能超越单纯的性爱，而达到一种崇高的境界。在现代社会中，似乎有愈来愈多的人信奉"爱就是爱，因而爱不受约束"的信条。但我们依然要指出：爱从来不是单一的。如果把爱情这一人类崇高的情愫只理解为是一种相互倾慕的性爱，或者只理解为两个人之间的一种"剪不断，理还乱"缠绵缱绻的情爱，那么，这无疑使爱变得贫乏而抽象。

爱情中居仁由义的道德自律精神，是我们步向爱情王国的呵护神。前面是芳茵时，它是轻盈的步履；前面是泥潭时，它是腾飞跨越的双翼；欣逢极乐世界时，它是镇静剂；遭遇悲惨不幸时，它是安抚者。倘若我们拥有这样的爱，那我们的生命不啻是拥有了福祉。

我们曾为许多感天地、泣鬼神的爱情而激动不已。这些爱情有一个共同之处，那就是充盈着居仁由义的大气。

饥者甘食，渴者甘饮，是未得饮食之正也。

——《尽心》上

其实，现代人为了排遣难以忍受的寂寞而去追求爱，常常也未得爱之正也。

那么真正的爱情是什么？心理学家在分析着，哲学家在洞察着，艺术家在赞美着，小说家在描述着。形象的、逻辑的、浪漫的、理性的……几乎有多少人思考，就能得出多少种结论。于是，一些人干脆宣称：真正的爱情是不存在的；只有情人没有爱情，正如医生认为只有病人而没有疾病一样。

其实，爱情的本质也就是人的本质。弗洛姆在《爱的艺术》一书中，对爱情下过这样的定义："爱本质上是给予而非索取。"曾有文章说这是"爱情的说教"。其实不然，弗洛姆在这里恰恰抓住了"爱之正"：因为无论如何。爱情至少表明了我们要放弃自己的独立性，而和另一个我们所爱的人达到统一：这个统一通常意味着对另一个人的友爱、关切、同情和责任。如果我们心中只有自己，那是无法维护爱的这个统一体的。故爱其实是一种德性，《论语》中孔子曾有"吾未见好德如好色者"的感叹。在孔子看来，真正的爱须是"好德"甚于"好色"的。所以，在现实生活中看到的那些优美纯真的爱，绝不是人生的一种消费，而是生命的一种增益。故哲人说："爱，是我们增添所爱之人的生存价值，优化所爱之人的内在魅力的一种渴望和创造。"

我们或许不能完全理解弗洛姆的这个定义，但如下一种爱的理解则肯定是"不正"的：爱只是为排遣孤寂的一刹那的情绪。假如错把别人的这份情绪视为真正的爱，那只表明我们是幼稚的。

　　父母俱存，兄弟无故，一乐也。

——《尽心》上

　　生活在物质文明进步一日千里的现代世界，为了跟上这时代的步伐，我们终日奔波，疲惫不堪。这时，家就成为我们生命憩息的一个港湾。

　　儒家称"齐家治国平天下"。可见，我们正是从"家"出发踏上人生的旅程的。

　　于是，尽管我们写得最多的是自己的名字，但我们说得最多的却是自己的家。我们知道只有走出家，才能造就自己的人生业绩，至少必须走出家才会有成功的机会。所以，我们一边说着自己不想家，一边却又无法忍住想家的泪水。家就是这样的一片风景，我们可以不去看它，却不能不想它。即使家是贫穷山村中的一间小草屋，是贫瘠黄土地上的窑洞，但它是我们的根。草屋倒了，可以重搭；窑洞塌了，可以重掘，因为家是我们的希望，而希望是永远不会倒塌的。所以，家也就是地平线上不落的太阳。

　　早期的佛家理论，称"出家"方能悟得人生之大道，故有佛祖抛弃荣华富贵，在清贫与饥饿之中悟得人生真谛的楷模。那是因为佛祖心中有"大家"。我们无由成为佛祖那样的圣者，因此，更多的时候我们要把人生之舟停泊在家这一处温馨的港湾。这或许也是为什么古人把"天伦之乐"视为人生一大乐趣的缘由。

　　年轻时，我们把家放在嘴上；年老时，我们把家放在心上。这是一段距离，是一个过程，我们都会经历，或早些，或晚些，其结果却是一样：回家。

圣人，百世之师也。

——《尽心》下

　　圣人，不仅是百世之师，而且常常亦是百事之师。

　　佛祖释迦牟尼就是这种圣人。据《释迦谱》记载，释迦牟尼佛当年在印度修炼时，魔王波旬害怕释迦修炼成佛，就派了三个美丽无比的姑娘去诱惑他。三位姑娘竭尽所能施展自己的魅力："三十有六姿，色舞眉飞，凝眸细视，现其纤脚，露其玉臂，作鸟雁哀啼之声。"可是释迦牟尼佛并不为所动，终于顿悟成佛。同理，我们倘若不能抗拒美色的诱惑，就永远无法悟得人生的真谛，从而拥有快乐的人生。我想，现代人的爱情追求中尤其需要以释迦牟尼为师。

　　我们承认"爱情是自由的"，但自由绝不是放任，尤其是对待本能情欲的放任。一个人的情欲是不能给予太多自由的：你对它愈宽纵，它就愈与你为敌。这就是为什么会有哲人认为"爱情中最大的仇敌莫过于自己的情欲"的缘故。而且，情欲常常善于化装，当它不能按本来面目达到自己的目的的时候，它便戴着诸如享受人生之类的假面具来打动人心，使我们丧失理智。这时，我们就不仅可能置社会公德于不顾，而且绝对彻底地推卸了一切真正的爱情所必须承担的神圣的责任和义务，其结果往往是人性因此而堕落。

　　"我们在精神方面获得愈多，在本能方面失去的也就愈多。"拉美特里将之称为生命的永恒定律。同理，在爱情中，我们在本能方面得到愈多，在精神方面失去愈多。

　　如果爱仅仅是一种情欲的满足，那么永远相爱只是一句空话。

　　非其友，不友。

——《公孙丑》上

友谊是心灵的一种默契。因此，真正的友谊大厦是建立在志同道合的基础上的。

三国时，管宁、华歆曾同席读书。一次一辆带篷的华丽车子通过门前，管宁读书如故，而华歆则按捺不住好奇心丢下书本出门观看。管宁叹道："子非吾友也。"小小一件事，足见两人心灵的距离。这一关于友谊的著名典故，告诉我们没有心灵的相通和默契，也就没有真正的友谊。

也因此，我们对友谊必须有如下的自知之明：友谊不像母爱那样是随着婴儿与生俱来的人之本能，也不像爱情那样受着契约的限制和保障。我们的友谊除了心灵的相通与默契之外，没有其他的维系物。所以，酒肉朋友没有友谊，利益上的互帮互利也不产生友谊。现代社会中许多人对友谊的失望，甚至有那么多的人堂而皇之地在报章杂志上登"寻友启事"，无疑地，均表明了他们没有把握住友谊的真谛。

既然友谊是心灵的一种默契，我们就不应忽视另一类友谊的存在：譬如以书为友。当我们一页一页地翻阅一本能打动心灵的书时，我们整个的身心仿佛沉浸在其中，与它同哭同笑，仿佛能听到一个亲切的声音在同自己娓娓叙谈；而当我们掩卷冥思，便仿佛在与一颗伟大的心灵对话。

心灵是无法找到边界的。因而真正的友谊能使我们跨越时空，体悟到高山流水皆知音的人生真趣。

君子不以天下俭其亲。

——《公孙丑》下

孝心是人性因血缘而衍生却又远超出血缘的一种德性。

叔本华认为，一个人的智慧和才华必缘于他的母亲。我们不必考证其说是否有科学根据，但不可否认，我们的品行的确是深受母亲影响的，故有"母亲是人类的第一个导师"之说。据《列女传》记载：孟子小的时候，看见邻家杀猪，便问母亲为什么要杀猪，孟母随口答道："给你吃呀。"说完便很后悔，她想，我早就知道古人怀胎时就进行教育，现在孩子已有知了，我还欺骗他，是教育的不守信。于是她宁肯几顿不吃菜而把节省下来的钱向邻居家买了一块肉给孟子吃。这拳拳慈母心令人动容，而孟子品性中的诚与信显然是受其母亲影响而形成的。

曾见一家青年杂志讨论"为什么必须孝顺父母"的问题，正如编者所说的那样："现在我们讨论这个问题本身表明这已成为一个问题。"这个"为什么"的问题如不解决，那么，无论我们有多么悠久的"孝悌"传统，现代人对此依然是会心存疑虑的。

我想，孝心之所以必要，那是因为我们从父母那里得到了最纯正、最无私也最广博的爱。父母之爱所期望的唯一回报，就是他的孩子能够"成人"。这种爱就像一棵大树，默默地保护着自己的孩子。如果风暴要将其连根拔起，他的手臂就愤怒地挥动。而他唯一的希望，就是他所庇护的孩子，有一天也能像自己那样昂首迎接暴风雨。所谓孝心只是我们对父母的一种德性上的回报，而对父母的孝心也就耳濡目染着我们的子女，养成他们的孝心。人类的德性正是如此世代相袭而弘扬光大的。

朋友有信。

——《滕文公》上

朋友之情没有亲情的血缘，也没有爱情的婚约，它所得以维系的只是信任。

古人为之有"一诺千金"之说。佛家经典中有关于"诺言"的一则感人至深的记载：一位年轻人，因海难而漂流至罗刹国。罗刹国内的罗刹女个个美丽绝伦，软言悄语地要年轻人留在该国。但年轻人因与一朋友相约在南方见面，故婉拒了。

罗刹女便把他软禁起来，并派了一些猛兽看守。年轻人为不负约只得趁罗刹女睡熟时逃了出来。他不断地与看守的猛兽搏斗，以致遍体鳞伤。等他终于赶到目的地与朋友见面时，连一句话都没说完便气绝身亡了。类似《佛本行集经》中这类的故事还有很多。这就是传统文化对"朋友有信"的最生动的注解。

在充满着商业竞争的现代社会，诺言仿佛已成为一种廉价的东西了。以致作家尤今感慨道：现实中有太多廉价的诺言了。"没问题，别担心，一切包在我身上。"于是乎，你大受感动，感激涕零地向心目中的贵人一谢再谢。回家以后，高枕无忧，静候佳音。然而，那个许下诺言的人，在你转身的那一秒钟里，便已把你的嘱咐忘得一干二净。

曾读诗人臧克家的传记，文中称他为"从不迟到的人"：尽管诗人将时间看得比金子还贵重，然而，与人约会时，绝不因为自己有千头万绪的事务待处理而迟到片刻。他的理由是："同别人约好时间谈事情，这时间就不属于我自己了，而是属于我们双方的。"是的，浪费别人的时间便等于是自私地挥霍别人口袋里的金子。

分人以财谓之惠，教人以善谓之忠。

——《滕文公》上

能交一位仗义疏财的朋友，无疑是生命中的一种缘分。但朋友之间若能用心灵的相契，而使人生有了一种善的动力，那无疑就是生命中的一种福分了。

朋友之间称为净友的那一类，就是能使我们向善的朋友，其忠言虽逆耳，却是我们保持心灵健康的良药。因此，傅雷在给他的儿子的信中，有一段论述友谊的名言："孩子！在友谊的交往中，我们应当把最宝贵的东西奉献给朋友。宝贵的东西除了给你的朋友以温暖和慰藉，使他得到快乐和幸福外，再就是应不时地送他诚挚的净言。记住：忠言规净是最能保持人心康健的预防药，也有利于巩固和提高我们对一切真善美的事物的向往的心灵。"

所以，我们宁可多交那些道义相研、过失相规的畏友，也不要去结交一些只为了在茶余酒后愉快地消磨时光，从而相互间对缺点错误宽容慰解的朋友。古人云："女无明镜不知面之精粗，人无良友不知已之有过。"我们听从朋友的忠告不仅不失面子，而且永远是一件荣誉的事。

确实，能震动我们心灵的忠言，有时很逆耳，就像是一块处在高温状态的金子，很烫很烫，只有真正的朋友才敢于不怕灼痛地去接受它。

在人心日渐圆滑世故的今天，把对朋友的忠言告诉他，这是对友谊最严格的考验之一。

饱食、暖衣、逸居而无教，则近于禽兽。

——《滕文公》上

现代社会无疑已使我们真正能"饱食""暖衣""逸居"了，但倘若不能使自己因教化而有教养，那么我们不仅愧对古人，甚至有愧于"人"这个称号。

教化可以铸造真正的人性。相传在一个寒风呼啸的夜晚，避居在湘西山村的大儒王夫之，正在对弟子们讲述《礼记》。他讲得很专心，学生也听得专心，于是有一窃贼乘机偷偷溜进屋来行窃。谁知他在窃听王夫之的讲课后，居然良心发现而悄然离去，并从此弃恶从善。可见教化之力的神奇。区区一课，连窃贼之贼性也因此而改变。

人性之教化的重要，不仅因为我们并非生而知之，故需要德性的熏陶，而且还因为处于时时变迁的社会环境中人会发生近朱者赤、近墨者黑的改变。故而王夫之有人性"日生则日成"一说。荀子在《劝学》篇中则认为："积土成山，风雨兴焉；积水成渊，蛟龙生焉。故不积跬步，无以至千里，不积小流，无以成江海。"

当然，教化的力量永远有赖于我们自己的心灵，或者说，我们自己选择自己是否有德性，或拥有怎样的德性。故古人云："人积耨耕而为农夫，积斫削而为工匠，积贩货而为商贾，积礼义而为君子。"

尽管我们生活在一个似乎不太注重道德教化的时代，但倘若没有一定的教化之功，生命就会没有目标、没有动力、没有境界。

入则孝，出则悌，守先王之道。

——《滕文公》下

人的社会性决定了人不能离开别人而存在，于是人际关系问题便亘古及今地存在于每一个自我的生命之中。

儒家的"礼"就是为处理人际关系而制定的规范。而这一规范的起点则是"父慈子孝、兄友弟恭、长幼有序"。然后由自身及国家，从孝悌推而广之，用孝悌精神去忠于国家、信于朋友，由孝悌而不"犯上"，由不"犯上"而不"作乱"，以至实现国家治、天下平之社会理想。儒家这一关于人际关系的蓝图正如林语堂先生指出的那样："固有约束人性之处，但却建立了最有人伦秩序的社会。"

现代人最向往个性自由，因此许多人总是期望逃脱人际关系的困扰与负担，以便我行我素。然而，这已被实践证明是不可能的，没有这种束缚看起来是彻底地自由了，可事实上却最不自由：没有亲朋的援手，便只有跌入顾影自怜的孤寂之中。可以说现代人的许多心理病态，莫不与此相关。

其实，生命中是不能没有别人的，譬如友人，有时甚至就是快乐的代名词。尤今就生动地描述过这种快乐："朋友的信由绿衣使者的手中传递过来时，尚未拆开，便隐约地看到荡漾在信笺上那一圈又一圈的笑影。才把信封撕开一条缝，一串圆润的笑声，便迫不及待地从信封里滚出来，撒了一身、一地、一屋。"

倘若我们拥有这样的朋友，我们又怎么会想着逃脱他们呢？

羞恶之心，人皆有之。

——《告子》上

　　"人是什么？一半是天使，一半是野兽。"西方哲人如是说。这一比喻很形象地把人性中善与恶两部分内容勾画出来了。当然，这毕竟只是一个比喻。事实上，人心中的羞恶之心却可以使我们脱俗澄明，把我们提升为一个真正意义上的天使。

　　佛教中有佛祖骑虎布道的传说。这一传说的寓意，我想也正在此。人性应当主宰兽性，因为人来源于动物界，故必然地有着许多恶的品性，但羞恶之心可以使我们舍弃动物性，而造就自我真、善、美的人性。人也因此在和动物的比较中体现出自身的价值和尊严。倘若我们屈从于动物般本能的冲动，那么人也就变成了非人。

龙纹璜

　　成语有"嫉恶如仇"一说，在每个人的人生中也需要这种人格品性。许多人没有羞恶之心，那是因为他们每天身不由己地忙忙碌碌，老是静不下心来找一找自我人生的真实感觉。其实，夜深人静之际，倘若能认真检点一下自我的人性，就会发现自己的人性中属于动物的这一半往往很真实，而属于天使的那一半却很贫乏。这种反省使我们羞愧，并为此萌发上进之心，故古代贤哲极为推崇"内省不疚"的人生修养方法。没有这种对自我生命的了悟，当然不可能拥有真正意义上的羞恶之心。

　　我们固然生活在一个注重功利的时代，但倘若把人性的一切都付诸功利，却对人性中的善恶问题无暇旁顾，那么，我们又谈何人生境界的追求呢？

恭敬之心，人皆有之。

——《告子》上

人性中的恻隐之心为"仁"，羞恶之心为"义"，恭敬之心则为"礼"，是非之心为"智"，诚实之心为"信"。或许可以这样说，正是这五者共同构成中国文化推崇的人生"五主德"。

作为礼仪之邦，我们历来注重人性中恭敬之心的培养。如果说人性中的恻隐之心使每一颗心因仁爱而沟通，那么，恭敬之心则使每一颗心因谦和而宽容。这种谦和与宽容总带给人生一个异常美丽而温馨的体验，因为恭敬之心使我们的心灵相互接近和交融。于是当我们带着一种谦和恭让之心与别人打交道时，我们是快乐的；当我们接受别人的谦和恭让时，我们更是快乐的。

恭敬之心之所以是必要的，还因为世界上不仅没有两个个性情趣完全一样的人，而且从来不存在个性十全十美的人。刚直的人有戾气，俊逸的人有傲气，忠厚朴实近乎愚，辩才纵横则近乎肆。所以，我们才特别需要认可别人的不同，并宽容别人身上的某些欠缺，始终充盈着爱心。

曾有人抱怨，自己生性高傲刚烈，恐难养成恭敬之心。这无疑误解了恭敬之心的实质意义。恭敬之心很简单，就是尊敬他人。因此，当我们登山超过了别人，能关切地询问对方是否需要帮助时，当我们明白自己可能迟到而想办法打电话通知对方时，当我们与友人争论得面红耳赤剑拔弩张之际而能巧妙地转换一个话题时……这一切其实都是人性中恭敬之心的真实流露。在愈来愈多的人抱怨现代社会的人际关系紧张时，恭敬之心无疑为人与人之间的交往开拓了一个美丽的空间。

是非之心，人皆有之。

——《告子》上

人生中的许多现象的确是是非与善恶难辨的。不少人因而不愿对此做"是"与"非""善"与"恶"的判断。一些现代不可知论者干脆声称：我们不可能知道人生问题中的是与非，我们仅仅知道的问题是：我存在着。

然而，没有是非判断的人生只能是盲目的人生。古罗马哲人西塞罗说过一段寓意深远的话："聪明的人凭思考行事，领悟力较低的凭经验，最愚昧的人凭需要，动物则凭本能。"

这无疑表明了思考对人生的重要性。从一定意义上甚至可以认为正是思考使人与动物、智者与愚者、伟人与平庸之辈分道扬镳了。

诚然，对人生中那些是与非问题的思考常带给我们诸多痛苦，而且这种痛苦似乎是注定的：因为人生中的许多是非善恶不仅难以分辨，而且往往如庄子所称"此亦一是非，彼亦一是非"，具有相对性。没有足够的睿智，我们就只能生活在自发人生的层面上。那些整天忙忙碌碌，却不知忙些什么的人，那些永远只会人云亦云、随波逐流的人，那些只囿于经验、凭感觉行事的人……他们所拥有的无疑都只是自发的人生。

佛家称分辨是非的"智慧"为人生修养的最重要功德之一，其根据或许正在于此。

学会明辨人生的是非善恶，其最大的意义在于造就我们成为人生的思想者。这种明辨使我们能真正拥有自觉、充满理性和睿智的人生。

居下位，不以贤事不肖者。

——《告子》下

《庄子》中有庄子拒聘为相的记载：楚王因倾慕庄子的才学，派使者携厚礼登门造访，欲聘其为相。庄子却婉言拒绝了这份高官厚禄。因为"春秋无义战"，庄子感到自己唯一能做的事就是保持一份"不以物喜，不以物悲，不以物挫志，不以物伤情"的清高。

其实不仅是道家，佛家也崇尚这种清高之心，故寒山子有诗云："杳杳寒山道，落落冷涧滨。啾啾常有鸟，寂寂更无人。"

我们固然不必仿效而故作清高，而且，我们往往也达不到这种境界。但作为滚滚红尘中的凡夫俗子，我们依然需要在心性中留一份清高，因为正是凭借这份清高的心灵，我们可以自由而从容地体验人生的诸多情趣：它使我们在繁琐的世态中求得简练，在喧闹的尘埃中求得恬静，在世俗的环境中求得超然，甚至在不公平的遭际和突如其来的厄运中求得安慰和自悦。

不仅如此，清高往往意味着是对外界诱惑的一种节制。世界和人生充满着诱惑，名誉、地位、金钱、漂亮的异性、良辰美景，甚至是片刻的舒适和享受，无不带着神奇的魅力，使我们不由自主地沉湎于其中。而且，人作为一种感性的欲望的存在，又注定无法摆脱诱惑的纠缠和困扰。清高作为一种理性的节制，则能使我们在幽思和沉静中抗拒诱惑。

正如徐悲鸿所言："人不可有傲气，但不可无傲骨。"我们的人生倘若拥有这样一份傲骨清高的品性，那么我们就会是一个真正独立的人。

反身而诚，乐莫大焉。

——《尽心》上

诗人说："诚实地向着自己展开自己，这是人生一道优美的风景线。生命中所有的快乐都在优美中孕育而生。"

也许正因此，中国文化中的"诚"甚至成为人安身立命的最高境界，生命中有了"诚"才有了精神的底蕴与光芒。

生物遗传密码的千差万别，成就了每个人的优点特长和缺陷短处，后天教育与环境的差异更是造就了每个人不同的志趣、性格和风采。这其中既有迷人之处，又有遗憾之处。它可能是爽朗、是幽默、是仁慈、是热情、是勤快、是深沉。当这些"自我"能够诚实地表露出来时，其魅力一定最动人。往往在很多场合就因靠了这种诚实的力量，人生才战胜了窘境、险境和逆境。勉强自己，一味要求自己与令我们羡慕的人看齐，常常会将美好的东西丧失，而留下尴尬与痛苦。索菲娅·罗兰就曾这样说过："如果你很害羞，就不要去硬充社交场合的中心人物；如果你的舞跳得很糟，就不要整晚都去踩别人的脚趾头。但如果你颇为自己的歌喉骄傲，那也别掩饰。当你把自己独有的一面显示给别人，魅力就随之而来。"

美国有一份调查报告，在555个描写人的形容词中，让大学生们指出其评价最高的形容词，其结果是"真诚""诚实""忠诚""真实""信得过""可靠"等八个词占首位。可见人类文明的共同追求是一致的。"诚"的人生总是美的。

禅家说，"诚然"是人自处的通达之境。既然生命只有在"诚"中推展开自己，我们还有什么理由自欺欺人呢？

以德服人者，中心悦而诚服也。

——《公孙丑》上

"以德配天，以德服人"，这历来是中国人做人处世的信条。倘若说"以德配天"带有那么一点神秘色彩的话，那么，"以德服人"则是明白无误地告诉我们：人生是以德行来立足于社会的。

我想，儒家之所以强调仁、义、礼、智、信、忠、孝、悌等德性的修养，这绝非道德说教，而是要人以这种品行去为人处世，从而立于人生的不败之地。其实佛家也不像一些人想当然地那样只强调"顿悟""空观"，而恰恰也是注重德性修养的。三个妇女在打井水，一位替国家寻找"转轮王"的智者坐在边上。一个妇女说，我的儿子很灵敏；另一个说，我的儿子会唱歌；第三个妇女默不作声。这时跑来了三个孩子，一个孩子翻着跟斗，他母亲露出欣喜的神色；另一个孩子像夜莺一般欢唱，妇女们都凝神倾听；第三个跑到母亲跟前，从她手中接过沉重的水桶，提着走了。妇女们问这位智者道："喂！我们的儿子怎么样？""呵，他们在哪儿？"智者答道，"我只看到一个儿子！"然后，他回去报告国王，"转轮王"已找到，这个人就是替母亲提水的那个孩子。显然，是这位孩子的孝心感动了这位智者。

不仅是中国文化推崇这种德性，西方文明也热忱地讴歌生命中的崇高德性。因此，以德为处世原则拳拳服膺甚至成为德国哲学家康德生命中的两大支柱之一。他在临终时要求家人只需在墓碑上刻上这样两行字："头上的星空，心中的道德律。"

我想，德性可以阻止人生的三大坏处：邪恶、贪欲和无聊。

不直，则道不见。

——《滕文公》上

"美只有一种，即宣示真实的美"，我想，法国艺术家罗丹这句话同样适合我们的人性。

所以，正直是一种人格的尊严。人性因着正直才有了对宇宙真理、对人生大道的发现与遵循。千百年来，人们对正直的赞誉几乎可以车载斗量。也因此，几乎所有的宗教都推崇正直的人性。佛经《六度集经》里有一则寓言：从前一座山里有一个鹦鹉王，它的部众有三千之多。小鹦鹉们竭尽全力侍候它们的大王，鹦鹉王非常感动。可是有一天它决定对臣民们开个玩笑：佯装得了重病，眼看要死了。于是，这些小鹦鹉们一个不剩地马上飞到另一座山头去投奔另一只鹦鹉王了。当它们被所投奔的鹦鹉王拒绝时，这只鹦鹉王面对又重新变得无比殷勤的小鹦鹉们时，他已彻底失望了。

一个人最痛苦失望的事，或许就是发现自己信赖的人却是个虚伪的不正直的人。在很多情形下，人性的正直只有一次。谁如果失去了正直的品行，就再也无法弥补。正如一个哲人所说，抵押了的田地总有一天可以把它赎回，但心灵中的正直品性一旦被押当，那就永无赎回的机会了。

有人说："在当今的社会正直早已被拍卖殆尽了。"倘若真的如此，这当然是现代社会的悲哀。然而这不正表明我们人性中正直之品格的可贵吗？

自得之，则居之安；居之安，则资之深；资之深，则取之左右逢其源，故君子欲其自得之也。

——《离娄》下

人活着，总应拥有一份有所为、有所得的心态。这既是对社会负责，也是对自己负责的依据，更是我们人生造就左右逢源、洞达自如之境的前提。

儒家强调自强、自立、自得、自助，其意义就在于此。孔子在周游列国、四处碰壁之时，依然对其弟子说："只有死了，我才会停止这种执着，可是天没有让我死，我岂能辜负天的重托？"孔子能达人生大贤大圣之境，靠的不正是这种有所作为的执着精神吗？

其实，任何事情成功与否，关键在于是否敢于有所为这一点上。某报载，西方有两家制鞋公司都派员到非洲去调查当地的市场，两人在非洲所见相同。其中一人拍电报向公司报告："毫无希望，这儿的人根本不穿鞋子。"可另一人拍回去的电报却大异其趣："大有可为，这儿的人都还没穿鞋子。"哪一家公司能开拓非洲的市场？哪一个调查员能创造自己事业的前途？我们不难找出答案。一个不穿鞋子的地方，正是制鞋业者的用武之地，那里不仅有利润，也有他应尽的责任。

生活中固然有许多缺憾，而"缺憾"正是豪杰才士成功的机会。医生的功德在疫区，教师的功德在文盲最多处，农夫的事业在荒地；而仁人志士的事业存风雨如晦之中。我想这就是智者眼中的执着人生。

夫义，路也；礼，门也。

——《万章》下

礼貌是生命的门面。故有人这样认为：心灵的四分之三为品行，其中一分则属于礼貌。

儒家的礼教中很重要的一项内容便是礼仪的教育。因此，传统文化向来推崇生活中温文尔雅的君子之风。朱熹甚至把"循礼而行"视为成大人之事的第一人格品性。当时有人曾贬斥后世儒者如此强调"礼"实在繁琐、毫无必要，朱熹愤然斥之为："不知礼，无以立人之前。"

我想，那些"非礼之礼""为礼而礼"的礼节，的确没有必要。但人与人之间的交往却是离不开礼节的，因为礼节实在是内心品行的象征，因此礼貌历来也被西方文化所推崇。俄国美学家车尔尼雪夫斯基说过，要使人成为真正有教养的人，必须具备三个品质：渊博的知识、思维的习惯和高尚的礼节。知识不多就是愚昧；不习惯于思维，就会迟钝或蠢笨；没有高尚的礼节，就是卑俗。可见礼貌虽简单，但在一个微笑和一声轻轻地感谢声中，人们感到的也决不只是一种简单的习惯、一种使人高兴的举止，而是能从中体验和领略到一种人性的美，一种人格上的光亮。

一个礼貌的微笑，有时甚至能营建起欢愉的人际氛围。面对日益隔阂冷漠的现代人，作家尤今曾这样呼吁道："笑一笑吧！让太阳冲破阴霾，让温煦取代酷寒。笑，是无言的礼貌。一个微笑，能让你赢得整个世界。"

人性之善也，犹水之就下也；人无有不善，水无有不下。

——《告子》上

无论人的善良是否如孟子所声称的那样是先天就有的，但可以肯定的是，我们却必须在后天的人性中造就善良的品性。哲学家培根认为善良这种利人的品性是人类一切精神中最伟大的一种，是属于神的品格。

善良使我们的每一颗心相互接近并沟通，从而带给我们人生许多美好的享受。在我们人类生命的长河中，善良有时还有一个意想不到的好处，这就是：前辈的善良作为一种遗产庇荫着我们后人，亦即佛家说的"善有善报"。

决不能把善良的形成想象得非常艰难。我们为一位陌生的人指路是善良，我们搀扶一位老人过街也是善良，我们在路上移开一个障碍物是善良，甚至我们给予旁人一个甜甜的微笑也是善良。所以在我们的日常言行中随时能形成善良的品格。

更不要怀疑他人的善良品性，因为"相信别人的善良，正证明着你自己的善良"。唯有那些自己不善良的人才会怀疑别人的善良。伊斯兰教的创始人穆罕默德甚至认为："一个人的真正财富，是他在这个世界上对其同伴及朋友所做的好事。当他死去时，人们不会说他留下了多少遗产，但却会问他生前做过多少好事。"

我想，这或许就是善良之于人生的价值之所在；善良可以使我们的生命长存于别人的美好记忆之中。我们的生命因此而有了永恒的意蕴。

是谋非吾所能及也。

——《梁惠王》下

孟子在这里表露的是他人格的谦逊之美。

谦逊的品格，在中华民族中有着深远的传统。在两千多年前的《尚书》中，古人就提出了"满招损，谦受益"这一深刻的人生哲理。孔子有弟子三千，其中七十二人成为著名的学者。与他同时代的人就认为他是一个博学的人："大哉孔子！博学而无所成名。"而他却十分谦逊。相传孔子"入大庙，每事问"，治学虚心，不耻下问。谦逊不但是学问之道，也是做人的品格。唐代魏征曾说过："地洼之，水流之；人谦之，德归之。"一个谦逊谨慎的人，总是拥有德行的。

在中西文化交流的今天，一些人却认为国人的这种谦逊品格是"丑陋之性"，主张引进西方社会"我是最好的"这种处世态度。其实，西方文化中也历来有谦逊的德行。因为谦逊既然是一种美德就必然是世界性的。所以，苏格拉底早在两千多年以前就曾反复对他的追随者们说："我只知道一件事，那就是我什么也不知道。"而《圣经》更是将谦逊作为一种人性美德来歌颂："人的高傲，必使他卑下，心里谦逊的，必得尊荣。"

亚里士多德说过："对上级的谦逊是本分，对平辈的谦逊是和善，对下级的谦逊是高贵。"谦逊在不同的人那里，有不同的赞誉，而谦逊给人的感觉却始终是美好的。

只要我们的谦逊不是为了掩饰自卑或出于别的什么不良动机，那么，"守之以谦"永远是人生成功的一大法宝。

我知言。

——《公孙丑》上

"言为心声"，因而我们向别人说什么时，往往也就向别人展示着我们的智慧、修养甚至德性。

在春秋无义战的那个时代，孟子游说各路诸侯，固然充分体现了他"铁肩担道义"的浩然正气，同时也处处展露了他机智、敏捷的智慧品性。或许孟子自己也颇为得意这一点，故向来谦逊的他竟也情不自禁地对弟子道："我知言。"

孟子"知言"的智慧之一就是让对方保住自尊。所以在与人相处时，哪怕绝对是对方错了，我们也不能因此而刺伤他的自尊心。公元1922年，土耳其在经过与希腊几世纪的敌对之后，终于决定把希腊人逐出土耳其领土。穆斯塔法·凯墨尔，这位土耳其的杰出领袖对他的士兵发表了一篇拿破仑式的演说，他说："你们的目的地是地中海。"于是近代史上最惨烈的一场战争展开了。最后土耳其获胜。当希腊的两位将领——的黎科皮斯和迪欧尼斯前往凯墨尔总部投降时，土耳其士兵对他们辱骂不已。但凯墨尔制止了他的士兵，他丝毫没有显出胜利的骄气。在讨论了投降的细节之后，他以军人对军人的口气安慰说："战争这种东西，最佳的人有时也会打败仗。"

的确，在日常生活中，假使我们是对的，别人肯定错了，我们也会因刺伤对方的自尊心而使问题不能妥善解决。其实，如代之以一两句体贴的话，以一种宽容或理解的态度对待别人，问题往往可以得到圆满的解决。

孔子曰：德之流行，速于置邮而传命。

——《公孙丑》上

流行是时尚的象征，人生也是需要时尚来包装的。问题在于我们用什么样的时尚来伴随自己的生命旅程。"我们今天流行什么？"这是一家生活周刊出的讨论题。应征文章很多，答案五花八门，却没有一篇的结论是：道德。

譬如我们这个从来对食色持保守心态的民族，现在却一反常态，居然流行起性文化、美食文化来了。以文学艺术为例，性问题上的大胆作风甚至成为新潮与时尚的象征，一时间反映性文学的期刊、小说、画报林林总总堆满了书报摊。据一家杂志报道，某地青少年竟以拥有一本中文版的《花花公子》杂志而自豪。与此相映照的是，美食文化也流行起来：食补食疗、御膳药膳、龙凤火锅、黄金拼盘、满汉全席、孔府大宴，吃喝越来越成为我们显赫而时尚的文化。

这其实是很不可思议的。我们暂以性文化的流行为例：和一些人以为时尚和新潮不同，其实在美国，《花花公子》的销售从 1982 年的 700 万份骤跌至目前的 340 万份，而且跌势还在持续之中。因为"性开放"对美国社会造成的毒害，已使美国人从痛苦中觉醒了，于是，从政府到民间，通力合作，摒弃色情。可我们却还以此为时尚，这实在是国人的悲哀与不幸。由此也证明了一个道理：没有德性的导引，任何时尚和新潮往往只会使我们误入歧途。这绝不是道德说教。

"大道之行，天下为公"的箴言，已被镌刻在联合国大厦的墙壁上。我想，在我们心头更需要时时铭刻这样一句箴言。

恻隐之心，仁之端也。

——《公孙丑》上

恻隐之心是人性的一种温柔，拥有这种温柔之心的人无疑是很动人的。

1943 年，徐悲鸿在成都举办画展时，有一次乘马车到郊县去，到了目的地，牝马显得有些累，气喘吁吁的。马夫一下车就去抚摸他的马。徐悲鸿也动情了。他付过钱，便伸手爱抚着牝马那隆起而光滑的脊背，像对亲密的朋友似的说了声："谢谢！"随后又从包里取出一幅卷起的《奔马图》送给车夫。徐悲鸿后来解释这件事说："我爱马，也爱善待马的人。他对马的爱打动了我的心。"这种广博的恻隐之心，带给人的，难道不正是人性的温柔吗？佛家为此甚至有"戒杀生"的戒律。在我的理解看来，这条戒律与其说是对动物的慈悲，还不如说是佛家为培植人性恻隐之心的一种良苦用心。

没有恻隐之心的人性是不可理喻的。卢梭因此认为："同情是女性天然的德性，没有它，即使再漂亮的女子也不会是美丽的。"佛经中记载的这位少妇正是因此而遭她的丈夫遗弃的：从前，有一个老婆罗门娶了个年轻的妻子。有一次，老婆罗门前妻的儿子不小心掉在火里，这少妇明明看见了，也不伸手去拉一把。老婆罗门责备她没有同情心，少妇却道："我也不是不想拉，可是我从小到大，除了自己的丈夫，从来没有碰过任何一个其他的男人，所以实在伸不出手去拉。"这位婆罗门见妻子如此薄情寡义，恬不知耻，便愤而离家出走了。

"如果我们缺少动人的魅力，那很可能是因为我们缺乏同情心。"让我们记住卢梭的这句名言。

王子垫问曰："士何事？"孟子曰："尚志。"

——《尽心》上

人常说，一个有价值的生命，一定是竭尽全力地使用自己；一个有意义的人生，一定能不断地创造生活。但仔细想想，当人们竭尽全力地充分实现自己时，倘若找错了生活的方向，那这一切不就变得毫无意义了吗？

儒家、道家、佛家因此无一例外地告诫人们要以智慧之性对待人生。这种智慧之一正是确立自我人生正确的志向。王阳明说："志不立，天下无可成之事。"说的也是这个道理。

尽管在日常生活中，许多人来去匆匆终日忙碌，从来没时间或者根本就没想到过问一下自己：所做的这一切究竟是要达到怎样的目标，但他们依然可以过得很快乐，也很知足。但即使如此，也不能因而否认"尚志"对自我人生的意义。因为生命可以在不同的境界中存在，我们的人生可以是"自发"的，也可以是"自觉"的。在"自觉"的境界上拥有人生，无疑可以使我们更透彻地了悟生命的真谛。

对生命有确定的目标，还意味着我们认准了一条路，就不会再患得患失、心猿意马。我们不用期望自己走得多快，更不用幻想一步登天，只求不让自己止步。即使看不出速度，但总在渐渐地靠近目标。正是在这样的生命之旅中，我们走过一道道坎坷，而不断地实现生命的价值。显然，在生命的这一长途跋涉中，当我们不断地靠近一个又一个生命的目标时，就会拥有一份透脱的坦然和自由的心境。

所以，生命首先要有目标。

以佚道使民，虽劳不怨。

——《尽心》上

我们以快乐之道对待自己，也可有"虽劳不怨"的体验。

是的，正如托尔斯泰所言："人生是一项沉重的工作。"因而人生通常很累、很艰难、很沉重。但倘若有对快乐之道的感悟力，那么，我们又会使沉重的人生充盈着幸福与快乐的感觉。

譬如，我们不要总是去想象许多痛苦，就是人生的一个重要快乐之道。许多人之所以无法体验人生的快乐，而信奉悲观主义的人生哲学，就是因为他们总想象出许多不存在的痛苦。想象的痛苦往往比真正的痛苦更让人郁郁寡欢。蒙田在其《随笔》中曾说过一个寓意深长的故事：一个妇人想象自己把一枚针和一口面包一齐吞下了，于是她呕吐、哀叫，感到一种难言的痛苦。一个聪明的年轻人偷偷地把一枚针放到了她的呕吐物中，这妇人见了，顿时觉得浑身轻松如常了。蒙田不由得感慨："想象带给人多少并不存在的痛苦啊！"在我们的人生中，我们又何尝不是常常受着这种子虚乌有的痛苦的折磨呢？

有一首禅诗，告诉世人化烦恼为快乐、化痛苦为菩提的方法和道理："春有百花秋有月，夏有凉风冬有雪。若无闲事挂心头，便是人间好时节。"我们的人生当然不可能没有"闲事挂心头"，但我们却可以在人生诸多不可避免的"闲事"中寻觅到一种快乐之道，从而使人生虽劳而不怨。

我想，无门的禅诗若改动一句，可能就更易为现代人所接受了："春有百花秋有月，夏有凉风冬有雪。悟得人生快乐道，便是人间好时节。"

无为其所不为，无欲其所不欲，如此而已矣。

——《尽上》上

古人云："知可为而为，知不可为而不为，方为仁者。"我们同样可以说："知可欲而欲，知不欲而不欲，是为智者。"倘若在自我人生历程中能明了这一点，那么，我们肯定就是且仁且智的成功者。

许多人总在抱怨生命，诅咒人生，那往往是因为他们太企望在人生中为所欲为了。我们总认为周围的环境与条件必须是很适意很好的，以便能很舒服地生活。我们也总认为应该能很快地且很容易地得到每一样想得到的东西，而不想要的东西一件也碰不到。这类欲望的不合理是明显的。黑格尔说过："存在的就是合理的。"我们希望自己的生活条件和环境均能满足自己的要求是不可能的，客观现实世界的一切均有各自的运动和发展规律。人可以设法去改变环境，但如果发现改变周围环境和事物是不可能的时候，那么，接受现实才是唯一合理的抉择。这不是懦弱的表现，恰恰是生存的一种智慧。

其实，生命的意义也正是在先接受现实的基础上才能被发掘和创造的。许多在我们看来"不如意"的现实，其本身也许蕴含着另一种"如意"，关键在于我们去体悟。这一点在禅宗看来是理所当然之事。宋朝无德禅师有诗道："一段春风有两般，南枝向暖北枝寒；现前一段西来意，一片西飞一片东。"

所以，佛家认为，无论东西南北中，都是人生好去处。那种强求一定向南或向东的，恰恰是愚者之所为。

行之而不著焉，习矣而不察焉，终身由之而不知其道者，众也。

——《尺心》上

当我们降生于人世，世界便赠给我们一份礼物：人生。

因此，"人生是什么"这一道严肃的题目，在我们一开始拥有人生时便令我们为之苦苦思索。我们每个人都必须交上自己的一份答卷，否则，我们所拥有的只是一个不自觉和不由自主地人生。

然而，正如苏轼所吟诵的那样："不识庐山真面目，只缘身在此山中。"我们拥有真实的人生，但我们却很难说清楚"人生是什么"这样一个既简单又复杂、既直观又深刻的问题。爱因斯坦在晚年时曾有过这样一番发人深省的感慨："一个人很难知道在他自己的生活中什么是有意义的，生活对他来说是什么。当然，也不应当以此去打扰别人。鱼对于它终生都在游泳的水又知道什么呢？"作为一个伟人，爱因斯坦对人生的理解比谁都深刻，但为什么他也会有如此令人困惑的感慨呢？这无疑表明了人类认识和探求"人生是什么"的问题的艰难。

曾有人不止一次地发问，为什么非得要探讨"人生是什么"之类的问题呢？我从来不思考这个问题不也照样生活着吗？——这其实涉及人生的不同境界。正如佛家说的那样，生命从来有自然与自觉这样两种境界。孟子说，在人生中那些"终身由之而不知其道"的人，只生活在自然之境；而唯有那些探究背后之道者才达自觉之境。

倘若要做一个人生的自觉者，那么，我们就必须用心地去思考"人生是什么"的问题。

仁义礼智根于心，其生色也睟然，见于面，盎于背，施于四体，四体不言而喻。

——《尽心》上

古人云："石蕴玉而生辉，水怀珠而川媚。"的确，人的内在崇高德性一旦形成，就一定会流溢于生命的感性形象之中，使我们的生命具有一种绚丽的华彩。

在对传统进行批判的现时代，许多人对儒家的修身养性之说一概给予拒斥。殊不知，现代社会恰恰更需要我们有崇高德性的自我造就。为什么孔子称"仁者无忧"？因为堪称仁者的人，即便是身处风云变幻难以捉摸的险恶环境中，依然能因着德性的充实和执着而方寸不乱，既能不乞求某种庇护，又不失却冷静睿智。这样的人，其人生价值是不会被拍卖的，其人格尊严也是不会遭贬损的。

正是因为这个原因，在我们的现实生活中，那些外貌风流倜傥、内心空虚的人，那些只图享乐、追求不劳而获的人，那些对于个人得失斤斤计较、唯利是图的人，那些投机钻营、见风使舵、两面三刀的人，以及为谋求私利、苟且偷安而不惜辱没人格品性的人，都会被认为是失却了德性从而使生命黯然无光的人。

伟人和圣者的德性是至善至美的，我们通常只能高山仰止，心向往之。但是，我们并不因此而放弃自我德性的造就。否则，我们就丧失了生命底色的光芒。

每一个有意义的人生，都因其独特的德性而点缀着大千世界的处处风景。虽然这一风景不一定形成胜景，但是，只要这风景有其独特而崇高的风味，能充实自我的生命，能丰富我们的社会，它就是有价值的。

往者不追，来者不拒。

——《尽心》下

"生之不能却，死之不能去"的是我们的生命。对于生命中的生与死，我们倘若也能确立这样的观念，那么，无疑已寻觅到生命的福祉了。

对待生与死的问题。儒家主张"生则乐生，死则乐死"，而道家的观点则最具有哲人的洒脱与气度。《庄子》为此有如下一段有关生命的宣言："夫大块载我以形，劳我以生，佚我以老，息我以死。"

常有人表达这样一种愿望："一个人不死，能永远活下去，该多好！"可这仅仅是人们一种美好的愿望。秦始皇就企图长生不死以永久享用权力和荣华富贵，但他最终还是死在东巡求长生不老丹的路上。中国古代有许多皇帝效法秦始皇，或信道士的仙丹，或信方士之术，都欲企求长生，可终究没一个是长生的。因为企求生命长生，已被科学证明只是一种虚幻的追求而已。

即便是将来科学高度进步，使生命的永生成为可能，那么，我们也未必就可以断言生命的永存就是幸福。因为果真没有了死亡，地球上就会拥挤得"无立锥之地"；而且，生命不断地被重复，没有更新，那也会使人生陷于单调、无聊、乏味的境地。

我们珍惜生命，但并不企求生命永驻。害怕死亡是对生命的无知。因为人本来就是自然的造化，而死正是人顺从和回归自然的唯一途径。

所以，《圣经》说："因为你来自尘土，就仍要回到尘土。"

> 奋乎百世之上，百世之下，闻者莫不兴起也。
>
> ——《尽心》下

这就是生命的一种不朽追求。

人生注定要走向死亡，但死亡并不是"人生注定要走向的悲剧"。死亡只是一个事实，它并不构成人生的悲剧。七十五岁高龄的歌德在一次与友人散步时，看到了绚丽的落日，在一阵沉思之后，他吟诵了一句古诗："西沉的永远是这同一个太阳。"接着他快活地像孩子似的对友人说："到了七十五岁，人总不免偶尔要想到死。不过，我对此处之泰然，因为我深信人类精神是不朽的，它就像太阳，用肉眼来看，它像是落下去了，而实际上它永远不落，永远不停地照耀着。"

现代人很是羡慕道家在生死问题上的超脱。林语堂先生甚至认为在儒、释、道诸家中，对死亡的看法以道家最为深刻。对道家的这一份深刻，《庄子·至乐》篇中对此有一个典型的记载："庄子妻死，惠子吊之，庄子则方箕踞鼓盆而歌。惠子曰：'与人居，长子老身，死不哭亦足矣，又鼓盆而歌，不亦甚乎！'庄子曰：'不然。是其始死也，我独何能无慨然？察其始而本无生，非徒无生也而本无形……'"这是何等的洒脱！

一万岁的生命也终究会有一个尽头，但只要我们在拥有生命时奋斗过，即便没有功成名就，不能使后人闻者莫不兴起，我们也依然可以坦然地把生命交回自然。

所以，生命的不朽并不总是那种令闻者莫不兴起的业绩，有时不朽也是一种精神。

苟得其养，无物不长；苟失其养，无物不消。

——《告子》上

与万物一样，生命也是需要营养的。但我们却每天为永无绝期的生命欲望绞尽脑汁、忙忙碌碌，还不得不说一大套自己不想说的话，做一大堆自己不想做的事。岁月悠悠，天地茫茫，生命往往就在这般过程中流逝了。许多人于是不断地诅咒生命，诅咒生命所处的这个世界。

其实，生命的营养只存在我们的心田里。佛家称"无处不是佛"，禅宗六祖惠能说："内外不住，来去自由，去除执心，通达无碍，所修此行，与《般若经》本无差别。"说的就是这个道理。

因此，必须为我们的生命找一份供给滋养的田地。这块田地就是我们心灵的一份宁静与清澄。不论我们事业有成或是一筹莫展，也不论我们是属于出入摩天大楼的"白领"阶级，还是蹬自行车、挤公共汽车以致蓬头垢面、衬衣领口总也白不起来的平民大众，只要曾在生命长河的激流中拼力搏击，我们就应该坦然地拥有这一份宁静。成功、失败、得意、失意，所有这些都是生命长河中瞬息即逝的泡沫，刻意追逐平庸的欢乐或者一味沉溺于琐碎的烦恼，生命也将变得平庸而琐碎，唯有在成功或失败中体验到的喜悦或痛苦，才是比成功或失败更有价值的馈赠。我们的生命需要这一份滋养。

是的，我们往往无法改变身外的世界和生存的环境，甚至连自己栖身的这点空间也被房地产商人觊觎。但无论如何，我们却可以给自己的生命开辟一块心灵的空间，让生命在这一空间里得到滋养，从而结出丰硕的生命之果。只要我们不愿意让生命之树在尘世的嘈杂中枯萎，我们就必须在心灵中给生命以一片滋养它的纯净绿洲。

　　奚有于是？亦为之而已矣。

——《告子》下

　　一部《红楼梦》，阐释的就是佛家做人的主张。故曹雪芹在其《好了歌》里不无凄凉地唱道："世人都晓神仙好，唯有功名忘不了；古今将相在何方？荒冢一堆草没了！世人都晓神仙好，唯有金银忘不了；终朝只恨聚无多，及到多时眼闭了……"最后，人生一切皆空，"落了个白茫茫大地真干净"！

　　我们固然不能完全同意《好了歌》对人生追求的诠释，因为这毕竟太令人感到人生之无常和无趣了；但有一点却是正确的，就是在许多情形下，我们不能太执着于对人生终极目标的追求，人生的意义在许多时候仅仅是在于它的过程中。

　　其实，人生本来就是一个不断发展的过程。我们只要认真完成人生的每一阶段的课题，人生也就得到了实现，人生的目的也就达到了。唐朝杜秋娘的《金缕衣》诗，形象地说明了这一点："劝君莫惜金缕衣，劝君惜取少年时。花开堪折直须折，莫待无花空折枝。"我们的人生无论从大处、从小处着眼皆如此。只要在每一件小事中，克尽了我们的心力，做到了该做的一切，我们同样可以体会到人生的乐趣。甚至今天读了一本好书，帮助朋友解决了一个困难，或者大笑了一场，睡了一个好觉，等等，都可以说是达到了我们今天生活的目标。明天亦复如此。这样日积月累，过程本身也就变成了目的。

　　生活犹如一条河，倘若我们认为这条河是唯一的，那么我们就会因此而不再前行。相反地，我们一旦渡过去了，就会发现，原来生命旅程中的河流有千条万条。

夫徐行者，岂人所不能哉？所不为也。

——《告子》下

　　曾在一本讲禅的书中读到过这么一则故事：从前有一个人在海边垦荒种田，终日劳作，而无暇一览海的美景。有一天，一位游客来到海边，兴趣盎然地欣赏海景，并对农人的生活环境倍加称赏。农人不好意思地说："门前倒没有什么可看的，屋后这一园菜倒是不差，请先生来看看。"农人把全副精力投注在他的一园子菜中去了，对他门前的大海倒视而不见，当然也就无法体验到大海有什么可欣赏之处了。

　　我们有时实际上也像这位农人一样。我们通常都把全副精力投注于追名逐利之中，而放过了丰富多彩的大千世界，觉得那实无多少可流连欣赏之处。这是因为我们缺乏从容的心灵空间，于是对自然、社会和人生中的所有一切做不到处之泰然，更不可能以欣赏的眼光去体验个中情趣了。

　　也许现代都市人实在太忙碌了，行色匆匆、神情焦虑，以致不愿意给自己的人生一点从容的心灵空间，这实在是非常不幸的。其实，在人生中当我们付出太多之后，静静地憩息在属于自己心中的空间，这犹如在大海中颠簸的船驶进一处宁静的港湾，我们可以悠然地梳理紊乱的心绪，从容地调整匆忙的脚步，尽情地挥洒释放郁积已久的情感，独自享受伴随成功或失败而来的种种喜悦和痛苦。如果我们失去了这一心灵空间，那么，便失去了心中这处宁静的港湾。于是，尽管我们每天也笑也哭，却难以产生真正的痛苦和喜悦，领受不到生命的深刻和隽永。

　　留一点从容的心灵空间给自己，我们并非不能，而是不为也。

　　诗云："他人有心，予忖度之。"

——《梁惠王》上

古人有一种朴实的说法："将心比心。"这其实是我们快乐人生的一个准则。

美国总统威尔逊说过这么一番话："如果你握紧一双拳头来见我，我想我可以保证，我的拳头会比你握得更紧。但是如果你来找我说：'我们坐下来，好好商量，看看彼此意见相左的原因何在。'我们就会发觉，彼此差距并不那么大，相异的观点并不多，看法一致的观点反而居多；也会发觉只要我们有彼此沟通的耐心、诚意和愿望，我们就会沟通。"

古希腊的伊索讲过这么一则著名的寓言：太阳和风在争论谁更强更有力。风说："我来说明我更行。看到那儿一个穿大衣的老头吗？我打赌我能比你更快地使他脱掉大衣。"于是太阳躲到云后，风就开始吹起来，愈吹愈大，大到像一场飓风。但是风吹得愈急，老人愈把大衣紧裹在身上。终于风平息下来，放弃了努力。然后太阳从云后露面，开始以它温煦的微笑照着老人。不久，老人开始擦汗，脱掉大衣。太阳对风说："温和和友善总是要比愤怒和暴力更强更有力。"伊索所讲的有关人性的真理，现在对我们仍旧适用。所以，太阳能比风更快地使人脱下大衣；仁厚、友善的方式，比任何暴力更易改变别人的心意。

因此，当我们与别人相处时，请不要忘记这样一个人性的规则："以一种友善的方式开始。"

一羽之不举，为不用力焉。

——《梁惠王》上

人生快乐的获得有时的确是举手之劳般的简单，只是我们不去用力而已。

有哲人说："一个人就是他整天所想的那些。"所以，我们觉得自己是快乐的，就能寻找到快乐；倘若认为自己是不幸的，我们可能因此真的让自己的生命笼罩在不幸的阴影之中。

《圣经》里有这样的记载：有人用担架抬着一个瘫子到耶稣跟前来，耶稣对他说："不幸的人啊！放心吧，你的罪赦了。起来，拿上你的褥子回家去吧！"那人就真的站起来，回家去了。这一则故事无非告诉我们，许多人的痛苦、烦恼恰恰在于其内心缺乏一种对快乐和幸福的信仰。基督教信仰疗法的创始人玛丽·贝克·艾迪曾被医生诊断为不久于人世的人，但她却从耶稣的上述话中获得了一种力量，竟然奇迹般地恢复了健康。为此，她这样对友人说："当我读到《圣经》里的这一则故事时，就像引发牛顿灵感的那枚苹果一样，使我发现自己怎样的好了起来，以及怎样的也能使别人做到这一点……我可以很有信心地说：'一切的原因就在你的思想，而一切的影响力都是心理现象。'"

我们承认，现代人的生命被愈来愈多的问题困扰着，一些人因此认为精神焦虑症已成为一种社会通病。然而，我们却可以告诉自己，只要用心用力，我们就可以改变这种困扰。

我们可以从许多途径获得快乐，但所有的快乐都需要用力：有时是体力的支出，有时是意志力，有时仅仅是想象力。

　　居天下之广居，立天下之正位，行天下之大道。

——《滕文公》下

倘若我们在生命中追求一种崇高的东西，便可以给生命一种定力。因着这种定力，无论疾风骤雨，也无论酷暑严寒，我们的生命根基都可以深深地扎根于人生的土壤之中。

佛家称这种"定力"为佛心。相传达摩面壁悟道时，毒蛇猛兽不时前来侵扰，冬则滴水成冰，夏则酷暑炙人，但他始终不为所动，苦心悟谛长达九年，全凭一颗把持得住的佛心。我想，达摩悟道这件事本身告诉我们一个真理：只要心中有一个崇高、神圣的目标，生命在任何雨打风吹中都是能把持得住的。

儒家给予我们生命的这个"定力"就是立大志、行大道。一位哲人曾说过：

"一个人生命追求的目标愈高，他的才能发展得也愈快。"这的确是人生的一个真谛。苏格拉底年轻时性格上有许多缺陷，但他确立了自己追求的人生理想之后，便下决心改变性格中的这一切缺陷，他后来果然做到了这一点。而在他殉难前，他的友人曾设法帮他逃出牢狱，但他谢绝了。他说："与其逃出去苟且存活，不如堂堂正正地为一种理想和信念而死。"正是这样一种崇高意识，使苏格拉底成了永恒的哲学象征。显然，这一崇高的精神使他的生命拥有了连死神也感到无奈的"定力"。

张载曾有"志小则易足，易足则无由进"之说。我们不需要道德说教，但这并不意味着人性可以不要一种崇高的精神。生命若除了名利二字之外别无其他，那是可悲的。

超越物欲之上的生活目标产生动力，更产生定力。

天下之本在国，国之本在家，家之本在身。

——《离娄》上

生命的活动内容是异常丰富的，但所有的活动都是由自我的身心来承担的，故儒家提出"修身为本"的思想，无疑是恰当的。

其实，不仅儒家，道家与佛家的学说在这一点上也是殊途同归的。佛家中的"修度"指的正是这种修身养性：相传禅宗历史上曾有"修心"还是"修行"之争。当时还是小杂役的惠能并不参加争论，而只是以挑水的扁担砸那水桶。众人不解其意，问其故，惠能答曰："我因心中厌烦这挑水之事，故砸水桶以消心中不平之气。"惠能的答案也就寓于其中了："修心"才能"修行"，因为行不过是心的一种流露而已。

所以，《大学》称："欲治其国者，先齐其家；欲齐其家者，先修其身；欲修其身者，先正其心；欲正其心者，先诚其意。"修身实际上就是正心，正心也就是诚意。

的确，生命是需要一种诚心的。倘若拥有了这份对理想目标的诚心，任何困难与挫折都不能把我们打垮。因为一旦我们的心关注着一个远大的生命目标，那么在追求中碰及的一切艰辛、挫折甚至暂时的失败，尽可"心不在焉"，而心不在焉则视而不见、听而不闻。唯有心所关注的东西才是最有价值的，也最能给生命以情趣的。

有作家以优美的文笔描述过生活中拥有这样一份诚心的美丽："当我们生活里经了风风雨雨，许多感觉与感情长成了厚茧时，唯有诚心能褪去这一层厚茧，让我们对生活的感受依然如往昔。"

即便不是为了治国平天下，我们也需要修这样一份诚心。

今恶死亡而乐不仁，是犹恶醉而强酒。

——《离娄》上

生命是人生的承担者，因而谁都害怕生命的死亡。然而"长生不死"已被证明是不可能的事，这一点在古时人们便已认识到了，故庄子说："生，寄也；死，归也。"所以问题在于我们如何才能使自己不死。

儒家的解决方案是"生则乐生"，以自己对生命的乐观主义态度来充实生的时光。而要做到这一点，儒家认为生命中保持一种仁爱精神是必要的条件，故孔子称"仁者无忧"，孟子称"仁者不败"。孔子的学生季路曾向他讨教死的问题，孔子则答："未知生，焉知死？"这一"知生"的过程，在孔子看来，就是一个德性不断造就的过程。一旦我们的德性如尧舜般光大，肉体可以死亡，而精神却永远不朽。相反，齐景公荒淫无耻，德义丧尽，一生无功无德，死则民众拍手称快。也因此，儒家甚至认为因仁义精神充溢，生命可以超越死亡。故儒家素有"杀身成仁，舍生取义"之说。这种对死的超越，无疑是生命中最崇高的境界。

的确，每时每刻，我们都不再是原来的我们，时间一天天消逝，隶属于自己的生命一天天在支出、消耗。但这并不意味着人生在挽着我们的手一步步向死亡走去，因为我们可以以德性的充实来超越死亡。

谁都珍惜生命，拒绝死亡。只要我们在生命中培植仁义的品性，我们就可以超越死亡。

可以死，可以无死，死伤勇。

——《离娄》下

在生与死的问题上，传统文化固然崇尚视死如归的精神，故儒家有"杀身成仁，舍生取义"之说。

但是，在人生中，当死与成仁、成义无关时，选择死恰恰不是一种勇敢的行为。佛经中虽然有极多舍身救大众，从而最终成佛以达到生命涅槃之圣者的记载，但佛家同时更注重芸芸众生如何从生中体悟人生真谛的教诲。相传佛祖释迦牟尼在回答弟子"可否以死来解脱人生苦海"的问题时，以"死也可能坠入地狱，永无解脱"作答。可见，在生与死的问题上，儒佛是相通的：珍惜生命，但不害怕死亡。

玉蟠龙

其实，在许多情形下，选择生恰恰是需要勇气的。因为生命是艰难的，生命的存在一方面很短暂，另一方面又很脆弱，而生命所面临的外部世界又很强大。但也正是在这个以短暂抗衡无限、以脆弱抗衡强大的抗争和创造中，我们的生命价值才或优雅、或悲壮地得以实现。

是的，自我毁灭似乎是对生与死抉择中的一种勇敢与洒脱。然而，这种勇敢和洒脱仅仅是一种现象，就其实质而言，"自杀是胆怯无比的结果"。这是对生的创造、生的艰难、生的痛苦的一种胆怯和退却。由于这种胆怯，自杀者也就无法体验到生命的创造所带给人生的无限快乐和幸福。其实，我们的人生恰恰是在生命的艰难、痛苦中创造和体现出最美的生命价值的。

"生比死更为艰难：因为死只要一时的决心，而生却需要一辈子的勇气。"处于激烈竞争的今天，我们十分需要拥有这样一种生死观。

圣人之行不同也，或远，或近；或去，或不去；归洁其身而已矣。

——《万章》上

人生对功名利禄的追求也该持有这种"或远，或近；或去，或不去"的心境，只有这样我们的人生才可能是潇洒自如的。

因此，对待功名，潇洒有时是儒家的执着。我们或许缺乏孔子那种"知其不可为而为之"的豪迈而悲壮的精神，但至少必须对生活有一种认真地投入精神。即使失败了也不能因此而灰心，甚至绝望。其实，为失败找一个客观理由是很方便的，但真正热爱生活的人是不去找理由的。显然，只有那些在失败的挫折中不屈不挠的人才是人生真正的成功者。

对待功名，潇洒有时又是道家的漠视。《老子》因而有"知止可以不殆"之说。功名美色，之所以要漠视它们，并非由于我们讨厌这些东西，恰恰相反，是感到它们有着强烈的吸引力。很显然，根本不想要的东西，是不值得我们去漠视的。但是当发现过于遥远的距离使自己不可能实现那欲求时，尊严就会从自我意识的深处浮现出来。也许在漠视中，我们失去了快乐，但换来了自尊。

对待功名的这一份潇洒，有时也是佛家的正视。佛家以缘起来阐释"空"。其教义对于人生的意义不在于追究世事是否真的"空"，而在于能给人一份透彻的谛观。漠视反让欲念在意识到现实的不可能性的前提下，暂时退避三舍，有时它含着克制、隐忍、压抑，因而包含痛苦。正视却根本无须回避欲念，因为它了知欲念是苦因。于是，能做到正视的人，才称得上真正的超脱，才彻底地没有了痛苦。

唯有敢于正视、敏于谛观痛苦，人才能如实地体验存在。

富，人之所欲，富有天下，而不足以解忧；贵，人之所欲，贵为天子，而不足以解忧。

——《万章》上

这真是儒家对人生富贵最具辩证色彩的阐述。

正如快乐是一种心态一样，忧愁也是一种心态。不少人想当然地认为：富有天下或贵为天子，便足以解除人生那永远拂之不去的忧愁。这其实是一种天真的想法。佛经《六度集经》有这么一则故事：一个修鞋匠每天辛苦劳作，累得腰歪背驼，于是他想要是能当国王就好了，便可解除一切烦恼了。他的这个心愿被国王知道了，国王决定与他开个玩笑，便乘他酒醉时抬他进了王宫，吩咐手下等他醒后让他当几天国王。谁知当上了国王的鞋匠第一天下朝后就愁肠百结，因为他发现国王要处理的事务实在太多了。于是当他回去重操旧业时，便变成一个非常快乐的人了。

佛家在这里所要教谕的道理实与儒家是一致的：富贵绝不是人生解忧的良方。而这个良方唯存我们的内心。可是，生命本能中对富贵的追求，常常使我们迷失这一份理性。欲富欲贵而又求不得的心态，把我们的性情由烦躁带入沉寂、灰暗，以至失望。于是，许多人终日愁肠百结，不能自已。一位作家曾这样描述过这份从迷失中重新找回来的灵性："没有了荣华富贵，我们总以为人生便失去了一切。于是，风花雪月不再令人赏心悦目，花红柳绿也不再绰约多姿。忽而有一天，我恍然大悟：即便我失去一切，花照样会为我而红，月照样会为我而圆，因为那是我永远的财产。"

其实，我们都是一个富足到输不尽本钱的人，问题在于我们必须有一颗输不尽的心灵。

　　未有仁而遗其亲者也，未有义而后其君者也。王亦曰仁义而已矣，何必曰利？

　　　　　　　　　　　　　　　　　　　——《孟子·梁惠王上》

　　从来没有讲仁却遗弃自己父母的人，也从来没有讲义却轻慢自己君王的人。大王只要讲仁义就行了，何必讲利呢？这里讲了"义"和"利"的关系，提出不要只顾眼前的小"利"，而对"仁义"这个大利却弃之不顾。

　　这是《孟子》第一章的内容，孟子开宗明义便提出了"义利之辨"的观点，可见其对这一观点的重视程度，而这也恰恰是孟子思想学说中最重要的要点之一。关于"义利之辨"，孔子在《论语·里仁》篇中也曾说过"君子喻于义，小人喻于利"，提出要"见利思义"而不能"见利忘义"。孟子在此基础上将之进一步发挥，认为人不能只顾眼前的小利，而应该将眼光放长远些，这样才能成就大的事业。

　　此话为孟子拜见梁惠王（即魏惠王。魏国都城原在安邑，后因受秦威胁而迁都大梁，所以魏惠王又被称为梁惠王）时所说。此次孟子拜见梁惠王，正值魏国屡遭败绩、国势日渐衰微之际，梁惠王急于使自己的国家重新强大起来，急于洗雪国耻。所以梁惠王一见到孟子，开口便问："老先生不远千里而来，一定有什么对我的国家有利的高见吧？"孟子也没有拐弯抹角，直截了当地回答："大王只要讲仁义就行了，何必开口闭口就讲利呢？"梁惠王此时这么问，本无可厚非，但他所追求的富国强兵、攻城略地在孟子看来只是政治上的小利。而孟子在这里也并不是否定"利"，他只是告诉梁惠王，不要只顾贪图眼前的小利，如果讲求"仁义"，积极推行仁政，最终将会有利于天下、有利于百姓，这才是根本上的大利。说者有心，听者未必有意。梁惠王在急功近利的思想支配下，还是没能听进孟子的话。他被眼前的小利蒙蔽了双眼，而忘记了"仁义"这个大利。

对此，我们也可以这样认为，孟子的这一番"义利之辨"，其实也代表了一种价值观的取向。梁惠王选择了"利"，便也选择了一种利己的狭隘的价值观；孟子强调"义"，便也强调了一种泽被苍生的和谐的价值观。人的生命只有一次，选择什么样的价值观，选择什么样的方式走人生之路，对每个人而言都是一件十分严肃的事情。那么，在"义"和"利"之间，你会选择哪一个呢？

填然鼓之，兵刃既接，弃甲曳兵而走。或百步而后止，或五十步而后止。以五十步笑百步，则何如？

——《孟子·梁惠王上》

战场上，战鼓咚咚一响，双方兵刃相接，这时一些怕死的士兵就丢了盔甲拖着兵器逃跑。有的人跑了一百步后停下来，有的人跑了五十步后停下来。跑了五十步的人讥笑那些跑了一百步的人胆小，您觉得这样的讥笑对吗？孟子用这个比喻来说明，人们看事物不能只看表面和局部，而应当看到它的本质与全局。

孟子的这段话后来演变成为一个著名的成语"五十步笑百步"，比喻自己跟别人有同样性质的问题，却自以为优越而嘲笑或反对别人。孟子这里借用这个比喻，意在讽刺梁惠王对百姓只施小恩小惠，却不从根本上为国家做长远打算，从而使自矜其功的梁惠王意识到自己和邻国国君并无本质的不同。

当时，梁惠王一直觉得自己在治理国家时已经是尽心尽力了，而且比邻国做得要好。但是，即便如此，自己国家的百姓却没有明显的增加，而邻国的百姓也没有大量流失。对此，梁惠王不禁心存疑惑，于是向孟子求教。孟子通过"五十步笑百步"这个比喻，指出看事物不能只看表面和局部，而应当看到它的本质与全局，这就如同在战场上跑五十步的人没有跑一百步的人逃得远，但他们同样都是畏战脱逃，所以不管逃跑的距离长短有什么不同，其性质还是一样的。

由此想到一句谚语"龟笑鳖无尾"，说的是福建漳州有个地方住着乌龟、鳖和猴子。有一天，乌龟看到猴子用尾巴倒挂在树枝上玩，非常羡慕。猴子决定帮帮它，便抓住乌龟的尾巴放在树枝上，将它荡来荡去。乌龟兴奋极了，从此以为自己的尾巴也很长，只是自己的壳太大遮住了视线看不见而已，其实它也可以和猴子一样做一些美妙的动作。一天，这只乌龟遇到了鳖，它嘲笑鳖的尾巴短，并说自己可以用尾巴在树上荡秋千。当乌龟爬到树上向鳖演示自己的本领时，尾巴却连枝干也没钩着，就从空中坠落了下来。这则谚语和"五十步笑百步"说的是同一个道理。

读完孟子的这段话，我们不妨重新审视一下自己，当我们在责难别人的时候，自己是否也在犯着同样的错误呢？

仁者无敌。

——《孟子·梁惠王上》

施行仁政的人是无敌于天下的。这句话是孟子用来讲"仁政"思想的，是说君王只要施行仁政，就可以无敌于天下。

"仁政"是儒家历来极力推崇的政治主张，孟子也不例外。所以，当梁惠王想雪耻图强而向孟子请教时，孟子自然不会错过推行这一主张的机会，向梁惠王强调"以德治国"的重要性。

原来，在梁惠王当政期间，魏国东面战败于齐国，西面割让给秦国七百里疆土，南面受辱于楚国。面对梁惠王如何雪耻图强的问询，孟子的答复很简单：如果梁惠王能够施行仁政，在法治上减轻刑罚，在经济上降低赋税，在教育上推行儒家一贯主张的"孝""悌""忠""信"的修养和行为，便能使社会安定，财政经济充裕，人民丰衣足食。到了这个时候，人人自立自强，若再去征讨别的国家，那自然是无敌于天下。孟子给梁惠王提的这些主张，虽然没有"不战而屈人之兵"的神奇功效，却也是"得民心者得天下，失民心者失天下"的绝好阐释。

"仁者无敌"这句话，不仅适用于治国者的修养，其中的道理也同样适用于普诵人。

东汉时人荀巨伯去探望生病的朋友，正赶上胡贼围攻朋友所在的城池。城中人纷纷离城逃命，荀巨伯为照顾朋友留了下来。朋友劝荀巨伯赶快离开，荀巨伯说："我岂能败坏'义'而离开以求活命呢，这不是我荀巨伯的行为！"贼兵闯进来见到荀巨伯，问他为什么别人都逃跑了而他却不逃。荀巨伯说："朋友身染重病，我不忍心丢下他。我宁愿用我的性命代替朋友的性命。"贼兵议论纷纷："我们这些没有道义的人，却闯入了有道义的国土！"于是，胡贼从城中撤军。

由此可以看出，只要我们拥有一颗仁爱之心，便会拥有一种无人能及的壮阔胸怀。有了这样的修养和"浩然之气"，就能够无所畏惧，同时，也会得到别人的倾慕与尊重。

可以仕则仕，可以止则止，可以久则久，可以速则速。

——《孟子·公孙丑上》

可以做官就做官，可以不做就不做，可以长久留任就长久留任，可以迅速离任就迅速离任。这句话讲的是一种处世方式，告诉人们要顺应时势的变化，保持一种恰如其分的态度。

在《孙子兵法·九变篇》中有这样一句话："塗有所不由，军有所不击，城有所不攻，地有所不争，君命有所不受。"孙武这里说的是"不"，而孟子则说的是"可以"，二者虽然角度有异，却说的都是同一个道理：要根据时势的变化，采取适合的方法。

对于大多数人来说，往往谁都明白夏天要少穿些衣服，冬天要多穿些衣服，然而事到临头，尤其在遇到一些复杂的事情时就未必都明白应该如何处理，甚至有可能弄巧成拙。

《列子·说符》中记载了这样一个故事：鲁国施姓人家有两个儿子，一个专攻学术，一个擅长军事。专攻学术的儿子以学术谋求齐侯任用，齐侯让他担任公子们的老师。擅长军事的儿子以兵法向楚王求取官职，楚王委任他为将军。施家的邻居孟家也有两个儿子，从事的学业与施家两个儿子相同。他们模仿施家两个儿子的做法，一个以学术求仕于秦王。秦王说："当今诸侯凭武力争夺天下，只讲学术乃灭亡之道。"秦王一怒之下对他施以宫刑。孟家另一个儿子以兵法求仕于卫侯。卫侯说："我们是弱国，只求安保，如果依靠军事，那灭亡之日就不远了！你这样的人日后到了别的国家，定会成为我国的祸害。"于是卫侯下令砍断了他的双脚。

施家的两个儿子在求职过程中迎合了各自雇主的需要，求职成功；而邻居家的两个儿子却盲目地求职于秦王和卫侯，终落得个悲惨的下场。从故事中可以看出，一个人如果认清时势、顺应时势就容易成功，反之则不然。现代社会也时时处处充满着机遇和挑战，我们只有懂得顺应时势的需要，采取一种恰如其分的态度，才能抓住机遇，取得成功。正如谋略大师冯梦龙在《智囊》一书开篇中表达的意思："智慧没有固定的模式，以顺应时势者为最高。"

圣人之于民，亦类也。出于其类，拔乎其萃，自生民以来，未有盛于孔子也！

——《孟子·公孙丑上》

圣人与一般老百姓相比，是同类。只是圣人高出于他的同类，而孔子又高出于圣人。自从有人类以来，还没有比孔子更伟大的。这句话意在称颂孔子，同时也告诉我们，一个人只要肯付出努力，就能够取得成功。

孟子研习儒家学说，对孔子非常尊崇。这里，孟子便引用孔子的学生有若的话赞美孔子："出于其类，拔乎其萃。"这句话后来逐渐演变成为成语"出类拔萃"，形容人的品德才能出众，高出同类之上。

孟子引用这句话，在对孔子推崇备至的同时，也告诉我们，无论孔子如何"拔萃"，他终究和我们一样，是属于同"类"，只不过孔子善于从学识、道德修养等各方面不断地充实自己。这一点在《论语》中有着众多的记述，比如说孔子"学而不厌""三人行必有我师焉"等，也正因如此，他才最终"出于其类，拔乎其萃"。

有关古人通过自己的努力而最终取得成功的事例有很多，北宋时期的司马光便是一例。司马光小时候记忆力较差，一篇文章要背二三十遍才能记住。他为了背文章，常常读书到深夜，有时候他困得睁不开眼睛，有时候甚至迷迷糊糊就睡着了，直到天亮才醒。司马光觉得晚上的时间全睡去了，非常可惜，于是便想出一个办法。他把平时睡的枕头搁在一边，而用一段圆木代替枕头。他想只要睡到半夜，一个翻身，枕头滚走，头部跌落下来就会马上惊醒，这样就又可以继续读书了。从此他每天早早地起床读书，坚持不懈，终于成了一位出类拔萃的大文豪，写出了鸿篇巨制《资治通鉴》。

慢说其他古人，即便孟子本人，不也是经过了刻苦钻研，才逐渐成为一位具有深厚修养的儒学大师，并享有了"亚圣"称誉吗？不也是"出于其类，拔乎其萃"的典范吗？自从这句话自孟子之口出，"出类拔萃"似乎变成了赞颂那些才能超众者的专用词。其实，假如从现在开始，你也肯付出、肯努力、肯充实自己，也能成为出类拔萃的一员。

如欲平治天下，当今之世，舍我其谁也？

——《孟子·公孙丑下》

如果要和平地治理天下，当今这个世界上，除了我还有谁呢？孟子以天下为己任，体现了他极强的自信心和责任感。

"当今之世，舍我其谁也？"看了这句话，有人可能会说孟子不可一世，简直狂妄到了极点。其实不然，"舍我其谁"恰恰反映了儒家理论入世的思想，表现了一种以天下为己任的社会责任感和使命感。孟子这种积极入世的人生观，与老子的清静无为不同，亦比孔子"道不行，乘桴浮于海"的无可奈何更为坚毅和充满斗争意志，具有一种当仁不让的气魄。正因为有了如此强烈的自信心和责任感，孟子才得以冲破重重的困难和挫折，最终实现自我的人生价值。

责任的存在是上天对我们的一种考验，不同的选择将会让你在世上留下不同的痕迹。20世纪初，一位名叫弗兰克的人开办了一家小银行。不幸的是，他的银行被劫匪洗劫一空，他破产了，储户失去了存款。弗兰克决定偿还那笔天文数字般的存款，所有的人都说这不是他的责任，弗兰克回答："在法律上也许我没有任何责任，但是在道义上我却有责任，我应该偿还。"弗兰克用几乎一生的辛酸和汗水偿还了所有的"欠款"，完成了他的责任，也给我们留下了一笔宝贵的财富。

以上的事例正好可以用美国作家刘易斯的一句话来形容："尽管责任有时使人厌烦，但不履行责任，只能是懦夫、不折不扣的废物。"的确，勇于承担责任的人才称得上是伟丈夫，而逃避责任则是懦弱的表现。当然，承担责任往往是需要付出代价的，正如孟子所说："故天将降大任于是人也，必先苦其心志，劳其筋骨，饿其体肤，空乏其身，行拂乱其所为，所以动心忍性，曾益其所不能。"只有拥有责任感，身处逆境时才能被激发出强烈的进取精神，也才会使你拥有一种大人格、大境界、大胸襟！

古之君子，过则改之；今之君子，过则顺之。古之君子，其过也，如日月之食，民皆见之；及其更也，民皆仰之。今之君子，岂徒顺之，又从为之辞。

——《孟子·公孙丑下》

古时候的君子，犯了错误就改正；现在的君子，犯了错误却将错就错。古时候的君子，他的过错就像日食和月食一样，别人都看得见；等他改正了错误，别人依然敬仰他。现在的君子，不仅仅将错就错，还要为自己的错误寻找各种借口。这段话指导人们，若是犯了错，应该主动承认错误、改正错误，不要为自己犯的错寻找借口。

关于"过"与"改"，古人对此论述颇多。《左传·宣公二年》中便曾提及："人谁无过？过而能改，善莫大焉。"强调的就是要勇于改过。孔子也曾说过"闻过而喜""过则勿惮改"的话。在这里，孟子继承了儒家对待"过"的一贯态度，认为一个人犯了错误并不可怕，如果他能改过向善，仍不失为一个值得称颂的君子；可怕的是明明知道犯了错还要寻找各种借口为自己开脱，这样的人是无法与以往那些知错必改的君子相提并论的。

古人反复述说知过必改的道理，而知过必改的实例也不在少数。三国时期的周处便是其中的一位。

周处是东吴之人，他幼年丧父，年少时轻狂放荡，成为乡里恶名昭彰、众人避之唯恐不及的人物。有一天，周处问乡里的长辈："当今时局平和，又是丰年，大家为什么都苦闷不乐呢？"长辈叹道："三害未除，何乐之有！"周处追问是哪三害，得到的答案是："南山白额虎，长桥下蛟龙，还有欺负百姓的恶人。"于是周处自告奋勇，先入山杀了猛虎，又下水与蛟龙缠斗，浮沉数十里，一连三天三夜没有消息。乡里人以为周处死了，都互相庆贺。后来，周处活着回来了，他见此情景，才知道自己在乡民眼中是何等祸患，顿时心生悔意。于是，他便去拜访名士陆机、陆云兄弟，以实情相告，表示自己想改过自新，但他又担心自己的岁月已经荒废了，怕最终没有什么成就。陆云勉励周处树立远大的志向，这样尚有前途。于是周处励志好学，从此文章有思想，志向存义烈，言谈讲忠信而守分寸，终于成为一代名臣。

周处知错能改，"善莫大焉"。所以，一个人犯了错误并不可怕，只要及时改正，就能够得到别人的原谅，也能使自己在人格上得到提升。这是一种积极向上的态度，我们应该提倡。不可否认的是，知错不改、顽固不化者也大有人在，甚至为自己寻找各种借口开脱，那就是错上加错，其结果必然是既害人又害己，便如孔子所说："过而不改，是谓过矣。"（《论语·卫灵公》）对此，我们要坚决予以摒弃。

君子不怨天，不尤人。

——《孟子·公孙丑下》

一个有道德修养的人不抱怨天，不责怪人。这句话是讲道德修养的，表现了一种良好的心态。

我们都知道有一个成语叫"怨天尤人"，意思是遇到挫折、麻烦时一味抱怨命运和别人，而不寻找自身的原因。这个成语便是由"不怨天，不尤人"演化而来。而这句"不怨天，不尤人"其实也并非孟子原创，它出自《论语·宪问》。

孟子本想在齐国推行自己的政治理想，但是齐威王却无意于此，最终孟子只好选择离开。如孟子这般才高八斗的人才，却无用武之地，世人都不免为他感到惋惜，然而孟子自己却"不怨天，不尤人"，保持了一种宠辱不惊的心态。也正因为如此，孟子才能安心治学，终成大儒。

古人之中，失意之时不怨天、不尤人的人比比皆是，孔子最得意的弟子颜回便是其中的一位。颜回住在荒僻的巷道里，过着极其艰苦的生活。他盛饭用的器皿是竹子做的，舀水用的器具是木头做的。这种境况如果落在别人头上，必是不堪忍受，但颜回却始终感到满足、快乐。孔子十一代孙孔安国说这是一种"安于贫而乐于道"的品德，孔子也曾在鲁哀公面前称赞颜回，说他"不迁怒，不二过"。颜回身处窘境，但他不怨天，不尤人，安贫乐道，勤奋好学，终于成为孔门弟子七十二贤之一。

我们也有遭遇挫折的时候，也难免产生畏难心理。我们当以积极向上的微笑面对接踵而至的新一天，因为"如果你因错过太阳而哭泣，那么你也将错过群星"。

彼一时，此一时也。

——《孟子·公孙丑下》

那是一个时候，现在又是一个时候。这句话本是孟子的自我解嘲之语，意在表示自己不会因为一次受挫而放弃"平治天下"的理想，表现了孟子永不言退的精神。

在战国诸侯中，孟子认为只有齐国有实力实现中国的统一，所以他一直希望能够说服齐威王行以王道，以实现自己的政治理想。然而结果却令他失望，齐威王当时正处于刚刚打败魏惠王的兴奋之中，对于孟子这样的老学究丝毫没有兴趣，所以孟子只好带着学生郁郁而归。孟子的学生以为老师会为此而不开心，孟子却说"彼一时，此一时也"。孟子这么说，虽然带有自我解嘲的味道，但同时也明确表达了自己不会因为一次受挫就放弃理想的坚定决心。

如同孟子，一个人在人生中难免有低潮的时候，或长或短，但只要肯付出努力，积蓄力量，有朝一日定能一鸣惊人；反之，命运也不会眷顾于他。有一句话叫"三十年河东，三十年河西"，说的是唐朝的一个故事。唐将郭子仪为平定安史之乱立下了汗马功劳，唐皇重赏郭家，并为郭家建造了富丽堂皇的河东府。不久，郭子仪添了一个孙子。郭子仪的孙子从小生活在蜜罐里，他长大后挥霍无度，等到先辈们去世后，没几年就把家产挥霍一空。他沿街乞讨来到河西庄，寻访到三十多年前的奶妈家。等他进入奶妈家里，只见粮囤座座，牛马成群。郭子仪的孙子非常讶异。奶妈的儿子说："家产再大，也有吃空的时候。家母在世时，教我们发奋创业、勤俭持家，这才创得这份家业。"郭子仪的孙子听后非常惭愧。奶妈的儿子不忘旧情，留下郭子仪的孙子管账，无奈他对账务一窍不通，奶妈的儿子不禁叹道："真是三十年河东享不尽荣华富贵，四十年河西寄人篱下。"

一时的失意，并不代表永远失意；同样，一时的成功，也不代表永远成功。所以，无论我们做任何事情，最为关键的是要永远保持一颗向上的心。

是故诚者，天之道也；思诚者，人之道也。至诚而不动者，未之有也；不诚，未有能动者也。

——《孟子·离娄上》

因此，真诚是自然的法则；追求真诚是做人的法则，做到了至诚而不能使别人感动，是从来没有的事；做不到真诚，也是不可能感动别人的。这句话强调做人要真诚。

孔子在《论语·为政》中曾说过"人而无信，不知其可"的话，意思是指一个人不讲信用是不行的，只有自己讲信用，才能得到别人的信任。之后，儒家思想在这个问题上又有所发展，将信与诚相连，称为"诚信"。孟子认为"诚"是"天之道"，是一种做人的法则，只有做到"至诚"，才能"动"人，才能获得别人的信任。

而在《中庸》里，更有若干章对"诚"进行了反复强调，诸如"诚者，天之道也；诚之者，人之道也""唯天下至诚，为能尽其性"等。可见，真诚的确是儒家立身处世的根本，而一个人如果不真诚，一切都无从谈起。

历史上关于真诚的事例并不鲜见，尤其像三国时期刘备三顾茅庐的故事更是流传至广。汉末，天下大乱，刘备听说诸葛亮很有才能，便和义弟关羽、张飞去请他相助。恰逢诸葛亮外出，刘备三人只得失望而返。不久，刘备又携二人冒雪去请，不料诸葛亮又出外闲游。刘备无奈留书一封，表达自己对诸葛亮的敬佩和请他出山相助的意愿。过了些时候，刘备和两位义弟第三次拜访诸葛亮。此时，诸葛亮正在睡觉。刘备不便惊动他，一直站到诸葛亮自己醒来。诸葛亮见刘备如此真诚地邀请自己，便出山全力辅佐刘备，最终帮助刘备建立蜀汉政权，三分天下有其一。

三顾茅庐的故事流传了一千多年，而中国人讲"诚"也至少讲了两千多年，但可笑的是，如此厚重的道理到了现代却越来越为人们所忽视。就拿那些替人道歉、代哭的事来说吧，事主所要表达的意思是达到了，但最重要的"真诚"呢？难道这是花几个钱、雇个替身就能替代的吗？做任何事情也是一样，只有你肯真诚地付出，你才能收获真诚的回报！

孟子曰："事，孰为大？事亲为大；守，孰为大？守身为大。"

——生自《孟子·离娄上》

孟子说："侍奉谁最为重要？侍奉父母最为重要。守护什么最为重要？守护自身的操守最为重要。"这句话是说一个人要孝顺父母，洁身自爱。

"百善孝为先"，中国是一个崇尚孝道的国家，古人关于孝道的文章论著可谓汗牛充栋。春秋时期孔子的弟子曾子就曾撰写了著名《孝经》，影响十分深远。另外，《弟子规》《增广贤文》等一些后来的启蒙教育读本中，也将孝放在一个非常重要的地位来讲述。仅 10000 多字的《增广贤文》中，关于孝悌的内容就多达 200 余字，比如"千经万典，孝义为先""子孝父心宽""羊有跪乳之恩，鸦有反哺之义"等，足见孝在古人心目中的地位。

孔子的另一位弟子有若也曾说"孝弟者也，其为仁之本与"，用孟子的话来说就是"事亲，事之本也"。孟子在继承前人及儒家孝悌观念的基础上进一步深化，提出了"事亲为大"的观点，并且将"守身"和"事亲"联系在一起。你可能会产生疑问，"守身"跟孝道有关系吗？当然有关系。《孝经》中说："身体发肤，受之父母，不敢毁伤，孝之始也。立身行道，扬名于后世，以显父母，孝之终也。"不敢毁伤身体发肤尚且是孝顺父母的表现，那守护自身的节操则更是如此了。就比如某些人犯罪入狱，他不仅不能再在膝前孝顺父母，甚至还会让父母在周围人面前抬不起头来，这不就是因为不"守身"的缘故吗？这不就是不孝顺父母的表现吗？所以，一个人一定要守护自身的操守，这既是洁身自爱，也是孝敬父母的表现。

那么，怎样来孝顺父母呢？孟子在说这番话的时候，进一步说明孝顺父母首先要使他们衣食无忧，也就是他紧接以上话而说的"养口体"；但仅仅如此是远远不够的，孝顺父母更重要的是要让他们身心愉悦，也即他所说的"养志"。只有对父母做到"养口体"和"养志"这两点，才是真正的孝顺。

故声闻过情，君子耻之。

——《孟子·离娄下》

声誉超过了实际情形，君子就会感到羞耻。这句话提醒人们，要学有根本，不断进取，要有真才实学。

这句话是孟子在赞美水的时候有感而发之语。当时，孟子的弟子徐辟向老师请教为什么孔子多次赞美水。孟子从水永不枯竭、奔流不息的特性讲起，称赞水有厚实的根源和内在，进而以水喻人，指出一个人如果声望名誉超过了实际情形，就会像那七八月间的暴雨一样，虽然也可以一下子灌满大大小小的沟渠，但也很快就会干涸枯竭。孟子借此强调一个人一定要务本求实，否则空有一副"臭皮囊"，而声誉过于响亮，能力超级欠缺，那就让人感到羞耻了。

孟子曾讲过这样一个故事。齐国有一个男子，他有一妻一妾。他每次出门，一定是吃饱喝足后才回家。妻子问他是和谁一起吃喝，他说都是些富人权贵，显得自己高人一等的样子。他的妻子对他的妾说："丈夫出门，总是酒足饭饱后才回来，问他和什么人一起吃喝，据他说都是一些有钱有势的人，但我们从来没有见到什么有钱有势的人到咱家里来过。我打算悄悄地跟踪他，看看他到底都去些什么地方。"第二天早上，妻子一路尾随丈夫，走遍全城也没有看到一个人站住和丈夫说话。最后丈夫来到了城郊的墓地，向祭扫坟墓的人要些剩余的祭品吃，不够吃就四下张望着再去找别人，这就是他吃饱喝足的办法。妻子回到家里，将看到的情况如实告诉了妾，二人都以此为耻，在庭院中相对哭泣。丈夫不知道自己的秘密已经败露，他得意扬扬地从外面回来，仍像往常一样在他的两个女人面前摆威风。

这就是那个有名的"齐人之福"的故事。他是怎么娶得起两个老婆的，我们不得而知，但他这种表面冠冕堂皇，实则自欺欺人的样子，实在让人替他感到汗颜。

所以，我们做人一定要有厚实的内在修养和才学，否则"金玉其外，败絮其中"的话，那不仅"君子耻之"，就连淑女也会"耻之"，任何人都会"耻之"的。

枉己者，未有能直人者也。

——《孟子·滕文公下》

自身行为不端正的人，是无法去纠正他人的。这句话的意思是说，正人先正己，要求别人做到的，首先自己要先做到。

战国时期，战乱频仍，儒家的仁政思想在当时所能发挥的作用非常有限，但如苏秦、张仪之流的纵横家却能大行其道。所以，在孟子推行自己的政治思想屡屡受挫的情形下，他的学生陈代建议他采取"枉尺而直寻"的方法。这是一种以屈求伸的策略，意思是说不必过于坚持自己的主张，可以先顺着当时那些诸侯的脾气，然后再慢慢实施自己的思想主张。孟子是一位正直的君子，他不屑采用这种有投机取巧之嫌的方式，便义正词严地说道："枉己者，未有能直人者也。"他认为这样会扭曲自己的人格，是一种不端正的行为，如果连自己的行为都不端正，又如何去纠正别人的错误呢？

正己正人是儒家一贯倡导的思想，《论语》中便有颇多相关的论述。比如《论语·子路第十三》中便有"不能正其身，如正人何"之说，意思是如果不能使自己品行端正，那又怎能使别人品行端正呢？再如，同样是《论语》中，孔子说："其身正，不令而行；其身不正，虽令不从。"即表示如果当权者本身品行端正，即使不下命令，百姓也会执行；如果当权者本身行为不正，即使下命令，百姓也不会服从。这些说的都是正人先正己的道理。

儒家一贯提倡"经权之辨"，孟子也不例外。但在立身处世方面，孟子却始终坚持自己的原则，丝毫不容苟且。也许，正因为孟子的这份坚持，才使得他成为

"亚圣"，也使得他的学说历千年而不衰。

富贵不能淫，贫贱不能移，威武不能屈，此之谓大丈夫。

——《孟子·滕文公下》

富贵不能使他骄狂，贫贱不能改变他的心志，威武不能使他屈服，这样才叫作大丈夫。这句话是孟子对理想人格的一种论述，表现了一种做人要有尊严和志气的"大丈夫"精神。

修养功夫一直是儒家所反复强调的，而重视品德操守、培养气节、锻炼意志更是儒家历来所追求的，《论语》中便屡屡有"三军可夺帅也，匹夫不可夺志也""志士仁人，无求生以害仁，有杀身以成仁"等论述。孟子继承了孔子的这一思想，并将其发扬光大，且也说过一些关于理想人格的经典之语，其中尤以"大丈夫"精神最为典型。

孟子这一番关于"大丈夫"精神的论述，影响了中国历代的许多有志之士，并成为他们不畏强暴、坚持正义的座右铭。在众多这样的"大丈夫"之中，汉代的苏武便是著名的一位。西汉武帝时，苏武奉命出使匈奴。不料匈奴发生内乱，苏武受牵连被扣留下来，并被要求背叛汉朝，臣服单于。单于先是用丰厚的俸禄和高官引诱苏武，被苏武严词拒绝。后来，单于又将苏武关在露天的地窖中，断绝食物和水。苏武在地窖里受尽了折磨，他吃雪解渴，嚼毡毛充饥，仍然没有屈服。最后，单于把苏武流放到北海（今俄罗斯贝加尔湖）的冰天雪地中牧羊。这期间，单于曾派苏武的好友、降将李陵前去劝降，但苏武正气凛然，对自己的国家始终忠诚如一。直至19年后，汉朝和匈奴恢复关系，苏武才辗转返回汉朝。

当然，除了苏武，古往今来还有许多这样的人物和事例，文天祥杀身成仁、朱自清饿死不吃美国粮，都体现了孟子所说的"富贵不能淫，贫贱不能移，威武不能屈"的精神，他们都是真正的"大丈夫"。今天，孟子的这句话仍然对我们的道德修养有着重要的指导意义。

　　欲为君，尽君道；欲为臣，尽臣道。

——《孟子·离娄上》

　　要做国君，就应该尽到国君之道；要做臣子，就应该尽到臣子之道。这句话论述的是君臣之道，说明了君臣要各司其职、各尽其守的道理。

　　君臣关系是古代社会中很重要的社会关系。在《论语·颜渊第十二》中，孔子便说过"君君，臣臣，父父，子子"的话，意思是君王要像个做君王的，臣子要像个做臣子的，父亲要像个做父亲的，儿子要像个做儿子的。这句话深得历代帝王之心，他们认为这道出了一个臣要尊君、子要尊父的天经地义的正理，并借以维护他们的阶级统治。在我们看来，孔子的意思却是说是什么身份就做好什么样的人，也就是一个各司其职、各尽其守的道理。孟子的这句"欲为君，尽君道；欲为臣，尽臣道"，其实讲述的也是这样一个道理。

　　在一个国家中，君王是一国之主，臣子是从各方面辅佐君王的人，君王和臣子各有其职、各尽其"道"，国家便兴盛有望。比如汉高祖刘邦，他曾公开承认：论机变谋略，他不如张良；论治理国家，他不如萧何；论带兵打仗，他不如韩信。刘邦虽然这些方面不如张良、萧何、韩信，但他善于"将将"，能够知人善用，把他们放在最适合的位置上，从而最大限度地发挥他们的才干，这就是刘邦的"尽君道"；张良、萧何、韩信在各自的位置上尽展所长，帮助刘邦夺取天下，这就是他们的"尽臣道"。

　　看来，只有君"尽君道"、臣"尽臣道"，各司其职，才能共同把国家治理好。相反，如果有一方未尽其职的话，结果肯定就不一样了。臣如果行"君道"，那是以下犯上，是大逆不道，是要被诛九族的；君如果行"臣道"的话，又有越俎代庖之嫌，俗话说"浑身是铁能打几颗钉"，假如君王事必躬亲，结果也可能是个死

——累死。以三国时期的诸葛亮为例，当然，诸葛亮不是君王，但也可以说是当时蜀国的实际领导者。他一生谨慎，尤其到了晚年，事无巨细，每件事都要亲自过问。渐渐地，诸葛亮因事烦食少、早起晚睡而日渐消瘦，最终病死于五丈原，空留千古遗恨，令人感叹。

夫人必自侮，然后人侮之；家必自毁，而后人毁之；国必自伐，而后人伐之。

——《孟子·离娄上》

一个人一定先是有自取其辱的行为，然后别人才侮辱他；一个家一定先是有自毁的行为，然后别人才毁掉它；一个国家一定先是有自己招来攻伐的原因，然后别人才攻伐它。孟子在这里讲述了一个自重者人恒重之的道理。

在这里，孟子认为一个人的荣辱，一个家、一个国的祸福与兴衰，都与其自身因素息息相关，外部因素虽然也有影响，但也仅是通过这个内因发生作用。孟子以人、家、国为例，逐层述说，目的就是要阐述一个道理——自重者人恒重之。

这个观点其实并非孟子的原创。儒家向来强调"内圣外王"，就是说一个人要注重自身的修养。当遇到任何问题时，首先要"反求诸己"，从自身找原因，检讨自己是否在某些方面存在不足。一个人只有自身端正，才会令别人心悦诚服，他所做的事情也才会取得成效。这与孟子自重者人恒重之的道理很相仿。

孟子在阐述自己观点的同时，举出孔子"清斯濯缨，浊斯濯足"的话为例，意思是说水清的话就用来洗帽子的丝带，水浊的话就用来洗脚。同样是水，为什么人们却用不同的态度来对待它呢？孟子认为，之所以水的境遇不同，都是由水自身或清或浊的原因造成的。水如此，人亦同。可见，自重是我们人生的一个重要准则。

我们再来看一段资料：清朝大臣文祥负责总理各国事务，了解当时朝廷的外交局势，他曾上书皇帝："夫人必自侮而后人侮之，物必先自腐而后虫生焉。"表明要抵御外侮，必先自强。但事实上，清廷已腐败日久，国力衰弱，没有能力做到"自强"，终招致西方列强的侵侮。如果清廷自重、自强，或许会是另一番结果。

有句话说得好："山自重，不失其威峻；海自重，不失其雄浑；人自重，不失其尊严。"一个人只有懂得自重，才会得到别人的尊重，亦即自重者人重之。

孟子曰："自暴者，不可与有言也；自弃者，不可与有为也。言非礼义，谓之自暴也；吾身不能居仁由义，谓之自弃也。仁，人之安宅也；义，人之正路也。旷安宅而弗居，舍正路而不由，哀哉！"

——《孟子·离娄上》

孟子说："不能和残害自我的人讲道理，不能和抛弃自我的人共事。凡是说话诋毁礼义，就是残害自己；自以为不能心怀仁德、遵义而行，就是放弃自己。仁是人最安适的住宅，义是人最正确的道路。空着安适的住宅不住，舍弃正确的道路不走，实在是可悲啊！"

大家看到孟子的这段话，脑海中可能会很快闪现出一个成语——自暴自弃。没错，这个成语便是由此而来。在这里，孟子告诉我们，遵守"仁"和"义"是大丈夫行事的标准，一个人如果不按"仁""义"去做事，而是出言不逊、破坏礼义，就是自暴自弃。现在的自暴自弃虽然与孟子的本意有些差距，但两者的根本意思都是讲自甘堕落、不思进取，这一点是相同的。

孔子曾说过一句话："苗而不秀者有矣夫！秀而不实者有矣夫！"（《论语·子罕》）意思是说，庄稼出了苗而不能吐穗扬花的情况是有的，吐穗扬花而不结果实的情况也有。孔子以禾苗喻学生，说学生中不乏有才华灵秀的人，也有愚钝不化的人，而才华灵秀的学生因自身不努力而自毁前程的也大有人在。孔子在这里便是在勉励那些后进者要勤奋努力，不要因一时的落后而自暴自弃。

自暴自弃的行为是不足取的，但孟子也不是一味地对此口诛笔伐，他在言语中也隐含着给"自暴者"和"自弃者"以警示："仁"和"义"是人类的精神家园，即所谓"安宅"，如果舍弃它，就如同一个人不走正途一样，是十分可悲的。同理，也许由于客观条件的影响，也许我们身上有某些缺点或不足，致使我们遭遇挫折，此时不能舍弃的就是那颗始终坚持上进的心，这就是我们的精神家园。面对这些挫折，我们要振作起来，严格要求自己，吸取以前的经验和教训，努力达到一个成功的境界。

孙中山是中国近代民主革命家，民主先行者。他曾组织革命团体兴中会，密谋在广州发动起义未遂后被迫流亡海外。后来，他又成立中国同盟会，在国内组织发动多次起义，但均告失败。在经历了十次起义失败之后，1911 年 10 月 10 日的武昌起义终于获得成功，为中国长达两千多年的君主专制画上了句号。

其实，一时的失利不算什么，我们可以像孙中山一样总结经验，爬起来，重新开始；有缺点和不足也不算什么，我们可以慢慢改正，不断完善自己。只要不丧失那颗努力进取的心，我们就能踢开任何阻挡我们进步的"拦路石"。

孟子曰："人不可以无耻，无耻之耻，无耻矣。"

——《孟子·尽心上》

孟子说："人不可以没有羞耻之心，不知羞耻的那种羞耻，是真正的羞耻。"这句话讲的是儒家的知耻和知荣辱观。

儒家向来强调人一定要知耻、知荣辱，认为这是做人的一个基本条件和基本素质。孟子继承了这一思想，在此提出了"人不可以无耻"的观点，激励人们要知耻而后勇，这同儒家经典《中庸》中提到的"知耻近乎勇"道理相似，都是告诉人们在遭遇困境和打击后，不要气馁，不要退缩，而是要奋发进取，迎难而上。

历史上知耻而后勇的人物和事例不在少数，其中一些已经成为千百年来的励志经典，越王勾践卧薪尝胆的故事就是著名的一例。

春秋时期，吴王夫差率兵击败越国，越王勾践被押送到吴国做了奴隶。勾践忍辱负重伺候了吴王 3 年，夫差渐渐对他消除戒心并让他返回越国。回国后，勾践始终牢记亡国之耻、屈身之辱，并将所蒙受的耻辱当作激励自己前进的动力。此后，他表面上服从吴王，暗中却训练精兵，等待时机反击吴国。勾践担心自己会贪图安逸而消磨了报仇雪耻的意志，所以他将自己置身于艰苦的生活环境中，晚上睡觉只铺些柴草，还在屋内挂上一枚苦胆，每次吃饭前都要舔尝一下，以警示自己不要忘记过去的耻辱。勾践励精图治，终于使越国一步步地强大起来，最后一举攻灭了吴国。

越王勾践卧薪尝胆的故事是对孟子这句话的极好诠释。我们虽然不是什么著名的人物（也许以后会是），也演绎不来这么著名的故事，但其中的道理对于我们做任何事情都适用。知耻而后勇，只有知耻，才会知道自己的不足，也才会在以后的道路上激励自己。那时候，"耻"将成为一种动力。

仰而思之，夜以继日；幸而得之，坐以待旦。

——《孟子·离娄下》

仰起头考虑，白天想不好，晚上接着想；侥幸想出了结果，就坐着等待天亮去付诸实施。这句话说明了无论做任何事情都要勤奋、刻苦的道理。

古代那些儒学大家们，不仅提倡做事、治学要勤奋，而且他们也是这样做的，可谓身体力行。抛开他们"学而不厌，诲人不倦"（《论语·述而第七》）的祖师爷孔子不提，单单一个"语之而不惰"（《论语·子罕第九》）的孔子的弟子颜回，便让后世人钦佩不已，而他最终也被列为孔门七十二贤之一。孟子于此处所说的"仰而思之，夜以继日"，其实是在说周公如何勤奋学习、如何使自己更完美，事实上周公也做到了，正是在他的辅助下，西周才得以奠定几百年的基业。除了儒家，诸子百家中对勤奋的论述也不在少数，比如庄子就在《庄子·至乐》中说："夫贵者，夜以继日，思虑善否。"可见，古人对勤奋是何等的重视，而勤奋对一个人又是何等的重要。

　　曾国藩，清朝的军事家、理学家、政治家和文学家，是中国历史上很有影响的人物之一，但是他小时候天赋却不怎么高。有一天，曾国藩在家中读书，一篇文章不知重复了多少遍，还是背不下来。就在这时，有一个贼来到他家，潜伏在屋檐下，想等曾国藩读完书睡觉之后再下手偷东西。可是这个贼等啊等，就是不见曾国藩睡觉，还是翻来覆去背那篇文章。贼实在等得不耐烦了，也实在听得不耐烦了，忍不住跳出来怒道："这种水平还读什么书？"然后，贼将那篇文章背诵一遍，扬长而去。曾国藩心想，这贼记忆力真好，听过几遍的文章就能背下来。我天赋不高，当以勤为径。于是，他一生勤奋不息，终于成就了自己。由此而知，勤奋能让我们走向未来，取得成功。

　　勤奋可许，刻苦可嘉，但也别忘了，身体是革命的本钱，所以，我们还要注意劳逸结合，这样也才更有助于提高做事的效率。否则，就可能产生不良的后果。就好比颜回，他便由于过度刻苦，以至于把小身板都拖垮了，刚刚 29 岁就头发全白，最后过早地死去了。这样的话，就得不偿失了。

　　　　爱人者，人恒爱之；敬人者，人恒敬之。

　　　　　　　　　　　　　　　　　　　　　　——《孟子·离娄下》

　　爱别人的人，别人常常爱他；尊敬别人的人，别人常常尊敬他。这两句话讲的是做人的道理，表达了孟子要爱人与敬人的主张。

　　关于爱人与敬人，诸子百家都对此不吝笔墨。仅儒家的三位大儒孔子、孟子和荀子便反复论说。

　　孔子曾说过"仁者爱人"，并且他经常谈及的"仁"也常常指"爱人"，而他所说的"爱人"往往又与"孝悌"等血缘情感联系在一起，然后从"孝悌"逐渐推广至君臣之间的"忠"、朋友之间的"信",最后升华为普遍的人类之爱,即所谓"泛爱众"。孟子也曾说过"亲亲,仁也",以及本节的"爱人者,人恒爱之;敬人者,人恒敬之",主张人们要互敬互爱。荀子继承了孔子的"仁者爱人",发展了孟子"亲亲,仁也"的主张,同时又接受墨子的"兼爱"思想,认为"爱人"是仁者之事,应施予不同的人以不同的爱和不同的敬。我们这里所提及的墨子是战国时期墨家学派的创始人,他以"兼相爱,交相利"作为其学说的基础,主张"天下兼相爱",其中兼爱即指爱人如己。

可以说,爱人与敬人的道理并不深奥,但却有如此之多的大家对此反复论说,可见其对一个人的修养有多重要。传说舜因为平时爱别人、敬别人,所以也得到了来自别人的爱和敬。当舜到历山耕种时,历山的人都能为他让出自己的田界;当舜到雷泽捕鱼时,雷泽的人都能为他让出自己的住所。尧很欣赏舜的美德,所以自己年老后便将帝位禅让给了舜。

爱人与敬人的道理谁都容易理解,但关键是要付诸行动。如果人人都行动起来,那许多人际关系就很容易理顺,许多事情也将变得很容易处理,我们这个世界也将变得更加和谐。就如同一首歌中所唱的那样:只要人人都献出一点爱,世界将变成美好的人间。

仰不愧于天,俯不怍于人。

——《孟子·尽心上》

抬头无愧于天,低头无愧于人。这句话是说做人要光明磊落,表达了一种坦坦荡荡的胸怀。

孟子曾经说过这样一段话:"君子有三乐,而王天下不与存焉。父母俱存,兄弟无故,一乐也;仰不愧于天,俯不怍于人,二乐也;得天下英才而教育之,三乐也。"孟子的这"君子三乐"就是这么简单而实在,它们建立在亲情、良心和事业的基础之上，与金钱和地位毫无关系，甚至比"王天下"还要快乐。朱熹《集注》曾引林氏的话说："此三乐者，一系于天，一系于人，其可以自致者，惟不愧不怍而已。"意思是说，一乐取决于天意，三乐取决于他人，只有第二种快乐才完全取决于自身。看来，孟子在述说君子之乐的同时，还在启迪我们要追寻一种内在的力量，即做人要光明磊落，问心无愧。

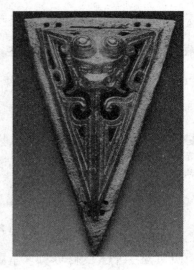

金带饰

"仰不愧于天，俯不怍于人"，看似简单，做起来却有些难度，因为这是一种大胸襟、大气魄，其中透露着清白正直的人格魅力。虽说如此，但古人之中做到这一点的也并不鲜见。

在《左传·襄公二十五年》中，记载着一则关于齐太史的故事。齐国大臣崔杼杀了自己的国君齐庄公，齐太史秉笔直书："崔杼弑其君。"崔杼盛怒之下杀了齐太史。齐太史的弟弟写史书时，仍然如实记载，崔杼又把他杀了。后来，齐太史的另外一个弟弟在写史书时仍然写道："崔杼弑其君。"崔杼无奈，只好作罢。这则故事中，三位史官不畏强权，为了维护记史的直书实录传统，将生死置之度外，不求苟活，但求心中无愧，这是何等坦荡的胸怀。

孟子的这句话后来衍生出"俯仰无愧"这个成语，意思是为人正直、高尚，无论对上对下都问心无愧。人生之路崎岖漫长，每个人都要扮演不同的角色，去完成自己的目标，但扮演得如何，完成得怎样，我们无法对自己下评断，然而"褒贬自有春秋"，我们能做到的只有"仰不愧于天，俯不怍于人"。

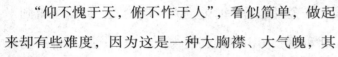

往者不追，来者不拒。

——《孟子·尽心下》

离开的不加以追究，来到的也不拒绝。这句话说的是孟子对学生求学的一种开放态度，同时体现了一种广阔的胸襟。

这句话讲的是孟子对学生的态度，体现了孟子的一种开放的教育思想。它包含了两个方面的内容：一方面，往者不追，主张学术自由。孟子在教学上不是个死板的人，他没有说只要一踏进我孟轲的学堂，就生是我孟轲的人，死是我孟轲的鬼。只要有学生觉得孟老师教得不好，可以随时走人，孟老师不会追究，也不会骂他背叛师门。另一方面，来者不拒，广纳学生。无论是谁，只要他有心向学，孟老师都不会拒绝。在这一点上，孟子的教学思想与孔子的"有教无类"又有些相似了。也正因如此，才使教育的社会基础和人才来源得以扩大，从而对于人们素质的提高起到了积极作用。

孟子之所以对学生能有如此开放的态度，除了这是他"得天下英才而教之"的一大乐之外，关键还因为他有一种"海纳百川，有容乃大"的胸怀，同时也不患得患失的心态。据说，滕国国君的弟弟滕更和曹国国君的弟弟曹交，都曾经拜访过孟子，向孟子求教，并打算拜孟子为师。因为他们是国君的弟弟，均出身贵族，所以总是表现出一种骄傲与自负，个个趾高气扬，不可一世。孟子对他们提出的问题均耐心解答，可就是不肯将他们收归门下。有人问孟子为什么不收这些人为徒，孟子回答说，凡依仗权势来拜师的人、依仗贤能来拜师的人、依仗年长来拜师的人、依仗有功勋来拜师的人、依仗老交情来拜师的人，均拒之门外，一概不收。看来，孟子收徒也并非"来者不拒"，你出身高贵又如何，你功勋卓著又怎样，就算你的介绍人与我老孟交情深厚，我该不收还是不收。孟子这番看似自相矛盾之举，其实也正是他这种广阔胸襟的极好表现。

孟子这种开放的教育思想、这种不患得患失的良好心态，对我们做人具有同样的启迪作用。它告诉我们不要在得与失之间犹豫徘徊，要果断地抛开过去，勇往直前。

三、观人观名言名句

顾左右而言他。

———《梁惠王下》

神色不安，左右张望，说些与原先话题不相干的事情。

　　当齐宣王以理所当然的想法回答了该如何惩处不能胜任职务的官员后，孟子循序渐进地追问他："那么一个国家的政治一片混乱，又该如何处置呢？"孟子的言下之意，就是要齐宣王负起治理国家不彰的责任。然而，齐宣王却只是左看右看，把话题给转移了。

　　齐宣王的反应，其实就是一般人在面对自己的过失时不愿负责，或想隐藏自己真实想法时的反射动作。现代心理学已经证实，思想与肢体动作有着必然的关系。当一个人心虚时，就会有一些特定的肢体语言，而当一个人内心坦然时，又会有另一种肢体动作。"顾左右而言他"就是一个人心虚时典型的反应模式。一个人如果在内心的深处无法接受自己的行为，又没有勇气承认自己的过错时，只好将头埋进梦想的世界，当只逃避现实的鸵鸟。因此，在面对到自己逃避或不愿回答的问题时，"顾左右而言他"就是最佳的选择了。

　　演艺人员与政治人物是最擅长使用这种策略的。我曾看过记者询问一个参选人如果当选了将如何振兴地方经济，他却回答："他是一个最孝顺父母、友爱兄长的好人。"像这样答非所问，就是为了回避真正的问题。然而，能够躲得了一时却躲不过一世，如果只是不断地逃避自己，不断地使用这种伎俩，一旦让"他"成为自动的机制，就切断了自己和内在感觉的联结，久而久之，就再也找不到自己真实的面目了。

话虽如此，在有意识地使用下，"顾左右而言他"也不失为保护自己或减少困扰的好方法。记得我上高中时，班上曾有位美丽可人的单身女导师。正值年少的我们，对于男女之间的情事有着无限的好奇与向往，因此对导师的感情世界也相当感到兴趣，不时向她询问情感的动向。每次，她总是淡淡地说一句："放心！考试不会考。"至今我回想起她当时的表情，只依稀记得那抹带着淡淡忧伤的微笑。许多年过去了。而我，对于她临场的智慧，还留着深刻的记忆。

> 诐辞知其所蔽，淫辞知其所陷，邪辞知其所离，遁辞知其所穷。
>
> ——《公孙丑上》

对于偏颇不公正的言论，可以知道它的片面性；对于不合乎正道的放荡言论，可以知道它的沉溺性；对于偏离正道的邪论，可以知道它的歪曲性；对于闪躲偏离主题的言论，可以知道它理屈的所在。

《论语·尧曰》说："不知言，无以知人也。"因为言语是思想的表达，只要知道一个人言辞的毛病，就可以找到他思想上的漏洞。因此，"知言"就是"知人"的第一步。那么，要怎么去"知言"呢？孟子提供给我们非常精辟的观察——言论的一般毛病有偏颇的片面性、放荡的沉溺性、不公正的歪曲性和词穷时的理屈性。

当这些情形发生了，我们就可以判断出人们谈话的内在动机不纯正。因此，我们可以及时提醒自己，保持警觉，看清楚对方的问题所在，不至于被他们不真实的言论误导而产生错误的判断，铸成不可挽回的后果。

孟子这些检测言论的标准不仅适用在即时面对面的交谈，同样的，也可以用来检验我们日常生活里接收到的所有讯息。就以轰动一时的"璩美凤偷拍光碟"事件为例，将一个人最隐私的生活暴露在大庭广众之下，却宣称"大众有知的权利"的传播媒体，是否真的主持了所谓的正义？明明知道窥人隐私是不道德的行为，却又以当事者私德问题当作自己观看影片的理由，是否又真的问心无愧、理直气壮呢？

我们身处在这个传播媒体泛滥的时代，每天暴露在大量的讯息下，如果没有能力将这些讯息加以过滤、观察判断，往往就被其中与事实不符、甚至恶意抹黑的消息所误导。然而，不能察觉别人发出讯息的动机，不知不觉被讯息催眠，盲目地去跟随时代的恶习，让自己陷入一片无所依从的混乱里，找不到人生的方向，几乎成了现代人成长的必经之路了。

无处而馈之，是货之也。焉有君子而可以货取乎？

——《公孙丑下》

没有理由而赠送财物给人，是想藉由财物来贿赂收买别人。难道君子能够用金钱礼物来收买吗？

"天下没有白吃的午餐"，想要得到任何东西，都要付出一定的代价。

孟子对事情的观察可说是洞然于心。因此，他在宋国临行前坦然接受他人赠送的"路费"；在薛国接受他人赠送的"自卫之费"；在齐国时却坚持不接受高额的赠金，只因为对方是在毫无理由的情况下赠送财物，想要收买贿赂孟子的意图已经昭然若揭。如果在这样的情况下孟子接受了赠金，以后在齐王的面前，他就再也不能抬头挺胸，理直气壮地捍卫自己的真理了！

这个故事，让我想起了一段往事：小时候家父担任公职，有一段时期由于职务所需，常与民间厂商接洽公务。有一次，一个家父曾帮助过的外地人寄来了一盒包装精美的饼干。我由于嘴馋吵着要吃饼，母亲开了包装，赫然发现装着一整叠钞票的红包。当时，父母亲的表情都很凝重。家父看了红包一眼。马上打电话联络那个外地人，对他的行为表达了不满，坚持问到对方的银行账号，第二天马上就把钱汇回去给他。

我还记得，当我香甜地吃着饼干时，父亲摸着我的头，严肃地看着我说："人格是不能用钱买到的!"整个事件就浓缩成这句话,深刻地植入我幼稚的头脑。

长大后,每当有人没有任何理由或带着目的地要送我礼物时,我就会想起这句话。然后,提醒自己"吃人的嘴软,拿人的手短",不要为了一点点好处,就让自己直不起腰来。孔子说"无欲则刚",说的也就是这个意思了,因为,一个真正的君子是绝对不会被物质、权力所困惑,进而迷失掉自己的。当然,朋友之间互相馈赠,真诚地分享自己生活所有的事物就绝对不在此限。爱必须是一种流动,知己难求,请好好珍惜聚首的情缘,尽情地敞开自己,接受朋友的祝福与喜悦吧!

人之易其言也,无责耳矣!

——《离娄上》

一、一个人如果轻易地把什么话都随便说出口,那就不值得去责备他了!

二、人之所以会轻易地随便说话,就是因为他还没有遭受过讲错话的责任啊!

大家一定都听过一个小故事,那就是"放羊的小孩"。故事中,一个放羊的孩子因为整天在草原上放羊,看着羊儿吃草,自己却无事可做。也许是因为寂寞,也许是因为无聊,有一天他突然想到一个引起人们注意的方法。于是,他假装野狼来袭击羊群,大声叫着:"狼来了!狼来了!"许多村民就这样被他欺骗,紧急地放下手边的工作匆匆赶来。一次、两次、三次……村民终于确定自己被愚弄了,到了最后,当野狼真的来袭时,已经没有人愿意相信放羊的孩子。故事的最后,放羊的孩子终于知道了说谎必须付出的代价。

放羊的小孩为了得到人们的注意,居然选择了这种轻率的方式,看在我们的眼里,实在觉得难以理解。其实,就是因为他不懂得出口的语言代表着一个人的人格,也从未尝过失言的后果啊!然而,当一个人经常轻易地说出不实在的话语,旁人就不会再真的将他的话放在心里。大部分的人在面对一个说谎的"惯犯"时,根本就不会再去相信他的话,即使明知他又胡说八道,也多是置之一笑,连去责备他都嫌多余了。

"君子一言，驷马难追"，人与人的交往最重诚信，出口的话语正代表着一个人的品格。所谓"一言九鼎"，如果只求一时之快，随意开出根本无法兑现的"支票"，一旦"跳票"了，他人就很难相信你了。回想一下，每到选举期间，候选人为了争取选票，漫天承诺当选后的政见，一旦当选后，所作所为真的如他选前政见的人，真是少之又少。一旦有心人士去搜集资料，比对他们的"政绩"与"政见"，只会徒留他人茶余饭后的笑柄。

"沉默是金"，如果无法对自己的话语负责任，还不如依循着老祖宗的智慧，保持沉默，多做少说吧！

人之患，在好为人师。

——《离娄上》

一般人的通病，就是喜欢做别人的老师。

我曾在一位朋友"动手印版画"的活动中担任助手，对小朋友讲解传统版画的印制过程，并协助小朋友实际动手印版画。会场中有许多家长或老师带着小朋友来参加活动。

让人感到惊讶的是，当小朋友听完讲解开始动手印制时，一旁的大人有一半以上会立即纠正，批评起来，而很多大人们的纠正与指导，都只是想当然耳的想法，反而误导了小朋友实际上的学习。这个经历让我觉得有趣，回头检讨自己后，才发现自己也是孟子口中"好为人师"的一分子，在许多场合里，也喜欢借由教导别人来凸显自己的重要性。

我想起一个小学生最喜欢用来嘲笑被他们视为跟不上时代的 LKK 的流行语——"没有知识，也要有常识；没有常识，也要看电视。"细细品味这句话，才发现隐藏在幽默的字面下，是现代人对大量资讯消化不良的焦虑，而这种对吸收知识的渴求，有很大一部分是建筑在想要比别人更出色的欲望下。

其实知识除了实际的功用外，根本无法证明一个人的价值，人即使穷尽一生，也无法学到所有的知识。庄子说："吾生也有涯，而知也无涯。以有涯随无涯，殆已。"就是这个道理。一个人如果拿外在的知识来证明自己的价值，就好像在沙滩上堆城堡，海浪打来，所有的努力就化为乌有，别人也不会真心看重你。

人与人的相处，最珍贵的就是能够互相尊重，如果带着一种优越感，想要把自己的知识或价值观灌输给别人，最终只会引起别人的反感罢了。每一个人都希望自己是有价值的，希望得到别人的注意，但是当我们站在别人的舞台上，却处处想要凸显自己的光芒时，就只是一种自私的行为了。我选择和生命中相逢的每个朋友分享自己的经验，同时也虚心地学习他们的智慧，聪明的你呢？

言无实，不祥。不祥之实，蔽贤者当之。

——《离娄下》

说话没有实质的根据，是不好的事情。像这样造成不好的后果，一定是掩盖贤者之善的人要承担的。

孙奭解释这句话说："人之言无实本者，乃虚妄之言也，以虚妄之言言之，则或掩人之善，或饰人之恶，为人所恶者也，故其为不祥莫大焉，不祥则祸是矣。"也就是说，一个人如果说话没有根据，就是虚妄的言语。所谓虚妄的言语，不是掩藏了别人的善行，就是把别人不好的行为加油添醋地宣传。像这样的说话方式，一定会造成不好的后果。如果就是因为这些不实的言论掩盖了贤良人士的善行，都是那些胡乱放话的人要负责任的。

不可否认的，每一个现代人生存在社会中，无时无刻都处在一种高度竞争的紧张中。人与人在一起，总是有意无意地藉着比较来证明自己的价值。同侪之间的竞争最是一种微妙的关系，既有相知相惜的真心，也有客观现实环境的比较。加上每个人的际遇不同，在不知觉地情况下，许多羡慕、嫉妒、自怜……等五味杂陈的心态，就成为暗地里左右人言行的隐藏动机了。于是许多尔虞我诈，暗地里放冷箭的行为，在职场或者是任何有利益冲突的环境中，就成为随处可见的平常戏码。

我们在现实生活中，最害怕遇上的就是讲话不负责任的人。我曾认识一个朋友，刚开始我是被他许多所谓的"内幕"消息吸引，从他的嘴里，我知道了身边许多朋友不为人知的另一面，因此开始对人性产生深刻的怀疑。对那些被他点名提到的人，我总是戴着偏见的有色眼镜，无法真正去信任。奇怪的是，好几次我都看见他和那些他嘴里提及的自私自利、毫无感情的人谈笑自若，毫无芥蒂。久而久之，我才发现，原来别人从他的嘴里认识的我，也是刻薄寡情的人物。

史上有名的民族英雄岳飞就是牺牲在秦桧不负责任的言语里，秦桧说尽了岳飞的罪恶，却仍无法掩饰自己的丑陋。说人是非者，就是是非人，说话，真的不可不慎重呐！

君子可欺以其方，难罔以非其道。

——《万章上》

一个君子可以用合情合理的设计来欺骗，但却很难用违背道理的手段来蒙骗他。

万章问孟子："在舜被父母和弟弟陷害，大难不死回到家之后，象还在舜面前撒谎，表示自己非常想念舜。这时，舜到底知不知道象要谋杀他呢？"孟子回答："舜当然知道。"万章又问："那么舜还表现出一副很高兴的样子，岂不是太虚伪了吗？"这个问题，可能也是我们大家无法理解的。

其实，外在的世界就是一个人内在的投射。一个内心光明的人，看待别人的行为处事也只会看到光明的一面。当时，象一看到舜，就装成一副敬爱想念舜的姿态，于是内心光明磊落的舜也就不疑有他，马上相信了自己同父异母的弟弟。

孟子还举了另一个例子：子产的小吏把别人送给子产的活鱼烹煮吃掉，却回报子产说："鱼放入水池，游到深处找不到踪迹了。"子产听了很高兴，小吏却暗自嘲笑，告诉别人子产的愚蠢。

在这两个故事中，舜和子产之所以对象和小吏深信不疑，都是因为这两个人的理由与表现符合人情事理，因此为人正直的舜与子产就轻易信任了。如果当时象和小吏所表现的行为或找来的借口一点儿也不符合常情，那么舜和子产绝对不会相信他们的。

日常生活中，我们经常会面临到许多情况，往往说谎总比说实话来得容易，于是情急之下，一串串的谎言就脱口而出，然而，说一个谎言，通常必须再说一百个谎言来圆，说谎也许能解救一时之急，但为了圆谎，却成为往后漫长的梦魇。许多时候，我们真正需要的不是别的，其实只是说实话的勇气。

耻之于人大矣，为机变之巧者，无所用耻焉。

—— 《尽心上》

羞耻心对于人来说是最重要的！喜欢奸巧多变的人，就没有地方用得上羞耻心了。

每个人的心里，都有对自己的一份期许，活在内心里的那个自我形象，就是一个人在外在世界为人处世的全部标准。对一个以君子自许的人来说，唯有不断地看到自己内心对外在事物的真实反应，才能够真正了解自己，进而接受、修正自己，让自己与心目中那个理想的形象渐渐接近，最终达成融合为一的境界。

在这样的进程里，羞耻心扮演了一个重要的角色。羞耻心是一个人外在行为不合宜的内在警示灯。当一个人感觉到羞耻，人的心就无法安在，唯有将感到羞耻的外在因素去除，心才能够再次得到平静。因此，孟子以为羞耻心对一个人来说是最重要的。

但对于那些为了达到目的无所不用其极的人，羞耻心对他们来说根本就派不上用场。这样的人，早已失去和自己内心的联结，迷失在物欲横流的外在世界里，脑子里除了对名利的追逐之外，再也容不下其他。许多政治人物，原本是怀抱着满腹理想要为民喉舌，以提高人民生活品质为己任，然而却在复杂多变的人事倾轧中渐渐迷失初衷，成为权势物欲的奴仆，早已不知羞耻为何物了。之所以会造成这样的结果，多是因为太执着——过分地把权力、位置与自己的存在价值认同，也就难以淡然地看待人生际遇的变化。

《论语》曾提过令尹子文三仕不喜，三已不愠的故事。像这样上台为官没有特别雀跃之情，下台辞官也没有懊恼之色，能够达到这样的修养，比照芸芸众生的样貌，的确是非常难能可贵。

试问那些为了求得所谓的成功不惜扭曲自己的人啊！午夜梦回，夜深人静之际，对于自己生存的样貌会不会感到悲哀呢？

于不可已而已者，无所不已；于所厚者薄，无所不薄也。其进锐者，其退速。

——《尽心上》

把不得不做的事情都停止了，那就没有什么事情不会停止；对于应该厚待的人都轻易对待，那就没有人不会被轻视了。前进太快速的人，退缩也会很快速。

在民间演义中，包青天断案的故事几乎是家喻户晓，其中第一负心汉——陈世美的故事更是众所皆知。故事的大略如下：

秀才陈世美高中状元，因为贪图荣华富贵隐瞒自己已婚的身份，被招为驸马。他的原妻秦香莲，带着一双儿女从故乡千里迢迢来到京城寻找亲夫。然而陈世美不但尽弃前情不肯相认，还想痛下杀手取走母子三人的性命以绝后患。可幸秦香莲大难不死得遇贵人相助，获救后一状告到开封府。包拯对陈世美如此灭绝人性的行径深恶痛绝，又看陈世美依然执迷不悟拒绝悔改认错，于是冒着得罪天子的危险，依照律法将陈世美处斩。

戏剧中，陈世美为了追求功名利禄，连糟糠之妻与亲生的血肉都可以离弃，并且还要赶尽杀绝。这样令人发指的举动等于是宣告自己的人格破产，不管最后的下场再怎么惨，也无法博得人们的同情了。像陈世美这样为了求得顺遂的前程，连对最亲近的妻儿都能够不念旧情，那么这世上还有什么人可以得到他的真情呢？

还有一些人，开始做事情时总是信心满满，拍胸脯向人保证自己绝对可以胜任愉快，等到事情进入重要关头时，才用一些无关紧要的事物当借口，硬生生地将事情停摆不愿意继续进行。像这样无法面对现实的人，做任何事情都有可能半途而废。

许多事情都有自己的顺序，要完成一件事情，通常都要经过一定的时间才能发展出特定的结果，"水到渠成"说的就是这个道理。因此，做事除了决心之外，耐心也是成功与否的关键。那些一开始热情过了头的人，冷却的速度也比其他人更快。孟子告诉我们任何事情都有一定的道理，待人处事如果不能符合人情事理，到最后终究只有失败一途。

　　志士不忘在沟壑，勇士不忘丧其元。

——《滕文公下》

一个胸怀大志的人随时都有被弃尸在山沟的心理准备；一个勇敢的人也随时都有丢失脑袋的心理准备。

在新儒学大师牟宗三、徐复观、张君劢和唐君毅等诸位先生所合撰的《为中国文化敬告世界人士宣言》一文中曾说："志士不忘在沟壑，勇士不忘丧其元，都是要人把死之问题放在面前，而把仁义之价值超过个人生命之价值凸显出来。"这段话真正地传达出儒家思想的精髓。

孔子、孟子所教授的，绝对不是一种外在附加上来的，或早已作古的"知识"，他们人格真正的光彩，就在于他们一生都努力地"以身证道"，用自己的生命去证明心中的真理。儒家的思想，不是一种能够学习的知识，相反的，它是一种生命的智慧，只能在生活中亲身去体验。唯有不断地在生活中验证，一个人才真正能够知道孔子、孟子不断强调的"君子"是活在怎样的生命境界里。

人活在世上，唯一真正的恐惧就是死亡。当一个人连死亡都能够安然地接受时，就再也找不到任何办法去控制他了。一个全然依据自己内心真理来生活的人，随时都有为了真理牺牲生命的准备。如果你能认出这样的人，请不要犹豫地接近他，去感受真实生命带来的强度。

然而，也请不要误解孟子的这句话！孟子强调的是听从来自内心的声音行事，并非强调以激烈的手段去与人抗争，更不是要人盲目地为了某种外在附加的信念去牺牲生命。只有当你听从的是真正来自内在的真理时，你才能真正地为你自己的人生负责任。如果，你迷失在外在事物的激情，就很可能被有心人士所利用，不知不觉地"假真理之名而行罪恶之实"了。

枉己者，未有能直人者也。

—— 《滕文公下》

一个自身行事不正的人，从来不可能让其他人行事正直。

处身在步调紧凑、高度竞争的现代，如何让自己能够在众人之中顺利脱颖而出，得到展现才华的机会，是每个人都关心的议题。然而，现代人大多缺少按部就班扎下厚实基础的耐性，抄捷径走后门就成为自古到今不变的陋习。

很多时候，在我们心底或许会闪过这样的疑问："只要我能够得到机会展现胸中的志向，又何必在乎过程呢？"然而，不愿循序渐进遵行正道，不拘小节只求达到目的，真的就能够成就大事吗？孟子并不这么认为。陈代劝孟子在小节上委屈一点去会见诸侯，以求得更大的机会来施展自己的理想与抱负。孟子就以王良拒绝为赵简子的小宠臣驾车的事情，来说明行事符合正道的重要性。

所谓"以小见大"，在小地方行事不能遵循道理的人，又怎能期待他在大事情上符合道义？何况自己所做的事情都不符合自己内心的"标准"，一旦"落人口实"，又要怎么去要求别人行事正当呢？就算没有人知道自己曾做过什么事，也无法欺骗自己的良心啊！

　　试问：贪小便宜的父母要怎么教导子女"无欲则刚"，不要被物质困惑？经常对小朋友言语暴力的老师，要怎么教导小朋友"尊重他人"？言教不如身教，父母老师们往往拿着高标准的道德来衡量小孩的作为，却忽略了自己为人处世时的行为偏差。年轻的一代在从小耳濡目染下，对父母师长的行为看在眼里也难免起身效尤。社会的乱象，成为年轻一辈违背自我期许，做出不符合内在安宁行为的借口。人人都将责任抛到外界去，仿佛自己的所作所为都不应由自己负责似的。所谓"上梁不正下梁歪"，在这样的恶性循环下，社会的公理与正义，居然成了少数具有使命感的知识分子"不切实际"的"大梦"。

　　而那些告诉自己"妥协"只是为了完成更高理想的人啊！千万不要忘记了，错误的第一步，永远只会导向错误的结果啊！

　　胸中正，则眸子了焉；胸中不正，则眸子眊焉。听其言也，观其眸子，人焉廋哉！

——《离娄上》

　　一个人的心地光明磊落，眼睛就会光亮；心地不光明磊落，眼睛就会混浊无神。听一个人说话的时候，只要观察他的眼睛，人心的美好或丑恶怎么能够被隐藏住呢！

　　现代心理学研究发现，眼神和谈话之间有一种同步性，一个人内心的想法与感情的起伏，总是自觉或不自觉地从不断变化的目光中流露出来。

　　《人体秘语》一书的作者毛礼斯曾对人类的眼睛下这样的定义："它直径大约2.5厘米，却是从石器时代以来就有的最复杂的电视摄影机。"眼球的活动、瞳孔的变化都直接受到脑神经的支配，所以人的感情很自然地就反映在眼神的流转里，人无法自主地控制瞳孔的变化，因此，瞳孔的放大与收缩，真实地反映出内心复杂多变的活动。由此可知，俗谚"眼睛是灵魂之窗"的确是其来有目的。

金庸武侠小说中的女子形貌，多是异于常人的美貌，只有一个"程灵素"是众多美女中最貌不惊人的，然而她为了胡斐牺牲生命的深情却感动了许多读者。让人印象深刻的，除了她"情到深处无怨尤"的痴心外，她那处变不惊、足智多谋的形象也让人称奇。而金庸在描写这样的角色时，就是透过不断地强调她那双精光四射的美丽眼眸来呈现。

眼神是观察一个人心术邪正的有效利器。一个真诚与你对谈的人，他的目光必定端正，直视你而不会有任何逃避。如果一个人面对你时有任何心虚或欺骗的意图，你只要凝视他的眼睛，听他说话，就可以感觉到他局促不安的紧张了。

孔子说："观其眸子，人焉廋哉！人焉廋哉！"一个人的内心世界是由眼睛向外传达的，所以观察一个人时，只要注意看着他的眼睛，就可以知道他的真实想法。拥有一对明亮清澈让人舒心的好眼睛，多半就是一个心地光明，做事磊落的人了。

　　恭者不侮人，俭者不夺人。

——《离娄上》

内心真正对人有礼貌的人，不会去侮辱别人；生活真正俭朴的人，不会去掠夺别人的财物。

北宋著名的大才子苏东坡有一则轶事：相传苏东坡喜爱游览名胜古迹，与人畅谈佛理。有一天，他来到一座古寺，听说这座古寺的住持是一个精通佛法的高僧，于是兴味盎然地去拜访。谁知道"见面不如闻名"，古寺的住持看见东坡穿着简朴貌不惊人，于是不客气地叫来人："坐！"回头对小和尚喊："茶！"眉目间的冷淡之意就更不用说了。

住持和东坡相谈片刻后，惊觉此人谈吐不凡，于是对来人改口："请坐"，要小和尚"敬茶"。等知道眼前这个看来普通的人就是闻名天下的大才子苏东坡时，住持立刻殷勤招待，不但请苏轼"上座"，还让小和尚"敬香茶"。东坡一直看在眼里，对老和尚的改变洞然于心。于是当老和尚央他为寺庙写副对联时，他也毫不迟疑，大笔一挥写就：

坐，请坐，请上座；

茶，敬茶，敬香茶。

老和尚一见，羞窘至极，对自己的"势力眼"简直无地自容。

我们姑且不论这则轶事的真假，但整个故事却深刻地讽刺了那些趋炎附势，以功利为价值标准的众生嘴脸。一个人如果真的尊重身为一个人存在的价值，绝不会以侮辱他人为乐，即使面对的是在社会价值标准下弱势无助的族群，也不会有高人一等的优越感。

《哈利·波特》第四集中，天狼星对荣恩说："你若是想了解一个人的为人，就应该好好去观察他是怎样对待地位比他低的人，而不是只去看他如何跟同等地位的人相处。"这句话充满了观人的智慧，也值得我们深入去体会。

好名之人，能让千乘之国，苟非其人，箪食豆羹见于色。

——《尽心下》

一个喜好不朽之名的人，能够把拥有千乘兵马的国位让给别人，然而若原本并不是轻视富贵的人，只是要他让一碗汤饭，也会表现出不愉快的神色。

中国禅宗始祖菩提达摩来到中土时，正值南朝梁武帝在位。梁武帝一生笃信佛法，登基后布施天下僧众、建庙、写经、造佛像……对于弘扬佛法不遗余力，甚至还以帝王之尊三次舍身同泰寺。依平常人的眼光衡量，梁武帝的弘法之举真是功德无量。

当达摩祖师与梁武帝相见时,梁武帝将自己所做的一切尽数告知,然后志得意满地问达摩祖师:"我为了弘扬佛法所做的一切有多少功德?"

梁武帝原本以为达摩祖师会十分赞许他的努力,大大夸奖他一番,哪里知道达摩祖师却只是淡淡地回答:"并无功德。"这样的回答大大地刺伤了梁武帝的自我,因此两人的会谈也就不了了之。

一国之尊的梁武帝为了信奉佛法,能够捐弃国位,舍身为僧,按理说是非常难能可贵的,然而,却被达摩祖师视为"并无功德",追究其原因,当梁武帝问出会获得多少功德来回报自己的付出时,就揭露了他行为的动机。当一个人行善是为了得到报酬时,本身的动机就不纯正了。

孟子说好名的人,连千乘之国都能让给他人。但是,名与利追究到极致都不过是一体的两面,追求执着的心基本上都是一样的,只是转换对象罢了。如果不是一个真正坦然不役于任何外物的人,出自矫情干誉的退让,反而会在一些小事情的得失上斤斤计较,不知不觉显露出内心的真实样貌。所以观察一个人时,不用特意去看他努力要呈现的部分,反而要去看他所忽略的小地方,这样才能真正看清楚一个人内在的品质。

　　言近而指远者,善言也;守约而施博者,善道也。

——《尽心下》

能够用眼前的事物来比喻深远的道理,是善言;能够操持简约而施行广博,是善道。

我曾在网络上看到一则小故事:有一个女孩子遗失了一支心爱的手表,丢失手表后,女孩一直闷闷不乐,整天茶不思饭不想,最后甚至因此生病了。

神父听说这事前来探望女孩,看见她那无精打采的样子,就问她:"如果你不小心掉了十万块钱,会不会再大意地丢掉另外二十万块呢?"

女孩理所当然地回答："当然不会！"

于是神父又问："那你为什么让自己在掉了一只手表后，又失去了两个礼拜的快乐，甚至还赔上两个礼拜的健康？"

女孩听了神父的问话，这才如大梦初醒般地跳下床来，回复正常的作息。

故事中的神父，能够用一些合理的问话来引导女孩发现困住自己的负面想法，可以算得上是善于说道理的人了；而说这个故事的作者，能够用丢失手表这样的事情，来劝人们乐观地面对人生旅程中不断地失落所造成的忧伤，更是一个高明的讲道者。

一个真正会讲话的人，当他想要传达内心的想法时，不用长篇大论，也不用引经据典，即使只是眼前单纯的事物，都能成为他表达深奥思想的工具。就像故事中的神父，虽然想要劝女孩放掉失去手表的悲伤，却不直接指出女孩此种行为的愚蠢，相反的，他举出一个实例，让女孩自己去想通。而一个真正擅长修持的人，也不需要死守着繁如恒河之沙的礼节教条，只要会操持最简约的中心想法，触类旁通地将这些道理应用在生活中的各个层面即可。

四、处世观名言名句

君子之于禽兽也，见其生，不忍见其死；闻其声，不忍食其肉。是以君子远庖厨也。

——《孟子·梁惠王上》

君子对于禽兽，见过它活着，就不忍心看它死去；听过他的声音，就不忍心吃它的肉。所以君子离厨房远远的。这句话意在表达世人都有恻隐之心。

　　孟子这番话是要表达世人都有恻隐之心的意思，并以此为发端，呼唤人们的"仁心"，而"君子远庖厨"也由此成了千古名句。说起来，这句名句可以说"名"在了两点。

　　其一，后世人认为"远庖厨"是一种仁慈的品德，要加以提倡。孟子的本意说的是一种不忍杀生的心理，而不忍杀生可以说是一种仁爱之心和悲悯情怀的表现，所以当然算是一种仁慈的品德，因此这与孟子的本意还是相符的。当然，孟老夫子并不是告诫人们以后不许杀生，那样的话岂不是所有自称"君子"的人都得一生吃素了。所谓"酒肉穿肠过，佛祖心中留"，孟子是借此警示人们要有一颗恻隐之心，能够善待他人。

　　其二，后世人认为"远庖厨"是一个极好的借口，故极力推崇。这里的"后世人"主要是指一些所谓的"君子"而言，"借口"当然是指偷懒不下厨房做饭的借口。这一点国学大师南怀瑾先生已经幽默地指出："近代的年轻人，当太太要他到厨房里帮个小忙的时候，他就拿这句话来做挡箭牌。太太请原谅！孟老夫子说的，'君子远庖厨'，我要做君子，你的先生不能是小人哪！于是坐在客厅沙发上看电视，等太太把热腾腾的菜饭端来。"（《孟子旁通》）

　　笑谈过后，言归正传。关于恻隐之心，孟子还曾说过一句话，即所谓"恻隐之心，人皆有之"（《孟子·告子上》），可见孟子对其重视的程度。我们也要怀有恻隐之心，因为这样我们才会拥有一颗纯洁的心灵和一种高尚的动机，而我们的恻隐之心也会让我们得到应有的回报。当然，恻隐之心也不能随便施予，还要考虑施予的对象、当时的情况、可能的后果，否则，就会像《伊索寓言》中那位救蛇的农夫一样，救蛇之后却被蛇反咬一口。

　　以若所为求若所欲，犹缘木而求鱼也。

　　　　　　　　　　　　　　　　　　　　——《孟子·梁惠王上》

　　按照您现在的做法，要想实现您的愿望，就好像爬到树上去捕鱼一样。这句话是说做一件事情时如果方法不对头，就会徒劳无功。

这句话是孟子在拜访齐宣王时所说。当时，齐宣王主张以"霸道"来称雄天下，这与孟子所提倡的"王道"是背道而驰的，所以孟子先是以"君子远庖厨"之例，想委婉地唤醒齐宣王的"不忍"之心；继而，孟子又直白地指出，像齐宣王现在这样想依靠军事力量统一天下的做法，无异于缘木求鱼，是没有效果的，只有靠仁政统一天下，才能使人心归服。孟子的这句话告诉我们一个道理，做一件事情时如果方法不对头，就会徒劳无功。

《吕氏春秋》中记载了一个非常经典的寓言故事。战国时候，一个楚国人坐船过江。船到江心时，他一不小心把心爱的宝剑掉到了水里。船夫想马上帮他捞剑，可这个楚国人却不慌不忙地掏出一把小刀，在船上刻了一个记号，并对船夫说："不用着急，我在宝剑落水的地方已经做好了记号，等船靠岸后再说吧！"

刻舟求剑

船靠岸以后，那个楚国人便从船上刻有记号的地方跳下水，去打捞自己掉落的宝剑。可是他在水底捞了半天也没有捞到，他自言自语道："我的宝剑就是从这里掉下去的啊？我还在这里做了记号，怎么就找不到了呢？"船夫笑他道："船一直在走，可你的宝剑沉到水底就不会再动了，你在这里怎么可能找到你的宝剑呢？"

当然，这个"刻舟求剑"的故事我们已经熟悉得不能再熟悉了，《战国策》中还有一个"南辕北辙"的故事，相信大家也同样耳熟能详，二者同孟子此处所说的"缘木求鱼"一样，都告诉了我们一个同样的道理。这么多大家巨作都为我们强调了做事的方式方法问题，看来我们是有必要注意一下，否则如果陷入韩愈所说的

"借听于聋，求道于盲"，那可就惨了。

　　　　曰："独乐乐，与人乐乐，孰乐？"

　　　　曰："不若与人。"

　　　　曰："与少乐乐，与众乐乐，孰乐？"

　　　　曰："不若与众。"

——《孟子·梁惠王下》

　　孟子说："自己一个人欣赏音乐是快乐的，与别人一起欣赏音乐也是快乐的，哪一种更快乐呢？"

　　齐宣王说："与别人一起欣赏音乐更快乐。"

　　孟子说："和少数人一起欣赏音乐是快乐的，和多数人一起欣赏音乐也是快乐的，哪一种更快乐呢？"

　　齐宣王说："与多数人一起欣赏音乐更快乐。"

　　这段话讲的是统治者应该与民同乐的道理。

　　庄暴是齐国的大臣，有一次齐宣王对他说自己喜欢音乐，并向他询问对此有什么看法。身为臣子的庄暴左右为难，不知如何作答。孟子得知此事后，在拜见齐宣王时便说了以上这番话，由此也引出了一句千古名言——独乐乐不如众乐乐。孟子是想通过这番话规谏齐宣王要推行仁政，与民同乐。

　　其实，关于"与民同乐"，孟子曾多次提及。他在拜见梁惠王时就谈到过"古之人与民偕乐，故能乐也"，而他与齐宣王对于这个问题的谈论就更多了。在本节这段话之前，齐宣王曾对孟子说自己不喜欢"先王之乐"（古典音乐），而只喜欢"世俗之乐"（流行音乐）。于是，孟子告诉齐宣王，不管是喜欢"先王之乐"还是喜欢"世俗之乐"，只要能够做到与民同乐，就都是好事。在本节这段话之后，孟子与齐宣王谈论起了皇家园林的大小。孟子告诉齐宣王，如果国君将皇家园林与百姓共享，即使园林再大，百姓也会嫌小；如果国君不准百姓进入皇家园林，只管自己独享，即使园林再小，百姓也会嫌大。这里同样说明的是与民同乐的问题。而本节的这段话，孟子又重申和巩固了这个观点，可见孟子对它的重视以及对自己推行"王道"与"仁政"之用心良苦。此后，孟子在此基础上又由乐说到忧，提出"乐以天下，忧以天下"，从而进一步使自己的这一思想升华。

讲到这里，想到一个关于一位犹太教长老的故事。这位犹太教长老酷爱打高尔夫球，在一个安息日，他很想去打，但犹太教规定，信徒在安息日必须休息，什么事都不能做。长老最终还是没能忍住，偷偷地来到高尔夫球场。球场上一个人也没有，长老觉得不会有人知道他违反了规定。然而，当他在打第二洞时，却被天使发现了。天使生气地到上帝面前告状，说长老不守教规，居然在安息日出门打高尔夫球。上帝说他将好好惩罚这个长老。于是从第三个洞开始，长老打出了超乎完美的成绩，一连十几杆全部都是一杆进洞。长老极度兴奋。天使不解地问上帝为什么还不见长老受惩罚。上帝说："我已经在惩罚他了。他有这么惊人的成绩和兴奋的心情，却不能跟任何人说，这不是最好的惩罚吗？生活需要伴侣，快乐和痛苦都要有人分享。没有人分享的人生，无论面对的是快乐还是痛苦，都是一种惩罚。"

孟子说的"众乐乐"其实就是一种分享的观念，一种无私的观念，它不仅是对国君的规谏之言，也是对我们每个普通人的忠告之语，唯其如此，我们才能得到真正的快乐。否则，一个人"独乐乐"不仅不会"乐"，反而会成为一种痛苦，故事中的那位长老就是"榜样"。

虽有智慧，不如乘势；虽有镃基，不如待时。

——《孟子·公孙丑上》

即使有智慧，不如趁形势；即使有农具，不如等待农时。这句话强调的是抓住时机的重要性。

自古以来，中国人做事都讲究一个"势"，对"势"的理解也是仁者见仁，智者见智，而其中最为人所认同的解释当属机遇、机会。孟子此处所说"虽有智慧，不如乘势；虽有镃基，不如待时"中的"势"，就是形势、机遇、时机的意思，而这句话所强调的也是要抓住时机。

与孟子持有类似观点的人并不鲜见，比如孙武在《孙子兵法·作战篇》中便提到"兵贵胜，不贵久"，强调的就是要抓住时机，速战速胜。

所谓"机不可失，时不再来"，时机和机遇可遇而不可求，一个人如果能抓住时机，果断出击，那成功将唾手可得；反之，如果他优柔寡断，错失时机，可能将抱憾终生。

有一个神父，他每天都十分虔诚地向上帝膜拜，因为他相信上帝无时不在，无处不在。一天突降大雨，很多地方都被洪水淹没，人们纷纷逃命。但是，这个神父认为自己如此虔诚地信奉上帝，上帝肯定会来救他。因此，他没有和众人一起逃生，而是在教堂里祈祷。洪水越来越大，先是一根木头漂到这个神父身边，他没有去抓。后来又有一艘救生艇和一架直升机前来搭救他，也被他拒绝了，因为他坚信上帝会来救他。终于，这个神父被淹死了。上了天堂后，这个神父生气地问上帝为什么不去救他。上帝回答："我曾派了木头、救生艇和直升机去救你，是你自己不把握机遇，怎么能怪得了我呢？"

是啊，如同故事中所讲述的那样，机遇有时候就在我们身边，关键是我们有没有一双发现机遇的眼睛，有没有一颗把握机遇的心。用孟子的话说，就是你能不能"乘势"，肯不肯"待时"。那么，面对机遇，你又将如何呢？

徒善不足以为政，徒法不能以自行。

——《孟子·离娄上》

只有善心，不足以治理好国家；只有法令，不能够使它自动执行。这句话是说德治与法治应相辅相成，不能只强调其中的一个方面。

孟子这里的"善"应指内在的"善心"，"法"当指外在的"法度"。他认为要想治理好国家，只有善心或者只有法度都是行不通的。他认为"善"与"法"应紧密结合，德治与法治并重而行，二者任何一方都不可或缺。

关于德治与法治的话题，历来人们都持有不同的观点，有的强调德治，有的力主法治。其中，孔子对德治比较推崇，他曾经说："道之以政，齐之以刑，民免而无耻；道之以德，齐之以礼，有耻且格。"（《论语·为政》）意思是说用政令来管理百姓，用刑罚来约束他们，百姓只能暂时免于犯罪，但不知道犯罪是可耻的；用道德去教化百姓，用礼教来制约他们，百姓便不但有羞耻之心，而且能自己纠正错误。孔子所说当然没有错，但是，仅仅靠"善"是不能独立承担起治国之道的，过于"善"更会因此堕入失败的深渊。历史上那个高举"善"之大旗的宋襄公，不就是因为"不重伤""不禽二毛""不鼓不成列"而终至兵败国亡吗？可见，德治的推行，如果缺乏法治这一强制力量，便很难形成普遍意义上的"善"。

当然，仅仅强调法治而忽略德治也是行不通的，最典型的代表当属法家，他们主张用"严刑酷罚"来统治社会。这一思想在维护统治者权力及社会秩序方面是发挥了一些作用，但重压之下的人民不堪重负。因此，夏桀、商纣王、周幽王、秦二世暴政治国最终身死国灭也便不稀奇了。所以，法治也没有错，但如果过于偏重于此的话，其结果也好不到哪里去。

说来说去，还是孟子的这句话比较经典，只有德治与法治双管齐下，天下才能大治。政治上如此，做其他事情也是一样。比如，在管理上，"德"可引申为人性管理，"法"可引申为制度管理；在人际交往中，"德"可以引申为良好的品行，"法"可以引申为处事原则，等等。只有坚持将二者相结合，才能将事情做得更为完满。

孟子曰："道在迩而求诸远，事在易而求诸难。"

——《孟子·离娄上》

孟子说："本来很近的路，却偏偏要向远处去追寻；本来很容易的事，却偏偏要从难处去着手。"这句话启示我们，凡事不要舍近求远、舍易求难。

"道在迩而求诸远"是舍近求远，"事在易而求诸难"为舍易求难。孟子这句话的下句为"人人亲其亲，长其长，而天下平"，意思是只要人人爱自己的双亲，尊敬自己的长辈，天下就太平了。

孟子的确善于用譬喻来说明道理，他将治国、平天下这等大事与孝顺双亲、尊敬长辈这般修身齐家的小事联系在一起，认为只要每个人都从自己身边的小事努力做起，天下也会变得太平无事。这其实是一个十分朴素的道理，如果人人都孝顺双亲、尊敬长辈，那他们的长辈便会顺心，后辈争相仿效，久而久之就会形成一种良好的社会风气，届时争端难起，天下自然太平。孟子这里所表达的意思与他说过的另一句话又遥相呼应："老吾老，以及人之老；幼吾幼，以及人之幼。天下可运于掌。"

在孟子所处的时代，一些诸侯国君主极力想通过"霸道"谋求天下，孟子认为这是一种舍近求远、舍易求难的行为。他奉劝那些君主应当从安抚自己的百姓做起，这些看似小事，但这样才算"近"，才是"易"。如此，最终天下归心、平治天下将不是难事。这些话说得是如此浅显平易，却又是那么意蕴深厚。

关于舍近求远、舍易求难的话题，孔子在对其弟子谈"仁"时也说过类似的话。孔子说："仁远乎哉！我欲仁，斯仁至矣。"意思是说，难道仁德距离我们很远吗？只要我想达到仁，仁就会到来。孔子亦是借此语提醒他的学生，在追求"仁"的道路上不要舍近求远，仁就在咫尺，只要肯调整心态，努力学习，则"斯仁至矣"。凡事不舍近求远、舍易求难，孔孟二人皆对此提及，我们是否也该学之效之呢？

嫂溺不援，是豺狼也。男女授受不亲，礼也；嫂溺，援之以手者，权也。

——《孟子·离娄上》

见嫂嫂掉到水里而不去拉她，这是豺狼之行。男女之间不亲手递接东西，这是礼制；眼见嫂嫂掉到水里用手去拉她，这是变通的办法。孟子这几句话论述的是儒家"经权之辨"的思想，告诉我们做事情不要过于死板。

孟子主张"仁政""王道"等政治理念，坚持仁义之道不可侵犯。但是，孟子并不是个迂腐而不知变通的老夫子，他认为无论是为政也好，做事也罢，只要不违仁义之道，可以适当地有所变通。这就是他著名的"经权之辨"的思想。

孟子用"嫂溺，援之以手"的事例，对这一观点进行了说明。我们知道，"男女授受不亲"是中国古代一条重要的礼制大防，严防非夫妇关系的两性有过多的接触。但是，在嫂嫂掉入水中的情况下，做弟弟的是否应该"援之以手"呢？孟子的回答是肯定的。他认为如果因为惧怕非"礼"而使嫂嫂溺死于水中，那是豺狼的行为，而"援之以手"正是在坚持仁义之道的基础之上的一种灵活变通的处理方式。

孔子也十分重视"经权之辨"，他曾说："我则异于是，无可无不可。"这里所表达的也是一种不墨守成规，不法常可，要懂得随时变通的思想主张。

但是，古往今来过于死板、不懂得变通的人也不在少数，空为世人留下笑柄。"郑人买履"便是其中一例。

春秋时期，郑国有个想买鞋子的人。为了买到合适的鞋子，他先在家里用草绳量好了尺码。然而，当他匆忙来到集市并且相中了一双鞋时，却发现量好尺寸的草绳忘了带。于是，他赶忙跑回家里拿。等他再赶回来的时候，集市已经散了，他最后没有买到鞋。有人问他："你为什么不用自己的脚去试一试鞋是否合适呢？"他回答说："我宁可相信量好的尺寸，也不相信自己的脚。"

呜呼，这个郑人竟死板到这个地步！我们一定要吸取这一教训，参考孟子的"经权之辨"主张，做事情时在坚持原则的基础上灵活机变，这样才能将事情处理得更快捷、更完满。

孟子曰："有不虞之誉，有求全之毁。"

——《孟子·离娄上》

孟子说："有料想不到的赞誉，也有求全责备的非议。"这句话告诉我们，对于"不虞之誉""求全之毁"，要有宠辱不惊、去留无意的处世态度。

老子《道德经》中有句话说得好："宠辱若惊，贵大患若身。"意思是宠辱都会让人心惊，因此防范宠辱要如同防范大祸降临自身一般。虽然老子说的是"宠辱"，与孟子此处说的"毁誉"有别，但二者实质是相同的，且文意相近，都是强调对毁誉要超然处之，最好是"宠辱不惊，闲看庭前花开花落；去留无意，漫随天外云卷云舒"（《菜根谭》）。

对于孟子的这句话，朱熹在其《孟子集注》中曾引用了这样一段评论："行不足以致誉而偶得誉，是谓不虞之誉。求免于毁而反致毁，是谓求全之毁。言毁誉之言，未必皆实，修己者不可以是遽为忧喜。观人者不可以是轻为进退。"大意是说，一个人的德行不足以获得赞誉却意外得到赞誉，这就是"不虞之誉"；一个人力求让自己免于遭到非议却遭到非议，这就是"求全之毁"。这样的赞誉和非议不一定是真实的，一个有修养的人不必因此而感到忧伤或欢喜，旁观者也不可以据此妄下结论。

正如朱熹评论中所说，"不虞之誉"可能含有水分，我们不能因为有如此之"誉"而得意忘形。俄国作家克雷洛夫写过一篇寓言，说的是有一只小羊想出风头，它冒充狼吓唬同伴。但是，当它披着狼皮绕到羊群边上时，立刻被看护羊群的狗扑倒在地，刹那间被撕得粉碎。小羊的这种"风头"就是一种"不虞之誉"。结果呢？它死在了这个"誉"上。

明初有一个沈万三，为江南首富。为讨好朱元璋，他捐巨资修建南京城，据载他"助筑都城三分之一"。后来，沈万三还溜须拍马地想为朝廷犒赏三军，惹得朱元璋大怒："匹夫犒天下之军乱民也，宜诛之。"终于，沈万三被皇家认为其富可敌国，恐成皇家大患，最后家产被抄，全家被发配云南。此可谓"求全之毁"。

由此，我们对于"不虞之誉""求全之毁"，应该审慎地对待，如果能做到"宠辱不惊""去留无意"当然是最好了。

　　天时不如地利，地利不如人和。

——《孟子·公孙丑下》

有利的时机和气候不如有利的地势，有利的地势不如人的齐心协力。这句话论述的是民心向背的问题。

关于天时、地利、人和三者的关系，历来为人们所关注，也众说纷纭，见仁见智。孟子在这里给了大家一个鲜明的指向："天时不如地利，地利不如人和。"这之中的"天时"指有利的时机、气候，"地利"指有利的地势，"人和"指人心向背、内部团结等。孟子主要从军事方面分析了三者之间的关系，明确指出战争的关键不在于"天时""地利"，而取决于"人和"。如此头头是道的分析，让我们不禁感叹先贤孟子原来也是一位兵法大师。

但是，仔细品味之后，我们发现孟子顺着话题又承转到了"得道者多助，失道者寡助"的结论上。由此一来，一个军事问题便过渡到了政治层面，这个政治就是孟子所一贯主张的"仁政"。孟子希望统治者能采纳"人和"的主张，施行"仁政"，以争取人民的支持，从而达到政治的稳定和统一。由此可见，孟子所论实际上指的是民心向背的问题。

关于民心向背，孟子有自己的看法，他认为"域民不以封疆之界，固国不以山谿之险，威天下不以兵革之利"，只要做到了"人和"，就会"得道者多助"，就会"天下顺之"，就会"战必胜矣"。历史的经验不仅证明了这一点，也证明了与之相反的一面。就拿中国的历朝历代来说，哪一个不是所谓的"受命于天"，占据天时；哪一个不是"普天之下，莫非王土"，拥有地利。但为何仍然是一朝取代另一朝，频繁更迭呢？究其因，是那些统治者们在坐拥"天时""地利"之时，忽略了一个决定性的因素——"人和"。"水能载舟，亦能覆舟"，任何一个统治者，任何一个朝代，如果不能安抚百姓，不能让百姓安居乐业，亦即不能做到"人和"，其灭亡之日也便不久矣。军事如此，政治如此，我们为人处世同样如此。所谓"人心齐，泰山移"，就是这个道理。

不以规矩，不能成方圆。

——《孟子·离娄上》

如果不用圆规和曲尺，就不能准确地画出方形和圆形。这句话告诉我们，做事要遵循一定的法则。

规，画圆之器；矩，正方之器。规矩，圆规和曲尺。关于规矩和方圆的关系，看似非常简单，实则这是一个历来都被人们反反复复强调的问题。早在墨子时，他便于《墨子·天志上》中说道："匠人执其规矩，以度天下之方圆。"形象地诠释了规矩和方圆的关系，也就是孟子此处所说的"不以规矩，不能成方圆"。但墨子和孟子所说的"规矩"，已不再仅仅指圆规和曲尺，而是升华为标准和法度，故二人所表达的真实含义乃是做事要遵循一定的法则。

之后，孟子再提"规矩"："大匠诲人，必以规矩，学者亦必以规矩。"意即技艺高超的木工教导人，一定要遵循规矩，学习的人也一定要遵循规矩。对于"规矩"，这位圣贤对人们可谓耳提面命，因为他知道"规矩"在指导人们做事方面是多么重要。对此，就连三国时期的曹操都谨遵不违。

曹操为了赢得民心，曾制定了一项法令，凡有踏坏群众庄稼者一律斩首。没想到，有一次曹操自己的战马因受到惊吓，窜入农田中踏坏了一些青苗。曹操立即抽打战马，然后挥刀就要自裁。众人赶紧进言相劝，说曹丞相是国家栋梁，应为国着想，不能自杀；马因受惊而踏青苗情有可原，即使按律也应宽大处理。最终，曹操"割发代首"，以示警诫。在古代，人们认为身体发肤受之父母，毁伤是为不孝，所以曹操"割发代首"也算一种很重的惩罚。曹操此举立刻收到了震慑全军、令行禁止的效果。

暂且不论曹操这出戏是真是假，但他能够遵循自己所立的"规矩"，单这一点就难能可贵。我们也是一样，对于国家的法律法规，我们要严格遵守；对于做人做事的准则，我们也要时刻遵循。

天下之不助苗长者寡矣。以为无益而舍之者，不耘苗者也；助之长者，揠苗者也——非徒无益，而又害之。

——《孟子·公孙丑上》

天底下不拔苗助长的人少见啊。以为进行田间管理没有益处而放弃的，是不为禾苗除草的人；用外力帮助禾苗生长的，是拔高禾苗的人，这样做不仅无益，反而有害。这段话告诉人们做事情不要急于求成，否则会欲速而不达。

孟子在阐述自己的观点时，时常引用一些恰切的寓言故事来增强其语言的说服力，从而使听的人更易信服，更易接受。这里也不例外，当弟子公孙丑问他有关"浩然之气"的问题时，孟子又引用了一则"揠苗助长"的寓言来进行阐述。

故事说的是宋国有个急性子的农夫，他总是嫌自家田里的禾苗长得太慢。一天，他想出了一个"好"办法。他来到田地里，把禾苗一棵一棵往上都拔高了一节。他从早晨干到太阳快要落山，把田里的禾苗全都拔了一遍，累得筋疲力尽。回到家里，他得意地对家人说："今年我们家的庄稼一定比别人家的长得快。因为我为了帮助禾苗快些长高，把它们都往上拔了拔。"他的儿子听了，跑到田里一看，发现禾苗全都枯死了。

借助这则寓言故事，孟子是想告诉公孙丑：浩然之气的养成，"必有事焉，而勿正，心勿忘，勿助长也"。意思是说，浩然之气的养成，一定要有所作为而不终止，心里不要忘记它，但也不要有意地帮助它。否则，就会像那个"揠苗助长"的农夫一样，忽视禾苗的生长规律，妄想通过外力把它们拔高去帮助其生长，这样急于求成的做法不仅无益，反而有害。

"天行有常，不为尧存，不为桀亡。"（《荀子·天论篇》）自然界和人类社会都有其发生发展的客观规律，这些客观规律是不以人们的意志为转移的，我们只能是认识它们，引导它们，利用它们。如果仅凭自己的主观愿望去做事，而不顾客观规律，其结果必然导致失败。

以力服人者，非心服也，力不赡也；以德服人者，中心悦而诚服也，如七十子之服孔子也。

——《孟子·公孙丑上》

用武力征服别人的人，别人不会真心服从他，只不过因为自己实力不足不得不屈服罢了；依靠德行征服别人，别人会心悦诚服，就像孔子门下七十个弟子拜服孔子一样。这段话表达了孟子"以德服人"的思想主张。

在电影《新方世玉》中有位雷老虎，这是一个大老粗，但他却常常把"以德服人"挂在嘴边，给电影增添了不少"笑"果。这句"以德服人"就是源自"亚圣"孟子。

孟子在政治上主张施行"仁政"，而能否使天下人心归服是"仁政"的一个重要参考。国君可以"以力服人"，也可以"以德服人"，孟子极力主张后者。相同的观点孔子也曾说过，《论语·为政第二》中便提道："为政以德，譬如北辰居其所而众星共之。"意思是说，国君用品德教化治理国家，他就会像北极星那样，泰然处在自己的位置上，使众多的星辰环绕着它。看来，两位儒家圣贤在"以德服人"方面达成了共识。事实上也的确如此，假如统治者通过武力、暴政等手段，表面上使百姓"服"了，但这不是"心服"，说不准百姓还会找机会进行反抗；但如果统治者实行"仁政"，以德服人，就能使百姓"心悦而诚服"。后世诸葛亮七擒孟获，便可谓活学活用孟子这一思想的典型。

三国时期，蜀国南部的少数民族不服管治，起兵叛乱。丞相诸葛亮率军前去平叛。在首次交战中，诸葛亮就抓住了叛军首领孟获。诸葛亮考虑到孟获在少数民族当中很有威望，希望孟获能主动投降，就将他释放。但孟获却不服气，率军又来攻打诸葛亮，结果又战败被抓。诸葛亮依然把孟获释放，因为他认为只有以德服人才能真正让孟获心服，仅以力服人必将后患无穷。就这样，诸葛亮前后将孟获七擒七纵。孟获终于被诸葛亮的诚意感动，他跪地起誓以后决不再谋反。从此，蜀国南部地区实现了长久的和平。

诸葛亮"以德服人"，最终使孟获"心悦而诚服"。我们做事时也应如此，只有"以德服人"，才能让人"诚服"，而不仅仅是"臣服"。

君子莫大乎与人为善。

——《孟子·公孙丑上》

君子的最高德行莫过于同别人一起行善。这句话是说一个人要与人为善，要善意地去对待别人。

"性善论"是孟子的一贯主张，它不仅是说人的本性是"善"的，还进一步指出人人都有向善的内在动力。孔子对"善"也是认同的，别的不说，他所创立的以"仁"为核心的道德学说，就是一种"善"的表现。此外，他所说过的"己所不欲，勿施于人""君子成人之美，不成人之恶""躬自厚而薄责于人"等语，也是对"善"的极好阐释。但是，孟子所说的"善"却不单指人心中的"善念""善根"，它还指"行善"，如此处他所说的"与人为善"中的"善"便可以这样理解。

孟子是这么说的，也是如此做的。他不惧辛劳与挫折，四处游说一些君王施行仁政，以利于天下、利于百姓，这便是明证。古今中外，像孟子这样与人为善的人有很多，印度的圣雄甘地就是其中著名的一位。

一天，甘地乘坐火车去某地，不小心把自己穿着的一只鞋子掉到了铁轨上。此时，火车开动了，他已经不可能下车去捡那只鞋子。旁边的人看到甘地掉了一只鞋子，都为他感到惋惜。但是，甘地不仅没有为自己感到遗憾，反而弯下身子把穿在脚上的另一只鞋子脱了下来，扔到了第一只鞋子旁边。一位乘客看到他这个奇怪的举动，不解地问："先生，你为什么要这样做呢？"甘地笑了笑，说："因为这样一来，捡到鞋子的人就能得到一双完整的鞋子了。"

甘地的这一举动，可以说是"与人为善"的绝好表率。我们虽不能成为像孟子、甘地这样的"亚圣""圣雄"，但至少我们可以向他们学习，努力做到更好，而我们所要迈出的第一步，何不就从"与人为善"做起？

　　穷则独善其身，达则兼济天下。

——《孟子·尽心上》

　　困窘时完善自己的身心，得志时则拯救天下。这句话表明了孟子一种积极而达观的处世态度。

当一个人困窘不得志时，他如何抚慰自己那颗失落的心而泰然处之呢？当一个人飞黄腾达时，他又如何不失其为人的根本而做到安然自栩呢？孟子给我们提供了一个极好的参考："穷则独善其身，达则兼济天下。"

在孟子的概念里，穷、达都是身外之物，唯有道义才是所应守护的根本。所以，他认为，困窘时不应该怨天尤人，不应该丧失胸中的正气，而应该守护自己的身心，努力培养自己良好的德行；得志时不应该只顾自己的利益，而应该泽被天下，尽量为百姓、为国家多做些贡献。孟子这番话不仅流露出一种"不以物喜，不以己悲"的豁达淡然的心态，还表现出了"独善其身""兼善天下"的积极向上的态度。而这也正与孟子所说的"穷不失义，达不离道""得志，泽加于民；不得志，修身见于世"相符合。

其实，孔子也曾说过类似的话："用之则行，舍之则藏。"意思是受重用时，就展露才华；不受重用时，就韬光养晦。孔子与孟子这两位儒家最具代表性的人物，用这样两句同样具有代表性的言语，共同表达了一种儒家知识分子对出世与入世、进与退的政治抉择与人生态度。

在古代人物中，将孟子所说的这种境界演绎得最好的当属宋代的范仲淹，他甚至有过之而无不及。范仲淹自从成为朝廷命官，便以身许国，心忧天下。即便身处"江湖之远"，他仍十分关心百姓疾苦。"寸怀如春风，思与天下芳"，哪怕只有一点欢乐，他也愿意与天下人共享。而他的一句"先天下之忧而忧，后天下之乐而乐"，更是振聋发聩，体现了一种忧国忧民的高尚品格。

"穷则独善其身，达则兼济天下"，这句两千多年来中国知识分子立身处世的座右铭，也理应成为我们处世的人生参考。而对于现今的我们来说，无论穷达，我们都应该"兼善天下"。

民为贵，社稷次之，君为轻。

——《孟子·尽心下》

老百姓最为重要，代表国家的土神、谷神次之，君主为轻。这是孟子提出的"民贵君轻"的社会政治思想，具有民本主义色彩。

孟子一贯主张仁政治国，而其仁政学说的核心就是此处所说的"民贵君轻"，这实际上是一种"以民为本"的思想。

"民为贵"，是说人民的地位与权力是至高无上的，是最重要的。"社稷次之"，"社"在古代指土地之神，"稷"指五谷之神，后来"社稷"成为国家的代名词。孟子认为有了人民才需要建立国家，所以国家的地位要次于人民。"君为轻"，是说相对于人民和国家来说，君主的地位是三者中最轻的。因为在孟子看来，有了国家才需要有个"君"。这是孟子提出的社会政治思想，意为在社会政治结构中，人民是基础，是根本，甚至起着决定性的作用，民比君更加重要。紧接此句，孟子又说道："得乎丘民而为天子，得乎天子为诸侯，得乎诸侯为大夫。"意思是得到老百姓的拥护就可以做天子，得到天子的赏识就可以做诸侯，得到诸侯的赏识就可以做大夫。由此可见，一切政治权力从根源上来说，都是来自老百姓。

孟子还说过一句话，讲的也是同样的道理。他说："保民而王，莫之能御也。"意思是保有和安抚百姓就可以称王天下，这是任何力量都不能抵挡的。《荀子·哀公》篇中也有一句"水能载舟，亦能覆舟"，将一个政权比做是"舟"，而百姓是"水"，水能载舟，同时也能把船弄翻。千百年来的历史也在不断证明着这个道理：凡是施行仁政、顺应民心的贤君，大都能使百姓安居乐业，使国家兴隆昌盛；反之，将最终走向灭亡。正所谓"得民心者得天下，失民心者失天下"，可见，百姓是国家的根本，这绝对是真理。

虽然孟子也曾说过"劳心者治人，劳力者治于人"这样表现阶级对立思想的话，但在两千多年前那个君权至上的时代，他能够如此鲜明地提出"民贵君轻"的主张，的确难能可贵，值得我们为他鼓掌喝彩。

仁之胜不仁也，犹水胜火。今之为仁者，犹以一杯水救一车薪之火也；不熄，则谓之水不胜火。

——《孟子·告子上》

仁能够战胜不仁，就像水能够灭火一样。但如今那些施行仁道的人，就像拿着一杯水去浇灭一车木柴所燃烧起来的大火一样，大火灭不了，就说水不能灭火。这段话告诉我们，当一件事物效果不佳时，有时候并不是事物本身的问题，可能是我们自身努力不够，或受到其他的局限，所以我们要竭尽所能地去努力达成。

　　孟子是在讲述仁与不仁的关系时而发此语的。他没有一上来就干巴巴地说理，而是将仁和不仁的关系比做水与火。他说，仁能够战胜不仁，就像水能够战胜火一样。但是，如果只是用一杯水就想浇灭一车木柴所燃烧起来的大火，其结果必然失败。就像那些施行仁德的人，他们只付出了一点点努力，一看没有什么效果，就武断地说仁战胜不了不仁，这就如同在说水灭不了火一样可笑。

　　孟子通过这样一番话是要告诉人们，一些好的制度、好的事物有时取不到好的效果，并非制度或事物本身的问题，而是由于执行的人措施不力，或者是时机的选择不恰当，或者是量的积累没有达到一定的程度，所以受到一些挫折在所难免，但是不能就此将一切都否定了。而如果措施得当、选准时机、加倍努力的话，事情终将会取得成功。中外历史上诸多以少胜多、以弱胜强的经典战例，不就是最好的证明吗？

　　秦朝末年，赵王歇被二十万秦军围困在巨鹿，项羽奉楚怀王之命率军五万前去救援。他带领楚军渡过黄河，可楚军跟秦军的实力相差太过悬殊。为了督促士兵奋勇杀敌，项羽下令把做饭的锅一律砸碎，将渡河的船只全部凿沉，并把营房都烧掉，只带了三天的干粮，以表决一死战的决心。楚军一到巨鹿，全军将士不畏牺牲，奋勇向前，最终取得了巨鹿之战的胜利。

　　看来，只要我们肯付出努力，就没有过不去的"火焰山"。"大火"起时，一杯水不够，我们可以用一盆水、一池水，或者再叫来消防车、架上水龙，如此，莫说是"车薪之火"，再大的火也灭它没商量。

　　生于忧患而死于安乐也。

——《孟子·告子下》

忧虑祸患可以使人生存，安逸享乐却足以使人败亡。这句话告诉人们要时刻有忧患意识。

孟子这句话一经出口，便被后人屡屡引为座右铭，激励了无数人在逆境中奋起，在顺境中前行，其实质蕴含的便是一种忧患意识。

在这一点的论述上，孟子列举了一系列建功立业的成功人物，例如舜、傅说、胶鬲、管仲、孙叔敖、百里奚等，他们起初都曾经历过一段忧患的艰苦岁月，有的做过农夫，有的当过泥瓦匠，有的做过囚犯，有的甚至做过奴隶。但是，即便在如此艰难的境况下，他们并没有被命运击倒，反而是"发于"逆境、"举于"逆境。究其因，是他们心中的忧患意识在激励着他们，使得他们在逆境中奋发而起。

孟子认为，当人身处忧患的境地时，能"动心忍性，曾益其所不能"，最终取得成功。他举出的几个人物有力地证明了这点，而历史上能同样成为孟子这一观点佐证的也并不鲜见。司马迁在《史记·太史公自序》中也记叙了几个人物："文王拘而演周易；仲尼厄而作春秋；屈原放逐，乃赋离骚；左丘失明，厥有国语；孙子膑脚，兵法修列；不韦迁蜀，世传吕览。"周文王、孔子、屈原、左丘明、孙膑、吕不韦等，他们同样身处忧患的境地，甚至遭受的屈辱和打击更甚，但他们克服了重重困难，最终在各自的领域取得了杰出的成就。

有句话说得好，"吃得苦中苦，方为人上人"。我们不喜欢忧患，但也不惧怕忧患，面对困顿的境地，我们唯有迎难而上，奋发图强，方能一跃而起，一飞冲天。与忧患相对的是安乐，相信绝大多数人都对它趋之若鹜。但是不要忘记，在享受安乐的同时，我们心中一定要有忧患意识，否则，我们将在安逸享乐中渐渐迷失自己，甚至死于其中。这一点我们就不必大书特书了，历史上那些因荒淫逸乐而终致身死国灭的昏君，不就是最好的明证吗？

所以，忧患不一定是坏事，它能激励人的志气和信心，激发人的智力和潜能，让你看得更高，走得更远；而安乐也不一定是好事，贪图享受的话容易让自己迷失其中。

虽有天下易生之物也，一日暴之，十日寒之，未有能生者也。

——《孟子·告子上》

天下即使有容易生长的生物，放在太阳底下晒一天，却又接连地冻它十天，没有能再长得了的。孟子在这句话中是要告诉大家，做事要认真，要持之以恒。

战国时代，百家争鸣，知识的发展蓬蓬勃勃。一些游说之士学识广博，而且还能以深刻生动的比喻，激励人们如何做事。孟子以上这句话便是要告诉大家，做事要认真，要持之以恒。可以说，这个比喻能够放诸四海，适用于各种领域。现在，这句话还被后人简化为"一曝十寒"这个成语，用来比喻做事没有恒心。

孟子说这句话时是有前提的。当时齐王行事昏庸，做事不能长久坚持，还轻信奸佞谗言。孟子对此非常不满，便常常对他进行劝诫。有一天，有人嘲笑孟子，说齐王并没有从孟子的劝诫中受益，依然如故。孟子听完便说了以上的话，说明自己和齐王相见的时间太短，自己一离开齐王，那些"冻害"他的奸佞之人便会立刻跑来。这样的话，即使齐王有善心萌动的时刻，也很快会被他们扼杀。孟子还以下棋为例，进一步阐述自己的观点。弈秋是全国最会下棋的能手。假如让他教两个人学下棋，其中一个人专心致志，处处听弈秋的指导；另一个人虽然也听着，却一心以为也许会有大雁飞来，总想拿起弓箭去射它，他虽然和前一个人一起学下棋，但却不如那个人学得好。这不是他们的智力有什么区别，而是专心的程度不一样。孟子反复举例，也反复证明着自己的观点。

毛泽东在湖南第一师范学校学习期间，曾经写过一副对联："贵有恒，何必三更起五更眠；最无益，只怕一日曝十日寒。"说的也是要持之以恒的道理。反过来说，如果我们做事时放松对自己的要求，"三天打鱼，两天晒网"，那什么事情都别想做成了。而只要我们肯坚持，成功也便距离我们不远了。

孟子曰："鱼，我所欲也，熊掌亦我所欲也；二者不可得兼，舍鱼而取熊掌者也。生亦我所欲也，义亦我所欲也；二者不可得兼，舍生而取义者也。"

——《孟子·告子上》

孟子说："鱼是我喜欢吃的，熊掌也是我喜欢吃的；如果二者不能都吃，那么我就舍弃鱼而吃熊掌。生命是我想拥有的，正义也是我想拥有的；如果二者不能都拥有，那么我就牺牲生命而坚持正义。"孟子以鱼和熊掌这两种食物比喻生命和正义的取舍关系，强调了舍生取义——正义比生命更重要的概念。

孟子向来是一位说理的大师，他喜欢讲一些大道理，常常能利用生动活泼的比喻，让人们很容易便领悟他的想法。在这里，鱼和熊掌这两种食物又成了他比喻之炊里的两道原料。鱼价值低廉而熊掌珍贵，当不能同时得到它们时，必然舍鱼而取熊掌。同理，正义的价值要比生命重要得多，当不能同时得到二者时，须舍弃生命而选择正义。孟子运用比喻的手法，提出了"舍生取义"这一重要的价值取向。

人对生命的渴望是极强的，对死的厌恶也同样强烈，所以不知从何时起，便有了"好死不如赖活着"这句俗语。但显然如果孟子听到这句话，他肯定是不会苟同的。在孟子看来，人的生命诚然可贵，但仍有比生命更重要的东西，那就是"义"。上溯至孟子的前辈孔子，便曾有云："志士仁人，无求生以害仁，有杀身以成仁。和下追到荀子，也曾说过"人之所欲生甚矣，人之所恶死甚矣，然而人有从生成死者，非不欲生而欲死，不可以生而可以死也"的话。可见，孟子"舍生取义"的思想，其实也是儒家一致认同的价值观。

在鱼和熊掌的选择上，孟子是下定决心要吃"熊掌"的。在这掷地有声的言语当中，突出了一种为理想而敢于牺牲的大无畏的精神境界，而这种精神，也不同程度地影响了中国历史上无数的志士仁人。

南宋末年的文天祥，在元军入侵之际，积极组织力量进行抵抗，后来失败被捕。面对元朝的威逼利诱，他视死如归，丝毫不为所动，并留下了"人生自古谁无死，留取丹心照汗青"的千古绝唱。虽然文天祥最后被杀，但他舍生取义的精神永远激励着后人。清末谭嗣同在戊戌变法失败后，本可以安然脱身，但他没有选择离开，而是选择了舍生取义，一心想用自己的鲜血来唤醒沉睡的国人。事实上，他的死也果真对后世产生了深远的影响，正如他自己所说，是死得其所。"舍生取义"的价值观，培养了中华民族的浩然正气和爱国主义的高尚情操，成为中国传统文化中的精华。

说到这里，突然联想到相关媒体上有这样一则报道，说某酒楼打出标价为88888元一席的天价年夜饭，号称娃娃鱼全席，并且可以提供熊掌等珍稀菜肴。在此我们先抛开该酒楼是否有炒作、违法之嫌，单就这一娃娃鱼全席来说，看来鱼和熊掌有时候也是可以兼得的。所以，孟老先生这句话并不是说鱼和熊掌二者必然不可兼得，而是强调当它们不能兼得的时候，我们应当如何取舍。假使我们能吃到熊掌，同时又能吃到鱼——以上天价年夜饭的例子除外，那何乐而不为呢？如果我们能保住性命，而又不会失去自己所坚持的正义，又何必还去送死呢？

体有贵贱，有小大。无以小害大，无以贱害贵。

——《孟子·告子上》

身体有至关重要的部分，也有微不足道的部分；有小的部分，也有大的部分。不要因为小的部分而损害大的部分，也不要因为微不足道的部分而损害至关重要的部分。这句话强调了护养人的本性的重要性。

在《孟子·告子上》中，孟子曾经说过这样一句话："苟得其养，无物不长；苟失其养，无物不消。"意思是，假如能够得到好的滋养，没有东西不能生长；假如丧失了好的滋养，没有东西不会消亡。这是孟子从牛山林木受到破坏的教训中引申出来的道理。树木如此，那人又当如何"养"呢？

孟子认为，人的护养应当包括身体和本性两个方面，但是两者又有"贵贱"、"小大"之分。我们知道，孟子一贯主张"性善"，相对于人"善"的本性来说，身体的其他部分如头发、皮肤、耳目、手足等，是"贱"和"小"的方面，而人的本性则是"贵"和"大"的方面，二者关系不能颠倒。善用譬喻的孟子还举例说明：假如有这样一个园艺家，他把梧桐、楸树这些名贵而重要的树木丢在一边，反而花费大力气去养护酸枣、荆棘，那么他就是个不称职的园艺家。假如有人只专注于保养他的一根手指，反而使肩背丧失了功能，自己居然还不明白，那么他就是个糊涂透顶的人。孟子通过这些告诉我们，"无以小害大，无以贱害贵"。即要养护好人的本性，不要因小失大。

相信大家还记得鲁迅先生在日本学医时的一段经历。当时，他看到了一部影片，影片中有中国人给俄国人做侦探，被日本军捕获，最后被五花大绑押赴刑场，要被执行枪决。一群中国人围在一旁观看，他们四肢强壮，表情却是那样麻木，甚至还跟着其他人酒醉似的喝彩。鲁迅先生深受震撼，一种愤怒、悲痛、屈辱的情感紧紧地抓住了他的心。他觉得学医只能解救病人肉体的苦痛，却不能拯救人的心灵，所以决定弃医学文，借以唤醒民众的觉悟。

鲁迅先生在养护人的身体和本性之间做出了"小大""贵贱"的选择，我们又当如何选择呢？

孟子曰："人有不为也，而后可以有为。"

——《孟子·离娄下》

孟子说："人要有所不为，然后才能有所作为。"这句话告诉我们，要学会有选择地做事。做有价值的事，这样才能有机会做出一番大事业。

但凡成大事者，对于自己的目标与行为，都能做出合理的选择。所谓"大行不顾细谨，大礼不辞小让"，只有合理把握做事的尺度，知道哪些是应该去做的，哪些是应该舍弃的，才能成就大事，有所作为；如果不懂得如何进行抉择，势必让自己忙碌得焦头烂额，而终碌碌无为。孟子这句话所要表达的就是这个意思。

类似的话道家也曾经说过，老子《道德经》便有"道恒无为，而无不为""无为则无不为"、"为无为，则无不治矣"等语。这里的"无为"是指统治者要不妄为、不乱为、不违反自然规律、不做有损道德规范的事，这些可以与孟子所说的"人有所不为"联系起来。老子主张在"无为"的基础之上制定相应的法律、法规，并且不随意更改，人们在这样的环境下，才能尽情地发挥自己的能力，努力做事。这又与孟子所说的"而后可以有为"相联系。可见，老子的"无为"与孟子的"不为"所追求的最终目标还是"有为"。这便又回到了原文所要阐明的观点：一个人要学会有选择地做事，做有价值的事，这样才能有机会做出一番大事业，即"人有不为也，而后可以有为"。

三国时期，蜀主刘备的儿子刘禅能力欠缺，刘备对他很不放心，临终立下遗诏，对刘禅嘱咐再三，劝勉他要进德修业，有所作为。遗诏中有句话是："勿以恶小而为之，勿以善小而不为。"意思是不要因为不好的事小而去做，也不能因为好的事小而不去做。刘备在这句话里对什么该"为"、什么应"不为"也做了详细的交代，虽然他只提到了"恶"与"善"，但对我们做其他事情同样具有指导意义。

那么，你知道自己哪些应该"不为"，哪些又应该"为"吗？

孟子曰："不挟长，不挟贵，不挟兄弟而友。友也者，友其德也，不可以有挟也。"

——《孟子·万章下》

孟子说："不倚仗自己年长，不倚仗自己地位高，也不倚仗兄弟的势力去交朋友。交朋友。是因为对方的品德好才去结交他，不可以有什么倚仗。"这句话道出了交友要"友其德"这一重要原则。

古人非常重视交友，而且对交友也有一定的标准，这一点从一些载于史册的文字中便可见一斑。比如，《战国策·楚策一》中有"以财交者，财尽则交绝；以色交者，华落而爱渝"之语，《史记·郑世家赞》中也有"以权利合者，权利尽而交疏"之言，指出交友不能将金钱、权势、地位等因素掺杂在内。

儒家对交友也非常重视，更将朋友与君臣、父子、夫妇、兄弟作为社会中五种最重要的社会关系，称之为"五伦"。《论语》中有孔子说过的这样一句话："益者三友，损者三友。友直，友谅，友多闻，益矣。友便辟，友善柔，友便佞，损矣。"意思是有益的朋友有三种，有害的朋友有三种。与正直的人交朋友，与诚实的人交朋友，与有知识、见闻广博的人交朋友，是有益处的；与虚伪做作的人交朋友，与逢迎谄媚的人交朋友，与花言巧语的人交朋友，是有害处的。孔子向人们阐述了什么样的朋友可交，什么样的朋友不可交。

及至孟子，当他的得意弟子万章向他请教怎样交朋友时，孟子回答："友也者，友其德也。"他明确地指出，交朋友，交的是朋友的道德品质，不能依仗自己年长，不能依仗自己地位高，也不能依仗自己兄弟有权势有地位。孟子一语道出了交友的一个重要原则。孟子还举例说，孟献子是一位拥有百辆车马的大夫，他有五位要好的朋友。他们倾心交往，彼此心中都没有身份贵贱之分。如果孟献子总是自恃高贵，或者朋友们也总认为孟献子很高贵，那他们就不可能成为好朋友了。

"友也者，友其德也"，这句话虽出自千年前的古人之口，但对今人乃至后人来讲同样具有重要的指导意义。

老吾老以及人之老，幼吾幼以及人之幼。

——《梁惠王上》

尊敬我家里的长辈，从而推广到尊敬别人家里的长辈；爱护我家里的儿女，从而推广到爱护别人家里的儿女。

林觉民有一篇著名的《与妻诀别书》，其中部分内容为："吾至爱汝"，即此爱汝一念，使吾勇于就死也。吾自遇汝以来，常愿天下有情人都成眷属；然遍地腥膻，满街狼犬，称心快意，几家能够？语云：'仁者老吾老以及人之老，幼吾幼以及人之幼。'吾充吾爱汝之心，助天下人爱其所爱，所以敢先汝而死，不顾汝也。汝体吾此心，于啼泣之余，亦以天下人为念，当亦乐牺牲吾身与汝身福利，为天下人谋永福也。汝其勿悲……"

林觉民

如果以白话文解释，林觉民对自己的妻子说："我爱你非常深，就算要我为你而死，我也不会有任何怨言，因为爱的勇气是非常强大的。自从我遇到你，便时常祈愿天下有情人都能终成眷属，但是，我们所存在的现实并不是这样的，战争使人们生死离散，不能团圆，暴徒宵小满街跑，人的尊严与生活毫无价值，到底有几个人能愉快舒服地活着，我想都不敢想。古语说：'老吾老以及人之老，幼吾幼以及人之幼。'我把我深爱你的情感比附到众人身上，帮助别人能够有时间与能力去爱他们所爱的人，凭着这样的信念，我敢比你先去赴死而负了照顾你的责任，你能体会我这样的心意吗？即使在你哭泣的时候，也要体念天下的福祉，如果因为我牺牲了自己的生命和你牺牲了自己的幸福，却能为所有的人谋到一点点幸福，那也是值得的。妻啊！千万别难过……"

林觉民是否真的为当时的人们谋到了幸福，我们难以判断，但他无私无我，将对妻子的爱化为对天下的爱，是十分动人伟大的，当我们鄙薄于现代爱情的肤浅与速食的时候，千万别忘记曾经有一个人深刻地爱着自己的妻子，并且为自己的爱情投注了更宏大的情感与理想，不管是对妻子或对国家，他都是无愧的。倘若林觉民敢于做一个为国家民族而奋斗的勇士，他的爱人自当敢于做一位勇士的妻子。

古之人所以大过人者，无他焉，善推其所为而已矣！

—— 《梁惠王上》

古代的圣贤之所以远远地超过一般人，没有别的诀窍，只是他们善于推行他们的好行为罢了。

人类的真、善、美与爱，就像是一个花园。一个花园是不会自己围篱笆、除草、浇水、施肥、修剪的，它可能肆无忌惮地生长，然后长成一个古怪的丛林，或者任其枯萎，死成一片荒野世界，总而言之，没有园丁是不行的。

这个花园须要有人细心经营与整理修缮，让它能呈现美好的面貌，甚至绽放光芒；一个园丁必须拥有丰富的园艺知识、经验与耐心，更重要的是他得与大自然携手合作，要是没有阳光，没有雨水，再好的园丁也无可奈何。

去照顾真善美与爱的园地，本来就是一件极辛苦的事情，而且具有相当大的风险。即使你尽心尽力去除草、灌溉、施肥、浇水，也不能保证花园的美丽，你可能会被锋利的花刺割伤，可能会被园中的小昆虫咬伤，甚至可能自己在园子里摔了一大跤，所有的意外都是有可能的。但是如果你为了不在园中受伤而放弃当一个好园丁，那么，毋庸置疑，你的花园绝对丑极了。

古代的圣贤者，并不是特别聪明或特别幸运的人，他们之所以能够成为大家仰慕的圣贤，无非是因为他们是一个好园丁，他们愿意用耐心、毅力与温柔对待自己的花园，他们不害怕在园中跌倒、受伤，而是一再地尽力爱护这个叫作真、善、爱、美的花园，让它能繁花似锦，绽放光芒，并且愿意传播自己的知识、经验，让众人都能种出一片好园地。

以力服人者，非心服也，力不赡也；以德服人者，中心悦而诚服也。

—— 《公孙丑上》

依仗暴力来使人服从的，别人是不会从心里心悦诚服的；依靠道德来使人服从的，别人才会从内心真正顺服。

校园暴力是社会暴力延伸到校园的现象，据警官学校所作调查，以一千五百位国中生为对象，发现有近一半的学生在一年内有与其他同学打过架，但是公开侮辱或顶撞师长的则只有百分之七。大致而言，师生间的暴力比率并不高，但是师生间暴力的影响却极大。

因为，它不但严重破坏校园的气氛，使传道、授业的工作难以进行，而且任何一件师生间严重暴力的背后都隐含长期的问题，例如师生关系成为升学压力的牺牲品，使功课不佳的同学很容易自我放弃。另外，冲突当时双方的情绪失控是暴力产生的最直接原因，老师情绪失控的另一个原因，在于师资培育过程中没有注意到人际冲突的解决技巧，一般老师没有解决师生问题的能力，除了打骂之外，没有别的方式。

我们都知道，小暴力不去处理，常会演变成严重的暴力习惯，校园的肢体暴力无论大小，可能都与学习、模仿有关，青少年的行为、价值观，甚至于道德观，大多是经由认同获得。早期的认同对象绝大多数是父母、家长，到高中阶段，认同的对象渐扩大到其他偶像，如果社会上的成年人常以暴力手段解决争执，同时透过媒体，儿童看到高地位、权力的人物也以打斗解决问题，那么要求青少年不可用暴力解决事情，根本是缘木求鱼。

在整个模仿认同的历程中，老师体罚学生，尤其是即兴式的打耳光，挥拳头或踢学生，都是校园中最直接的不良示范。当学生接受这样的暴力方式后，也会以一样的方式解决身边的问题。如果老师能教授学生解决冲突的方式，如说服、交换，甚至于求取权威的裁决，都比暴力要好。如何让学生体验暴力行为的反效果呢？最根本的方法是让他知道：暴力行为不但不能解决问题，甚至要付出高昂的代价。

君子莫大乎与人为善。

——《公孙丑上》

君子最大的德行就是偕同别人一起行善。

　　真正的快乐，是一种属于内心的安定之感，没有欲求之心。如果只是追求社会上共同的价值认定，有钱、有名、有前途、有地位，这些看似有价值的东西是不是真正属于自己？而拥有它们，便能得到内心的安定吗？我们都知道，拥有这些并不能得到真正的快乐。知足的人，顺应自己所有的；不知足的人，心中永远有一个缺憾，拥有再多的财富，也是一个穷徒。如果"真正的快乐"是建立在内心的安定上，那么重点就是"和谐的人际关系"，一个人际关系和谐的人，不论在思想或行为上，都不容易走向偏激、冲突或矛盾；那么他的心灵就能保持平静和谐，达到真正的愉悦。

　　如何保持"和谐的人际关系"呢？最好的方式就是"与人为善"，与人谈话时，别坚持己见，不必想着搬弄艰深的理论去驳倒对方，对于重大的问题或事情，以温柔和缓的方式去表达或说明就好了。

　　与人相处，宁可与人为善，不与他人交恶；保持行为上的中正，便不会落人口舌，虽然人心难测，只要正持自心，就不怕别人刁难反复。就算父母、兄弟、夫妻之间，也常会对同件事有许多不同的见解，尊重别人，也是尊重自己，在生活中使用一点小小的幽默感来转移生活的小冲突是必要的，观点放大一点，执见少一点，这就是人生的智慧，一个真正有智慧的人，不但能让自己内心愉悦，也能让别人一同感到真正的愉悦。

　　得道者多助，失道者寡助。

——《公孙丑下》

有美德的人，帮助他的人自然就多；没有美德的人，帮助他的人就少。

　　周朝最伟大的领袖是姬昌，他是商朝末年的西方领袖，曾受封为西伯，后人为感念他的功业，追谥他为周文王。

　　文王的祖父是古公亶父，他率领族人迁徙到周原，那里水草丰美，土地肥沃，古公亶父领导族人开垦荒地，兴建城郭，逐渐强壮自己的实力。古公有三子，长子太伯，次子虞仲，少子季历。季历的儿子叫姬昌，他自小聪明颖悟，最得祖父喜爱。于是太伯、虞仲断发纹身，逃到荆蛮，让古公传位季历，然后传给昌，这就是"太伯让国"的故事。

　　季历死后，由姬昌继位，商王封他为西伯，姬昌恪守祖先的法规，施政以仁厚为准则，人民有纠纷，他都能公正地处理，因而得到人民的爱戴。当商施暴于天下时，姬昌便得许多豪杰的帮助。

　　太公望吕尚是有名的贤士（即姜太公），当时他已是八十高龄的老人，因为不愿事纣，就隐居在渭水垂钓自娱。姬昌找到他后便拜他为师，希望他策划军事，太公肯定姬昌是一位仁德的君主，便与他回到岐山，同心协力建立基础。

　　而商朝的纣王生活奢侈糜烂，又横征暴敛，使得百姓怨声载道，民不聊生；于是个个诸侯开始叛变。当时的西伯、九侯和鄂侯是三个大诸侯，被称为三公，纣王因为猜忌而将九侯剁成肉酱，把鄂侯作成肉脯，又将西伯囚禁在羑里。姬昌的长子伯邑考亲自到京城求见纣王以求释放父亲，纣王便将他剁成肉酱，煮成肉羹，强迫姬昌喝下。消息传出，周人义愤填膺。

　　姬昌的次子姬发，领导周国使人民更加团结，并且投纣王之所好将美女送到京城，买通佞臣，说服纣王释放姬昌。姬昌被放出大牢后，马上奔回岐山，等到纣王反悔再派人追杀时已来不及了。姬昌回到自己的国家后，更加勤政爱民，树德行善。

　　据说在营建灵台时，挖出一具骨骸，姬昌便要官吏安葬。

官吏说："这是无主的枯骨，不必理它吧！"

姬昌说："这也是我的子民，怎能说是无主呢？"官吏只好奉命把枯骨安葬。

百姓们听到这个消息，都十分称赞姬昌的仁德。连枯骨都受到了恩德，何况活着的人。

后来姬昌收服了犬戎、密须等国家，对商朝构成很大的威胁，纣王却一点都不在意；过了不久，周已经"三分天下有其二"了，殷商的败亡已成定局。

劳心者治人，劳力者治于人；治于人者食人，治人者食于人。

——《滕文公上》

脑力劳动的人是管理者，体力劳动的人是被管理者；被管理者养活别人，而管理者靠别人养活。

人类的左脑是管理数字、逻辑、语文和分析的能力；而右脑则掌管艺术、创造、想象和感觉的能力。现在流行的"全脑思考"，是指将左脑和右脑的能力都均衡开发，让左右脑都能充分运用，让全脑来处理或解决生活上种种工作或问题。大部分的人，从小就被训练成以左脑思考解决事情，右脑的发展并不充分，全脑开发能让我们的思考能力与处理问题的能力加倍喔！那应该如何开发我们的右脑呢？

最有力的方式就是冥想，冥想能让人类的左脑平静，让心灵的耳朵能聆听右脑的声音，如此一来，我们的脑波会自然地转为 α 波，并且开始分泌脑内吗啡。脑内吗啡会把讯息强烈地输入左脑，令你快乐或积极去做事，这就是从右脑得到了启示，使你真正有某种感觉，甚至可以因此而增加信心，造成明显的改变喔！

另一种有效分泌脑内吗啡的方法是腹式呼吸，腹式呼吸跟一般大家无意识的呼吸法有些不同，这是一种利用腹部有力的伸缩做深呼吸的方式，做腹式呼吸时，会产生一种叫前列腺素的物质，它有消除活性氧，同时扩张血管的功能，医学界常使用来做心肌梗塞、脑梗塞等的治疗，如果能保持最理想的冥想状态，还可以促进血液循环，更有燃烧脂肪，防止肌肉衰减的效果，冥想对于节食减肥也很有效。

当我们能够全能地利用自己的大脑时，愉悦有动力的生活便展开了，如果你常常觉得"人生一点也不快乐"，甚至觉得不快乐的原因是没钱或工作不顺利；其实真正的原因，可能是脑内吗啡不足喔！

人之有道也，饱食暖衣，逸居而无教，则近于禽兽，圣人有忧之，使契为司徒，教以人伦。

——《滕文公上》

人之所以为人，吃饱了，穿暖了，住得安逸了，如果没有教育，也和禽兽差不多。古代的圣贤者为此而忧虑，便要一位名叫契的人做司徒官，主管教育。

现代人的物质生活丰富，但在精神生活上却十分贫乏，我们在物欲横流的世界中飘荡，无所适从，找不到人生的方向，问题在哪里呢？

这恐怕是教育的问题。孟子说："人之所以异于禽兽者，几希！"人跟禽兽的差别在哪里？就在教育。如果人没有接受教育，那么生活就与禽兽差不多了。有时候我们会觉得自己不如那些飞翔于天空的鸟儿，在水中悠游的鱼儿生活得那么悠闲、自在，人反而不如它们。这是因为我们遗忘了教育的熏陶，忘了在学习中获得成就感与自信心。

人之所以为万物之灵，是因为人可以接受教育。教育能让人类理解价值与真理，不在理性中迷失，懂得如何与人，与动物相处，如何与大自然融洽共存，能够明白人生的道理、生命的真相，就能使自己的生活有价值，有意义，进而让自己的精神生活充满愉快。

古代儒家的教学方式遵循着四个科目——德行、学术、言语、政事。

所谓"德行"，是人的行为的标准，如果一个人把应该有的伦理道德舍弃，那他与动物便没什么分别。当学生懂得生活礼仪后，便教他"学术"，儿童通常在十三岁之前便必须把所有经典背熟，十三岁以后进入太学，真正进入研究的行列。

老师讲学的时候是不带课本的。老师领着学生到各地去旅行，将所知所学与实际生活相印证，师生一边旅行，一边研究讨论，也就是所谓的"读万卷书，行万里路"。经过这样的旅行，便能把经典中不懂的部分加以解决，把经典中提到的古迹都参观过，考察过。这样的实地考察并不是观光游乐，而是累积自己的学问，将"言语"与"政事"融会贯通；因为从真实的生活经验去体认知识才是真正的学问、真正的智慧；拥有这样的智慧，便不会在乱世中迷失方向，失去自我，以至心灵空洞，惶惶不知所向。

居天下之广居，立天下之正位，行天下之大道。得志，与民由之；不得志，独行其道。

——《滕文公下》

要住在天下最广阔的宅第中，这个宅第叫仁；要站在天下最正确的位置，这个位置叫礼；要走在天下最光明的大道上，这条道路叫作义；在得志的时候，要偕同众人一起走向康庄大道，在不得志的时候，也要独自坚守自己的原则。

日，佛陀到了祇园精舍，园中有许多奇花异木，建筑美丽豪华。统理这个地方的波斯匿王知道佛陀来到精舍，对他感到十分好奇，便带领着百官大臣驾临祇园精舍来拜访佛陀。

当他见到佛陀时说："听说你是有大觉悟的佛，我想这是不会错的，不过我不懂，许多修道者在深山中度过数十年尚不能觉悟，你也不过三十多岁吧！如何能觉呢？"

佛陀回答："大王！许多人都蔑视年轻人，这不好。世间上有四事不能轻视：一是年轻的王子，二是初生的幼龙，三是星星之火，四是小僧侣。王子虽年幼，但长大时便是统治者；幼龙虽小，但它很快便能成大龙；而星星之火可以燎原。僧侣只要心能清净，有度众生的精神，就能得大觉悟。"

王说："佛陀啊！我什么都不懂，请你指教我一些道理！"

佛陀沉默一会儿，向波斯匿王说道："大王！你既是国王，就应该爱民如子，不可压迫人民，因为生命是平等的，是可贵的。要克制恶念，要宽大，要帮助苦难的人，安慰烦恼的人，要救济有病的人，要为人民谋福。"

佛陀停了一会儿，又说："世间上有两条道路：一条是从光明走向黑暗，一条是从黑暗步上光明。短见的人从光明走到黑暗，贤明的人则从黑暗走到光明。只有智者才能进入灿烂光明的世界，能引领自己的生命，也能引领别人的。"佛陀之语，如阳光般照耀在波斯匿王的心上，他从此就对佛陀生起了恭敬纯真的信仰。

规矩，方员之至也；圣人，人伦之至也。

——《离娄上》

圆规和曲尺是测量方形和圆形的标准，而圣人就是做人的标准。

没有规矩，不能成方圆。从古到今，人类社会最早以明确的文字订下的规矩，恐怕是西方的汉穆拉比法典，中国也有不少规矩，如唐律、宋法、清律等等；这些明言的规矩，无非是为人类社会的活动立一个标准。

但从历史的脉络来看，人类总是不断地订立规矩，却又不断地破坏规矩。破坏规矩的是哪些人呢？谁又有能力破坏规矩？自然是那些有权、有钱、有势的人，而守规矩的人是那些没有能力抗拒的人。可见能够规范人类行为的并不是外在的规矩，而是内心的方圆。

学习圣人，并不是东施效颦地去模仿行动、言语；而是从内心出发，以圣人的胸怀为己志来建立属于自己的行为模范，即所谓的"从心所欲而不逾矩"。

春秋时，范蠡协助越王勾践大败吴国，范蠡与文种是越王勾践手下最有权势的两个人物。但是，范蠡在经历过吴越之间明争暗斗的残酷后，更不愿以特权破坏规矩，便放弃崇高的地位只身离去，泛舟于五湖四海间。

近代英国有名的温莎公爵，因为与辛普森夫人自由恋爱而失去英国王储的资格，他就是著名的"不爱江山爱美人"的风流王子。

如果他采取另一种做法先继承王位，等到当上英国国王之后再废除对他不利的规矩，或者"修改"规矩，让自己既能当上国王，又能与辛普森女士结婚，岂不是一举两得？但是，他并没有那样做，因为他尊重英国的传统，也尊重自己的情感，在两者权衡之下，他选择放弃王位与辛普森女士结婚，他的选择让他的一生不但充满传奇色彩，也洋溢着幸福的气氛。

从这两个例子来看，显然外在的规矩并不是约束他们行为的绳索，真正的标准在他们心中，他们只是遵循着心中的标准来行事而已。

男女授受不亲，礼也；嫂溺援之以手者，权也。

——《离娄上》

男女之间不亲手递接，这是正常的礼貌；嫂嫂掉到水里，用手去拉她，这是变通的办法。

这是孟子所处的战国时代。有一日，淳于髡向孟子问："男女之间，不亲手递接东西，这是礼貌吗？"孟子回答："当然，这是必要的礼貌。"淳于髡又问："那么，假如自己的嫂嫂掉进水里，用手去拉她，不就是失礼了吗？"孟子说："自己的嫂嫂掉进水里却不去拉她，那简直是豺狼。男女之间不亲手递接，这是正常的礼貌；嫂嫂掉到水里，用手去拉她，这是变通的办法。"

淳于髡笑了一下，说："现在天下的人都掉进水里了，你不去救援，又是为何呢？"

孟子回答："天下的人都掉进水里了，我得用大道去救他们；而嫂嫂掉进水里，只要用手去救就好了，难道，你要我用手去救天下人吗？"

在中国古代的传统礼节中，有"男女不共用同一物品"，"男女不杂坐在一起"，"男女不直接用手传送东西"等等规矩；虽然孟子是重视规矩，重视礼节的人，但他并不是死守规矩的顽石，一般情形下，当然要遵守正常的礼节规矩，可是有特别的状况发生时，却要懂得变通，这样才不会失去古代圣人制定礼节的原来意义。

仁之实，事亲是也；义之实，从兄是也；智之实，知斯二者弗去是也；礼之实，节文斯二者是也；乐之实，乐斯二者，乐则生矣。

——《离娄上》

仁的主要内容是侍奉父母，义的主要内容是顺服兄长，智的主要内容是明白这两者的道理而坚持下去；礼的主要内容是对这两者既能合宜地加以调节，又能适当地加以修饰；乐的主要内容是从这两者中得到快乐，快乐就会发生。

儒家的世界是如何去解释生活中的美德呢？他们说仁、义、礼、智，倘若一个人能自己完成这些美德，那么，他心中便能升起真正的快乐。那么，在中国十分盛行的佛家，又用何种方式来解释这些美德？佛家有所谓的五戒，即不杀生、不偷盗、不邪淫、不妄语、不饮酒。五戒是对于人的规范，它的根本精神是尊重，因为尊重，所以自由；因为自由，所以快乐。

持受五戒在佛家是人道的根本，五常成为佛儒的相通之处。所谓五常，就是仁、义、礼、智、信。不杀曰仁，不盗曰义，不淫曰礼，不妄曰信，不酒曰智。一个人若持受五戒，便能安享五常，意思是：如果我们能够不杀生，便能保护众生，自然能够心灵安适以获得身心健康；不偷不盗而广于布施，自然心灵平衡，不贪求功利名声；不邪恶淫逸，并且尊重别人，自然能得到别人相对的尊重，得到和谐的人际关系；不妄语恶语。愿意赞美他人，自然能获得真正的好名声；因为不喝酒，并且远离毒品的诱惑，身体便能健康，进而智慧清明；所以，受持五戒，在现世中可以免除苦恼、恐怖，在心灵上可以获得身心上真正的自由、平安、和谐、快乐。

大人者，言不必信，行不必果，惟义所在。

——《离娄下》

有德行的人，说话不一定句句守信，行为不一定贯彻始终，与义同在，依义而行。

《论语》上有一个非常著名的故事，内容是这样的：

孔子的弟子冉有问孔子："闻斯行诸？"意思是说，听到一件对的事就马上去做，是不是这样子？孔子回答他："是的，听到就要马上去做。"

不久，另一位学生子路也问了同样的问题："闻斯行诸？"

孔子回答他："有父兄在，如之何其闻斯行之！"意思是说，不管你听到什么或想要完成什么事，都得先想想，你有父母兄长在，可以听到什么就要去做吗？难道看到一个坏人，明知道有危险也要上去杀他吗？不是这样的。

后来公西华知道了这件事，就跑去问孔子，为什么问同样的问题会有不同的答案？

孔子说："求也退，故进之。"

这是说冉有这个人个性软弱，做事犹豫不决，于是孔子跟他说："闻之行诸。"对的事情就赶快去做，不要拖拖拉拉。而子路这个学生"由也兼人，故退之"。意思是说子路一个人却做了两个人的事，确实能力高强没错，但毛病就是做事太冲动，所以要他三思而后行，这就是因人而施教，不拘泥于某种特定的教条。

通常我们会觉得做一件事要贯彻始终，没有错！这是做事情的基本态度。但是，过分拘泥于这样的原则，却可能使事情做不好，甚至功亏一篑。

如果我们因为认为守信用是原则，凡事都固守于信用二字，那么将会变成所有说过的话都没有转圜的余地，不但把自己绑死了，也把别人限制住，更有人会以此来愚弄你，或者设圈套欺骗你，过分愚昧地守信用，也可能导致悲惨的后果，这是不智的。

一位有智慧的人不应该被自己的话套住，一句没有弹性的承诺或定论将使圣人面临不可挽回的悲剧。例如，三国诸葛亮是有名的功臣，有一回，他率领十余万军队攻魏。当时，诸葛亮对大将马谡提出三个要求：

一、不可轻敌。

二、绝对不可在山上布阵。

三、副将王平经验丰富，一切决策必须要先和他商量。

但是，马谡为了显露本领忘了诸葛亮的提醒，断然在山上布阵。而魏将张郃便包围整座山，并且切断水源，后来蜀军溃败，诸葛亮只好下令撤退。

回营之后，诸葛亮决定处罚马谡，并且依照军令判处死刑，马谡便壮志未酬身先死了。历史上对诸葛亮泣斩马谡的评断不一，但孔明是军事领袖，必须贯彻统帅立场。可是他失去了像马谡这样难得的人才，最后，蜀国也渐渐走入末途。

士未可以言而言，是以言餂之也；可以言而不言，是以不言餂之也，是皆穿逾之类也。

——《尽心下》

一个知识分子，把不可以谈论的事情拿来谈论，这是用言语来引诱别人以便自己取利；面对可以谈论的事情却不去谈论，这是以沉默来引诱别人以便自己取利，这些都是属于挖洞跳墙这一类型的。

有一个名叫祝期生的人，个性十分奇怪，他喜欢揭发别人的短处，更糟糕的是，他还喜欢引诱别人做坏事。如果遇到长得丑的人，就讥笑人家面貌丑陋；遇见长得英俊的人，就用其他的话语来嘲弄这个人。如果遇到脑子比较不灵光的人，就想法子欺侮他；遇见比较聪明的人，就说相反的话去讽刺他。如果遇见贫穷的人，就瞧不起他；遇见有钱的人，便想法子毁谤他。如果遇到当官的，就揭发人家的隐私；看见读书人，就宣扬他的秘密；看见别人生活奢侈糜烂，反而称扬那人豪爽；看见有人手段阴狠毒辣，更是称赞那人聪明绝顶。如果听见别人在谈佛法，就讥讽他们是有头发的秃驴；如果听见别人在论儒学说德行，便嗤笑他人是假道学；听到人家说好话，就说："嘴上说说而已啦！根本办不到。"而看见人家做善事，就说："怪了，这件好事既然做了，何不连那件好事也做一做呢？根本只是求表面的假好人。"他四处乱评论，到处颠倒是非，从来不以为意。

当他年老的时候，忽然得了一种怪病，舌头会长疮，治疗时定要用针刺，流出很多血才能使疮消失，每年得发作个五六次，痛苦得不得了，最后终于舌头溃烂萎缩而死。

当我们强调"隐恶扬善"之时，便会发现中国古老以来的美德，一个人也许心中没有那么恶，嘴巴却不饶人，一样会伤害到别人，"隐恶"不是得过且过，而且给别人悔改的机会，给别人改过的尊严，"扬善"不是锦上添花，而是教育众人也要行善。

爱人者人恒爱之，敬人者人恒敬之。

——《离娄下》

爱别人的人，别人也会爱他；尊重别人的人，别人也会尊重他。

《爱的真谛》也叫《爱的诗篇》，当神要我们去爱那些不可爱的人，或者我们觉得不值得爱的人的时候，我们时常感到疑惑，但神要我们去爱，而且要强烈地爱，因为我们既然接受神的爱，也要以同样的爱去爱人。

爱不仅仅只是行动，而且须是从内心流露的真感情，就像《爱的真谛》中说的，爱包含有忍耐、恩慈，而且要不嫉妒、不自夸、不张狂。它既有反面的意义，也有正面的意义。爱不只是一种行动，更是一种心灵的反应。人家如何对待我，而我如何去反映出爱的讯息。爱是行为的基础，不是行为的表面。它是生活的准则，但不仅仅是生活的准则。

因为神在我们的心里面，心中自然就会发出爱来，我们接受了主的爱，也必须把这样的爱散发出去，主要我们爱人，而被别人所爱，则是主的最大恩赐。

爱要恒久忍耐，而且凡事忍耐，忍耐是消极的；又要有恩慈，这个恩慈，则是积极的。主说你们的仇敌饿了，要给他们东西吃；渴了，要给他水喝。对于仇敌，可以远避，但如果有恩慈的话，便去关怀他。

爱是不嫉妒、不自夸、不张狂。嫉妒是因为人家有，自己没有，便嫉妒他人；自夸是因为人家没有，自己有而产生自夸的心理；张狂则是嫉妒和自夸加起来的一种行为，因为我们站在平等博爱的基础上，便不会想着要去占据别人有而我没有的东西，去炫耀别人没有而我有的东西。因为爱与恩慈，人便不会像一头丑陋的狮子，在森林中张牙舞爪。

爱，是不轻易发怒、不怀恨、不计算。爱，是爱真理，因为爱真理，所以也要以真理爱人。真理是什么？"凡事包容，凡事相信，凡事盼望，凡事忍耐"。

"爱是不会止息的，当你无力于爱人的时候，请跪在神的面前，神会以全爱爱你，并给你爱的能力。"一个无名的基督徒如是说。

　不挟长，不挟贵，不挟兄弟而友。

——《万章下》

不倚仗自己的年纪大，不倚仗自己的地位高，不倚仗自己的兄弟富贵。

有一回，我在报纸上看到一篇文章，标题已经遗忘了，内容大约是这样的：

有位基督徒女士接到一个不明男子的电话，那名男子说他很诧异在一份反歧视传单里，居然看到一个基督徒姊妹的名字与其他妇女团体"平起平坐"，可是基督教不是反同性恋的吗？接着，这男子说了社会教育如何如何失败，才会培养出同性恋者等等的话；爱上同性是反历史、反社会、反人类等等。当这位女士强调女协反对的不是爱而是恨（歧视），社会必须尊重每个人的人权时，那位男士还问她是不是一个同性恋者。

对于社会上的各种事情，应该抱持什么样的看法，其实见仁见智；看法并不那样重要，不管那位男子对同性恋者反对也好，不反对也罢。重要的是，他能否尊重别人的存在，别人的不同。如果他认为，人可以基于某些原因，而使得别人的地位比自己低或居于次等待遇，这已经不是偏见，而是歧视。

美国民权领袖，犹太神学家 Abraham Joshua Heschel 在致肯尼迪总统的信中曾这样说："我们一天不停止歧视黑人，一天都会丧失敬拜上主的权利。"基督徒总是喊着"爱人如己"，可是"爱人如己"并不是爱和自己一样的人，而是把别人好像自己一样珍惜爱护。

在这个世界上，每个人都有不同的命运与际遇，在社会上所扮演的角色也各有差异，可是尊严无分高下，每个人的人格都是生来就平等的，没有一个人有资格仗着自己的权势、地位或者财富，去侮辱别人的人格。

　　知者无不知也，当务之为急；仁者无不爱也，急亲贤之为务。

　　　　　　　　　　　　　　　　　　　　　　　——《尽心上》

智者没有不该知道的，但是急于当前重要的工作；仁者没有不爱的，但是务必先爱亲人和贤者。

米歇尔·德·蒙田（Michel de, Montaigne 1533~1592），是法国的思想家，他经常对道德与心理进行思考。他的人文主义教育和豁达的人生观，均呈现在著名的《蒙田随笔》中，这本《蒙田随笔》从 1572 年开始着手写作，在 1588 年完成，共耗时 16 年，可以说是蒙田思想的精髓，以随笔方式记载生活见闻，不过《蒙田随笔》并不是日记，也不是回忆录，而是蒙田自创的体制。

《随笔集》法文原名 Essais，其中记载了作者丰富的人生经验，并且加以叙述思考，他在文中试验自己的见解，评判自己的生活经验，进而了解真正的自己。在蒙田的思想中，明白承认人的无知与限制，他秉持着古希腊怀疑论者的态度，不断提醒自己的无知，进而虚心地追寻真理。《蒙田随笔》中最重要的剖析对象就是蒙田自己，书中前言的"致读者"便表示："这部书的题材就是我自己。"又说："我保证在书中我是很乐意地把自己完整、赤裸裸地描绘出来。"如此诚实明确的说明，可见蒙田划时代性的见解。

"每个人都是整个人类的缩影。"蒙田如是说。蒙田认为对自我的认识有助于了解他人乃至于全人类，对于他所处的动荡时代，理解人的价值与地位实在是当务之急，所以他以自己为研究标本，透过对自我忠实地分析来理解整个人类社会；一个人的爱无法遍及全部的人类，如果先爱自己，真正尊重自己，便能真正将关爱普及全人类。

蒙田在文章中忠于自己所认知的真相，他的写作风格也是这样的，《蒙田随笔》透过不同时日的蒙田与自己的对话，或是蒙田与读者之间的对话，以这种自由对话的方式来理解真正的生命价值，这是一个充满人文主义色彩的信息，一种充满乐观积极，充满智慧的态度，便是蒙田提出的生活艺术。

夫志，气之帅也；气，体之充也。

——《公孙丑》上

人的生命中有些东西很抽象，但却真实地存在着，而且须臾离之不得。譬如"气"就是这样一个东西。美国学者杜威在访问北京时曾说过，中国哲学中有两个范畴使他不解又令他神往，一个是"道"，一个是"气"。确实，中国文化在规范人的生命时，几乎离不开"气"：佛家称"和气"，道家称"清气"，儒家则推崇"正气""浩然之气"。

其实，"气"之于生命一点也不玄奥。禅宗曾把生命之气理解为"和敬清寂"。

相传，曾有人向星云禅师学禅，禅师告诉他，没什么可学的，唯和气而已。来人不解，定要大师解释一下"和气"是什么东西。星云则微笑不语。来人不甘心，非得大师讲点什么不可，而星云大师则始终只是微笑而已。后来，他终于悟到：星云大师对他的百般纠缠一直报以微笑，这微笑本身不就是和气的最好注解吗？于是，来人满意而归。

生命的气质中，不仅有佛家强调的"和气"，也不仅有道家超然脱俗的"清气"，儒家大义凛然的"正气""浩气"，更有才气、书卷气、戾气、市侩气，等等。显然，我们选择什么，就拥有什么，我们拥有什么，我们身上就表现为不同的气质：德行高尚，使我们有凛然"正气"；饱读诗书，使我们有"书卷气"；慷慨好义使我们有"豪气"；只知金钱而不知道义使我们有"市侩气"；性情乖谬、动辄暴跳如雷使我们有"戾气"；举止局促自卑而又悭吝则使我们有"小家子气"，如此等等。我们的德行造就生命的气质，因此，美好的气质总是与人的容貌无关。

顺天者存，逆天者亡。

——《离娄》上

问题常在于这个"天"是什么？显然，中国哲学中，"天"或"天道"常常不是指自然之天，而是人事之天。

许多人把"天"视为主宰生命的一种神秘力量，把人生的一切成败得失皆归之于天，这其实是错误的。楚汉相争，项羽本来百战百胜，却于垓下一战失败，自刎乌江，临死前大喊："此天之亡我，非战之罪也。"善于"究天人之际，通古今之变"的著名史学家司马迁在《史记》中却一语道出了项羽失败的根由在于"自矜功伐，奋其私智而不师古"，"欲以力征经营天下"。项羽不但至死不悟，不加自责，反而归咎于天，这实在是十分荒谬的。项羽的错误在于他不懂得"天命"的真正含义。

"天"既然是一种人事德性之天，儒家也才有"知天命"之说。孟子则更是把孔子提出的"知天命"具体理解为一个过程："尽其心者，知其性也。知其性，则知天矣。"儒家的积极入世精神正是在此基础之上才可能拥有的。所以，人是能够知天乐命的。那些把一切都诉诸神秘之天的人，必定因此而废弃人事，其实质只是他们怠惰人生的一个借口而已。

对以"天"为借口，逃避人生努力者，荀子曾一针见血地指出："错人而思天，则失万物之情。"亦因此，荀子也反对相天命一类的命相术。"相形不如论心，论心不如择术。"执一颗有为之心，择一门安身立命之术，人生便没有不功成名就之理。

人常说："谋事在人，成事在天。"殊不知这个"天"依然是"人"。

苟为不畜，终身不得。

——《离娄》上

生命中有些东西我们什么都不为，却能得到，如年龄的增长；也有些东西我们若不为，那么即使长命百岁，也永远得不到，如品学。

曾读到过这样一则寓言：有个青年在海滩散步，看见有个老人拾起一些星条鱼抛回海里。他赶了上去，问老人为什么要那样做。老人答："搁浅的星条鱼如果留在岸上，太阳一出来会死去的。""可是海滩一望无际，星条鱼有好几万条。"年轻人反驳他，"你的努力有什么用呢？"老人瞧了瞧手上的鱼儿，然后把它抛回到海里说："对这一条却有用。"的确，我们点滴善良品性的积累对整个社会而言，很可能产生不了伟人那种大仁大义、大智大勇的影响，但我们并不因此而放弃自己的点滴努力。因为这努力至少对我们自己是有意义的，倘若放弃了，那我们就一无所有了。

在我们的感觉上，光阴如顺流而下的河川，品学却如逆流而上的船舶，前者稍纵即逝，后者步步费力，相形之下，颇欠公平。但是，我们也应看到，光阴的消逝，有一定的规律，固然没有办法减少，可是也决不会增加。我们追求知识，锻炼技能，涵养德性，开阔胸襟，可以凭主观的意愿，来提高速度。这不能不说又是一种公平。

在品学的蓄积方面，我们永远应相信这一句古老的谚语："种瓜得瓜，种豆得豆。"是得大瓜，还是得小豆，操之在我。人生的责任在此，生活的意义也在此。

了悟了这一点，我们还有什么理由说"生命不息，奋斗不止"只是一种说教？

夫人必自侮，然后人侮之；家必自毁，而后人毁之。

——《离娄》上

我们如何对待自己，别人往往就如何对待我们。故《诗经》有"自求多福"之说。

曾读《富兰克林》传，得知他原本是吃素的。一次他从波士顿到纽约，看见船上的厨子剖开一条大鱼，却从鱼腹里取出另一条小鱼来。于是他想："既然你们可以吃自己的同类，我为什么不能吃你们？"于是他决定放弃素食，开始吃鱼了。无独有偶，禅宗也有一则类似的传说：一云游和尚偶见一条专吃小鱼的黑鱼，不禁想：尔等可自相残杀，我为何不得食尔耶！从此，他在谨守佛家吃素的戒律时，有一个例外就是不禁吃鱼。当然，这是犯戒的。

一位商界巨子，在接受记者的访谈时曾说过这样一件事："十年前，我在经营中失败了，虽说胜败乃商家常事，但那是我前半生的所有心血啊！于是我感到生命黯淡无光，只有在酒醉中才能解脱。渐渐地，朋友们弃我而去，亲人们也对我失望了。是年迈的家父拯救了我，他赠我一句古人说的我以前也熟知的话'天助自助者'。真应了'熟知并非真知'的格言，后来我一直把这句话作为处世格言。"

是的，在我们经营自我人生的过程中，失败的打击并不可怕，怕的是我们在失败后一蹶不振，甚至自轻自贱。倘若我们自甘沉沦，那么别人就会说，这人既然自己把自己打倒了，我们为什么还要去帮助他呢？

由身及家，由家及国，我想，也都有一个"天助自助者"的道理。

莫之为而为者，天也；莫之致而至者，命也。

——《万章》上

这其实可以看成是道家"无为而为"人生哲学的另一种表述。在生命中我们有时得认可"天命"，天命在这里并不神秘，它只是人生"时运"的代名词。对于生命中的这个时运，我们往往奈何不得，故孟子认为我们在时运面前，常常只能以"无为"的心态去接受它。

人们都企求潇洒的人生。其实，以"无为"之心态接受自然赐予我们生命中那些哪怕是有缺陷的东西，这也就是一种潇洒。一个女孩因脸上生了几颗雀斑而懊恼不已。有一次看到报上载某医院可以根治，遂于休息日去医院求治。到了医院后，发现有雀斑的女孩已等候了一大片。医生告知，此类手术略有苦痛，故吓得女孩们迟迟不肯进手术室。终于，有两个人进去了。但当她发现手术室里的两个女孩脸色苍白手发抖的时候，她终于醒悟了：如此代价太大了，何不就接受这几颗雀斑呢？当她终于悟出这个道理的时候，她就拥有了一份潇洒。这个女孩就是后来在日本家喻户晓的影星山口百惠。山口百惠这份潇洒比美容之美要美得更坦然、更具内涵。

对待人生中的命运、幸运、时运、机遇一类的遭遇，人类的心态是很复杂的：固然可以企求命运赐福于我们，但我们也知道我们不能左右它。于是，我们摆脱不掉，甚至为此痛苦不堪。儒道关于命运之学说的价值，则在于能使我们潇洒地走出命运的阴影。

以开放的心灵接受一切，常常是人生的快乐之源。

乐其道而忘人之势。

——《尽心》上

我以为，无论是道家的"坐忘"，还是佛家的"无我"，还是儒家在这里强调的"乐其道而忘人"之说，虽各有不同的内涵和指称，但有一点是相同的，这就是认为"物我两忘"或"物我同一"实乃人生一种极为幽深隽永的审美意境。

其实，这也是我们人生的一种生存智慧。当我们与外界的存在物进行交流时，我们不仅可以从诸如松柏之挺拔、红梅之孤傲、高山之雄峻、小川之灵秀中悟得许多人生之道，而且，原本单一的生命也会因此而变得丰富多彩、仪态万千。乔治·桑曾对此做过非常生动的描述："我有时逃开自我，俨然变成一棵植物，我觉得自己是草、是飞鸟、是树顶、是云、是流水、是天地相接的那一条地平线，觉得自己是这种颜色或是那种形体，瞬息万变，来去无碍。我时而走、时而飞、时而潜、时而露。我向着太阳开花，或栖在叶背安眠。天琴鸟飞举时，我也飞举；蜥蜴跳跃时，我也跳跃；萤火和星光闪烁时，我也闪烁。总而言之，我所栖息的天地仿佛全是我自己伸张出来的。"

人的生命一旦跃入这种物我同一的境界，实在是生命智慧最美的创造。蛰居于现代都市的我们，倘若在自我人生中能多一些这样的"乐其道而忘人"之审美创造，我们肯定能因此而真正领略生活之真情趣。

我想，现代人总是乐于谈回归大自然之类的话题，或许正是其内心深处企盼在"物我同一"中升腾自我生命的一种流露而已。

莫非命也，顺受其正。

——《尽心》上

在我们年少气盛时，会对佛家"违顺相争，是为心病"之说，很是反感，总以为世间的一切均可由自己来指点谋划，待长成后方才明白，人生有许多事确是命定的，你无法更改。

美国盲人作家海伦·凯勒曾对命运作过这么一番感慨："我常有一种感觉，我是孤独的，我一个人独处在人生的大门之外，并非是不愿踏入大门之内，而是命运的大门对我紧闭着。凄楚的感受如同冷雾困住了我。门的那边有光明、有音乐以及温馨的友谊，但与我却咫尺天涯，残忍的命运挡住了我的去路。我情不自禁地想要去厉声质问对我如此不公正的命运，我的心不甘，血在流。可话没出，舌头却顿住了，泪尚未落，心情已动摇了。"

"沉默是金。命运的阴影却盖住了我的愤恨；接着希望也来了，她微笑着对我说：'忘我即是快乐。'由是我便豁然开朗，自此我以一种理解来对待人生，视他人眼中的光为我的太阳，闻他人耳中的声响为我的交响乐，以他人嘴上的微笑为我的快乐。"

是的，在很多情形下，当所有的努力、抗争都无济于事时，不要抱怨，不要愤世嫉俗，正确的态度或许就是"顺受其正"。我们坦然地接受命运，哪怕是极残酷的命运。一旦我们这样做了，我们的人生也就会由此而变得快乐起来。

谁都无法保证命运总偏爱自己。因此，一旦有什么厄运降临于我们的生命时，要勇于接受，并善于化苦难为甘霖，从而使生命得到滋润，只有这样我们方不虚此生。

天寿不贰，修身以俟之，所以立命也。

——《尽心》上

对于死亡，即便在先哲那里，也是忧郁的。雨果就认为："我们都被判了死刑，但都有一个不定期的缓刑期。我们只拥有这个短暂的期间，然后这块土地便不再有我们的存在了。"然而，死亡终究是不必忧郁的，因为"死亡是最伟大的平等"，倒是生使我们沉重。正是在生中才有了人生之伟大与平庸、崇高与卑微、英名永存与默默无闻的分野。是的，无论我们的生命历程是长是短，只要我们的生命能有一个目标，并因着这一目标而不断地修身养性，躬身实践，那么，再短暂的生命也是有意义的。相反的，倘若我们的生命是空空荡荡的，那么，再长的生命又有什么意义呢？

其实，我们的生命往往是在无可违抗的许多偶然因素的交互作用中行走的。所以，孔子在为自己早逝的学生悲伤不已之际也不无感慨地说过："死生由命。"但正如孟子"修身以俟之，所以立命也"之所言，我们可以在拥有生命之时，修身、践行而给自己立命。这样，生死也就不再由命了，我想这正是人生积极乐观的缘由。道家在生死观上以"生死为一条""生死齐等"来摆脱命运，在这貌似潇洒的背后，实际上充满着无奈。儒家在此问题上的态度便要积极得多。

是否可以这样说：如果十八岁能尽情地享用生命赐予的青春活力；在廿五岁时又能坦然地面对人生的美丽与逆境；卅五岁时又会不断调整自己。更加珍惜生命；六十岁时依然能欣慰地面对自己，感到从未错过人生的每一个驿站，那么，我们就可以自豪地说：我以我的拥有而真正地"立命"了。

人之有德慧术知者，恒存乎疢疾。

——《尽心》上

命运不断敲击着我们的心扉，有幸运也有厄运。这是一个无法更改的事实。无论是幸运还是厄运，我们都要坦然接受。

据说禅宗初祖达摩面壁九年，悟得人生诸真谛中的一谛即为"报怨行"。其内容是教谕人们如何对待生活中的挫折和不如意之事。正如古语所称"忧患与生俱来"，不如意之事、令人忧虑之事本身就是一种生命现象，是一种人生的自然。面对着这样的生命现象和自然现象，我们应该怎样去对待它们呢？在禅宗看来，具有自由心智的人应当承担和接纳它们。只有接纳不如意，才可能变为如意；只有承担挫折所带来的一切后果，才能进而克服挫折、超越挫折以造就自己的德性与才智。

我们谁也无法改变如下这一些事实：我们或许相貌很差，或许才智平平，或许机遇不好，或许家境贫寒……面对这一切，如果一味抱怨——怨天怨人怨己，都是无济于事的。因为即便抱怨甚至诅咒，丑陋不会变成美貌，才华不会凭空增长，机遇不会自动到来，所有的只是徒添心中的烦恼而已。只有当我们接纳了种种不如意的现实，承认它们是自己生活中的一部分以后，悲愤怨艾的心情才会消失。唯此，人生自然也就达到了一种至真的境界。

当然，接受这种不如意的命运有时实在不容易。但还可以有另一种选择，即善于发现不如意之现实对人生的积极意义。甚至还可庆幸命运给了自己一次难得的磨砺机会，没有这种磨砺，生命也就不会有如此成功。所以，"抗命"不可能，"遵命"又很累时，唯有"乐命"才能真正使我们永远与快乐同在。

故观于海者难为水，游于圣人之门者难为言。

——《尽心》上

有时儒家的人生哲学之所以使人感觉很累，我想一个重要的原因就是这一学说总是要我们无条件地向圣人看齐，于是，我们的人生就在孔子讲的"畏天畏命，畏圣人之言"中惶惶然而不堪重负了。

道家称"无圣无贤"，倒是说出了人生的某种真理。所以，《老子》这段话对现代人生依然是有启发意义的："不尚贤，使民不争；不贵难得之货，使民不为盗；不见可欲，使民心不乱。"

因此，更多的时候我们要学习如何接受自己，特别是接受以下的事实：我们在某方面很行，在别的方面则有极限；天才稀有，而平凡几乎是所有人生的命运。其实只要我们善用自己潜能的仓库，便能丰富我们平凡的生活。我们必须接受自己人生中的某些缺陷，而不只是在企望成为圣人伟哲中自怨自艾。事实上，圣人也是从那些快乐而勇敢地接受自我生命的缺陷与不幸的人中诞生的。

或许从这个意义上，我们可以说，智者的人生是属于那些善于走出圣人影子笼罩、真正找到自己个性的人的。有一首诗便形象地说明了这一点："你若不能做条大路，那么就做条小径；你若不能做太阳，就做一颗星星，不是凭大小使你赢或输——但要做个最好的你。"

阿拉伯格言中有一句话对此说得更是精当："只有在你的世界里，才能找到你自己。"

无恒产而有恒心者，惟士为能。

——《梁惠王》上

生命中永恒的产业往往是心灵，而非财富。中国传统文化对德性的注重、对功利的轻视，可能正是源于此。

美国《读者文摘》做过一次统计调查：人们居家生活中百分之七十的烦恼和困顿与金钱相关，于是有百分之七十的人相信，只要其收入增加哪怕百分之十，就不会有这么多的烦恼了。但调查者却指出：这根本是错误的，人们的烦恼与家庭财政收入决不构成正比或反比关系。事实上，在这里真正主宰人的心灵的是他们的价值观，即他们对金钱财富之于人生意义的看法。

道家就认为，只要以素朴之心对待金钱，则无论其多寡，内心都是宁静的。"见素抱朴，少私寡欲"；"无名之朴，去亦将无欲，无欲以静，天下将自定。"道家那令人钦慕的超然洒脱之人生风采，我想正是由此而来的。

现代社会生活当然处处需要金钱来支付，但是，如果我们无法改变我们的经济状况，那我们或许可以改变自己的心灵世界。

其实，美国历史上的著名人物也有他们来自经济方面的烦恼。林肯和华盛顿都在向人借贷后，才能前去首都就任总统之职。所以，倘若得不到我们所希望的高收入，最好不要让这件事来烦恼我们的生活，而是应该让我们原谅自己，使自己变得豁达一点。

根据古希腊哲学家们的说法，哲学的精华就是使人明白："一个人生活上的快乐，应该来自尽可能减少对外来事物的依赖。"

玉人

苟无恒心，放辟邪侈，无不为己。

——《梁惠王》上

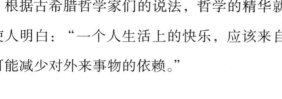

实用主义哲学家告诉人们这样一个对人生有用的真理："一定要找到内心确定性的准则，否则你不是浑噩，就是堕落。"这一内心的准则可能因人而异，但我们却必须拥有它。

佛家因此而有"念佛"一说。在生活中，有时会遇到一些麻烦的事情，于是佛家告诉人们念一声"南无阿弥陀佛"。很多人可能并不知道"阿弥陀佛"是什么意思。这四个字在梵文里代表"永恒的光明"。这其实就是佛家要人们确立的一个内心准则。相信生命的一切是"永恒光明的"。因此，在我们念出这四个字时，心里便要充满光明的觉性，我们的一切思想、一切智慧，都会很自然地展露出来，从而使生命中的障碍如烟云消散。

人生中因恒心而使我们努力，因努力而使我们成功。所以，使人叹为观止的人类杰作，都是恒心和努力的结晶：采石场变成了金字塔；遥远的国家被一条运河相连接；而泥土被烧成一块块砖，这些砖块又被垒成了绵延万里的长城……

著名学者赫巴德因此认为：天下不过是不断努力而形成的一股力量。多少人，在只要多努力一些、再坚持一会便可获得成功时，却令人遗憾地放弃了。赫巴德的经历也正说明了这一点：在前途看似黯淡，许多人因此而纷纷放弃时，他的韧性使得他最终获得了成功。他总结道："除了我们本身懦弱不能达到目标外，人生并无不可逾越的障碍。"只要我们心中充满光明，即便是上帝告诉我们：你的努力会白费，我们也不要轻易地放弃自己的努力。

君子创业垂统，为可继也。

——《梁惠王》下

生命超越死亡是可能的，问题在于我们必须有创业传统的追求，从而使自己的生命具有不朽的意蕴。

不朽在这里意味着创业。中国古代哲人对这个问题的探讨颇能给我们启发。哲学史家张岱年说过："中国哲学离宗教最远，从不探讨灵魂，而更注重生命如何以自己的创造和贡献达到不朽的问题。"《左传》中便有如下关于人生如何才能不朽的记载："太上有立德，其次有立功，其次有立言；经久不废，此之谓不朽。"

这"立德""立功""立言"是人生达到不朽的三种途径。我国古代圣贤哲人孜孜以求的莫不和这"三不朽"相关。我们民族历史上那些至今英名永存的人，如老子、孔子、李白、杜甫、苏轼、文天祥、李世民、成吉思汗以及严复、康有为、孙中山等人，无不是以其执着的创造和不懈的奋斗精神，或立德、或立功、或立言、或兼而有之，而使自己英名流芳，永垂不朽的。

许多人可笑地企求生命的不死，殊不知这已被现代科学证明是不可能的。故明代哲人罗伦说过这样一段精辟的话："生而必死，圣贤无异于众人也。死而不亡，与天地并存，日月并明，其为圣贤乎！"

因而，生命的躯体无法永存，但生命的精神却可以在创业垂统中走向不朽。

行，或使之；止，或尼之。行止，非人所能也。

——《梁惠王》下

虽说孟子也称"君子不谓命"，但对常人而言，毕竟命运之力有时的确太强大了，于是我们往往别无选择，只能认命。故在很多情形下，人生恰如孟子所言："行止，非人所能也。"

艾森豪威尔，这位后来成为美国总统的第二次世界大战的英雄，曾讲过一件对他产生终生影响的事：他在小时候，一次与他母亲及兄弟姐妹们一起玩牌。他抓到的牌总是很差，于是他抱怨不已。这时，他母亲异常严肃地对他说："你要懂得打牌的意义，你手中的牌不论好坏，都要接受它，然后竭尽全力地打。"的确，人的一生就好比打牌时手中的一副牌，有好牌也有差牌，这纯粹凭运气。运气好的人，好牌多，运气不好则相反，甚至可能总抓到一副糟糕透顶的牌，由于这非人力所能止也，我们只能坦然地接受。但我们怎样把这副牌打出去，则是人力可及的。在很多情况下，正是差牌促使我们精心谋划，把牌打得精彩异常。故西谚有"苦难与厄运是人生的垫脚石"一说。倘若一味地抱怨命运之"牌"，那么我们就什么都不会得到。

其实，说到人生这副"牌"，就常人而言，也不会差到哪里去，至少我们耳聪目明。想想双耳失聪却"扼着命运咽喉"的贝多芬，想想认为"见到光明是我一生奢望"的海伦·凯勒，我们倘若再抱怨命运不济的话，恐要为之汗颜了吧？许多人总是不能用微笑的态度去对待人生中的一切，总埋怨"我的运气不好""我这辈子倒霉透顶"，等等，殊不知就在无休止的怨声中，其人生只会变得更加黯淡。为什么不以豁达的心境微笑着去接受这一切呢？

不违农时，谷不可胜食也；数罟不入洿池，鱼鳖不可胜食也；斧斤以时入山林，材木不可胜用也。

——《梁惠王》上

人生亦然。在人生的每一个时段都有属于它的特定的作业，只有当每一个时段的作业都富于个性地完成了，才是一份完整的人生答卷。社会在综合地审度了这样的人生答卷后，才能不违生命的时段赋予我们生命以完整的价值。

孔子说过："君子有三戒：少之时，血气未定，戒之在色；及其壮也，血气方刚，戒之在斗；及其老也，血气既衰，戒之在得。"这一段著名的话，根据人一生各个时段的生理心理特点，提出人生应该戒慎的事情，的确很有道理。

譬如我们都珍惜生命的青春时段，但如何珍惜却往往很少思忖。青春的本质，是年轻、是好奇、是喜动、是求新、是渴望交流与交往。青春的这一特征，正是它能够保持新意频出、思维通畅、步态轻盈、情思盎然的根由。因此，如果说人生是一个学习的过程，那么，青春年华则是这个学习的最好时光。为此古人留下了"劝君莫惜金缕衣，劝君惜取少年时。花开堪折直须折，莫待无花空折枝"的诗句。倘若我们虚掷光阴，那么，我们的生命很可能将一无所有。

青春又是生命血气方刚的时段，如果只凭着青春的热情和冲动而为所欲为，那么，我们的生命在这一时段的收获可能只是失败和后悔，故孔子谆谆教诲我们要"戒之在斗"。

生命的铺排自有其独特的内在节奏，我们的抉择若与这节奏合拍，那么，我们人生的成功就指日可待了。

我四十不动心。

——《公孙丑》上

真实的生命总有一种冲动在勃发着，但成熟的生命则知道对这个冲动有所制约。故孔子有一句更精当的话："四十而不惑。""不惑"之意即指我们的智慧应当善于区分何时可以"动心"，何时则不该"动心"。

人生之所以常常使我们感到沉重和不快乐，往往是因为我们太容易被外界诱惑而动心：没有钱时，拼命要去赚钱；有了钱时，又发现别人比自己还有钱，于是便更执着地赚钱；没有感情依托时，忍受不了孤独，于是动心祈求感情世界的庇护；得到了爱时，却又发现还有更好的，便又动心了……女性的水性杨花和男人的喜新厌旧可以说几乎全是由于心的把持不定而导致的人性迷乱。

其实，真正成熟的生命是常常知道"不动心"的。禅宗六祖惠能就特别告诫其弟子"平常心即是道"。禅宗有这样一则传说：有师徒两个和尚在一条泥浆路上行走。天正下着雨。在一个拐弯处，他俩遇到了一个漂亮的姑娘，因为身着丝绸衣裳而在犹豫怎样跨过那条泥路。师父见状说了声"来吧！姑娘"，就把姑娘抱过了泥路。小和尚见此一声不吭。直到天黑投宿，才忍不住对师父说："我们出家人不近女色，特别是年轻貌美的女子。那是很危险的，您为什么要这样做？""什么？那个女人吗？"师父回答道，"我早就把她放下了，怎么，你还抱着吗？"小和尚顿时满脸羞愧。

成熟的生命常常在于能把持住自己。

五、政治观名言名句

养生丧死无憾，王道之始也。

——《梁惠王上》

百姓对于生养死葬都没有什么不满，就是王道的开端。

从 1851 到 1864 年间的太平天国事件，是中国历史上一次巨大的人民起义事件，它的影响范围极大，从河北到广东，从浙江到陕西，地方与政府投入军队多达千万人，这个历史波及千千万万的中国人民。太平天国起义是人民对清政府强烈不满的一次爆发，它的影响不只是短短的 15 年。事实上，太平天国的余波动荡了整个清末，之后的捻军起义、回民起义，甚至到孙文的革命运动，或多或少都受着太平天国事件的影响。

从为政宽和的清圣祖康熙扫平各地的大小起事，到严厉刚毅的雍正帝，再到乾隆皇帝，清代历经一百多年的黄金盛世，这段时间的清王朝政治安定，人口增加，军力富强，成为东方的第一大国。但是，到了乾隆晚年，乾隆怠于政事，庞大的帝国事业开始走下坡，而之后的嘉庆帝已经无法重振这个百年帝国了，一直到后来的道光帝，清王朝开始面临西方世界的快速改变，远远落后。1839 年中英鸦片战争爆发，中国更像是一块任人争食的大饼，成了列强争相瓜分的殖民地，贫苦百姓的境遇又更加的恶化，度日艰苦，民不聊生。

从 18 世纪末叶开始，各地民变接连不断，又以台湾、两广、贵州、湖北等地最激烈，其中许多起义都打着宗教旗号，如天理教、白莲教等，太平天国起义便是这些民变的大集合，也是宗教起事的极致；太平天国的巨大波澜，象征着人民在饱受痛苦后的反扑，对腐败政府的抗争，也象征着一个帝国的死亡。

仁者无敌。

——《梁惠王上》

仁德的人在天地中，是没有敌人的。

纳尔逊是西方一位伟大的将领，他活在一个革命思潮澎湃以及争夺制海权的时代。纳尔逊是一位军事家，他长于战略战术，富有领导力。当时英国的军事将领通常只与高级官僚接近，忽略了基层战士，但是纳尔逊不但照顾军官，也普及了战士们。

每一次的作战，从来没有任何一个人是作战不力或者是没有决心的，主要原因并不是战士们慑于军令威赫，而是对于长官的领导关爱有着绝对的信服与尊敬，这是英国海军的优良传统，纳尔逊将军的领导方式在英国军队中，早已成为一种崇高的领导方式。

1805年，在特拉法加战役的前一天，一名舵手因忙于捆扎邮袋忘了寄出自己的家书，此时邮船已离开，纳尔逊将军便下令要邮船回来，他说："谁能保证他明天不会阵亡，他的家书应和别人的家书一同寄出。"那舵手十分感激，而听到这件事情的官兵，更对将军无不充满崇敬。这足以说明纳尔逊将军的仁者之风，最后他虽以身殉国，却活在历史的光荣之中，因为他是为欧洲的和平"大仁""大爱"的勇敢牺牲。

伦敦的苏活区（SOHO）有一个著名的特拉法加广场（Trafalgar Square），是民权运动时代召开公众会议的地点，现在仍有许多游行常以此处作为终点，而每年的圣诞节及新年，在广场都会有活动；此外，广场周围最著名的是成百上千的鸽子，而广场中央则有一座英国著名海军纳尔逊将领的雕像，这座雕像是为了纪念他在特拉法加战役中勇猛殉国而设立的。

　　以大事小者，乐天者也；以小事大者，畏天者也。乐天者，保天下；畏天者，保其国。

——《梁惠王下》

以服务大国的能力去服务小国的人，是无处不乐的人；以服务小国的能力去服务大国的人，是谨慎畏惧的人。一个无处不乐的人，足以安定天下；谨慎畏惧的人，足以保护住自己的国家。

东汉末年，黄巾之乱以后，群雄并起，曹操、刘备、孙权都是当时的大势力，但是刘备到荆州以前，在各路诸侯的征战中屡次失败，他认为自己没有得到高才贤能者辅佐。于是，他来找荆州的叔父刘表想要询问关于人才的事情，在这里，他见到了徐庶，觉得他是好人才，便对他十分器重，徐庶见刘备爱才，便对他说："此地有位诸葛孔明，人称卧龙先生，将军愿意见他吗？"

刘备说："你可以约他一起来见我。"

徐庶说："卧龙先生乃大才之人，只可前去拜见，不可能屈使他前来。将军如果有意，就应该亲自去请他。"

于是，刘备亲自到诸葛亮隐居的隆中去拜访，第一次去时，恰好诸葛先生云游去了；第二次，刘备、关羽、张飞三人冒着大风雪前去，还是未见到；到了第三次，刘备食素三日，到了隆中草堂，看见诸葛先生在午睡，不敢惊动他，一直等到他醒来才敢拜见。于是，诸葛亮被刘备的爱才之心感动，便献上了有名的"隆中对策"，并出山助刘备成就大业。

在《世说新语》中也有记载，诸葛兄弟三人分别助魏、蜀、吴三国，即所谓"蜀得其龙（诸葛亮），吴得其虎（诸葛瑾），魏得其狗（诸葛诞）。"

乐民之乐者，民亦乐其乐；忧民之忧者，民亦忧其忧。

——《梁惠王下》

以百姓之乐作为自己的快乐，百姓也会以国王的快乐为乐；以百姓之忧为自己的忧愁，百姓也会以国王的忧愁为愁。

这是一个佛教流行的神话故事。传说在很久以前，东方的城市里住着一位骄傲的国王。有一天，国王突发奇想，要为自己建造一座美丽的王宫。

他对大臣们说："我命令你们到森林里去找最高大、最厚实的树，以作为宫殿的支柱。"于是，大臣们便分头出发到森林里寻寻觅觅，终于找到国王喜欢的大树，这棵树长得十分茂盛，像是一个健壮的勇士挺立在天地之间，大臣们高兴极了。

当晚，大臣们向国王报告："国王陛下，我们已找到你要的大树。明天就派人去砍那棵大树。"国王听了十分高兴，甜蜜地进入梦乡。可是，国王那天晚上却做了一个奇怪的梦，他梦见大树里住着一个精灵，它从树里蹦出来站在国王面前说："亲爱的国王陛下，请不要毁坏我的居所。若你派人去砍我，每一斧都会令我十分痛苦，最后我会痛苦地死去。"但骄傲的国王回答得相当不客气："大树，你是森林里最好的一棵树。我要用你来建造美丽的王宫，你是一定得死的了。"虽然精灵努力恳求，国王还是决定砍死它。

最后精灵对国王说："好吧！如果你真的要砍我，我只好赴死了！不过，请你不要从树干砍断，请先爬到树梢，一枝一枝往下砍，而后才将整棵树砍完吧。"

国王听到这种砍法，觉得很奇怪："照这种砍法，不是比一次砍断还痛苦吗?"

精灵回答："是的。我确实会更痛苦，但为了其他生物着想才请你这样做。我是很大的树，如果一次砍倒，便会压死许多小树、小动物，而许多小鸟昆虫也会失去栖息地，所以请你一点一点慢慢砍。"国王惊觉："那精灵居然甘愿忍受痛苦，却不让其他生物受苦，而我竟然只为了自己的享受与骄傲去砍伐它。"于是，国王收回了砍树的命令，并且到森林中向这棵树及树中的精灵献花致敬。自此以后，他就变成一位仁慈、公正的统治者。

从流下而忘返，谓之流；从流上而忘返，谓之连。从兽无厌，谓之荒；乐酒无厌，谓之亡。

——《梁惠王下》

从上游到下游玩乐而忘归叫作流，从下游到上游玩乐而忘归叫作连，不厌倦地打猎叫作荒，不知节制地喝酒叫作亡。

当刘备病逝以后，由小名阿斗的刘禅继位，无奈他是个愚笨无能的人。诸葛亮等贤能受托辅佐，才使地居险恶的蜀国政局安稳，但诸葛亮后来鞠躬尽瘁，五十四岁便在军中暴卒；当这些贤能之才相继去世后，蜀国随即被魏国所灭，刘禅投降被俘。他投降之后，被封为安乐公，居于魏都。

有一回，魏国将军司马昭请他喝酒，在酒酣耳热之时，司马昭对他说："安乐公，您离开蜀地已经很久了，因此我今天特地安排了一场蜀地之舞，让您解解乡愁。"

刘禅身旁的部属看到了蜀地之舞，个个面色凝重，难过莫名，思乡之情表露无遗，唯有安乐公依旧谈笑风生，完全没有难过的表情。

司马昭感到奇怪，便问："难道您不思念蜀国故乡吗？"

刘禅回答："哈，这里有歌舞，有美女，又有好酒，我怎么舍得回蜀国嘛！"

司马昭听到此话，再看看刘禅身后难过的部属们，摇摇头说："难怪攻蜀奇速，原来如此。"

贼仁者，谓之贼；贼义者，谓之残。

——《梁惠王下》

破坏仁爱的人叫作贼，破坏道义的人叫作残。

中东地区成为 20 世纪的不定时炸弹，以色列与巴勒斯坦仿佛永远找不到和平的一日，为何这两个民族会有如此大的冲突？他们的仇恨源于长久以前的历史。犹太人原本是古叙利亚族群之一，他们曾在三千年前在巴勒斯坦建立过王国，叙利亚小国在巴比伦与希腊文明的冲击下亡国了，犹太人失去了土地，寄居在不同的国度里，却仍在《旧约》中找到精神支柱。

中亚的罗马帝国建立后，犹太人展开了大规模的流亡，部分犹太人来到欧洲，他们没有土地，没有羊群，便开始做起生意。当时的欧洲人只懂得打猎、种田，毫无文明，犹太人运输有无的功能很受欢迎。但是，后来欧洲人也学会做生意，便开始排斥犹太人。不过，犹太人受排斥的最大的原因是犹太人无法融合于欧洲文化，因为犹太人只认同《旧约圣经》，被称为犹太教。即使是耶稣基督的福音，他们也不认同。

君士坦丁大帝改信了基督教之后，掌握大局的基督徒便开始压迫犹太教徒。于是犹太人在数百年间，辗转流浪在西班牙、荷兰等国家；与其说流浪，其实精明的犹太人掌握了许多有利的经济资源，有时甚至"富可敌国"。他们开银行放高利贷，吝啬刻薄、一毛不拔是犹太人的代名词。

在第二次世界大战结束后，欧洲国际会议决定在巴勒斯坦圈一块土地给犹太人。于是，全世界的犹太人便涌回圣地，当犹太人宣布建立以色列国时，便开始赶走境内的巴勒斯坦人，发动对外战争，他们遗忘了自己被压迫了千百年的历史，开始压迫当地的巴勒斯坦人，无情地摧残巴勒斯坦人。更令人哽咽地是，因为经济大权掌握在犹太人手里，所以欧洲人往往站在以色列这边，美国人更是偏私袒护。

这，便是今日世界所谓的：正义！

君子不以其所以养人者害人。

——《梁惠王下》

有道德的人不能为了保有那些供养人的物质条件而害了百姓。

在远古的中国，西陲有一个名为周的部落以游牧为生。周部落的祖先叫作弃，从弃的时代开始，周部落开始进入农业生活，弃的第四代世叫作公刘，他带着族人迁居到豳这个地方，大概在今天的陕西一带。又过了九代以后，传到古公亶父。古公亶父是个十分仁爱的人，整个部族的人都很爱戴他，他的名声也传到了其他地方。

当时，他为了让自己的人民与戎、狄等部落作战，便率领族人迁徙到岐山下叫作周原的地方，在那里有着肥沃的土地。古公亶父用龟甲来占卜，问天是否该居住在周原，结果获得吉兆。于是，整个部落便开始在这里营建宗庙、宫室和城郭，就此居住了下来。

周发展出先进的生产制度，将农田分割成公私两种，使收成分配合理，并且整治良地，开挖沟渠，拥有了当时最先进的农业活动。古公亶父之子季历后来被商王乙杀死，季历之子姬昌继位，便是后人尊称的周文王。

以力假仁者霸，霸必有大国；以德行仁者王，王不待大。

——《公孙丑上》

倚仗暴力又假借仁义来征战的人可以称霸诸侯，这种霸者定需强大的国力；依据道德来实践仁义的人可以称王，他使天下人心悦归服，王者不必依赖强大的国力。

昂山素季，有人说她是缅甸的命运女神，当缅甸民族英雄翁山将军（翁山苏姬的父亲）被暗杀后，她便踏入政治。她的政治理念是：以和平的手段抗争。当昂山素季在全缅演讲时，不断重复这些话："真正的革命是精神上的革命，它是一种知性上的信服。一个只以政府、政策的改换，或者物质条件的改善为目标的革命是很难成功的。没有精神上的改革，那些不平等的活动依然存在，依然是一种威胁。"

昂山素季认为，社会真正的进步是尊重人权。想要让人权获得重视，只能以非暴力的手段。她一再强调，我们要的是"和平而有纪律的"的民主运动，"我们不要暴力"。

不过，昂山素季在1988年返回缅甸时便遭到军政府长期软禁，直到2000年5月6日终于获释。

贤者在位，能者在职，国家闲暇，及是时明其政刑，虽大国，必畏之矣。

——《公孙丑上》

让有德行的人居于相等的官位，让有能力的人掌理相等的职务，国家便无内忧外

中华传世藏书 孟子 《孟子》名言名句 二一五○

患，趁此时修明法典，纵使是强大的邻国也会有所畏惧。

在广西，流传着一个这样的寓言故事。有一棵小竹树刚刚长了一丈高，原本还很高兴自己长高了，没想到接近地面的那一节被小虫咬了许多斑痕。高大的榕树看见了，便对他说："小竹树，你请啄木鸟来帮你瞧瞧吧！啄木鸟能帮你医治。"

小竹树不以为意，回答说："没关系啦！小虫只咬坏我一点儿皮毛而已，不碍事的啦！"可是，没想到过了不久，小虫越咬越多，弄得小竹树痛痒难耐。

大榕树十分担心，又对它说："小竹树，你请啄木鸟来帮你瞧瞧吧！不要再拖了。"

小竹树固执得很："不必请啄木鸟，我请蜜蜂来瞧瞧就好了。"蜜蜂飞到小竹树身边，拼命也想把小虫吓走，却一点儿用都没有，因为蜜蜂身材太小了，虫子们瞧不上眼，小竹树的底节被咬得瘦巴巴的。

大榕树实在看不下去了，便急忙请啄木鸟来医治，没想到啄木鸟才刚飞到，便刮来一阵大风把小竹树给吹折了。要是这棵小竹树能赶紧让啄木鸟吃走小虫子，便不会造成这么大的伤害。

天时不如地利，地利不如人和。

——《公孙丑下》

依靠天赐予的时机，不如了解自然的规律；依赖自然的规律，不如拥有人民的心。

1990 年，海湾战争爆发，美国将军斯瓦茨科夫使用了中国《孙子兵法》中的重将治兵原则以及各种谋略，来指挥最现代化的战争武器，并且取得了战争的胜利。将军斯瓦茨科夫也因此被誉为"将星奇才"。

可见，中国古老的军事思想在今日依然有举足轻重的地位。英国著名战略家利载尔·哈特在《孙子兵法》英译本序言中说："中国古代兵法思想，对于研究今日核武时代的战争还是相当具有建树的。"春秋时期吴国的将军孙武以《孙子兵法》一书，论述各种军事思想，其中，最关键的便是《计篇》中的五项作战原则，它们是"道（道义）、天（天时）、地（地利）、将（将帅）、法（法制）。"将这些要素审慎分析，便可以判断某战争的胜负。在战斗过程中，也必须根据这些利害关系，不断调整变化策略，做到攻其不备，出其不意，才能出奇制胜。

　　滕文公问为国，孟子曰："民事不可缓也。"

——《滕文公上》

关心人民的需求是最为急迫的事。

　　受到温室效应、全球暖化的影响，2002 年台湾地区的降雨量颇低，各地水库水位下降，水荒问题日益严重。

　　台北市是限水最严重的地区，桃园、苗栗、台北县等地也岌岌可危。缺水问题迫在眉睫，而水更攸关着全民生活品质，关系重大。其实，水荒是全球性的问题，国际水资源会议主席欧尔布赫在 2000 年的会议中指出："20 世纪是石油的世纪，21世纪则会是水资源的世纪。"这是因为世界上的水资源将会逐日减少，掌握水资源者便能立足世界。

　　台湾水资源总量其实并不少，但受限于季节与地形，年年都有水的问题，不是水灾，便是水荒，已经名列世界第十八大缺水地区。倘若天气骤变，台湾将面临巨大的水问题，如果存水、护水、用水已经到了十万火急的地步，当局便不可不慎，民众不可不忧。

　　责难于君，谓之恭；陈善闭邪，谓之敬。吾君不能，谓之贼。

——《离娄上》

以仁政来要求君主，这是恭；向君主劝谏，不说邪佞之言，这是敬。如果认为自己的君主根本不能为善，这便是贼。

善于治水的禹死后，他的儿子启改变惯有的禅让制度，继承了父亲的职位，自此以后王位继承便转变为世袭制，出现了"天下一家"的局面。夏朝建立了奴隶制，贵族为了拥有奴隶及特权，便开始压迫奴隶，并镇压平民的反抗。而后更设置军队，制定刑法，修造监狱，修建城墙，建立许多方便他们行使特权的机制，而王则是国家的最高统治者。

夏朝已经使用铜器，但当时的铜矿开采不易，无法用于农业生产，夏朝人普遍使用木制农具做一些简易的耕种，不过当时已经有简单的水利灌溉技术。以铁器为农具，是到了春秋时期才开始普遍的。

桀是夏朝的末代君主，是史上有名的暴君，据说大臣关龙逢捧着历代帝王图像向夏桀劝谏，希望王能以祖先创业艰辛为念节俭爱民，勤于政事。

不过，夏桀没有听关龙逢的谏言，并且将他杀害。当时，四处发生荒灾，作物荒废，桀却不管人民死活，依旧荒淫放纵。《诗经》里"时日曷丧，予及汝偕亡"的歌谣，便是控诉夏桀的自私残暴，意思是："你这可恶的暴君，为什么不快点死呢？如果你还不死，我就要跟你同归于尽。"可见，老百姓对夏桀已经痛恨极致。

后来商汤登高一呼，天下纷纷响应，向夏进攻，打败了桀，夏朝便灭亡了。

君仁莫不仁，君义莫不义，君正莫不正，一正君而国定矣。

——《离娄上》

如果君主能保持仁爱，没有人会不仁爱；如果君主能坚守道义，便不会有人不道义；君主能公平正义，没有人会不公平正义。一个国家要端正安定，得先有一个端正安定的君主。

战国末期，有一个大商人名叫吕不韦，他在赵国经商时曾资助过子楚，又将宠妾赵姬送给子楚。后来子楚回到秦国成了襄王，在位只有三年便死了，由嬴政继位，他便是历史上有名的秦始皇。

因为嬴政年幼，便尊吕不韦为仲父，请他辅佐朝政，如此一来，行政大权全操在吕不韦和赵姬的手中。

由于养士之风盛行，宰相吕不韦也养了三千门客作为他的智囊，想出种种办法来巩固他的政权。这些门客中三教九流的人都有，他们奉献出自己的见解和心得，汇集起来，写成了一部二十多万言的巨著，便是著名的《吕氏春秋》。相国吕不韦把《吕氏春秋》当作是秦国统一天下的经典献给秦王政，当时，吕不韦将此书在咸阳公布出来，并且悬了赏格，说若有人能在书中增加一字或减一字者，就赏赐千金。于是，出身商人的吕不韦便在秦国巩固了自身的政治地位，并且帮助年幼的嬴政治理秦国，以至并吞六国。

君子平其政，行辟人可也，焉得人人而济之？故为政者，每人而悦之，日亦不足矣！

—— 《离娄下》

一个君子能将整体政治改善，出门鸣锣开道也可以，怎么可能要他一个个去讨好所有的人呢！如果一个政治家一个个去讨好众人，那么他的时间恐怕不够用了，会这么做的，只是个政客罢了。

一个政治家的条件是什么？他应该是一个思想家、理想家及实践家。一个能将自己的理念、思想付诸实践的人。一个真正将政策改善的人，才可以称为是一个政治家。

许多人抱着崇高的理想踏入政坛，却被权力利益腐化，遗忘了自己曾有的理念、想法，沦为戏弄政治的政客，可见，实践是最重要的，不过如果没有思想根基，没有理想的实践就没有动力，便不知所求，不知所往。倘若要求政治美好，政治家就必须互相配合，尊重彼此，发挥团体的力量，才能完美地领导人民、国家。优秀的政治家必须有崇高的政治理想，清高的人品涵养，以及改善政治环境的能力，甚至要能提拔人才，为群众与国家的未来奠定基石。

站在一个超然的政治家面前，无能的政客相形见绌，他们不过是政坛上的垃圾，政客既不能自爱自律，只会攻击与谩骂，政治环境被这些污蔑者污染，沦为无耻之徒胡闹的场所，这样恶性循环的结果，不仅毁坏整个政治环境，假以时日，更会毁灭整个国家。

> 君之视臣如手足，则臣视君如腹心；
>
> 君之视臣如犬马，则臣视君如国人；
>
> 君之视臣如土芥，则臣视君如寇雠。

——《离娄下》

如果君主将臣子看成是手足，臣子便把君主看成是腹心；如果君主将臣子看成是狗、马，臣子便将君主看成是一般人；如果君主将臣子看成是粪土草芥，臣子便将君主看成是强盗、敌人。

秦始皇是中国的第一个皇帝，据说他生性多疑，残酷至极，最著名的历史事件便是焚书坑儒。在始皇三十七年时，他第五次出巡，身边带着幼子胡亥和宠相李斯、赵高等人，北归时，突然病死于沙丘，也有人说他是被赵高所杀。

梦想着长生不老的始皇，实际上只活了五十岁。始皇死后，李斯怕引起天下大乱，秘不发丧，他用咸鱼的臭味掩饰尸臭，与赵高等人将始皇的尸体运回都。而奸险的宦官赵高便加紧活动，与李斯、胡亥勾结起来，将长子扶苏骗回咸阳会葬，并且捏造继承皇位的诏书，令皇长子扶苏自杀，亦将大将蒙恬赐死。扶苏只好奉命自杀，大将蒙恬不服，随即被捕杀，这便是著名的"沙丘矫诏"。

将天下万民视为粪土的始皇，最后惨死在佞臣的手中，这种君主与群臣间彼此猜忌，彼此残害的故事，在历史上屡见不鲜。

以善服人者，未有能服人者也，以善养人，然后能服天下。

——《离娄下》

以善来使人臣服，恐怕没什么人会心甘情愿地臣服；以善来熏陶教养人，这才能使天下的人都真心诚意地归服。

爱爱院的创办人清水照子女士，放下了肩上的重任，以 93 岁的高龄过世了。她成为台湾地区救济工作的里程碑，也是弱势族群们心中最深刻的堡垒。

"爱爱院"的前身是"爱爱寮"，"寮"是小屋的意思，意思是这间小房子愿意用爱来收容各处的流浪汉。爱爱寮创设于日占时期，它以有限的财物和人道精神来照顾流浪汉与乞丐，让他们的人身安危能获得最低程度的保障。从爱爱寮到爱爱院，我们对施乾夫妇（照子女士）无私的爱心与付出，不禁投以莫大的感动与敬佩。

如果，我们认为乞丐的乞食行为是一种道德上的瑕疵，那是来自我们心中深化的社会阶级认知。乞丐的身份不只述说出个人的悲惨际遇，也反映出整个社会的集体意识，我们对乞丐所投射的眼光，说明着整个社会的功利心态与阶级意识，除了悲天悯人的救助之外，在精神上，我们还能为他们做些什么？

有天爵者，有人爵者：仁义忠信，乐善不倦，此天爵也；公卿大夫，此人爵也。

——《告子上》

有自然的爵位，有社会的爵位。一个人心中有仁义忠信，且行善不倦，他获得的是自然的爵位；而一般的公卿大夫所获得的，不过是社会上的爵位而已。

天爵可以说是人所拥有的才能、德性，而人爵则是人在社会秩序中的地位。孟子所提到的"天爵人爵之论"，也是一种社会运转的思考，现代的民主制就是这样运转的，之所以建立制度，就是为了选才任能，这就是民主制度的雏形，一个民族必须要先有民主思想与民主的现实存在，才能产生民主的概念，以及与民主相关的名词。

其实民主内化于人的意识里，原始的民主存在于任何民族文化中，但是有些民族能够将它现实化、具体化和制度化，也就是说实现出民主成果；而有些民族则处于蒙蔽的状态，在先秦时代的儒家文化中便拥有民主思想，它们早就出现了，只是现实政治压抑了民主思想，民主是人类走向自由的工具，也是对人性的高度尊重，民主是制度化的平等，但是没有差别保证的制度化的平等也是毫无价值和意义。

不论是在孔子或孟子的思想中，都显示出儒家文化洋溢着的民主思想，不过东周的人文环境无法表达出如今日的民主思想，孔子、孟子为了妥协当时的环境，遂采取一种间接的、隐讳的方式表达他们的民主思想，也就是透过禅让制度来间接实现民主。

> 不教民而用之，谓之殃民，殃民者，不容于尧舜之世。
>
> ——《告子下》

不先教导百姓便要他们去打仗，这是残害百姓；这种残害百姓的人，在尧舜的时代是不会被接纳的。

《老子》说："天地不仁，以万物为刍狗。"台湾地区在九二一大地震之后，不但震垮了许多人的家园，震惊了安逸已久的人民，更震出了腐败的政治问题，更让所有这个岛屿上的人民重新思考人与自然之间的关系，或许只有尼采的话："痛苦的人没有悲哀的权利"，是面对万民在一夕之间成为刍狗时唯一的自处之道。

步入下一个千禧年，突如其来的大地震宣告了飞舞的时代已经结束。"这是个最好的时代，也是最坏的时代"，也许我们终于认清地震所掀起的许多丑陋的真实，也许我们没有。

数十年前，在东京大地震后，东京市脱胎换骨，转变为严谨负责的现代城市；但如果我们还没觉醒，对于公共工程依然偷工减料，投机取巧；那么，台北将是下一个所多玛与峨摩多，台湾岛也可能从世界上消失。

君子之于物也，爱之而弗仁；于民也，仁之而弗亲。亲亲而仁民，仁民而爱物。

——《尽心上》

君子对于万物，爱惜它，却不用仁德对待它；对于百姓，用仁德对待他，却不亲爱他。君子亲爱亲人，因而仁爱百姓；仁爱百姓，因而爱惜万物。

由于中国古代是农业社会，而儒家产于古中国，依循自然规律来处理事物，节约自然资源，其实是儒家对生态伦理的核心思想。《中庸》说："天地之道，可一言而尽也，其为物不贰，则其生物不测。"意思是要人类节制欲望，并且合理地利用自然资源或开发自然资源，让自然界的一切资源能够进行良性的循环。所以孔子也说过："节用而爱人，使民以时。"

孟子生于战国时代，对于社会经济与人民生计更为重视，他将节约的思想加以阐释，进一步要求统治者节制自己的物态，合理运用国家中任何资源，注意发展经济生产，照顾万民的生存环境。孟子说："易其田畴，薄其税敛，民可使富也。食之以时，用之以礼，财不可胜用也。""不违农时，谷不可胜食也；数罟不入洿池，鱼鳖不可胜食也；斧斤以时入山林，林木不可胜用也。"孔子提升了人类在世界中的价值，而孟子则认识到万物对人类的重要性，这就是儒家所提倡的"仁民爱物"，这种"仁民爱物"的精神反映出儒家对物质使用的观念。唯有让万物顺自然而生息，才有源源不绝的生活资源。

周于利者凶年不能杀，周于德者邪世不能乱。

——《尽心下》

财利富足的人荒年都不受窘困，道德高尚的人乱世都不会迷惑。

大约六七年前，大家乐十分风靡，许多人会在深夜造访坟场、寺庙，只为了能一夜致富；或者有人倾家荡产，烧佛毁坛，只剩下夜夜惊魂。有人说，台湾的神佛真可怜，得帮忙算名牌，不堪其扰；算错了，还被毁尸灭迹，许多被丢弃或被烧毁的佛像出现在垃圾场中，被人不屑一顾。

这恐怕是中国传统的现世主义作祟。真奇怪！中国是一个非常喜欢化妆的民族，喜欢在小婴儿眉间画个小红点讨吉利，小姑娘爱画个柳眉桃唇，到老了去世还得打扮得漂漂亮亮的；中国也是个讨厌永恒的民族，每次改朝换代总把前朝文物烧个精光，把前朝的坏话说尽，老祖宗的坟能挖就挖，老祖宗的宝能卖就卖，将来，再说！总而言之，中国的现世主义在现代，已经发挥得淋漓尽致。

这种现世主义表现在物质观念上最为明显，例如耽溺于物质享乐，大部分的中国人认为，没有肉体的舒适，就没有精神上的享受，虽然陶渊明朴实、惬意的生活情境常被人们歌颂，但是有钱、有闲自然更好。大体而言，中国人都以豪华贵气为好，以简易寒酸为贱，所以许多中国艺术，比如京剧、歌仔戏、凤阳花鼓等，其实是大众艺术，这是中国式的享乐主义。

更有趣的是，这种中国式的享乐主义，经常带着更中国式的马虎精神，这种精神在社会新闻中比比皆是，建筑上的偷工减料，导致住宅倾圮；工程的投机取巧，最后是赔了夫人又折兵；法律规范不完善，结果付出更大的社会成本，目前许多纰漏百出的"成果"，已经不言而喻。

诸侯之宝三，土地、人民、政事，宝珠玉者，殃必及身。

诸侯的宝贝有三样，土地、百姓和政治，以珍珠美玉为宝贝的，祸害一定会到他身上来。

中国有一本写典章制度的专史名叫《通典》。《通典》是杜佑所做的，杜佑是盛唐人，他出身于名门大族，在二十岁左右便开始从政，可以算是年轻有为，到了四十岁左右，他已经是中央高级官员了，七十岁任到宰相，七十八岁因病退休，不久便去世了。

杜佑有很高的文学修养，又有丰富的政治经历，他以史学观点来处理实际的政治事务，并以政治家的态度从事写作，他在这两方面的表现都非常杰出。《通典》的写作开始于 766 年，完成于 801 年，整整用了 35 年的时间，可说是花费了杜佑全部精力，透过对历史政治、典章制度各方面的考察，企图对当时政治活动提供有利的帮助。

《通典》在内容上载有食货、选举、职官、礼、乐、兵刑、州郡、边防等八门。杜佑在《通典·自序》中明白指出："夫理道之先，在乎行教化，教化之本，在乎足衣食……"在每一门目中又细分子目，对于各种制度及史事都原原本本地详细介绍，有些还引录前人的评论或写下自己的看法；由此可见，《通典》经世致用的价值是非常高的，它是典章制度专史的开创之作。杜佑把史书中的书志部分独立出来，使得书志体裁渐渐成熟、发展，并为这类体裁开辟了广阔的天地。《通典》所记上起远古时期，下至唐代中期，包罗社会、政治、经济等各方面的制度，是叙述历代土地、行政制度的《食货典》，对土地变迁、租税、户口、货币等事项都做了详尽的考察；叙述历代官制的《职官典》，把各级文武官员的情况也都叙述得清清楚楚。

另外，杜佑也在书中表达了自己对政经制度的各种看法。他认为社会经济是治安的关键因素，治理国家重教化，而教化的前提便是丰衣足食，不能满足百姓生存基本的需要，一切制度形同虚设。杜佑在长期实践中体认到粮食、土地与人是治理国家的重点；有了粮食才能使国家富庶，使民不愁衣食，使户口徭役平衡。这三件事情办好了，自然民富国强。

六、天人观名言名句

君子之于禽兽也，见其生不忍见其死，闻其声不忍食其肉，是以君子远庖厨也。

——《梁惠王上》

一个君子对于大自然里的飞禽走兽，往往是看到它们活生生的，就不忍心见到它们失去生命；听到它们临死前凄厉的悲鸣声，就不忍心去吃它们的肉。所以，君子总是远远地离开杀禽宰兽烹煮肉羹的厨房。

有一次齐宣王坐在殿堂上看见一个人牵了头牛穿过堂下，齐宣王看见了就问："要把牛牵到哪里？"那人回答："要牵去杀来取血祭新钟。"宣王听了便下令："放了它吧！我不忍心看它惊恐哆嗦的模样，就好像毫无罪过却要被处死一样。"那人听了就问："那么，是不是要废除祭钟的礼仪？"齐宣王迟疑了一下，回答说："礼仪怎么能够废除呢？改用一头羊来顶替吧！"

老百姓们听说了这件事，只说齐宣王太吝啬，居然连祭钟这样的大事都要节省下来，以小易大，用羊来顶替牛。孟子却体会到这样的举动其实是一种仁慈心术的体现，一个国家的主政者能够拥有这样一颗柔软的心灵，才真的是国家的福气。

虽然孟子说这话时解释了齐宣王以羊代牛的内在动机，可是"君子远庖厨"这句话却对求学时期的我造成了一场心理的大论战。

我无法理解，既然孔子都要我们"己所不欲勿施于人"，那为什么身为一个君子，却把自己的"不欲"（庖厨）丢给别人去做，还理所当然地对自己的善举津津自得？难道真的是"眼不见为净"吗？许多自诩为"远庖厨的君子"，甚至心安理得地吃着盘中的"山珍海味"，却看不起那些靠着屠宰牲畜维生的小贩，在背后以"业报"来非议其人。一样是杀生，难道藉由别人的手去做，自己坐享其成，就真的不用负责任了吗？对于这样的心态，我实在不能苟同啊！

玉剑龥

　　权，然后知轻重，度，然后知长短，物皆然，心为甚。

——《梁惠王上》

称一称然后才知道东西的重量，量一量才知道东西的长短。所有的东西都经过测量，人的心更应该如此。

大部分的人在面对选择的时候，并不真的知道自己在做什么，所做的行为，与预期的目标往往背道而驰，做成的决定经常都是"缘木求鱼"的荒谬行径。所以会造成这样的结果，其实就是在行动之前，没有真正认清楚事情真实的面貌与自己内心真正的愿望。然而，我们的心识并不容易澄清，内心的想法往往就像一团绞在一起的毛线，找不到真正的头绪。连孔子也承认这颗难以捉摸的心"出入无时，莫知其向"，难以掌握。

心理学家告诉我们，人类的头脑除了清醒状态下的意识外，还有比这个意识大上许多的潜意识；根据荣格的理论，在潜意识之外，还有所谓的集体潜意识。而这些人们几乎难以察觉的潜意识与集体潜意识，却是隐藏在人们行为之下的真正动机。如果，我们决定一件事情时，对自己并不是真正的清楚，那么就可能成为错误判断的牺牲者了。

　　学生时代，我在社团干部任期内曾担任过几次重要活动的执行长。当时，由于年轻气盛，做起事情总凭着一股莫名的冲劲，还没有深谋远虑的智慧，也没有因人任职的眼光，几次活动下来，不说自己撞得满头包，连共事的朋友也跟着我走了不少冤枉路……现在回想起那段青涩的岁月，虽然还是带着满满的感激，对于当时与我共事的学友们，却还是有着深深的愧疚。然而，经由这些失败的经验，"做事情要深思熟虑，选人才要审慎评估"的道理才真正地进入我的认知。

　　当我们面临一些抉择却不知道该如何决定时，不妨拿出纸笔详细地分析利弊得失，并且把内心的感受想法完整地条例下来，审慎地考量下做成的决定，比起盲目的行动还可靠，更能够接近预期的目标。

　　无恒产而有恒心者，唯士为能；若民则无恒产，因无恒心。

　　　　　　　　　　　　　　　　　　　　——《梁惠王上》

　　没有稳定的产业收入而能够有坚守正道的心志，这只有士才能做到。而一般的平民百姓们，只要没有稳定的产业收入，也就没有能够安分守己行走正途的心志了。

　　有人说生命是一间学校，每个人都在这间学校里学习自己的课题。有的人一路走来阳光灿烂，有的人却只看见沿途满布的荆棘；有的人认真面对眼前的风浪，有的人却宁愿躲在幽暗的角落，活在自己的世界。

　　许多人年少的时候对于人生都有一份自己的理想，对自我也有一份伟大的期许。然而在现实环境几番打击下，却成为折翼的小鸟，除了求取温饱外，再也不敢奢求更多的美好，更甚者为了生存铤而走险，作奸犯科无所不为。

　　能够在现实环境的风风雨雨里始终坚定自己的心志不被挫败，面对世间的荣华富贵而不降格以求，真的必须比别人拥有更多的坚持。因此"一箪食，一瓢饮，居陋巷"不改其乐的颜回，的确有其伟大之处。

在日剧《麻辣教师》中，有一幕让我受到感动并且留下深刻的印象。剧情是这样的：教科书出版商人为了接到学校的订单，不惜低声下气贿赂承办的老师。不料这样的事情被女儿发现了，对自己父亲以不正当的手段争取订单的行为感到羞耻，不愿承认父女的关系。做父亲的恼羞成怒，认为自己的行为都是为了家人的温饱，女儿没有资格责怪他。这时女儿冲口而出的一句："别为你自己的行为找借口。"痛痛地打醒了父亲，也狠狠地敲击到观众的心灵。

一个负责任的人，无论身处在怎样的环境里，都会清楚自己的现实，并不会因为外在环境的恶劣改变自己的操守，更不会为自己的妥协让步找借口。

君子创业垂统，为可继也。若夫成功，则天也。

——《梁惠王下》

贤能的君子开创事业传承给子孙，子孙就可以世代继承他的功绩。至于是否能够顺利功成名就，那就得看天意了。

三国鼎立的历史一向是后代津津乐道的盛况，在那龙争虎斗，人才辈出的年代，每个人都怀抱着济世的理想，用血泪去编织安定天下的愿望。刘备的知人善任，诸葛亮的鞠躬尽瘁，关云长的忠义，张飞的骁勇……早已栩栩如生地刻画在每个三国迷的脑海里。然而，这些人抛掷青春血泪好不容易换来的蜀汉江山，却在"扶不起的阿斗"后主刘禅的手中白白地断送了。逐鹿中原的豪情壮志随着历史的长河烟灭，徒留下后人无限的唏嘘。

著名诗人刘禹锡游经刘备祠前时，写下了《蜀先主庙》："天地英雄气，千秋尚凛然；势分三足鼎，业复五铢钱。得相能开国，生儿不像贤；凄凉蜀故妓，来舞魏宫前。"就是写刘备一生历经无数磨难，好不容易才得到三分天下建立蜀汉的业绩，儿子却轻易地将江山拱手让人还乐不思蜀的史事。这样的结局，让人不禁为刘备感到无限慨惋啊！

其实就现代的眼光看来，刘备可以决定将他的一生都奉献在实现恢复汉室、平定天下的志业上，但刘禅本身根本没有这样的使命感，却被逼着必须承担超乎自己所能负荷的重担，平心而论也有一定程度的无辜。也许，如果他们能够抛开子承父业家天下的思想包袱，让真正具备才德的诸葛亮有机会完全施展，历史将会全面改观。毕竟，一个人真正需要的只是一个适合的位置，再高、再好的地位，却没有可堪匹配的能力，也只是枉然。

孟子说"若夫成功，则天也"，人生在世尽可以努力追寻自己的理想，只要确定好志向，追寻的过程才是真正的收获。所谓"尽人事听天命"，世间事经常以一种我们难以探知的方式运转，只要我们曾经努力争取过，在过程中学习过，在这样的经验中得到了成长，一切也就不枉了。你说是吗？

　　行或使之，止或尼之，行止，非人所能也。

——《梁惠王下》

要进行一件事情时，或许会有人去促成它；不进行，或许也会有人来阻挠它。进行或不进行，并不是只靠人力就能够决定的。

鲁平公原本要去拜访孟子，他的宠臣臧仓知道后告诉他："您为什么要降低身份去拜访一个普通人呢？孟子虽然提倡礼义，可是在料理母亲的丧事上，却远远超出办理先死的父亲的丧事。这样的人，您还是不要去会见他吧！"鲁平公听了觉得有理，就打消了拜访孟子的念头。

乐正子对于鲁平公突然改变行程感到相当不解，于是入宫去拜见平公，问道："您怎么没去访问孟轲呢？"鲁平公把臧仓的话转述给乐正子听。乐正子听了，才告诉鲁平公孟子办父母的丧事时，使用棺木器具之所以有精美讲究的差异性，只因为孟母过世时孟子的经济能力比起孟子父亲逝世时富有罢了。孟子在办理丧礼时，并没有逾越或者偏袒的失礼之处。虽然，误会是解开了，但孟子毕竟还是因此错过了与鲁平公晤谈的机会。

后来，乐正子把整件事情的经过告诉了孟子。孟子听说后，并没有怪罪在当中进谗言阻止鲁平公见孟子的臧仓，只是平心静气地告诉乐正子："一件事情的进行，或许会有人去促成它；不进行，或许也会有人来阻挠它。进行或不进行，并不是只靠人力就能够决定的。我不能够顺利和鲁平公会谈是天意决定的。这个姓臧小子的言语，怎么能够是我们不能会晤的原因呢？"

一般人在知道自己原本拥有的机会在别人不负责任的言语中被剥夺时，大多会对搬弄是非的小人深恶痛绝，并且为自己失去的机会感到惋惜。而孟子在遭遇到这样不公平的对待之后，还能够冷静思考并接受事实，更不因此而产生愤懑或沮丧的情绪，就是一个君子如何面对挫折的最佳示范。

夫仁，天之尊爵也，人之安宅也。莫之御而不仁，是不智也。

——《公孙丑上》

仁，是上天最尊贵的德，是人心安定的住所。没有任何的阻力却不讲行仁德，就是不明智。

孔子说："里仁为美。择不处仁，焉得智？"既然人可以选择居住的环境，如果不选择一个让自己安适的环境来居住，怎么能算聪明呢？而仁是我们的心可以安在的处所，如果可以选择行仁德却宁愿舍弃不行，这不也是一种不智吗？

我们生活在现实环境里，每天面对许多的抉择，而我们目前生活的样貌，就是我们先前的选择导致的结果，我们现在的选择，也将决定我们的未来。所以，我们生存的样貌，端看我们如何去选择。到底要怎么决定呢？什么样的决定才是我们真正想要的呢？孟子的回答只有一个，那就是以"仁"为标准，凡事但求心安理得，就是最明智的抉择。问题就在一般人早已和自己的内在脱离，变得对万事万物不敏感了，陷溺在欲望追逐的梦魇无法自拔。因此，要如何安住在内心的仁而不迷失呢？

网络上有人摘译了现代印度心灵导师克里虚纳穆提在"Think on These Things"中提到的"单纯的爱"。克氏观察一些在聊天中无意识地拔下花丢弃的男孩，问道："你是否注意过自己做这样的事？"这就是一种表现内在暴力的方式。这样的行为是那么地无意识，以至于我们几乎不会去察觉，甚至已经见怪不怪，习以为常了。

对我来说"仁"和"爱"是非常接近的，安住在仁里，就是安住在爱里，克氏所说的单纯的爱并不是复杂的性爱或是对客体的神的爱，单纯的爱就只是爱，能够温柔、和顺地做每样事情就是爱。既然没有任何阻力来阻止我们安住在仁中，那么如何学习真正单纯的爱，就是我们重要的课题了。

君子之德，风也；小人之德，草也。草上之风必偃。

——《滕文公上》

君子的德行，就像是和煦的春风，能吹拂众人；而小人的德行，就像是路边的小草，风往哪儿吹，便往哪儿倒。

春秋时期，齐国的宰相晏婴虽然位居高官，生活却极为俭朴，出门时坐的马车都十分朴素老旧，平日饭菜也十分简单，有人问他，为什么要这样节衣缩食呢？他回答："齐国之士待臣而举火者三百余人"，原来他将自己的俸禄都拿去接济别人了。

有一回，孔子受到齐王的接见讲述治国的理念，孔子倡导礼乐之制，并且强调尊王重君的观念，齐王非常喜欢他，想要任用孔子，但此时的宰相是晏子，晏子认为礼乐之制需要大量的花费，并不适合齐国。因为理念的冲突，孔子只好离开齐都，周游列国去了。

虽然晏子与孔子的理念不同，但他们的思想与德行是影响深远的，一直到现在，我们都还尊奉孔子为素王，并且缅怀晏子的清廉勤政。鲁国的另一名卿大夫季文子，也曾做过三朝宰相，他妾不衣帛，马不食粟，以身作则以至于风行草偃，让整个国家长治久安，百姓安居乐业。

富岁，子弟多赖；凶岁，子弟多暴。非天之降才尔殊也，其所以陷溺其心者然也。

——《告子上》

在丰收的一年里，子弟多半有依赖而可以为善；在歉收的灾荒年里，子弟多半残暴而作恶。这样的现象并不是因为天生的本质不同，实在是外在的环境让人心灵腐蚀的结果。

连续几年不景气的红灯让富有了几十年的台湾地区民众开始感受到经济的寒流，每个人最关心的话题就是怎么保有稳定的经济。经济不景气，百业萧条，谋生困难的人愈来愈多，犯罪率也逐年上升。打开电视，摊开报纸，许多令人不寒而栗，闻之色变的犯罪手法层出不穷，让人不禁大叹"世风日下，人心不古"！然而所谓的"人心"从来没有"古"过。

尽管物换星移，人类的生活已从原始穴居进化到今日便捷的科技时代，人性却始终是一样的。早在孟子的时代，就已经知道外在的环境将会对人的行为造成多大的影响。一个人活在世界上都有最基本的生存需求，一旦他求生存遇到了困难，处在无法让他安然生活的环境时，为了生存下去，大多数的人为了生活也就顾不得其他了。

在物资丰盛的时候，每个人只要愿意付出，都能够轻易地得到生活的所需，甚至还能消费基本需求外的物质享受。所以，即使让他把自己的东西和人分享，也是轻而易举的行为。然而，在物资短缺的时候，在粥少僧多的情况下，为了争夺这些物资，人与人之间的利害冲突就更加凸显，因此，明争暗斗或者巧取豪夺的场面也就成了惯常的演出。在这样险恶的环境中，别说让他拿出点东西帮助人，就是要他放弃与人的争战都是困难的。

当一个人陷溺在环境，看不见自己时，环境也许会是影响他行为的关键，然而那些平时就致力于修养自己，对自己的行为动机有意识的人，却会不断地在不同的情境里看到自己的局限，一步一步地让自己放掉紧捉不放的欲望与恐惧，回到最初无染的心性。

　所以动心忍性，曾益其所不能。

——《告子下》

震撼他的心灵，磨炼他的心性，增强他的能力以弥补不足的地方。

我们常常喜欢为发生的事情下判断：发生了一些事情，我们觉得是好事情，所以我们就感觉到快乐，发生了另外一些事情，我们觉得很倒霉，所以我们就感觉到沮丧。快乐的时候，全世界仿佛都参与了我们的喜悦；悲伤的时候，仿佛全世界都抛弃了自己，只剩自己孤军与恶魔奋战。然而，人生的旅程原本就是一条变化多端的道路，你永远不会知道下一刻即将会发生什么。事情来来去去，而我们始终置身其中，在当中学习人生的智慧。

有些人的人生之路比起一般人来得坎坷难行。以真人实事改编的日本连续剧《阿信》一剧，女主角所经历的就是一段段艰辛的路程，然而她秉持着一贯坚忍乐观的信念，在不断的挫折中，并不怨天尤人地放弃自己的生命，反而实际地面对当时的课题，终将自己的人生洒上缤纷的色彩。

集结了十五位童年曾遭受性虐待的女人治疗档案的《勇气可嘉的女人》一书中，一位饱受童年经验之苦，化名为姬哲勒的女性，在走入艰辛的治疗过程后，仍然坚定地说出："无论我身在何地，我都相信正是我需要存在之所，只要我竭尽所能，全然活在当下，就等于迈入了下一步骤。"

在生命的终点面临死亡时，回过头来审视自己的人生，每个人走出的旅程都是独一无二的，没有任何一个人能够和你拥有一样的人生。每个人在自己的生命旅程里所遭遇到的事情，也都是独一无二的，只有你自己才知道那些事情的发生究竟为你带来了什么。下次当你又走入了人生的幽谷时，别急着走出来，看看谷底的风光，也许，问问自己："这次，我要学到的是什么？"

尽其心者，知其性也，知其性则知天矣。

——《尽心上》

能够将心里的善念实际去施行，就是真正懂得了人性；真正懂得了人的本性，也就懂得天命了。

明代儒家的代表人物王阳明有一句大家耳熟能详的名言——知行合一。虽然就像是口号一般地在我们成长过程中不断地被播放，然而，真正能够了解的人却寥寥无几。因为"知行合一"这句话绝对不是一句知识性的口号，而是一个人必须用他的生命去践行的真理。

我记得有一次家门外来了一只小黑狗，瘦伶伶的身子不断地颤抖，嘴里不时发出呜呜的哀鸣，见了人就猛摇尾巴，一副可怜兮兮的模样。那时，我正苦苦思索所谓"责任"的道理，好不容易得出了一个结论：与其事后不能对人、事、物负起责任，不如从来就不要去与那些人、事、物有所牵涉。

那个时候，我看着小黑狗可怜的模样，斟酌着家里并没有养狗的条件，一旦开始喂食它却又不能畜养它，到了最终还是不能对它负责任。所以，我狠下心进了屋子，却和姊姊两个人用言语讨论着对小黑狗的怜悯。后来，住隔壁的堂哥一见到这只小狗，二话不说马上回家拿饭来喂它。让我惊讶的是，小黑狗吃饱了，满足地摇摇尾巴后，马上就离去了。我一个人站在漆黑的夜里。突然一阵羞愧来袭，竟不知如何面对自己当时的冷酷了。

我想起《西藏生死书》里的一句话："如果慈悲不付诸行动，就不是真正的慈悲。"当我们甚至连心中真实感受到的情感都能够用一些借口来忽视不做时，怎能有机会真正去看到自己的心呢？孟子告诉我们，当一个人真的能够把内心的"仁"化作行动，就是懂得了人性，而一个懂得了内心那股强大力量的人，自然也就懂得了天地间那无所不覆，无所不承的大爱了。

　　莫之为而为者，天也；莫之致而至者，命也。

——《万章上》

　　从来没有想要这样做，竟然真的做到了，这就是天意；从来没有想要达到的目标却达到了，这就是命运。

　　一件事情的成功与否，存在着许多复杂的因素。人为因素固然经常是事情能否进行的原因之一，但最终能否成功，在结果还未揭晓之前，是任何人都无法保证的。然而，面对着这样未知的状况，一个人对于自身的作为要抱持着怎样的态度呢？

　　孟子对于禹传位给启而被质疑为道德衰微的史事这样解释："不对！事情不是这样的。天意要授给贤人，王位就会传给贤人；天意要授给他的儿子，王位就会由他的儿子继承。舜向天推荐禹，舜死后，禹虽然为了要让舜的儿子继位而避居到阳城，但天下的百姓却只愿意跟随他。就像尧死后，天下的百姓跟随舜而不跟随尧的儿子一样。禹在位时，也向天推荐益，等到禹死后，益也像禹一样退避到箕山的北边去，然而天下的百姓并未到箕山跟随益，那些要朝见，打官司的人反而都跑到启面前歌颂着：'啊！我们君主的儿子啊！'尧的儿子丹朱不争气，舜的儿子也不争气。而大禹辅助舜的年代久，对百姓们的恩惠也长！他的儿子启很贤明，能够恭敬地顺从父亲的治理之道。而益辅助禹的时日不长，对百姓的施恩也未入人心。因此，百姓们都愿意跟随启，接受他的领导。舜、禹、益三人辅政时间的长短，儿子的争气不争气，都是天意的安排啊！并不是人力能够改变的。"一个普通人能够治理天下，除了在道德修养上要像舜和禹一样外，还必须得到天子的推荐才可以，所以，孔子虽然是一个圣人，也没有得到天下。

然而，虽然说修身不见得能够施展平天下的抱负，能否达到目标或得到机会体现自己的理想，只能依靠天命的机运。一个人难道要因此而放弃所有的努力吗？人生是自己的，要如何演出都在自己，审判你的人，永远都只有你自己。来人世走了一遭，我们的所作所为但求无愧于心而已，不是吗？

孔子进以礼，退以义，得之不得曰："有命。"

——《万章上》

孔子依照礼节而进，依照道义而退，无论得与失都说："让命运安排吧！"

万章问孟子说："有人说，孔子周游列国时，到了卫国住在卫灵公宠信的宦官痈疽的家里，到了齐国又住在宦官瘠环的家里，这些事情是真的吗？"

孟子回答："这些事情都是好造谣生事的人散布的，不是真的。孔子在卫国时，暂住在颜雠由家中，卫灵公的宠臣弥子瑕对子路说：'如果孔子来我家住，就可以得到卫国卿相的职位。'子路把这些话转告给孔子，孔子只是淡淡地回答：'让命运去安排吧！'孔子依礼而进，依义而退，无论得与失都说：'让命运安排吧！'如果他真的是住在痈疽和瘠环的家里，那就是没有礼义、不听命运了……我听说过，观察在朝为官的近臣，就看他所往来的客人；观察远来求仕的士人，就看他所寄宿的主人。如果孔子真的住在那两个人的家，那他怎么还能算是德高望重的孔夫子呢？"

一般人行事，如果能有可以攀缘的助力，就好像溺水的人看到浮木，总是拼尽全力去捉取，很少有人能够停下步伐，审慎地去考量这助力来源的正当性。如果遇上了与自己理念有冲突的助力来源，是否妥协以获得支援就成为一场心性的试炼。大部分的人总是贪求眼前的近利，尽管与对方的理念不相合，甚至明知气味不相投，也不惜委屈自己的原则，选择这来到眼前的好处。

然而，一个真正有智慧的人，就像孔子一样，绝不会为了得到晋升的机会而降低自己的格调与那些品性有问题的人为伍。因为，能否得到机会施展胸中为天下人谋福利的大志并不是强求就可以得来的；而能够抵挡住这些外物的诱惑，坚持自己的理想，才是自己真正可以选择的。扮演好自己的角色，不贪不求，将一切的结果都交由老天去决定，这又是多么不容易的修养啊！

仁义礼智，非由外铄我也，我固有之也，弗思耳矣。

——《告子上》

仁、义、礼、智这四种德性，不是由外在的因素锻炼我的，是我自己原本固有的，只是不曾有意识地去思索探求而已。

我常常会因为太过专注去思考一些事情而处于一种恍惚的状态里，对于一些日常生活上必须时时留意的大小琐事有经常性的健忘症。有几次，因为忘记加油，机车就在半路上罢工不动了。

有一次，在寒流来袭的冬夜，我骑着车在两旁有点阴暗的马路上，正要穿过高速公路下的隧道，机车却渐渐减速终至停摆，然后就再也发不动。经过几次的经验，我也知道肇祸的原因，只好认命地拿下安全帽，退到路旁准备推车到最近的加油站去。只不过，距离最近的加油站也要走上两三公里路。就在我吃力地推着没油的车向前走时，两个骑着一辆轻型摩托车的女孩子经过我身边没多久又折返回来，问清楚我的问题后，就叫我等在那里，要去帮我买汽油。

缩在寒风中等待的时间里，说真的心里还是有着几分的忐忑，未曾谋面的陌生人，居然愿意花费自己宝贵的时间来帮助素昧平生的我？这样的好事情，不是只有电影或连续剧才看得到吗？就在我一片胡乱的思绪中，这两个在寒夜送汽油的天使又出现在我面前。经过了这么久，每当我想起那一夜的经历，就会有一股暖暖的热流穿透我全身。

那两个女孩可能觉得做了一件不足挂齿的小事，却真实地温暖了我那片刻的生命。在她们身上，我真的感受到孟子一直强调的那份可贵的心灵。人性当中，出自本能的真心与善意无论称它为什么，说的就只是这些来自心灵声音催促的行动而已啊！

大人者，不失其赤子之心者也。

——《离娄下》

一个品德修养成熟的人，是一个没有失去单纯天真的童心的人。

众所皆知，孟子的人性观是"性善论"。他肯定人性的本质是美善的，并且相信每个人都有追求美善的本能。而那些在现实生活里不断上演的斗争丑态，就是人心腐化的结果。

当一个小孩子出生时，是全然的天真与纯洁的。小孩子对于大人世界的复杂是一无所知的，他们总是张着那双无邪的眼睛，对每个接触的人完全地敞开，对这个世界完全地信任。然而，由于先天的局限，在长大的过程里，不可避免的，一个小孩子也将在周遭的环境里独自一人跌跌撞撞地进入成人的世界。

由于外界的环境是那么诡谲多变，人与人之间的关系是那么复杂难断，为了保护自己能在这样的世界存活，小孩子在变成大人的过程中，就放弃了最初的单纯与真实，变得复杂又虚伪，不愿信任本初的那颗美善的心灵。也正因为要放弃那份与生俱来的纯真是那么容易，能够保有这样一颗永远真实无伪的赤子之心就显得更加难得了。

一个德性修养成熟的人，就是一个将自己投身于世，努力去体验生命的人，他已经在自己身上体现自然至诚的真理，对于世间纷纷陈陈的扰攘，早已洞然若烛通达万变。看尽了世事的纷杂与错乱，返璞归真回到最初的单纯也就是最后的归途。所谓"大人者，不失其赤子之心也"，就是因为他的洞见是那么直接清晰，事情的样貌已如实地呈现在他眼前，他已不再被外物所迷惑，能够用那双纯洁天真的眼睛清晰地看世界。

所以。对孟子来说，所谓提升生命境界的修养工夫，为的就是找回那颗失去的赤子之心。

　　人之所以异于禽兽者几希。庶民去之，君子存之。

——《离娄下》

人之所以和禽兽不一样的地方只有一点点。普通的人们抛弃它，君子却保存它。

我很喜欢观看 Discovery、Explorer 或国家地理频道的节目，其中野生动物的生态，往往让我这个"万物之灵"的普通人类难以想象，有时看到动物母子之间浓厚的舐犊情谊，还会大叹"人不如物"呢！让我印象深刻的现象是——动物世界里的新生儿，几乎都是一出生就具备了可以适应外界环境的能力。它们似乎天生就有求生存的所有本领，虽然有些动物为了生存还必须学习各种后天的技巧（例如：鹰、豹、狮子……等猛禽猛兽必须学会狩猎的技术；羚羊、斑马……等草食性动物则必须学习观察环境的本领），但比起人类，动物的学习与成长所需的时间，简直就是奇迹的速度了。

一个人类的小孩刚出生时，根本不具备任何可以保护自己的能力，如果将他随意弃置在野外，就只有死路一条了。以人类来说，一个小孩子要在父母或家庭的保护下成长，直到十八二十岁才算是一个成年人，才能在社会上自立。现代社会由于求学时间延长，成年人从家庭独立出来的年龄正逐年上升，许多人甚至过了三十岁都还处在求学的阶段，还未脱离原生家庭的保护伞。

在这样一段漫长的成长岁月里，一个天真不谙世事的孩童，在周遭环境的引导下，也逐渐长成为一个世故练达，懂得人情冷暖的成年人了。观诸由这些成年人互动产生的社会现象，一幅幅现代丛林野兽派的画面就呈现在眼前。然而动物世界的弱肉强食，适者生存的自然法则，在人类社会上演出时却显得特别触目惊心，让人情不能堪。同样是血肉之躯，同样得到天地的滋养，是什么独独让人对于所有的残暴无法心安呢？

孟子告诉我们，这种会感觉到悲悯，能够自我反省的心，就是一个人和那些懵懂无知的动物唯一的区别！

不仁、不智，无礼、无义，人役也。

—— 《公孙丑上》

不仁、不智，无礼、无义的人，只能够被人使唤罢了。

儒家的思想始终有一股文人的傲气，并且有一种"知其不可而为之"的坚持。对儒者来说，如何提高自己的品格修养，转化自己生命的境界，是一个永无止境的历程，往往穷其一生的精力，就只为求取人格的进境。

儒者的使命感让我记起大学的"论孟"课程。那时，老教授总是拍着自己的额头，说出一句话："我的老天爷啊！说了这么多，儒家的思想啊，简单一句话就只是要人——从动物——变成一个能够挺直脊骨直立行走的人。"从孔子到孟子，甚至后来的汉儒、宋明理学之士……所有的教导只是要人挺直腰杆，理直气壮，顶天立地地做一个"人"，如此而已。而我总在台下，为着老教授那具有穿透力的明亮眼眸与浑身散发的莫名氛围酸了鼻。

孟子说："被人使唤却又以充当奴役为耻，这就好像是制造弓的人把造弓引以可耻，或者制箭的人以制箭为可耻的事一样。与其为这样的事情感到羞耻，还不如好好修养自己本身的品德。真正会自我修养的人就好像弓箭手，一个射箭的人一定要先端正自己的姿势后才会发箭，放出箭而没有射中目标时，他不会去埋怨成绩比自己好的人，只会转过身来检讨自己的技术不佳罢了。"而那些不仁、不智、无礼、无义又不懂得自我反省，只会怨天尤人的人们，就一辈子只能够被人使唤了。

就是因为儒者是如此重视自身的修养，以天下人的福祉为己任，因此，对于那些浑浑噩噩，对自己的人生没有期许，找不到人生目标的芸芸众生，也就更有一份痛切的怜悯之情了。我猜想当孟子骂出"不仁、不智，无礼、无义，人役也"那一刻，他的内心深处，对于这些迷失在现实环境里找不到支持内心安定精神力量的人们，也有着一份深刻的悲悯与关怀吧！

诚者，天之道也。思诚者，人之道也。

——《离娄上》

诚，是上天自然的规律。追求诚，是做人当然的道理。

一个人活在世界上，就好像一棵树一样。树木活得愈久，枝叶愈繁密，人年纪愈大，人际的网脉就愈复杂。每天每天，我们都无法避免与许许多多的人相遇、相处，每天每天，我们所面对的就是由这些人际关系组成的世界。那么，在这样的世界里，要如何得到上司与下属的信任？如何得到朋友的交心与信赖？如何博得父母的欢心？

孟子告诉我们，只要拿出诚实无妄的真心，没有人不会被这份诚意所打动；当然，一个不诚恳的人，也永远无法真正感动人。

然而在现今一切讲求速食的都市社会里，人与人的关系愈来愈疏离，心与心的距离愈来愈遥远。生活愈便利，人与人的互动就愈少；社会愈进步，个体的存在性就愈模糊。寂寞、孤独、迷失感……已然成为现代人苦闷心灵的常客。

每个人都希望被人真诚相待，却又害怕袒露自己的真心，就好像先拿出真心待人的一方，就比对方矮上一截似的。说别人冷淡，其实是自己封闭；得不到真诚，其实是自己不诚恳。由于这样的恐惧普遍存在，每个人都在等待别人的真诚，却不愿先诚恳对人，到最后，没有人能够得到真心的对待。

信任，在这个网际网络的新时代，仿佛已成为神话。

中华传世藏书

孟子

《孟子》名言名句

二七七

《最后十四堂星期二的课》里，即将面对死亡的老教授墨瑞说："你若要让别人信赖你，你也要能感觉到你可以信任他们，就算你置身黑暗中，就算你在向下掉。"把心门关上了，别人是伤害不到你，但同时也把那些对你真心诚意的关怀拒之门外。想想看，与其关在自己的世界里自怜自艾，何不敞开心门真诚地对待身边的每一个人，信任自己能够给出心中的温暖，同时也信任别人，让所有的善意流入心房，温暖并丰富彼此的生命。

仁也者，人也。合而言之，道也。

——《尽心下》

仁，就是人之所以为人的道理。仁与人合起来讲，就是道。

朱熹解释孟子的这句话认为："仁"就是人之所以成为一个人的道理。然而，仁是抽象的道理，而人是具体的存在体，以这个具体存在的肉身去实现"仁"这个抽象的道理，就是孟子所谓的"道"。

真理是无法表述只能体现的。因此，"以身证道"就是真理唯一的表述，要证明真理就要认清自己，走入自己的内心世界，真实地接受自己当下的样貌。

走入内在的过程，就是一趟自我发现的旅程。

我们的教育所教导的是古人在他们的生命中跌跌撞撞，呕心沥血后的智慧结晶。当这些因为真正去经历而提炼得来的智慧在我们成长过程里不断地被重复播放后，就被我们理所当然地据为所有，成为衡量自己行事的尺度。然而，在我们真正开始体会人生后，才了解到古人那些美丽又智慧的话语都是经过浴火的重生，中间那段理智与情欲的挣扎与人性扭曲的现实面，已被达成的超越视野泯灭了。

而当我们还在过程中摆荡时，只能凭靠着不断地自我观照来拼凑出自己所在的位置。在这样的过程里，不断地回头问自己就是最好的行事指标。

孟子说"反求诸己""万物皆备于我矣"，只有不断地在人生各阶段的情境挑战下，一个人才有机会发现自己真实的面目，先圣先贤们诉说的真理，也必须在个人生命中不断地被质疑与内化。只有亲身经历的深刻，才会真正铭刻在心底。当那些愤怒、憎恶与嫉妒在你的外围层层地剥落，当你发现生命的核心只有"爱"，那时，你就走在孟子的"道"里了。

> 人皆有所不忍，达之于其所忍，仁也；人皆有所不为，达之于其所为，义也。

——《尽心下》

人都有一些不忍心去做的事，只要把这种不忍的心扩展到忍心去做的事，就是仁。人都有不肯去做的事，只要把这种不肯做的心扩展到所做的事上，就是义。

有一个故事说古波斯的一个国王出外去狩猎，在一座农庄休息时，遇见一个平民女子。国王命令她取洗脚水，女子立刻去井边取水。国王洗了脚，接触着微温的水，感觉很舒服。国王接着想洗脸，再度命令女子去取水，女子立刻取来水，这次的水稍凉，洗起脸来很清爽。最后国王口渴了，再度要女子去取水，女子取来的水冰冰凉凉的，国王一饮而尽，感觉无比地畅快。

这时，国王满心欢喜与好奇地问这个取水的女孩："怎么你三次拿来的水温度都不一样？"这名平民女孩说："您要洗脚时，我取了阳光能照射到的表层井水，比较温暖；您要洗脸时，我提了井里中层稍凉的水；而您要喝的水是要润喉的，我就打了井里最底层最冰凉的水！"

虽然故事的结局不脱波斯王被这个平民女孩的细心与关怀打动，进而将她册立为王妃的劝善意味。然而，故事的背后真正要说明的，其实是人与人之间相处的真心。井里的水表层、中层、下层的水温皆不相同，只要稍微具备常识，每个人都能知道，但是除非你有"用心"，带着一颗"关怀别人的心"推己及人、将心比心地去为人设想，否则就没有这种"打水的智慧"。孔子说"己欲立而立人，己欲达而达人"，推己及人的思想就是儒者最基础、最终极的关怀。

人之所不学而能者，其良能也；所不虑而知者，其良知也。

——《尽心上》

一个人不用经由学习就拥有的能力，就是所谓的良能；不用经由思考就能够知道的，就是所谓的良知。

在科技愈发达的社会，知识愈是高度的发展，直觉与情感则愈被认为是弱者的象征。但是，当一个人出生时，只具备了本能的情感与直觉，知识是后天接受教育学习得来的，而伴随着思维取向的逻辑化，功利色彩也就微妙地消融入人与人之间复杂万分的关系中。真实与虚假隐藏在幻化成一片的迷离中，似乎再也没有所谓的真实。

电影《亲亲小妈》中，苏珊·沙兰登饰演的贾姬在婚姻失败的痛苦中泅泳，看着由茱丽亚罗勃兹所饰演的丈夫的新情人——年轻有名气的摄影师伊莎贝，内心百味杂陈。不断品尝着自己失败的贾姬，终于在伊莎贝让孩子走失的过错后爆发，毫无掩饰地在小孩面前不客气地批评伊莎贝。而小男孩就在这时说了一句经典的对白："如果你要我恨她，我会照做。"镜头前的贾姬被惊醒了。她意识到，一个母亲可以这样无意识地操纵小孩天真无邪的信任与感情。

影片继续播放，两个女人为了在小孩心中取得地位而不断地争斗，最后终于愿意坐下来诚恳地交心。罹患癌症的贾姬害怕女儿长大临嫁会忘记自己的存在，而小妈伊莎贝则担心当她帮前妻的女儿盖上头纱时，女儿心中想的却是亲生的妈妈。两个女人坦诚了自己的恐惧后，才发现自己都是以爱之名对无辜的孩子索取爱。两人相视一笑后，贾姬说："她可以不用选择，她可以接受我们两个人所有的爱。"

这一幕让我想到了那个对走失小孩的判案。故事中的法官，将孩子判给不愿因抢夺而伤害小孩的生母。我想，就是这样无私且出于本能的情感，才是真实的爱吧！

　　君子有三乐，而王天下不与存焉！

——《尽心上》

　　一个君子有三件乐事，而治理天下不包括在内！

　　一个人活在世界上，到底要追求或实现什么呢？对一个人来说，最高层次的需求就是"自我实现"。在孟子那个时代，由于政局的纷乱，百姓们只能无辜地成为受苦的羔羊。那些接受教育，具有使命感的知识分子，出于慈悲的同时也想证明自己的理想，一个个为了改善"人"的生活投注了自己的生命，一同书写下中国历史里一场思想史上百花齐放的辉煌。

　　在这样的时间背景下，对于一个兢兢业业以天下为己任，致力于内圣外王修养工夫的儒者来说，能够有机会掌握政治的实权，让自己的理念落实在真实的世界就是一种难得的自我实现吧？能够达成自己最远大的目标，应该就是最让人欣悦的事吧？但，人生的目的真的就是这样栖栖惶惶，一路过关斩将，只为求取那个远大的志向吗？孟子告诉我们："一个君子有三件乐事，而治理天下不包括在内！"那么，对孟子来说，什么才是一个君子的"乐事"呢？

　　孟子以为，不要舍近求远，和自己的生命切身相关的三件事才是喜悦的来源——家庭中父母健在，兄弟无灾祸；自身行事正直，不愧于天地，也不心虚于人；再则能够得到天下间优秀的人才来培育教化，将自己的理想与使命感的薪火顺利地传递。能够达成这三件与自己切身相关的事情，就得到了生命中喜悦的泉源。

　　即使时代走入了看似瞬息万变的现代，身为一个人，在生命的旅程里可能遭遇的基本问题还是一样。近年来，欧美等开发国家的人们在饱受现代科技带来的紧凑忙碌的生活与人际疏离的痛苦后，许多人开始反省生命的意义。一个人的生命中，最重要的事情到底是什么？在他们不断地反思下，得到了孟子在两千多年前提出的答案——家人、自我成长与生命智慧的延续。

居仁由义，大人之事备矣！

——《尽心上》

将心安住在仁，行事由义出发，实现伟大志向者的事业就具备了！

我在朋友寄来的一封 e-mail 上，读到了"创世基金会"的创办人曹庆先生的故事。

1980 年曹庆从台糖退休后，认为自己已经完成了人生的责任，剩余的岁月他决定要用来奉献给社会。在评估过社会上弱势的边缘族群后，曹庆决定成立一个专为植物人设立的机构。就这样，他带着全部的退休金"全省走透透"去找寻赞助者与需要被援助的植物人。然而当时除了他，植物人安养的问题还没有得到社会大众的重视与支持。在募款的同时，曹庆曾经无数次地被当成是骗子或疯子，从许多大人物的办公室里被赶出来。人们大部分认为曹庆的理想太崇高，根本不是他的能力所能够实现的。因此，财团与政要没有人愿意提供赞助给曹庆。

走到了穷途末路时，曹庆一度濒临崩溃，他感叹并痛哭现实社会的冷漠。沮丧过后，他想起"两个和尚"的故事，决定要成为那个一无所有的穷和尚，在最困苦的物质环境下实现他的这一份爱和关怀，为那些被社会遗忘的植物人而努力。

终于，在 1986 年 11 月，台北成立的第一所植物人安养院住进了首位植物人林丽美小姐，安养工作就在早期没有任何设施的创世里渐渐步入了轨道。接着，曹庆开始关心起街头无家可归的流浪汉。1991 年的除夕夜，创世自制便当，在寒冬中散发出暖意，让饥饿的游民有餐像样的年夜饭。就这样，曹庆不断地将他的关怀放大，从最早期的植物人安养到游民的照顾，近年来，更开始开办照顾失智老人的事业……无数的家庭与人生，就因着曹先生的这份坚持而改写了。

我看着电脑屏幕上密密麻麻的记录，感觉到内心一股源源不竭的感动，虽然曹先生一路走来艰辛万分，却用他的生命印证了孟子所说的"居仁由义，大人之事备矣"。而我能够做的就是按下转寄键，让这份感动继续去温暖那些与我的生命曾经交集的朋友。

> 莫非命也，顺受其正；是故知命者，不立乎岩墙之下。
>
> ——《尽心上》

人世间的吉凶祸福没有一样不受命运决定，要顺应接受它的正命；所以一个懂得命运的人，不会去站在已经倾斜即将崩塌的危墙下。

都说是"月有阴晴圆缺，人有旦夕祸福"。一个人活在世上，能够遵循着自己内在的纪律，安分守己地与自己所爱的人互相陪伴，经营属于自己的人生，就是一件了不起的事。然而，福祸无门，有些事情并不是人力能够操控，超出了人力的范围，就只能顺受。

生活在台湾这块土地的人们，尤其是中南部的人，一定还记得"九二一大地震"发生时的惨况。在事先毫无预兆的情况下，一阵惊心动魄的地动天摇将许多人从梦中震醒，来得及逃到户外的人，在寒风中抖擞着，不敢置信眼前大地怒吼的狂暴，而那些来不及逃跑的罹难者，甚至无法看到第二天的太阳。许多人的人生，已被那一夜改写。

经过了那些片刻，我们这些存活下来的人，才真正懂得能够呼吸的幸福。

灾后的重建是一项艰巨的工程，然而，我们秉持着一份坚忍韧性，一块块地叠出灾后重生的美丽。就因为透过了这么多人自觉的努力，我们勇敢地面对了突来变故带来的伤痛，人与人之间的距离逐渐拉近。许多人更因此回头反思生命的价值，将这道狰狞的伤口转化为祝福。

吉凶祸福除却了人为因素外都是天命，我们生活在这个世界，唯一不变的真理就是不断地改变。因此，如何面对这些改变，将这些改变转化为我们生命的智慧，就是最大的课题。当我们知道了这个道理后，自然也懂得了珍惜自己宝贵的生命，对于那些明知会危害自己的事情，也就理所当然会远离。

尽其道而死者，正命也；桎梏死者，非正命也。

——《尽心上》

为了心中的真理尽力而死的，就是承受正命；犯了罪受刑而死的，就不是承受正命。

著名的民族英雄文天祥，在南宋被元军灭亡后，致力于抗元复宋的事业，领兵抵抗蒙古人的军队，无奈实力悬殊太过，兵败被虏。不愿成为亡国之奴的文天祥服毒自杀未遂后，被元人拘禁严加看管。元将张弘范要他写信招降张世杰，他将自己写的《过零丁洋》一诗抄录给张弘范看。张弘范读到"人生自古谁无死，留取丹心照汗青"两句时深受感动，就不再强逼文天祥了。

元世祖

虽然求才若渴的元世祖几度派遣使者，甚至以亲情相逼想要劝降文天祥，文天祥却坚决要以身殉国不愿投降。元世祖无奈，最后还是下令处死文天祥。当文天祥被押解到刑场时，问明方位后向南方跪拜，说："我的责任结束了，心中没有愧疚了！"然后引颈就刑，从容赴义。死后人们在他的衣带中发现一首赞："孔曰成仁，孟云取义，唯其义尽，所以仁至。读圣贤书，所学何事？而今而后，庶几无愧。"

文天祥死时，年仅四十七岁。文人代代相传的孔孟精神，文天祥就是这样用他的鲜血来证明。他生为南宋末年的臣子，秉持着为国尽忠的精神，明知时势已不可为，还是坚持自己应该担负的责任；一旦真的成为敌国的俘虏，也坚持遵行心中的真理，接受自己失败的事实。对他来说，所有应尽的义都尽了，心中一片祥和，再也没有任何的滞碍，因此连死都不害怕了。孟子所谓的"正命也"，说的就是像文天祥这种伟大的精神。

对孟子来说，死有正命与非正命之分。努力地遵循内心的真理却仍难逃一死，这是机运与天命。如果是自身泯灭了人性，作奸犯科无所不为而致难逃天理法网，受刑罚而死，就是自己招来的下场而不是天意了。所谓"自作孽不可活"，说的就是这个道理。

万物皆备于我矣。反身而诚，乐莫大焉！强恕而行，求仁莫近焉！

——《尽心上》

万事万物我本身都已经具备了。凡事反过头来问自己而觉得诚实无虚，就会得到莫大的喜悦！依循推己及人的恕道而作为，距离仁德就再近也不过了！

在这个个人意识抬头的民主时代里，我们经常思考着如何达到真正的平等。其中两性平等，关怀弱势团体，健全社会福利……等，都是现阶段让许多人怀抱着理想致力推动的目标。然而，除了外在环境平等的推行外，早在一个人来到世上时，就有一些永恒不会改变的平等存在。也许在人生的旅程里，每个人身处的环境千奇百变，然而在一些根本的事情上，所有人都是一样的。每个人的一天都是二十四小时；每个人的人生都由生、老、病、死写就；每个人面对外在环境的冲击时，都有自由意志来选择自己出场的姿态。因此，就某层意义而言，所有人都是平等的，每个人都是一个完整的宇宙。

人来到这个世上的起点是相同的，因为选择如何看待自己，选择如何修养自己，提升生命向度的起点都是一样的。孟子告诉我们，万事万物我们都已经具备了，衡量一切事物的标准就在我们自己的里面。在决定事情时，只要真诚地回过头问自己，真的倾听自己内在的声音，问问自己为什么要做这样的决定？这样的决定导致的后果是自己乐见的吗？如果你听到内心喜悦的回答，不要怀疑，那就是事情最佳的处理方式了。

当我们愈来愈懂得自己的行为，愈来愈了解自己的情绪时，和别人相处也才能够有更真诚，更感同身受的亲密接触。因为，会让我感觉难受的情境，别人也一样会痛苦；会让我得到支持的力量，别人也同样会感到安慰。每个人都需要被关怀，每个人都有同样的需要。只有当我们真懂得了爱自己，才能够真正地去爱经过我们生命中的每一个别人。

不专心致志，则不得也。

——《告子》上

《坛经》中有"专心识自性，一悟即至佛"的说法。亦即是说，只要专心致志地认识自我的本来面目，那么我们每一个人就能臻于"即心即佛"的境界。

其实，对待人生又何尝不是这样呢？在我们的人生旅途中，包含着三种日子：幸福的日子、痛苦的日子、平淡的日子。有人幸福的日子多，有人痛苦的日子多，有人平淡的日子多。然而，只要我们带着一种专心致志的态度去品味和迎接属于自己的日子，生命总会呈现缤纷的色彩，我们总可以拥有一个健康快乐的人生。

幸福的日子是神奇而辉煌的。当我们辛勤耕耘的第一片处女地最初绽开花朵，当我们的事业一步步走向成功，我们会感到日子过得是那样充实。但幸福的日子往往是短暂的，因而需要我们专心致志地享受和品味幸福，要学会珍惜幸福。

痛苦的日子里虽然被阴霾笼罩着，但只要我们勇敢地面对它、接受它，并与它抗争，这将使你变得更加成熟和坚强。在痛苦的日子里，心灵的创痛会使夜格外沉寂和漫长。然而，只要我们依然专心致志地热爱生活，就会用理智来抚慰自己孤寂和受伤的心灵。

平淡的日子如淡淡云絮、静静池塘，虽无大雨滂沱的气势，但正是静思、调整自己人生的大好时光。此时我们如保持专心致志的心态，便会发现生命的真趣。当我们清晨走进树林，聆听袅袅清音，当我们黄昏时望着无声流淌的河水，感觉到这平淡也是一种生命的形式。

仁义礼智，非由外铄我心，我固有之也。

——《告子》上

禅家有如下一则说法："禅在心中，故靠悟得，而非学得。"我想，人性的修养也莫不如此。

人生中任何德性的造就，固然是后天教育所培养的，但这种教育绝不是外在的灌输，而是基于内在自觉的感悟。我们或许都会有这样的体验：当我们读完一本震撼自己心灵的小说后掩卷冥思的时候，当我们在日常生活中被一件看似平凡的事物触动内心深处的时候，当我们在人生的道路上出现成败得失而受到褒贬的时候，当我们在现实生活的镜中观照自己的时候，往往不免会思考：我究竟是怎么样一个人？我将成为一个怎么样的人？这时候，我们的心是敞开的、诚挚的。我们正在进行自我对话，与自己的内心对话。于是，不知不觉中，我们便在自己的思考中发明本性，悟得人生的道理。

现代社会常常对外在的灌输式教育太乐观，而忽视了每一个心灵的自悟。其实，当一个人的心灵处于沉睡状态，再光辉再崇高的言辞也无法打动他。教育的艺术正在于它能使受教育者内在的崇高人性绽放出光芒，从而对真善美的意境有发自内心的景仰，以及对假丑恶的东西加以唾弃而调整自己的思想和行为。

我们具有的天赋本相差无几，在接受教育上也大致有均等的选择机会：一个高尚的或卑劣的人，一个富有才能的或碌碌无为的人，一个快乐的或不幸的人……为什么现实生活中人与人之间有着如此巨大的差别？我想答案只能是：那些努力发明本性、自我悟得的人选择的机会无疑要胜人一筹。

君子亦仁而已矣，何必同？

——《告子》下

佛教中有这样一个典故：唐朝时一位叫大珠慧海的禅师，为了求道，不远千里来到江西开元寺，拜见当时的禅宗大师马祖。马祖问他："你来做什么？"大珠答："我来求佛法。"马祖说："我这儿没有佛法可求。你自己有宝藏而不顾，离家乱走干什么？"大珠迷惑不解："我自己的宝藏在哪里呢？"马祖说："现在我要你找的就是你的宝藏。它本来已经一切俱足，没有欠缺，何必要向外追求呢？"

这个典故很有寓意。现代人也经常犯类似的错误。我们本来已经有了人生的宝藏，却把眼睛盯到别人那里，羡慕别人所拥有的东西。别人有地位，自己没有，也想去拥有；别人有金钱，自己没有，也想去获取。我们却忘记了一个简单的道理，自己拥有的才是真有，才是真正给自己带来快乐的源泉。我们的人生经验也告诫我们：一个人如果一味跟别人比较，就会否定自己。否定自己的人，往往就要东施效颦、焦虑不安，从而不能承担生活上的种种挑战。随之生活也便失去了意义。这样，即使生活在富裕的环境中，也快乐不起来。

初读卡耐基《人性的弱点》时，曾对他"没有别人"一说不甚理解。或许他所说的"没有别人"正是"不要与别人比较"的意思。的确，人性中最大的弱点之一就是喜欢与别人比较，一比较，本来很好的东西，也觉得很不如意。

其实，我们应该相信，每个人都有自己的生命特质、生活内容。倘若总是习惯于与别人比较，那么，我们就会迷失自己的特质，失去自己的生活内容。

仲尼曰："始作俑者，其无后乎？"

——《梁惠王》上

人生中的报应，有时实在是很神奇的，这与佛教的"善有善报，恶有恶报"的说法是相一致的。

佛经《贤愚经》中有这样一则故事：波罗奈国有兄弟两人，分别叫善求和恶求，善求为人善良，而恶求却总是作恶不已。一次兄弟俩旅行时迷失在漫无边际的沙漠中。于是，善求便祈求神灵保佑，祷告一番后果然出现了一棵大树，树旁有一条小溪。神灵告诉他："你只要砍去树枝，所需的东西就会出现。"善求和恶求都得到了他们所要的东西。可恶求又暗自盘算：如果挖开树根，不是能得到更多的好东西吗？然而，当恶求费尽九牛二虎之力挖出树根时，突然底下冲出了五百恶鬼，把恶求撕碎了。

这样的善恶报应故事在民间也是不计其数的。与其说这是一种神灵的力量，不如说是人性的一种善良愿望。

报应的力量是神秘的。第二次世界大战中，盟军一支突击队被德军俘虏，在受尽折磨之后，纳粹居然残忍地把他们秘密处决了。唯有一条军犬负伤而逃。十年后，军犬随新主人去德国使馆工作。有一天，它突然疯狂地朝一条小巷扑去，当主人赶到时，军犬已奄奄一息，而一个遍体鳞伤的德国人已死去。后经查证，死去的德国人正是那次屠杀的指挥官。

愚蠢的人总是不相信报应，但我们依然要告诫自己：切莫作恶。因为报应实在是人性的一种力量，而恶总是要遭到惩治的。

为巨室，则必使工师求大木。

——《梁惠王》下

欲求得人生之大彻大悟，领略人生之至真、至善、至美之意境，只有在求得大道之后方才可能。

对于"什么才是人生之大道"的回答，肯定是见仁见智的，佛家对人生真谛的回答颇能给我们以启发。相传佛祖释迦牟尼在一次灵山法会上向众弟子讲道，佛祖一言不发，只是手里拈着一朵花，面对着众弟子微笑。佛祖的意思是他在这拈花与微笑之间已把最重要的佛法道出了。可是众弟子却面面相觑，不得禅机。唯有摩诃迦叶领会了佛祖的意思，遂报之以会心的微笑。佛祖从迦叶的微笑中知道，他已有佛法的传人了。同理，人生最大的道在于永远微笑着对待生活。

是的，诚如佛家声称的那样，人生如"苦海无边"，因为人生要以有限的生命去抗衡无限的外部世界，因此，人生很累、很沉重。但我们并不因此而变得消沉，而是能微笑地面对这一切，勇敢地面对有苦有乐、有顺有逆的生命。故而罗曼·罗兰这样给英雄主义下定义："真正的英雄主义就是在了解了生活的本来面目之后，依然热爱生活！"

宋代善能禅师曾这样说过："不可以一朝风月，昧却万古长空；不可以万古长空，不明一朝风月。"倘若能在自己的人生中真正做到这一点，那么，我们就已达大彻大悟和至真、至善、至美之境了。

与其抱怨和诅咒生活，不如微笑着面对生活。

夫人幼而学之，壮而欲行之。

——《梁惠王》下

我们学习了许许多多的东西，倘若不付诸行动，那么，这些东西不仅无用，有时还会成为人生的负担。

譬如，我们从小就学到这样一句格言："苦难是人生的垫脚石。"孟子因此认为"苦其心志"是降大任于斯人的前提条件。可在长大后我们却不愿意接受这一事实。于是，我们使自己的整个生命建立在逃避痛苦和不如意的幻想之中，从而无法真正实现自我生命的价值。其实，正如有位作家形象地描述的那样：人是注定要受

"苦"的。你看，人人脸上写着一个"苦"字：左右眉毛像草字头，左右颧骨加中间鼻梁像一个"十"字，底下一张嘴是个"口"字。因此，学生必须"苦学"，谁贪玩谁的功课就不及格；做事的人必须"苦干"，谁苟安谁就要失败。宗教家必须"苦修"，音乐家必须"苦练"，如此等等。故俗语称："吃得苦中苦，方为人上人。"而佛家则明白指出，人生如"苦海无边"。

自古圣贤豪杰都是苦出来的，绝不贪图舒服容易。"苦"使人头脑清醒，意志坚强，精神抖擞，身体健康。试看烈日当空之下，几人挥汗前进，几人躲在大楼的阴影里打盹；冬天寒流来临，几人鸡鸣即起在朔风中昂首阔步，几人赖在被窝里不愿起身。这就像天平戥秤一样，可以掂出人的斤两，人生的成功者与平庸之辈，正是在这里有了一道分水岭的。古人称用功读书叫"苦读"，又叫"攻读"。攻城略地，须亲冒矢石、出生入死，充分体现"不怕苦"的精神。显然，这一"攻"字已不仅仅指学习，而是整个生命的行动本身了。

文王一怒而安天下之民。

——《梁惠王》下

佛家的教义是推崇"无嗔"。故唐代拾得和尚说："无嗔即是戒，心净即出家。"所以，"无嗔"从来是佛家渐修的一戒。而"嗔"的生发，则有正反之别，诸如天施威于众生，使之顿然豁醒，加怒于众生，使其精进行持。因此文王一怒而伐纣，救天下百姓于倒悬之中的"嗔怒"是需要的。也正是这一怒，使文王因此而流芳千古。所以，正义的愤怒恰恰是我们每个人所必需的一种品行。为此英国哲人休谟在其《人性论》中这样写道："在某些场合下，缺乏愤怒和憎恨甚至可以证明一个人的软弱和低能。"

可见，佛家的"无嗔"是教人不要妄起"嗔心"，但不可不超越之而精进行持，因为生活中需要我们以正义的愤慨来挺身而出，铁肩担道义，救民于倒悬之中。然而更多的时候，我们的嗔怒仅仅是因为自己的某种不如意：如受到别人的冷落、嘲讽和诽谤，尽管这些冷落、嘲讽或诽谤完全可能是因误解而产生的，但我们却暴跳如雷，甚至采取攻击性的行为来对付。其实，容易嗔怒实在是我们人性中的一个弱点，因为它表明我们无法克制自己，不能承受任何一点生活的压力或人生的不公正。

不仅如此，嗔怒还意味着人性的愚蠢，因为嗔怒使我们伤害别人，无法体验理解和爱带给人生的温馨。同时，嗔怒也是一种自我伤害。心理学研究表明，当我们抱怨和斥责他人时，自己也会受到刺激和伤害。

我们总是可以发现，在现实生活中，极易嗔怒的人总是以冲动开始而以后悔告终。

　　戒之戒之！出乎尔者，反乎尔者也。

　　　　　　　　　　　　　　　　　　　　——《梁惠王》下

我们常有这样的体验：如以一颗善良宽容的心对待别人，别人也就会以此心回报；反之，则会陷入冤冤相报之中。故成语中有"将心比心"之说。

我国古代有这么一则寓言：有相依为命的母子俩，母慈子孝。子长成，欲娶媳。媳曰："你必取你母之心，方能成婚。"子告其母，母袒腹让子取心。子捧母心见媳，及至不幸摔跤，母心忽泣曰："吾子摔疼乎？"媳见之掩面羞愧而去。自兹相夫教子，终成大贤大德之妇。可见，宽容之心具有何等神奇的感化力。

不少人抱怨，紧张的工业化社会使得人与人之间变得愈来愈缺乏宽容之心，一点小事让人动辄暴跳如雷，甚至挥拳相向。之所以如此，每个人首先得反省一下自己。有时我们会发现自己不幸正是一个缺乏宽容大度之心的人：容不得别人一丁点甚至是善意的指责，也极易嫉妒别人的成功，我们甚至总是要别人这样那样，自己却从不身体力行。

其实，宽容之心并不神秘，它源于我们人性中"将心比心"的一种大度。只要善于站在别人的立场上，设身处地地替别人想一想，那么，便不难产生这种宽容之心，从而也从别人处得到这宽容大度的回报。

弥勒尊佛总是笑口常开，那是因为他"大肚能容天下难容之事"。佛家在此无疑昭示人们这样一个哲理：怀宽容之心者，别人也会以宽容之心待你，故我们在生活中也就会因此而笑口常开。

乃所愿，则学孔子也。

——《公孙丑》上

对伟人的人生我们虽然高山仰止，但总是心向往之。我想，这是因为每个人的内心深处总会有一种类似于尼采说的成为"超人"的冲动。

如孔子一句"逝者如斯夫，不舍昼夜"的喟叹，几千年来曾激发过多少仁人志士惜时如金，以有限的生命来抗衡无限的外部世界。孔子的这一喟叹给我们的启发就是：珍惜生命。如果说生命是一条由时间汇成的长河的话，那么这条河同样是不舍昼夜的。

年轻时，我们常常体验不到这一点。于是，我们尽情地在灯红酒绿中挥霍着青春的生命。诚然，每天早上醒来我们都拥有新的二十四小时，它属于我们所有，这是事实。但每过一天我们的生命便减去了二十四小时，这也是一个事实。所以，我们必须紧紧抓住每天的二十四小时，用它来创造出健康、财富以及心灵永恒的快乐。

生命之流川流不息，这一点对每一个人都是平等的，但我们在这个运作中却有了成功与失败、伟大与平凡的区别。庄子亦称"人生如白驹过隙"，但伟人却可以使短暂的生命变成永恒。许多人总在哀叹生命时光的短暂，殊不知，就在我们哀叹的同时，我们已在使短暂的生命变得更加短暂。

有诗人曾悲观地说："生命只是从生走到死之间的一刹那时光。"但是有一些人却可以使这个短暂的刹那无限拓展，另一些人则使这一时光变得短之又短。

所有人都是自己"命运"的建筑师，我们是用"时间"来建筑自己人生之大厦的。

唯仁者为能以大事小。

——《梁惠王》下

"仁者，爱人。"但仁爱的真谛又是什么？这是人们常常问起的问题。对此或许有多少人就会有多少种答案，或许这个问题本身就是涵盖着各方面的，我们甚至无法穷尽它。

禅宗的典籍中有这样一则小故事，它或许直接阐释了什么是仁爱的内涵：古代一位道行很深的禅师带了一些弟子在寺院里修禅。一天晚上，老禅师出来散步，发现院子的围墙边有一张凳子，他知道又有弟子偷偷逾墙出去玩了。他移开了凳子，自己蹲在那里。不久，果然有位小和尚翻墙进来了，恰好踩在老禅师的背上。正当小和尚惊慌失措之际，老禅师却和颜悦色地说："夜深天凉，快去多穿一件衣裳啊！"后来，老禅师绝口不提此事。但从此以后，再也没有小和尚越墙出去闲逛的事发生了。我想，这位禅师能以此大度之心"以大事小"，不正是一颗仁爱之心使然吗？仁者的"以大事小"，通常还会产生神奇的感染力。显然，"以大事小"，大者并不因此而放弃善恶的原则，一味地迁就小人之心，而是在宽容体谅别人的过程中，引导做错事的人自己意识到错之所在。所以，在生活中总有这样的情形发生：我们胸怀一颗仁爱之心，宽容体谅，往往会使做错事的人难以自容，从而走向觉悟。

我想，倘若每个人都是一位能宽容大度、以大事小的仁者，那么，这个世界或许也就不再存在小人了。

辞让之心，礼之端也。

——《公孙丑》上

生命中有些东西是不能辞让、也无法辞让的，如生命、爱情、死亡，但还有许多东西则是可以也应该辞让的，如钱财、功名、利禄，而且，对后者的辞让，往往是一个人德性高尚的表征。

道家最推崇生命中的辞让之心。故老子有"知足不辱，知止不殆，可以长久"之说。在他看来，在名与利面前一定要知退知止，要常怀一份推却辞让之心。他甚至这样断言："勇于敢，则杀；勇于不敢，则活。"

倘若道家的超然物外的态度为一般人难以理解的话，那么，儒家弘扬的"后天下之乐而乐"的辞让之心，却无疑使我们肃然起敬了。相传范仲淹在江苏买了一块地准备盖房子。有一个风水先生告诉他，这块地的气脉很好，住在这里将来要出名人高官。范仲淹立刻说，既然如此，何不用这块地盖座学堂，将来好出成百上千的名人高官呢？他这样做了，这就是有名的"吴学"。范仲淹不愧是"先天下之忧而忧，后天下之乐而乐"的圣贤之辈。

我们每个人都有培养自己拥有这样一份高尚品行的机会。曾见一消息说，一个排字工人发现印刷厂老板接下的大批生意，全是不堪入目、败坏人心的黄色书刊，他立刻辞职不干了。他虽然是个小人物，但他的行为却同样是高尚的。

正是在这一意义上，我们可以说：高尚是高尚者的墓志铭，卑鄙是卑鄙者的通行证。

夫仁，天之尊爵也，人之安宅也。

——《公孙丑》上

人类的心灵是需要家园来栖身的，否则我们的灵魂将因飘浮不定而处于惶恐不安之中。仁爱的精神正是心灵的一处温馨家园。

佛家因此称：慈悲之心是人世间的净土。只要心中常保有这一慈悲仁爱之心，人就能挣脱苦海，与佛同登彼岸。佛经《生经》记载：一位世代以下毒谋生的恶人，娶了一位善良的女子为媳。他的这位媳妇端庄秀丽，极守妇道，故他宁愿放弃下毒之业也不愿舍弃这位好媳妇。即便是这一丁点的仁爱之心，也使佛祖因此而宽恕了他，使其过着幸福的生活。

人心之所以需要仁爱的精神，是因为只有这样我们的灵魂才是坦荡的。以至于我们甚至可以说，即便从纯粹的利己意义上我们也需要怀有仁爱之心。一位年老的小吏为人善良，毕生小心谨慎，但被一名同僚诬陷而丢了乌纱帽，亲人们素知他的为人，要他说出冤情，替他讨回公道。他难遂大家的好意，便说："等我临终时再告诉你们吧！"若干年后，老人病危了，亲友环床而立："当初有什么冤屈现在可以说了吧？"老人欲言又止："说了你们一定会去报仇，我实在不放心呵！还是留在我心里吧，这样我也安心了。"这老者因有一份难得的仁爱宽容精神，既利他人，又利自己，真可谓达到了古人称颂的"且仁且智"的人生境界。

我们每个人总是要撒手西归的。在临终前若能把仁爱之心留下，把所受的委屈，甚至是对小人的戾恨带走，那无疑已达到了生命中真正的崇高之境。

学则三代共之，皆所以明人伦也。

——《滕文公》上

现代人常常把学习只理解为学算术、学绘画、学电脑等，而忘记了学习的另一个重要内容：学做人。

伦理道德正是我们学习做人所必需的知识储备。儒家重人伦，把仁、义、礼、智、信等道德规范作为人安身立命之本，实在是非常精当的。人们习惯于认为当今社会是一个为推销自己而充满商业竞争的时代，这的确道出了现代社会的某种商业本性。然而，我们并不全知道，倘若在这个过程中遵循某种人伦规则，那无疑会更容易地把自己推销出去。

曾读新加坡作家尤今的一则题为《背叛》的小品，作者记叙的这件事对我们推销自己无疑是有启发的：一个小贩，向客人兜售"无籽且甜如蜜"的西瓜。客人付完钱后，小贩却不走，而是说："你现在就切开来看看，好吗？万一不好、不甜，我立刻就换一个给你。"客人道："你刚才不是说甜如蜜吗？我信任你，所以才买呀！"我也信任我自己。"他微笑地回应，"但是，有时，我的西瓜会背叛我！"切开之后，这瓜确实是个好瓜。他这才满意地离开。看到小贩撑着雨伞去邻家兜生意，于是客人大声地向她的邻居喊道："那西瓜，好得不得了！"结果他又做成了另一宗生意。这样的推销者因其诚和信，不但他的西瓜不会背叛他，就是顾客也不会背叛他。

我们诚然需要读些《如何推销自己》之类的小册子，但我想我们同样需要读《如何使自己完善》之类的书。

　　居于陋室，一箪食，一瓢饮，人不堪其忧，颜子不改其乐。

——《离娄》下

曾见有文章说这是儒家一种推崇苦行僧式的说教，不可信，也不足取。这实在是一种望文生义的误解。

儒家在这里告诉我们的只是这样一个道理：快乐只是一种心态。故无论腰缠万贯，抑或一贫如洗，只要拥有一份快乐的心境，那么，我们就是快乐的人。可惜的是，儒家关于快乐的精义，却不为世人所理解。

有人把快乐划分为肉体的和精神的两种，这实在是一种迷误。诸如食色上的肉体满足只是一种满足，如无快乐的心境，满足也可能是不快乐的，要不然成语中怎么会有"醉生梦死"一说？亦因此，苦中作乐也是可能的。深谙此道的苏东坡甚至能从病痛中体悟出快乐来，故有"因病得闲殊不恶，安心是药更无方"的诗句留传后世。

国学大师钱钟书在《论快乐》一文中对"快乐"有如此一段绝妙的阐述："在法语里，喜乐（bonheur）一个名词是'好'和'钟点'两字拼成，可见好事多磨，只是个把钟头的玩意儿。我们联想到我们本国话的说话，也同样的意味隽永，譬如快活或快乐的快字，就把人生一切乐事的飘瞥难留，极清楚地指示出来。所以我们又慨叹说：'欢娱嫌夜短！'"于是，为了寻找一种永恒的快乐，我们冥思苦索。其实，这个永恒的快乐儒家早已告诉我们了，它存在于我们内心世界。

一个人倘若在陋室、箪食、瓢饮中都能体验到生命的这种快乐，那告定是他的造化和福分。

养其小者为小人，养其大者为大人。

——《告子》上

佛经中有一首偈语："菩提只向心觅，何劳向外求玄；且说依次修行，天堂只在眼前。"这里固然体现了佛家直指心性，皆可成佛的教义，但其中体现出来的对人生理想境界追求的信心，却是具有普遍意义的。

有哲人认为："自信是人生成功的秘诀。"在我们的人生中，总有某种东西作为生命的憧憬。而自信则是不畏艰难实现这种憧憬的热忱、毅力和决心。自信的人有一个共同的心理品质，就是相信自己生命未来的存在会更有价值，并对自我达到某种目标或实现某种人生境界持坚定乐观的态度。

然而，在我们的生活中，却总有一些缺乏自信的自卑者，他们对自我总表现出消极、悲观、畏缩的倾向，不敢寄希望于自己，更不敢奢望能造就一个理想的自我。更不幸的是，自卑者由于还不至于自我沉沦，因而自卑的自我总伴随着一种对自我的愤懑和幽怨，使自我内心世界充塞着痛苦的煎熬。

其实，生命永远需要拥有自信心：自信自己的聪明才智，自信自己的学识本领，自信自我能大有建树，自信自己能青史垂名。这样，我们或许就果真做到了。

所以，泰戈尔在其箴言诗中忠告世人："世界总留点什么给那些对自己抱有信念的人，而有信心的人总能从中使渺小变伟大，使平庸化为神奇。"

人告之以有过，则喜。

——《公孙丑》上

人都会有过失。因此，圣哲与平凡人的区别不在于有否过失，而在于如何对待过失。"闻过则喜"，几乎可以说是所有圣哲之所以成为圣哲的德性之一。

别人诚心善意指出我们确实存在的过错，我们往往比较容易接受。但有时别人对我们过失的指摘可能是言过其实，甚至可能是子虚乌有的。如何对待这种批评与指责呢？吕蒙正出身寒微，后来入朝做官，难免有人瞧不起他。有一天退朝的时候，他听见背后有一个声音说："吕蒙正是什么东西，今天也站在这里！"他的一位同僚自告奋勇，要去追查这话究竟是谁说的。他却说不必："我不要知道这个人的名字，一旦知道了，就终生不能忘记了。"

其实，对于别人的批评，我们感兴趣的应该是批评的内容，以便"有则改之，无则加勉"，使明天的我比今天的我更完善。因此，批评是别人送来的滋补品、营养剂，可以使我们的灵性和智慧得到更好的发育。然而世上善于送出批评的很多，善于消化享受批评的人却太少了。甚而有些人在乱了方寸、失去控制之后会犯下诸如打击报复之类的愚蠢错误。可见，我们的行为与"闻过则喜"的古圣先贤相距实在太远了。

林肯说："如果结果证明我是对的，那么人家怎么说我，就无关紧要了；如果证明我是错的，那么即使花十倍的力气来说我是对的，也没有什么用。"据说，丘吉尔曾把这段名言用镜框镶好挂在自己的书房里。

不仁不智、无礼无义，人役也。

——《公孙丑》上

没有对生命欲望的理性节制，我们往往会成为生命欲望的奴隶而使人生的一切本末倒置。先哲以理性的洞察力为我们留下诸如仁、义、礼、智之类的规范，它对人生亘古及今地有其最重要的意义。

现代人通常不能理解先哲们为什么对欲望要采取如此严厉的节制。儒家称"养心莫善于寡欲"，道家称"无欲以静，天下自定"，佛家则更是为生命的欲望制定了一整套的清规戒律。其实，与其指责先哲们对欲望存在着近似禁欲主义的偏见，还不如认真思考一下他们之所以要这样做的缘由。我想缘由就是纵欲常会使我们生命沉沦甚至毁灭。

明代开国大臣刘基说过一则故事：有一个马夫的儿子吃河豚死了，马夫不哭。旁人不解地问他："难道你们没有父子的情分？"马夫回答说："我听说死生由命。知道生命可贵的人是不会随便去死的。河豚有毒，人人知道吃了会死，他也知道。这是为口腹之欲而轻生，不是人的行为，不值得为他去哭。"我们不得不承认，马夫的话很有见地。仅仅为了一己口腹之欲而枉送一条生命，实在有愧于生命的造化。

可见，没有生命之"智"，甚至会为口腹之欲而枉送性命，我们还有什么理由来怀疑先哲们的睿智呢？所以，宋人陈止斋作过一篇《戒河豚赋》："物固有害人命，人之胜者智也。"

在我们的人生中，类似的不智之举不是比比皆是吗？甚至当今日本人依然拼死吃河豚，只因其美味。这实在是一种不智。

善与人同，舍己从人。

——《公孙丑》上

如果说人生真的有什么成功的秘诀的话，那么，勇于承认自己的错误，并迅速加以改正，肯定可算是其中的一个"秘诀"。

印度流传着这么一则佛经故事：一位叫法绝的国王，突然得了不治之症，他有两个儿子早已成年，于是，他召来大臣商议立太子之事。几位大臣都说："应当传位给性情温厚、从未做过任何错事的长子。"国王却认为不可。有一位大臣道："吾王难道想传位给专门做错事，前不久还被您流放到边关的次子吗？"国王点了点头。见大臣们若有所思的样子，国王道出了其中的缘由："次子虽屡犯过错，但每次都能勇于认错并及时改正，从而从错误中学会治国的本领啊！"

佛家讲的智慧，在此就意味着勇敢承认错误，并能从错误中学到人生经历。的确，"多做多错，少做少错，不做不错"。这是经验之谈。但我们可曾想过，不做错的"不错"到底有什么价值？其实，学习走路的孩子没有不跌跤的，并且在千万孩子中间，可能有一个摔成脑震荡。倘若有一位母亲因此而坚决不让她的孩子走路，那孩子一生都可能要坐轮椅了。

勇于承认自己的错误甚至也是我们平时为人处世的一个法则。卡耐基因此认为："如果你知道自己错了，你知道某人想要或准备责备你，就自己先把对方要责备你的话说出来，那他就拿你没办法了。十之八九他会以宽大、谅解的态度对待你，甚至开脱你的错误。"

谁都会为自己的错误辩解。但是如果我们坦诚地承认错误，那么我们几乎就胜人一筹了。

是故君子莫大乎与人为善。

——《公孙丑》上

我们无须把与人为善想象得太难。其实，只要愿意，我们就能很轻松地做到这一点。

故而佛家既教人行大仁大义之善，也要人从行小善入手。释迦牟尼佛一次对弟子讲法时说："只要不以恨待人，我们就已在行善了。"这和儒家强调的积小善成大德的思想是一致的。譬如，我们常常批评别人的过失，但倘若这种批评是与人为善的，那么被批评者甚至会感到如同久处于暗室，突然被捅破窗纸，放进阳光和空气般的快慰。曾有一位心理学家批评现代的年轻人："今天的年轻一代和我们这一代没有什么不同，他们也是逐渐懂事，也离家出走，也结婚，也生孩子，只是顺序是倒过来的。"这是带着深刻的人生阅历和几分幽默做出的善意批评。

甚至美满婚姻的维系也始终需要这种与人为善的态度，一位成功者曾这样介绍自己的秘诀：我妻子和我在很久以前就订下了协议，不论我们对对方如何的不满，我们一直遵守着这项协议。这项协议是，当我责备对方时决不伤害对方的自尊，所以，我们从不说"你真愚蠢""你真差劲"之类的话。

以爱心来了解别人，设身处地地替别人想一想，这可以使我们赢得理解。

　　隘与不恭，君子不由也。

——《公孙丑》上

我们的爱应超越自爱。否则，这种爱会因其狭隘而变成恨。

佛家的教义称"以爱清恨"。佛祖不止一次地教导弟子："自私者终不得解脱。"的确，倘若我们只知自爱而对别人却只有恨，那么，我们甚至无法爱自己。佛经《贤愚经》中记载的这则故事，正是对佛祖这一教诲的注解：古代有一名叫波罗摩达的国王，传位给在深山里修道的小儿子。他的儿子在深山里从未接近过女色，因而当上国王后一下子被女色迷住了，他甚至不满足于三嫔六妃，竟下了一道命令：凡国中欲出嫁的姑娘，出嫁前均须陪他睡觉！这个国中那么多的男子却自私地为保住自己的性命而敢怒不敢言。一个勇敢的妇女一天在街上当着众人的面褪去裤子小便。人们斥责她不要脸。她答曰："我们这个国家已没有男人了。既然我们大家都是女的，又有什么不要脸呢？"这些男人终于从羞愧中觉醒，杀死了荒淫无耻的国王。

所以，在我们的生命中，只爱自己者便成了自私，而自私者的自爱实属虚妄。只有当我们在自爱的同时走出自我，认识到"我们"，把自己融合进整体中去，把自爱扩大到爱他人，甚而爱全人类的时候，才能真正地爱自己，而不会把自己从整体中割裂和孤立出来。倘若因自爱而使自己孤立于整体之外，我们会因无助、无聊而陷于痛苦绝望之中的。据说上帝惩罚恶人的办法之一就是让众人都不与他交往。

所以，"自我太小了，人类才是我的题目。"诗人席勒如是说。

仁者如射：射者正己而后发；发而不中，不怨胜己者，反求诸己而已矣。

——《公孙丑》上

失败常常促使我们反省和检点自己已有的生活。一些人反求诸己，意识到自己的不足；另一些人则责备时运不济，或环境恶劣。显然，最终能够成功的只能是前者。

认真检点自己肯定是生存的一大智慧。一位贩运珍珠、布匹的商人在蚀光老本之后，喝下很多的酒准备跳海自杀，但他喝得酩酊大醉，一觉睡到第二天才醒。在一位同伴的劝说下，他开始冷静地评剖他的这次失败。他发现是自己过分贪婪所致。他本应让别人（譬如运货物的船家、陪伴他一路风餐露宿的伙计）也赚到钱，但他却借口克扣别人该得的那一份。意识到这一点后，他重整旗鼓，很快又变成富甲一方的商人了。这是佛经中的故事，它告诉我们的正是反求诸己对于成功的重要性。

富兰克林的成功也印证了这一点。读过他的传记的人都知道，他年轻时就是一个善于反省自我的人。他列了一张表，上有他发誓要培养的十三种德性，他每星期专心检点其中一项，然后每天问自己是否做到了。他允许自己失败，但失败后总要反思其原因。十三个星期过后，再从头开始。他成功了。美德因此而成为他生命中的一种习惯。

的确，任何真正的成功都是我们自己创造的。我们的语言要能打动人，必须首先打动自己；我们要给别人以爱，首先自己的内心要充满着爱；同样，我们要避免失败，那么自己一定得是失败打不倒的。而反求诸己则能使我们做到这一点。

养生丧死无憾，王道之始也。

——《梁惠王》上

每一个自我生命追求的也是这样的一个目标。所以，一位哲人禁不住这样写道："生死是无法抗拒的，我们只拥有两者之间的一段精彩时光。"

而生命的这一光彩是以生命的充实作为发光点的。一个四十岁的人告诉朋友说，他一直希望做医生，可是怕自己年龄太大，"四年后，我就四十四岁了"。"即使你不去读医科，"朋友说，"四年后你也是四十四岁啊！"最后这句意味深长的话告诉我们，充实生命是不应该犹豫的，必须相信自己。一个人一旦能以这样的精神看待自身，他就会看到以前从不知道的机会和潜力，也就有勇气发掘出自己从不知晓的力量和创造力。所以，歌德说："无论你做什么，或幻想你会做什么，现在就开始做吧！"

因此，充实也是人生成熟的标志。一个牙牙学语的孩子不具备充实的人生，这可以理解。但倘若成年人不具备充实的生命品格，那则是一种不幸。因为孩子会长大，而成人不会变小。没有充实生命的人，其人生无疑是失败的。所以一位美国作家曾这样写道："一个人无论如何在四十岁之前，要为自己找到一条路，打下事业的基础。然后，就可以毫不犹豫地朝着它走去。它也许成就不大，也许发不了什么财，可是，它是属于我们的。我们的后半生就可以有一种安全和值得努力的愉快感觉。"

曾国藩在家书中谆谆告勉其弟"掘井及泉"。的确，我们要使自己的人生无遗憾，不在于有多少辉煌的成就，而在于是否花一生的时间兢兢业业地挖掘一口生命的深井。

舆薪之不见，为不用明焉。

——《梁惠王》上

在人生中，有许多本应明白的东西，但我们往往太从"我"出发了，以致不能理解别人，从而也使自己失去了别人的理解。于是，我们抱怨人心之不可沟通，感叹世态之炎凉。佛家认为，"我"有时是执迷的因缘。儒家先圣孔子因此要人们坚持"毋我"的原则。

人性永远渴望沟通，对这一点我们不能视而不见。林肯说过这样的话："一句古老而真实的格言说：'一滴蜜比一加仑胆汁，能捕到更多的苍蝇。'人也是如此，如果你要别人同意你的原则，就先使他相信你是他忠实的朋友。用一滴蜜赢得他的心，你就能使他走在理智的大道上了。"

的确，如果我们没有以诚恳而友善的态度去了解别人，而仅仅是固守着"我认为"而不改，在生活中往往就会四处碰壁。美国学者卡耐基因此认为"试着诚实地从他人的观点来看问题"是快乐人生的又一法则。为此，他的人际关系理论有一句名言："人与人交往必须这样开始：如果我是你，我会完全同意你的看法……"

我们总在抱怨别人，可为什么不反省一下自己呢？三毛曾撰文道："如果我们能够做到将朋友当成好朋友，将朋友看成手足，将手足当成自己真正的手和脚，将子女看成父母，将父母看成心爱的子女……这些人际关系，可能就不是目前的这个局面了。"

现代人的人生，迫切需要这种沟通。

为长者折枝，语人曰："我不能。"是不为也，非不能也。

——《梁惠王》上

我们的人生中，也充斥着这种"非不能"而只是"不为"的现象。譬如人生中的妄念，佛家曾非常强调去妄念才能有自由的人生。禅宗四祖道信在顿悟以前曾求教于他的老师，即三祖僧璨。他说："请师父慈悲，教给我们解脱的法门。"僧璨反问道："那么是什么东西束缚了你呢？"道信想了一会儿回答道："没有什么东西束缚我啊！"僧璨于是答道："既然没有什么东西束缚了你，你为什么要求解脱的法门呢？"道信终于大彻大悟，了解了心灵平静的根柢，而成为中国禅宗的四祖。人心本应是清澄的，没有什么东西去束缚它。因而，人的一切束缚，在佛家看来，都是作茧自缚。

妄念带给我们人生太多的不如意和挫折感。于是，我们要么认为过去的葡萄都是甜的，对过去的一切或者陶醉、追忆，或者忏悔、自责；要么用想象来编织关于未来的美梦，然后庸人自扰地患得患失；而独独忘了今天。

《圣经》上载，是上帝让人来统治整个世界，这固然是一份相当贵重的礼物，但对现实中的每一个人来说，却不能对此抱太大的奢望，我们应该而且可能有的最重要的希望就是："把握住今天。"只要把握住今天，我们就会让自己忘记昨天的诸种不快乐，甚至是不堪回首的痛苦；我们也不会期望明天的事都在今天做完，特别是决不产生把一生的问题一次解决的痴想。我们就会因此而轻松，也就会拥有或抬头看看蓝天的悠闲情怀，或埋头读读书的平和心境——这正是一种实实在在的人生。这种快乐人生的追求，我们非不能，而是不为也。

君子之于禽兽也，见其生，不忍见其死，闻其声，不忍食其肉。是以君子远庖厨也。

——《梁惠王》上

有人以为，除了素食主义者外，这种"远庖厨"实乃人生的一种故作姿态。如果我们把自己纯真的生命掩饰于这一种做作之中，那么心灵无疑将是沉重的。持这种偏见的人，显然是不理解孟子所欲表达的"民胞物与"的仁爱精神的。

当然，我们应当警策的是，生命中的做作有时会被人直接等同于虚伪，从而遭到旁人的摒弃。佛经《杂宝藏经》记载过这样一个有关伪善的故事：有一老一少两位佛教徒去一国旅行。一天晚上借宿在别人家。第二天清晨又继续赶路。已经走出好远了，年少者突然说："哎呀！真糟糕！衣服上沾了人家一根草。我从小严守戒律，从不妄取别人一草一木。可今天竟然偷拿了人家一根草，太不应该了。我马上把草送还给主人，请您在这里等我一会，我马上回来。"老者听了他这一番话，信以为真，心里非常佩服："和这样坚守戒律的人在一起，真是我的福气。"从此对那年轻人敬重极了。过了不久，老者因有事，便请年轻人代为看管一下自己的包裹。可是没想到，等老者完事回来，人不见了，装着自己全部珍宝家产的包裹也不见了。老者这才发现上了当。

其实，生命中虚假的做作，充其量只有自欺欺人的作用。倘若欺骗成为生命存在的要素，人生的一切也都失去了。

一种行为无论看起来多么时髦，多么高贵，我们也不要因此而做作，因为做作是生命之不能承受之重，唯有本真才是生命之能承受之轻。

左右皆曰不可，勿听；诸大夫皆曰不可，勿听；国人皆曰不可，然后察之；见不可焉，然后去之。

——《梁惠王》下

确实，我们常常生活在别人的评价中。特别是当别人对我们所做的一切说"不"时，我们往往因此便不再努力了。可是成功却很可能在这里与我们失之交臂。

《老子》云："人之所畏，不可不畏。荒兮，其未央哉。"这无疑是荒谬的。事实上，我们就是我们自己，当我们选择了既定的目标后，就要永远忠实于这一选择。道理很简单：我们只能唱自己的歌，我们只能画自己的画，我们只能做一个由我们的经验、我们的环境、我们的家庭所造就的独特的我。所以在人生中，不论好坏，我们都得自己创造一个自己生存的小花园；不论好坏，我们都得在生命的交响乐中，演奏我们自己谱就的乐章，哪怕这乐章并不那么雄浑壮丽。

古人曾有"畏圣人之言"一说。其实，圣人之言是不须畏的，因为真正了解我们的还是我们自己。当别人对我的言行说"不"时，他很可能只看到我们漂浮在水面上的自我冰山的一角，冰山那硕大的藏匿于水面下的部分才是我们自己真正把握的。所以，我们平常应敢于对别人的评论说"不"，否则，我们就很难创造有个性的人生。

许多人的一生之所以没有些许的成就，原因可能是多方面的。但其中一个很重要的缘由肯定是我们太在意别人的意见了。"人言可畏"甚至使他们中的一些人毁灭自我的生命。这实在是人生之大不幸。显然，未经我们自己的同意，任何别人的"不可"都不能使我们否定自己。

持其志，无暴其气。

——《公孙丑》上

当我们的生命一旦拥有了确信不移的志向时，任何困难都不会使我们暴躁，更不会把我们打倒。

我们甚至能因此而真正如《圣经》所说的那样爱我们的仇人。加拿大杰斯帕国家公园里，有一座山以伊笛丝·卡薇尔的名字命名，纪念在 1915 年 10 月 12 日被德国行刑队枪毙的护士。她的"罪过"是她在比利时的家中收容和看护了许多受伤的法国、英国士兵，她还协助他们逃到荷兰。临刑那天清晨，一位英国教士走进她的牢房，为她做临终祈祷，伊笛丝·卡薇尔说了两句后来被刻在其纪念碑上的不朽的话："我知道光是爱国还不够，我一定不能对任何人有敌意和怨恨。"

我们当然不会面临伊笛丝·卡薇尔那样的遭遇，但她的精神具有普遍的意义。只要我们心中怀着一个善的准则，并以此作为生命孜孜追求的志向，那么，任何不如意的打击都不会使我们抱怨或仇恨，因为我们无暇顾及。

美国学者卡耐基在其《报复的代价太高了》一文中曾这样写道："我认得一些女人，她们的脸因为怨恨而有皱纹，因为悔恨而变了形，表情僵硬。不管怎样美容，对她们容貌的改进，也及不上让她心里充满了宽容、温柔和爱所能改进的一半。"

永远不要浪费生命中的哪怕是一分钟的时间去抱怨或仇恨别人，那样我们才会一心一意地实现自我生命的价值。

　　地方百里而可以王。

——《梁惠王》上

同理，七尺之躯亦皆可以为王。问题在于我们有否为贤成圣的自信。

卡耐基有一个著名的"追求绿灯"的理论。在他看来，我们之所以不能成功，关键在于缺乏自信。于是，我们并不是只为今天而活，而是既要为昨天的错误后悔，又将对未来的一切心存戒慎。人生的成功就在这徜徉中失去了。他写道："一位火车司机已提供了我们一直在找寻的答案。他只见到了一盏绿灯就展开那段漫长的旅程。我们总希望见到整段旅程上的所有绿灯，当然这是不可能的。但是我们对生活的期望却就是那样——坐在人生的车站里，哪儿也去不了。可火车司机并不为前面路上可能遇到的麻烦而忧愁。火车可能会有些延误、故障，但他并不因此就不敢前行。"

《圣经》上说："自信的人才能得救。"我想，这的确是人生的一个真理。

有一位美国医生，以擅长面部整形术闻名遐迩。他创造了许多奇迹，经他之手把许多丑陋的人变漂亮了。但后来他发现，某些接受手术的人，虽然手术无可非议，但他们依然向医生抱怨，说他们还是不漂亮，手术没成效云云。于是，这医生悟到了个道理：美与丑，并不仅仅在于一个人的本来面貌如何，还在于他是如何看待自己的。一个人如果自惭形秽，那他永远不会变得美丽。一个缺乏自信的人，同样也是不可能成为人生的成功者的。

在充满竞争的现代社会，我们难免会受到这样或那样的挫折，但我们依然要为自己寻找生命前行的绿灯。这盏绿灯永远是自信。

　　君子不以其所以养人者害人。

——《梁惠王》下

我们生活在紧张而又忙碌的社会中，因而生命时刻保持必要的张力恰恰是人类得以生存的条件。北美阿拉斯加大雪原上生存着大批鹿群及其天敌——狼。人类进入大雪原后，为保护鹿群开始了声势浩大的灭狼运动。数年之后，狼是绝迹了，可鹿群也退化了。这时善良的人们才明白，鹿的生命力也因此退化了。这个故事给人的启发是：没有一定程度的紧张，生命会因为失去了动力，而陷于停滞消沉。

然而，过度的紧张，却无益于身心的健康。现代医学表明，许多疾病如焦虑、失眠、神经衰弱、胃溃疡、高血压等，其病根无一不和过度的身心紧张相关。其实，紧张只是生活的一种手段，而不是生活本身。倘若我们从紧张和忙碌中演绎出生命的目的，那么，我们的人生无疑是本末倒置的。

佛祖释迦牟尼在菩提树下静坐悟道的故事为人熟知，这故事实含有一个深刻的人生真谛：生命中伟大而辉煌的创造往往是在从容不迫中孕育的。也因此，禅宗特别强调从容大度，讲究潜心静修。

保持适当的紧张是必要的。人一旦失去这种紧张，表面上似乎变得优哉，内心却是"无力"的。当然，这种张力必须是有限度的，否则，生命又会在匆忙中变得焦虑不安，甚至因此而失去许多优雅的乐趣。所以，倘若能像人生的智者那样，常能从仓皇纷扰中动中取静、从容应对，那么，我们的人生就会是"游刃有余"的。

无敌于天下者，天吏也。

——《公孙丑》上

古语称"天道酬勤"。因此，使自己无敌于天下的又一个途径是勤奋。

19 世纪，西班牙小提琴家萨拉赛特成名后，被称为天才。可他听了后摇摇头说："这话从何说起？我每天练琴十四小时，练了十三年，他们却说我是天才！"

的确，"天才"这个名词是被滥用了、被误解了。很多人都说：瓦特有发明的天才，他看见沸水的蒸汽掀开壶盖，发明了蒸汽机。其实据传记资料记载：瓦特小时候特别喜欢烧开水，水开了也不熄火，坐在沸水旁边看得发呆，想得入神。他不知道看了多少年，思考了多少比开水更复杂的事情，然后又在自己心目中一遍又一遍地描绘蒸汽机的蓝图，才有了这项伟大的发明。所以，伟人们所达到并保持着的高处，并不是一飞就到的，而往往是他们在同伴们都睡着的时候，在夜里辛苦地往上登攀的结果。

其实，生命中只有两条路可以通往远大的目标及完成伟大的事业：力量与勤奋。力量只属于少数得天独厚的人，但是勤奋却能为最平常的我们所拥有。我们拥有这份勤奋，是很少不能达到目标的，因为它那沉默的力量，随时间而日益增长为不可抗拒的强大力量，终于使我们能无敌于天下。

"你是一个天才"，这句话有时是可怕的，因为它或许会使我们误解自己，仿佛我们用不着忍辱负重，而只需轻轻松松地打发生命的时光。这其实是不可能的！

如耻之，莫如为仁！

——《公孙丑》上

在我们生活中那些对自己的容貌缺乏信心，甚至因容貌的某些缺陷而自怨自艾的人，无疑是让世俗的偏见迷住了智慧的眼睛。因为他们忘记了一个简单的事实：人并非因漂亮而可爱，而是因可爱而漂亮。

诚然，一个人具有漂亮的外貌是一件幸事。诗人甚至说：美丽的外表是无言的介绍信。两个姑娘在一起，漂亮的姑娘总能获得更多的关注。但是，若简单地把漂亮的外貌等同于美，那就错了。其实，我们在生活中经常看到，一些外貌并不漂亮的姑娘，反而比漂亮的姑娘更多地获得了人生的幸福：一个姑娘只要能打动人，总有她美的秘密。这个秘密或许可以由许多东西组成，但肯定存于心灵。而一些外貌漂亮的姑娘，由于忽视了心灵的因素，就会失去这些真正动人的东西。她们虽然有姣好的面容、苗条的身段，但却没有自己的德性、没有自己的仪态、没有自己的个性生活。面对这样没有生命力的美，即使艳若桃花也会令人觉得乏味。

据说佛祖释迦牟尼曾对魔王波旬派来诱惑他、企图扰乱他顿悟成佛的美女这样说道："你美吗？可我看不见。"当然，佛祖是为了把持住自己的出家悟道之心才这样说的。但我们可以引申为：真正美的是我们的一颗爱心。

三毛在一则随笔中写道："我欣赏的男性素质中，智慧应占第一位。"那么，对于女性，我们可以说可能她的爱心则是其第一位的素质了。